智元微库
OPEN MIND

成 长 也 是 一 种 美 好

终身学习核心知识库

FOUNDATIONS OF MICROECONOMICS

微观经济学

原书第 9 版

9th Edition

[美] 罗宾 · 巴德（Robin Bade）
[英] 迈克尔 · 帕金（Michael Parkin）
著

陈蓉　何岑蕙
译

人民邮电出版社
北京

图书在版编目（CIP）数据

微观经济学：原书第9版 /（美）罗宾·巴德
(Robin Bade)，（英）迈克尔·帕金（Michael Parkin）
著；陈蓉，何岑蕙译. -- 北京：人民邮电出版社，
2025. --（终身学习核心知识库）. -- ISBN 978-7-115
-65378-9

Ⅰ. F016
中国国家版本馆CIP数据核字第2024JC5846号

版权声明

◆　著　　[美]罗宾·巴德（Robin Bade）
　　　　　[英]迈克尔·帕金（Michael Parkin）
　　译　　陈　蓉
　　　　　何岑蕙
　　责任编辑　张渝涓
　　责任印制　周昇亮
◆　人民邮电出版社出版发行　　　　　　北京市丰台区成寿寺路 11 号
　　邮编　100164　电子邮件　315@ptpress.com.cn
　　网址　https://www.ptpress.com.cn
　　天津千鹤文化传播有限公司印刷
◆　开本：787×1092　1/16
　　印张：31　　　　　　　　　　　2025 年 1 月第 1 版
　　字数：680 千字　　　　　　　　2025 年 1 月天津第 1 次印刷
　　　　　　著作权合同登记号　图字：01-2022-6285 号

定价：109.00 元
读者服务热线：（010）67630125　　印装质量热线：（010）81055316
反盗版热线：（010）81055315

前言

在日常生活中，人们免不了要做些经济决策，也时常会感受到经济的影响。人们想弄懂一些经济原理，以此帮助自己应对经济的影响，指导自己做出决策。于是，《微观经济学》应运而生。本书之前的几版收到了来自世界各地的数百名同行的反馈：大部分读者对书中的观点颇为认同，即关乎原理的课程必须做到以下四点：

» 用发人深省的议题和问题激励读者；
» 聚焦核心理念；
» 在繁复的细节和太多未提到的问题之间寻找出路；
» 鼓励并帮助读者从实践中学习。

● 原书第 9 版新在哪里

原书第 9 版新修订之处包括：调整了内容；微观和宏观方面的内容皆有几处显著的变化；强调经济学是公民素养的基础；突出经济学作为一种生活技能和工作技能所发挥的巨大作用。

调整的内容

我们正处在经济史上的特殊时期，一些重大事件激励着人们去养成经济学的思维方式。基于此，我们对本书的内容进行了修订。这些事件包括：全球经济增长持续放缓；社会财富日益集中；欧洲经济停滞和英国"脱欧"带来不利影响；美国国内因离岸外包使大量岗位流失，加上贸易保护盛行，导致局势持续紧张；中国经济成为世界经济增长的重要引擎；人们越来越关注碳排放和气候变化；人口老龄化、美国国会时不时的功能失调，以及相关的政府债务不断增加，给美国联邦预算带来了巨大的压力；十余年内，发达经济体从全球金融危机和衰退中缓慢复苏，人们关心它们在什么时候以怎样的速度退出极端货币刺激政策时代；等等。现实中，人们感兴趣的事件远不止于此。我们将在本书中，对上述所有内容在相应的章节进行讨论。

实际上，本书里的每一章都进行了一些小改动，使内容更为完整并富有时代特征。此外，本书也对数据与案例进行了更新。

微观经济的显著变化

在第 1 章"入门"中，我们拓展并重新梳理了经济学作为一门社会科学和政策决策工具的缘由，广泛地探讨了经济学是如何成为批判性思维的辅助工具和工作工具的。"经济学既是工作技能也是生活技能"是新添加的部分，描述了经济学专业的学生毕业后能从事的工作及其收入状况。

第 4 章"需求与供给"解释并说明了供需模型的作用。我们采用该模型预测并解释了近年来是什么原因导致牛油果的价格大幅波动。

第 6 章"市场效率与公平"对倒卖门票的效率和公平性进行了新的探讨，不再把它当作欺诈进行讨论。

第 9 章"全球市场在行动"为读者提供了多种工具，可以用于分析和评价特朗普掀起的全球贸易剧变是怎么回事；并以美国对加拿大软木进口征收关税和美国对糖的进口配额为例，说明了贸易保护造成的影响。

第 10 章"外部性"通过一些发人深省的实例，将与外部性相关的讨论拓展到日常生活中，还修订并改进了关于碳排放和实现能源资源有效利用以应对全球挑战所涉及的政策讨论部分。我们描绘了诸如绿色新政这样的指令和控制类提案，并解释了为什么经济学家会赞成对碳排放定价和征税。

第 12 章"私有信息与医疗保健市场"缩减了关于柠檬问题的篇幅，加入了医疗保险服务经济学的内容。

第 13 章"消费者的选择与需求"重新解释了在线音乐服务如何获取消费者剩余，以及与下载歌曲相比，流媒体服务怎样才能获取更多的消费者剩余。

第 16 章"垄断"加入了一些对信息时代垄断案例的讨论。

第 18 章"寡头垄断"更新了对无线电寡头垄断、无线电服务合并决策的研究。

● 本书愿景

聚焦核心概念

本书的每一章都聚焦了几个要点（通常是三个或四个），这些要点在整个章节中被多次强调。这种循循善诱的方式能帮助读者建立自信，使之熟悉内容，并关注经济学中最重要的工具和概念。

展现经济行为，叙述完整事件

在早期的版本中，我们已形成了自成一体的图表风格并设定了图表的清晰度标准。原书第 9 版秉承了这一传统。我们的目标是实时展现"经济行为"。书中的图表持续产生正向反馈，证实了"图形分析是教授和学习经济学原理的最有力工具"的观点。

经济学的初学者通常不太会用图表，因此我们特意以三种方式（图形、文字和表格）呈现图表中的信息。原书第 9 版有一处改动也许不算创新，但我们觉得很有必要，即几乎所有与图表相关的信息都和图表编排在同一页上，这样读者就不用来回翻页了。

将理论带入生活，与现实世界建立连接

如果读者明白为什么要学习这些内容并能学以致用，就实现了最佳的学习效果。

书中"聚焦"栏目列举了全新的案例，让读者意识到经济学其实无处不在；"聚焦美国经济"栏目揭示了最近发生的事件；在"聚焦全球经济"和"聚焦历史"这两个栏目中，我们以全球和历史的视角审视当前发生在美国的经济事件；"聚焦生活"栏目则展示了如何运用经济学进行日常决策。

"聚焦"栏目回答了每章开头的问题，帮助读者了解世界大事背后的经济学，强调了每章内容的主要方面。

本书之于工作和生活

本书的核心愿景是让读者了解一些经济学原理，以便为工作和生活打好基础。本书认为读者要具备以下三种技能，才能实现上述目标：

- » 解决问题的能力；
- » 批判性思维；
- » 决策能力。

解决问题的能力是本书的核心要义。每个小节末尾都有一个测试（通常每章有三个），可以让读者检测一下是否理解了这些问题及思索可行的解决方案。问题之一就源于最近的新闻片段（具体内容请扫描下方二维码，获取全书电子资源）。

扫码获取全书电子资源

通过一系列练习鼓励和支持读者发展批判性思维。每章开头会设置一个练习，用以引出并启发本章涉及的问题或议题。

决策是经济学的核心，原理课程强调边际选择和机会成本，因此这里教授的决策技能与其他学科截然不同。

本书有助于培养合格的公民

合格的公民有能力参与公共讨论和投票，能够深刻认识到公共决策这一替代方式的效率和公平性。

本书解释了福利经济学的原理和关于公平的竞争思想，并将这些原理多次应用于广泛的公共决策问题，为培养合格的公民奠定了基础。

● 本书的结构

在我们看来，本书主题和章节的排序顺理成章。不过，我们深知怎样编排才是最佳的，各人观点不同。我们谨记这一事实，做了通篇安排，力求灵活多变，使各种不同的排序方式都能行之有效。图 0-1 展示了阅读本书章节时的各种路径。在运用灵活性信息时，请记住，最佳顺序就是本书呈现的主题顺序。对于那些灵活图表标出的可选的章节，最好不要略去不读。

● 致谢

本书的完成需要感谢很多人，每一位都厥功至伟。很荣幸能够在这里，向参与本书出版的每一位表达我们衷心的感谢。正是因为他们的付出，本书才得以顺利出版。

编写本书的想法缘起于丹尼丝·克林顿（Denise Clinton）和西尔维娅·马洛里（Sylvia Mallory）在马萨诸塞州安多弗的安多弗旅馆共进晚餐时。我们非常感谢西尔维娅为促成本书编写所起的作用，还要感谢在最初组建编写团队时她所承担的管理角色。15 年来，我们持续不断地从丹尼丝那里获得灵感，她丰富的经验让我们获益匪浅。

产品管理总监阿德里安娜·丹安布罗西诺（Adrienne D'Ambrosio）杰出的编辑能力助力了本书的成功出版。阿德里安娜的聪慧和对市场的敏锐洞察力使我们意识到本书以及配套资源要优于之前的版本。阿德里安娜给予了我们很多帮助。但愿在未来的修订版中，仍能愉快地与她共事。

在修订过程中，克里斯托弗·德约翰（Christopher DeJohn）、萨曼莎·刘易斯（Samantha Lewis）和托马斯·海沃德（Thomas Hayward）为第 9 版贡献了新的建议。

—第1章—
入门

—第2章—
**美国经济与
全球经济**

—第3章—
经济问题

—第4章—
需求与供给

从这里
开始

—第5章—
**需求与供给的
弹性**

—第6章—
**市场效率与
公平**

—第13章—
**消费者的
选择与需求**

—第14章—
生产与成本

然后跳转到
其中任何一章

—第8章—
税收

—第9章—
**全球市场
在行动**

—第7章—
**政府在市场中
的行为**

—第10章—
外部性

—第11章—
**公共产品与
公共资源**

—第12章—
**私有信息与
医疗保健市场**

—第15章—
完全竞争

—第16章—
垄断

—第17章—
垄断竞争

—第18章—
寡头垄断

—第19章—
生产要素市场

—第20章—
经济不平等

完成指定的问题后
跳转到其中任何一章

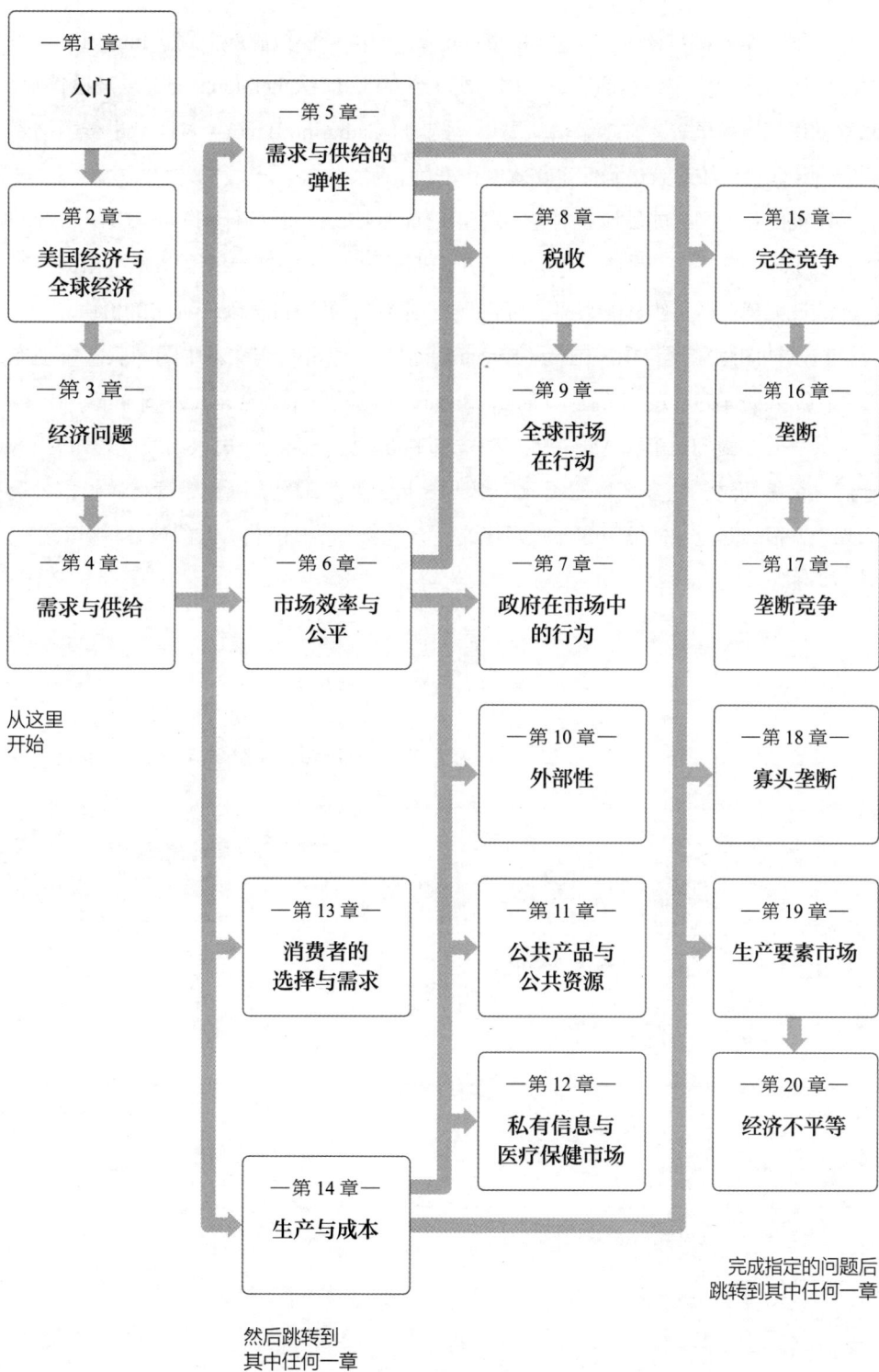

图 0-1　灵活图表

内容制作人苏甘德·君（Sugandh Juneja）与英特格拉出版公司（Integra）才华横溢的团队通力合作，包括项目编辑希瑟·约翰逊（Heather Johnson）以及设计师、艺术助理和排版员等。文字编辑凯瑟琳·鲍姆（Catherine Baum）对作品进行了彻底的审查和润色，校对人员确保了文本制作准确无误。

本书的营销团队成员包括内克·海涅（Nayke Heine）和阿什利·德佩斯（Ashley DePace），他们对此次的修订工作可谓功不可没。他们丰富的知识和策略，帮助我们不断改进配套材料，使其能跟得上瞬息万变的时代，始终能体现出独特的价值。

技术插图画家理查德·帕金（Richard Parkin）负责制作文本中的图表。一直担任我们私人助理的珍妮·希勒（Jeannie Shearer）与我们密切合作，协调分工。

最后要感谢的是审稿人员，他们对本书的贡献是巨大的，再次由衷地感谢他们。我们之前编写过的众多版本的质量，都比不上这次修订的质量。尽管有时候，对我们来说，很难回应他们提出的那些好建议，但是我们依然乐于听取建议并积极改进。

罗宾·巴德（Robin Bade）

迈克尔·帕金（Michael Parkin）

加拿大安大略省伦敦市

目录

第一部分

绪 论

第 1 章

入门

本章学习目标

» 理解经济学的定义以及经济学家试图回答哪些问题；

» 理解与经济学思维相关的理念；

» 理解经济学家作为社会科学家和政策顾问是如何开展工作的；

» 了解经济学专业可以从事哪些工作，并理解经济学作为一种工作技能和生活技能是如何发挥作用的。

1.1

定义和问题

上学是惜时奋进的最好方式吗？鉴于这是一个经济学问题，我们来看看经济学家对这个问题是怎么看的。这个问题源于一个事实，即你想要的多于你所能得到的。你想上学，但也想有时间来做运动、看电影、去旅行、和朋友出去玩。然而，你现在没有时间做这些事，因为你要上课、赶作业。你的时间是稀缺资源。

● 稀缺性

我们无法满足自己的所有欲望，这就是稀缺性（scarcity）。我们满足自己欲望的能力会受到时间、收入和商品价格等的限制。这些限制意味着每个人都有无法满足的欲望。在社会生活中，所有人满足自身欲望的能力都会受到现有生产资源的限制，这些资源包括大自然的馈赠、人类的劳动和智慧，以及人类制造的工具和设备。

每个人，无论贫穷还是富有，都面临稀缺性问题。假设有位同学想买爱莉安娜·格兰德（Ariana Grande）的最新专辑和一本书，但口袋里只有 10 美元。这时，他就面临稀缺性问题。又如，约翰·莱金德（John Legend）想在洛杉矶的《美国之声》片场再表演一周，

不只是我想吃饼干，我们都想吃饼干！
弗兰克·莫德尔（Frank Modell）/ 纽约客精选 / 漫画集

同时还想抽时间去纽约的百老汇面试，他面临的也是稀缺性问题。美国政府，一方面想增加国防支出；另一方面想减税，面临的还是稀缺性问题。州政府既希望改善医疗保健系统，也想给学校里的每个教室都接入互联网，还想为湖泊和河流清淤，这仍是稀缺性问题。稀缺性无处不在，所有人都无法回避！

面对稀缺性问题，我们必须做出选择，从可实现的备选方案中做出选择。上面提到的那位同学必须选择是买爱莉安娜的最新专辑还是买书；约翰·莱金德必须选择是继续参演《美国之声》还是去百老汇闯荡；美国政府必须在国防支出、减税、改善医疗保健系统、完善教学条件、优化环境保护等方面做出选择。

● 给经济学下个定义

经济学（economics）是一门社会科学，主要研究个人、企业和政府在应对稀缺性时所做的决策，研究影响决策的各种因素，以及协调决策的各种安排。

经济学由以下两部分组成：

» 微观经济学；
» 宏观经济学。

微观经济学

微观经济学（microeconomics）主要研究个人和企业的决策，研究这些决策如何相互作用，以及政府对这些决策的影响。比如，消费者会买 4K 超高清电视还是普通电视？如果任天堂降价，是否会卖出更多的 Wii 游戏机？降低所得税会促使人们延长工作时间吗？提高燃油税会鼓励更多的人开混合动力汽车或小排量汽车吗？视频流媒体会冲击电影院的收益吗？

宏观经济学

宏观经济学（macroeconomics）主要研究个人、企业和政府的决策对国民经济和全球经济的总体影响。宏观经济问题包括：为什么 2017 年和 2018 年美国的生产与就业机会扩大了？为什么中国和印度的收入增长比美国快得多？为什么欧洲的失业率如此之高？为什么美国人每天从其他国家和地区借贷超过 10 亿美元？

两大问题界定了经济学的范围:

» 选择最终是如何决定商品和服务的生产内容、生产方式以及消费对象的?
» 选择在什么情况下能够使人们在追求自身利益的同时提高社会利益?

● 做什么、怎么做和为谁做

商品和服务(goods and services)是指人们认为有价值的物品和行为,皆是为了满足人们的欲望而提供的。商品是满足人们欲望的物品,如运动鞋和番茄酱。服务是满足欲望的行为,如理发和摇滚乐演出。我们生产与提供一系列令人眼花缭乱的商品和服务,从食品、房屋和医疗保健等必需品到视频流媒体、过山车等休闲娱乐项目。

做什么

到底是什么决定了我们要种多少玉米,建造多少栋房屋以及提供多大规模的医疗服务? 60 年前,农业生产占美国国内生产总值的 5%,而如今,只占 1%。同期,矿山、建筑和公用事业的产值从占国内生产总值的 9% 下滑至 8%,制造业从 28% 下滑至 13%。这些生产的下降与各类服务业的增长是相匹配的,同期服务业的比值从 58% 上升到 78%。随着技术的不断变化,我们可以获得越来越多的商品和服务,那么这些产值比例在未来又将如何变化?

怎么做

再来看看生产方式。商品是如何生产的? 服务又是怎样提供的? 在法国的葡萄园里,工人们提着水桶,手工采摘一年一熟的葡萄。而在加利福尼亚州的葡萄园里,一台巨大的机器就可以完成这项工作。环顾四周,你会看到许多类似现象:同样的工作以不同的方式完成。在有些商店,收银员扫描商品用以结账;而在另一些商店,购物者可以选择自助结账。有些农民用纸和笔记录牲畜的喂养时间和存货情况;另一些农民则可以用计算机完成这项工作。通用汽车公司的有些工厂雇用工人焊接汽车车身,另外一些工厂则靠机器人来完成这项工作。

为什么我们在某些情况下使用机器而在其他情况下靠人力? 因机械化和技术变革而消失的工作岗位是否多于其创造的工作岗位? 技术进步会让我们过得更好还是更糟?

为谁做

　　商品和服务是为谁生产的？答案取决于人们的收入以及他们购买的商品和服务的价格。在价格一定的前提下，相比收入较低的人，收入高的人就能购买更多的商品和服务。医生的收入比护士和医疗助理高得多，因此医生比护士与医疗助理获得的商品和服务更多。

　　收入差异一直存在。通常，男性的收入高于女性，欧洲裔美国人的收入高于少数族裔。大学毕业生的平均收入高于高中毕业生。美国人的平均收入高于欧洲人，而欧洲人的平均收入又高于亚洲人和非洲人。但也有例外情况：日本人和中国香港人现在的平均收入与美国人接近。总之，在世界范围内收入不平等的现象屡见不鲜。

　　是什么决定了我们的收入？为什么医生的收入比护士和医疗助理高？为什么男性的平均收入比女性高？为什么大学毕业生的平均收入高于高中毕业生？为什么美国人的平均收入比非洲人高？

　　经济学解释了个人、企业和政府的决策，这些决策的相互作用，以及这些决策最终如何决定了要生产什么、怎样生产、为谁生产商品和服务。在回答这些问题时，我们要深思熟虑。我们感兴趣的不仅仅是弄明白生产多少、怎样生产，以及为谁生产。我们还想知道怎样回答上面提到的第二大经济问题：选择在什么情况下能够使人们在追求自身利益的同时提高社会利益？

● 追求自身利益的同时能否提高社会利益

　　每天，全世界近 80 亿人无时无刻不在做经济决策。这些决策决定了"生产什么""怎样生产"以及"为谁生产"。

　　我们所生产的商品和服务及其生产数量是否恰当？稀缺资源是否得到了最好的利用？我们生产的商品和服务是否流向了从中受益最多的人群？

自身利益和社会利益

　　对个人来说，最好的选择就是为自身利益（self-interest）而做出的选择。如果这个选择对每个人都是最有利的，那么这就是符合社会利益（social interest）的选择。社会利益有两个维度：效率和公平。我们将在后面的章节中探讨这些概念。目前，效率被认为是通过做大蛋糕实现的，公平则是以尽可能公正的方式去分享蛋糕。

　　你觉得自己的选择是最好的或者至少你认为在你做选择的时候，那是最好的选择。你以自己认为最好的方式利用时间和其他资源。你也许会想到自己的选择可能会影响其他人。比如，你点外卖是因为你饿了想吃东西，而非外卖员或厨师需要赚钱。你所做出的决策是符合自身利益的决策，或者是你认为最符合自己利益的决策。

当我们按照自己的经济决策行事时，会与成千上万的人产生联系。我们购买了别人生产的商品和提供的服务，或者他人购买了我们出售的商品。人们自主进行决策：生产什么以及怎样生产，雇用谁或为谁工作等。每个人都一样，大家都会选择做自己认为最适合自己的事情。当外卖员把美食送到你家时，他并不是在帮助你，而是在赚钱，希望从你这里得到一笔丰厚的小费。

当每个人都做出符合自己最佳利益的选择时，是否也代表着整个社会的最佳选择？或者说，是否实现自身利益也就意味着实现了社会利益？

被视为经济学创始人的亚当·斯密（Adam Smith）对此的回答是肯定的。他认为，当我们追求自身利益时，有一只"看不见的手"在引导着我们提升社会利益。

亚当·斯密的观点对吗？追求自身利益真的有可能促进社会利益吗？本书接下来将帮助你了解经济学家对这个问题的看法及答案。为了帮助你思考这个问题，我们将用大众最感兴趣的四个话题进行说明。想必你对这些话题并不陌生，它们包括：

» 全球化；
» 信息革命；
» 气候变化；
» 政府预算赤字和债务。

全球化

全球化是指国际贸易扩张，企业将零部件生产和服务转移至其他国家的过程。这一趋势已经持续了几个世纪。但近年来，全球化进程逐渐加快。微芯片、卫星和光纤电缆降低了通信成本和全球化生产决策的成本。比如，当耐克决定提高运动鞋的产量时，马来西亚的工人就会有更多的工作机会。当史蒂文·斯皮尔伯格（Steven Spielberg）拍摄一部新电影时，新西兰的程序员会有机会编写代码来制作令人叹为观止的动画。

全球化带来了收入的快速增长，尤其在亚洲。但也有一些人没有跟上全球化的步伐。比如，美国制造业和日常服务业的工作岗位正在减少，非洲和南美洲的一些国家却没有与其他国家和地区共享繁荣。

跨国公司的老板因为生产成本低而受益，消费者因为进口商品成本低而受益。

但是，流离失所的美国工人就没有蒙受损失吗？另外，马来西亚的工人缝制一双新鞋，每小时只能挣几美分，不也很吃亏吗？全球化符合社会利益吗？还是说全球化只是在牺牲他人利益的情况下使部分人受益？

信息革命

我们生活在一个经济巨变的时代，这个时代被称为信息革命时代。这名字让人联想到 19 世纪的工业革命和 12 000 年前的农业革命。

过去 40 年发生的变化都基于一项核心技术：微处理器或计算机芯片。计算工具的速度越来越快，价格越来越便宜，并广泛应用于电信、音乐，以及数百万个自动化任务，而此前，这些任务均需要人工进行决策。当你在商店自助结账或使用银行的自动柜员机时，就是在以自动化的方式完成以前由人工来做的业务。还有一些我们看不到但是在广泛应用的自动化场景，包括机器人用于组装汽车、机器人在仓库中搬运货物等。在未来的 20 年里，超过 1/3 的人力将被新一代机器人取代。

计算机和机器人革命源于人们对自身利益的追求。创办英特尔的戈登·摩尔（Gordon Moore）和从哈佛大学辍学创办微软的比尔·盖茨（Bill Gates）那时候绝对不会想到，发明计算机会使我们更方便地按时提交论文。摩尔和盖茨以及成千上万的企业家追求的是巨大收益。然而，他们的成就确实让很多人的生活变得愈加美好。毋庸置疑，他们提升了社会利益。

但是，资源是否得到了最好的利用呢？英特尔和微软是不是定价太高了，导致太多的人买不起它们的产品？机器人取代人力是否符合社会利益？

气候变化

地球上的气温越来越高，两极的冰川正在融化。1880 年以来，地球表面温度上升了 1.4 ℉ ①，其中 2/3 的升幅发生在 1975 年之后。

大多数气候科学家认为，目前气候变暖的部分原因要归咎于人类的经济活动。这是人们关注自身利益的结果。而且若是任其发展，气候变暖将在未来带来巨大的经济损失。

每个人做出的能源决策是否损害了社会利益？需要做些什么才能让我们的选择符合社会利益？美国联合其他国家限制碳排放是否符合社会利益？还可以采取哪些

---

① 1 ℉ = 32 + 1℃ ×1.8。1 ℉ ≈ -17℃，此处疑原书有误。——编者注

措施应对气候变化?

政府预算赤字和债务

2000 年以来,美国政府每年都会出现预算赤字。美国政府平均每天的支出高于税收 16.6 亿美元,每天政府债务都会增长 16.6 亿美元。2000—2019 年,美国政府债务增加了 12 万亿美元,相当于每一个美国人在 2019 年要负担的政府债务达到 35 000 美元。

巨额赤字和债务只会引发更严重的问题。大约从 2020 年开始,美国老人享有的退休和医疗保健福利的成本越来越高,超过了当前税收所能承担的范围。在税收和福利比率不变的情况下,预算赤字越来越多,以致债台高筑。

赤字以及由此产生的债务不可能无限期地持续下去,债务必须以某种方式偿还。公民行使选举权时,追求的是自身利益,那么他们的选择是否符合社会利益?美国联邦和各州的政客和官僚们的选择是否提升了社会利益?抑或只是服务于他们的自身利益?

刚刚提到的这四个话题带来的问题都很棘手。我们会在本书多处回溯这四个话题,解释在什么情况下能顾及社会利益,以及在什么情况下仍有亟待解决的问题。

1.2

经济学的思维方式

　　了解经济学的定义和经济学家试图回答哪些问题，我们就能够大致了解经济学的范畴。然而，这些并不能让学习者搞清楚经济学家是怎样思考这些问题的，也弄不懂他们是如何寻找这些问题的答案的。在本书中，我们将会展示经济学家思考问题的全过程。

　　首先，我们将解释哪些理念是经济学家用于构建其认知世界的。了解这些理念能让我们在短时间内学会像经济学家那样思考问题。其次，我们既把经济学看作一门社会科学，又将其视为政府、企业和个人可以使用的政策工具。

　　经济学的思维方式包括以下六点：

» 选择即交易；
» 成本就是为了达成目的而必须放弃的东西；
» 收益是能得到的东西；
» 人们通过比较收益和成本，从而做出理性选择；
» 大多数选择都是根据边际收益做出的关于"数量"的选择；
» 选择是对刺激的回应。

● 选择即交易

　　交易（tradeoff）即交换，是指通过放弃某物以获得另一事物的过程。当资源有限时，我们就必须做出选择，从可选的选项中进行选择。这时选择可被视为交易。当你选择一个事物时，就意味着放弃了原本可选择的另一个事物。

举例而言，你会在周六晚上做些什么呢？是熬夜学习准备经济学考试，还是和朋友一起玩乐？两项活动当然不能同时进行。你必须决定在每一项活动上投入多长时间。无论你做出怎样的选择，都意味着你放弃了另一项活动。如果你选择在学习上花更多的时间，你就不得不放弃和朋友一起玩乐。

● 成本：必须放弃的东西

某个事物的机会成本（opportunity cost）是你为了得到这个事物而必须付出的最大代价。你很可能一直将成本视为获得某个事物所必须花费的金钱。但是，再仔细想想：如果你花 10 美元买了一张电影票，那么你就不能用这笔钱去购买三明治了。因此，一张电影票实际上等值于一个三明治。一个事物的成本是为了得到它所必须放弃的东西，而不是花费的金钱。经济学家使用"机会成本"一词来强调这种成本观念。

作为学生，你面临的最大机会成本就是上学。这个机会成本由两部分组成：你因为花钱上学而无法买的东西和你因为要上学而没有时间做的事情。

让我们先来解释无法买的东西都有什么。你需要交学费和住宿费，购买图书和笔记本电脑等，如果不上学，你就会用这笔钱看球赛、看电影以及购买任何你喜欢的东西。然而，你失去的并不只是这些，你还失去了找工作和购买奢侈品的机会。假设你没上学，你能找到的最好工作可能是在咖啡店当店长，年薪 24 000 美元。那么，你去上学的另一部分机会成本就是，这 24 000 美元能买到的所有东西。

再来看看上学所耗费的时间。学生每周都得花很多时间上课、做作业、准备考试等，要参加这些学校活动，就必须牺牲做其他事情的时间，如运动、看电影以及和朋友玩乐。

上学的机会成本是指那些因上学而放弃的东西，即那些你买不起，也没有时间去享受的事情。你可能会觉得这个成本不怎么高昂，但里面其实包含了你放弃的所有商品、服务和时间，而不是金钱。

● 收益：你所能得到的东西

事物的收益（benefit）是指其能够为人们带来的成果或愉悦感，可以用一个人为了得到这成果或愉悦感而做出的牺牲来量度。收益的高低由个人喜好决定，比如一个人喜欢什么、不喜欢什么以及对某物的喜好程度。如果你能从游戏《堡垒之夜》中获得特别多的乐趣，那么这个游戏就给你带来了巨大的收益。如果你对马友友演奏的维瓦尔第大提琴协奏曲不感兴趣，那么马友友的音乐会就只能给你带来很少的收益。

有些收益很高且很容易辨识。比如，我们从上学中获得的收益，教育的投资带来的收益主要体现在毕业后，因为这时我们赚钱的能力提高了，可以享受更多的商品和服务，而有些收益就很低。比如，吃比萨给我们带来的满足感。

经济学家通过衡量一个人为获得某物而愿意支付的最大代价评估收益。人们通常会为能带来高额收益的事情放弃很多东西。比如，你可能会为了学业上的显著收益而牺牲大量的商品、服务和时间。然而，在收益较小的情况下，你可能就不愿意付出太多。比如，为了吃一块比萨，你可能只愿意放弃从 iTunes 上下载一首歌的代价。

● 理性选择

经济学的基本思想是，人们在做选择时，行为是理性的。理性选择（rational choice）是指在可获得的资源范围内，通过权衡各种选择，以实现最大化的结果。

人们怎样才能理性地做出选择呢？答案是比较各种选择的收益和成本，然后选择净收益（收益减去成本）最高的方案。

经济学家假设，如果选择成为一名理性的学生，那么你上学的收益就高于成本，上学使你的净收益最大化。对一名棒球运动员来说，日后赚取高收入的潜在机会使上学的机会成本高于从上学中获得的收益。因此，对这名棒球运动员来说，选择做一名职业运动员可以让净收益最大化（详见"聚焦教育的收益和成本"中对这些案例的深入探讨）。

选择的收益是由人的偏好决定的，所以即使面对相同的成本，不同的人也可能会做出不同的理性选择。例如，与香草冰激凌相比，你更喜欢巧克力冰激凌，但你的朋友更喜欢香草冰激凌，所以你选择巧克力冰激凌，你的朋友选择香草冰激凌都是理性选择。

事实证明，理性选择可能并不是最好的选择。例如，农民可能种植小麦而非大豆。当农作物上市时，大豆的价格可能会远高于小麦的价格。农民在做出选择时是理性的，但随后发生的事件却使得该选择的利润低于其他选择。

刚刚提到的所有理性选择（是否上学、吃巧克力冰激凌还是香草冰激凌、种大豆还是小麦）都是在两件事之间做出选择，非此即彼。许多选择都是这种类型，然而更多的选择则涉及做多还是做少的问题。

● 根据边际来决定做多少

假如在接下来的一小时，你可以一边学习，一边与朋友视频聊天，这并不是非此即彼的问题。如果让你决定在每项活动上能分配的时间，你就需要比较在学习上投入更多时间所带来的好处以及付出的成本。这时，你就是在做边际选择。

"边际"的同义词是"边界"或"边缘"。你可以将边际选择视为调整计划的边界或边缘，以确定最佳行动方案。边际（margin）选择意味着系统地、渐进地比较相关的备选方案。

边际成本

边际成本（marginal cost）是指增加一项活动产生的额外机会成本。某物的边际成本表示为了获得额外的 1 单位产出，你必须放弃的其他东西。比如，在一周内第三次去看电影的边际成本是多少呢？你看一部电影的边际成本是指为了看这部电影而必须放弃看其他电影的代价，这并不是指看完这三部电影时你必须放弃的东西。因为，在看前两部电影时，你已经付出了相应的成本，所以在看第三部电影时，这部分成本就不用计算在内了。

你做得越多，边际成本就会越高。你也明白，看电影会减少学习时间，导致成绩下滑。假设一周内看两部电影，成绩会下降 5 个百分点。那么，看三部电影就会使成绩下降不止 5 个百分点。看的电影越多，看电影带来的边际成本也会越高。

边际收益

边际收益（marginal benefit）是指在一项活动中增加单位产出所带来的收益。某事物的边际收益可以用我们为了获取该事物额外单位的收益而愿意放弃的东西来衡量。某事物的边际收益要根据以下这点来衡量：你自愿付出什么来获得额外 1 单位产出的收益。

边际收益的基本特征是递减性。想想电影给你带来的边际收益。如果你这周一直在努力学习并且不看电影，那么你下次看电影的边际收益就会很高。但是，如果你这周一直在看电影，而且已经累了，那么再看电影给你带来的边际收益就会很低。

因为看电影的边际收益会随着看电影的次数而变化，次数越多，边际收益越低，即你愿意为多看一部电影而放弃的东西就会越少。例如，你知道去看电影会减少学习时间，导致成绩下降，那么看电影的代价是成绩下降。一周内，你也许愿意放弃 10% 的成绩去看一部电影，但却不会愿意为了看第二部电影而让成绩继续下降。随着看电影次数的增加，你花钱去看电影的意愿就会降低。

理性选择

你会在一周内看三次电影吗？通过比较边际收益和边际成本，我们可以得到答案。

如果看一部电影的边际成本小于其边际收益，那么看第三部电影的收益就会大于成本。由于净收益增加，所以去看第三部电影的选择是理性的。

如果这部电影的边际成本大于其边际收益，那么看第三部电影的成本就会大于收益。由于收益减少，所以选择去学习就是理性的。

当边际收益等于边际成本时，这个选择还是理性的，因为也没有更好的选项可选了。稀缺资源正在以最佳的方式得到合理利用。

● 选择是对刺激的回应

人们做出的选择通常取决于面临怎样的刺激。刺激（incentive）包含奖励或惩罚，即用“胡萝卜加大棒”来鼓励或者阻止某项行动。人们面对“胡萝卜”时反应积极，面对“大棒”时反应消极。这里的“胡萝卜”是边际收益，“大棒”是边际成本。边际收益或边际成本的变化会导致人们的动机发生变化，从而改变其行为。

大多数学生认为，在考试前临时抱佛脚学习的效果要大于提前一个月学习的效果。换句话说，随着考试日期的临近，学习的边际收益就会增加，学习的动力就会更强。因此，我们发现临近考试的最后几天里，学生会增加学习时间，减少休闲活动。而且考试越重要，这种效应就越大。

边际成本的变化也会改变刺激因素。假设上周，你发现课程作业很简单，并且在测验中考了 100 分，那么你认为晚上休息一下，去看电影的边际成本就会很低，而且下次考试的成绩也不会受到影响，所以你就去看电影了。但本周情况发生了一些变化，这次的作业很难，而且测试分数很低，即使这周只出去玩一晚，你在下一次考试中的成绩也会受到影响。此时，看电影的边际成本就会很高，所以你决定不去看电影。

经济学的一个中心思想是，人们可以通过观察刺激因素的变化，从而预测选择变化。

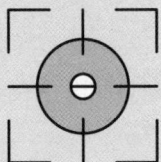

聚焦教育的收益和成本

你做出的决定是否正确

决定是否上大学具有经济学意义。你要在上大学、上班与休闲娱乐之间做出选择。你对收益和成本进行比较后，就可以对刺激因素做出回应了。

你选择上大学而不是去工作，这个决定确实是正确的吗？或者，如果你在上班时还利用闲暇时间学习，那么你的选择是否正确？上大学是否有足够大的收益产出来证明为此付出的成本是合算的？

上大学的收益

上大学有很多好处，人们愿意为此付出很多代价。这些代价分为两大类：短期的享受和远期的高收益。

你可以轻易列出在学校和朋友一起做的所有趣事，如果没有这些朋友和学校提供的社交互动机会，那么这些事情就很难实现。

虽然上面所说的这些社交互动很难用金钱来衡量，但是其他收益是可以被量化的，如未来的高收入。

高中毕业生的平均年收入为 40 000 美元，而大学毕业生的平均年收入为 76 000 美元。

因此，通过上学，一个人的平均年收入有望增加 36 000 美元。

随着经济生产力的提高，物价上涨和收入的增加，年收入可能还会有所提高。

上大学的成本

上大学的机会成本是指你为了继续求学深造而不得不放弃的享乐，如必须放弃的商品、服务和时间。全日制学生的经济支出也属于其机会成本，例如：

* 学费；
* 购买图书和其他学习用品的支出；
* 放弃的收入。

对就读自己家乡州立大学的美国学生来讲，每年的学费约为 10 000 美元；每年用于购买图书和其他学习用品的支出大约为 1000 美元；如果高中毕业后就去工作，每年的工资约为 24 000 美元，而选择继续上学的你就赚不到这份收入了。

因此，在学校上学的总成本约为每年 35 000 美元，学制 3 年就要花费 105 000 美元，学制 4 年要花费 140 000 美元。

净收益

仅额外收入这一项，每年就能带来 36 000 美元的收入，工作 10 年就是 360 000 美元，工作 40 年就是 1 440 000 美元。

但成本是当前已经支出的，收益则通常延迟到将来某个时刻才能实现。因此，我们需要贴现未来收益，将其折算为现值，以便与当前成本进行合理的比较。在稍后的经济学课程中，我们将会介绍怎样操作。然而，即使成本是现在付出的，收益是未来获得的，净收益也依然很大。

上大学是最好的选择吗

克莱顿·克肖（Clayton Kershaw）在 18 岁时获得了得克萨斯州农工大学的棒球奖学金。这笔奖学金虽然无法全额抵扣学费，但也为他减轻了不少负担。

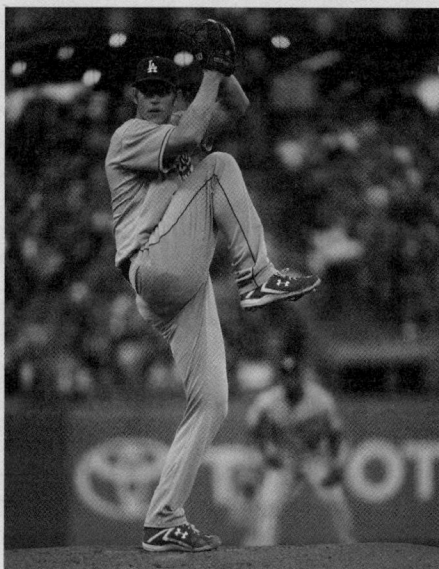

但是除了上学，克莱顿还有其他选择。他被评为 2006 年美国职业棒球大联盟选秀的最佳高中生，洛杉矶道奇队给了他一笔签约奖金，据说高达 230 万美元。

因此，克莱顿拒绝了得克萨斯州农工大学的棒球奖学金，成功与道奇队签约。

作为首发投手，克莱顿在道奇队表现出众，一下就赚了 3000 万美元。

克莱顿接受大学教育的机会成本远远超过了他毕业后可能获得的收益。所以，他做出了正确的决定。

1.3

经济学既是社会科学也是政策工具

经济学既是一门社会科学，也是可以为政策决策提供建议的工具箱。

● 经济学是社会科学

经济学家试图通过物理学家提出的科学方法理解和预测经济力量的影响。科学方法是一种通用方法，这种方法可系统性地检测哪些是有效的、哪些是无效的。这一方法最初是为了解决一些由观测事实推导因果关系的问题而产生的。比如，经济学家可能想知道：为什么计算机越来越便宜，并且使用计算机的人越来越多？是由于越来越多的人来买计算机，计算机才变得更便宜了？还是因为计算机越来越便宜，买计算机的人才会越来越多？还是由于第三方因素导致计算机价格下降、用户数量增加呢？

经济模型

科学家接下来要做的是建立一个模型，为研究的问题提供可能的答案。所有科学研究都要使用模型。经济模型（economic model）是对经济或一部分经济的描述，仅包括为了解释和理解客观事实必须提取的一些特征。

模型就像地图一样。如果你想在一个陌生的城市从 A 处开车到 B 处，那么你可以使用街道地图。从地图中获得的信息要比从卫星照片中获得的信息多！

在经济学中，我们经常会使用基于数学和图形的模型。上文提到的关于计算机价格和用户数量的问题，将在第 4 章"需求与供给"中基于图形的模型得到解答。

基于事实验证模型的预测

科学家要做的下一步是：用事实来检验模型的预测是否准确。物理学家通过实验检测模型是否符合客观事实。经济学家的任务要比物理学家难得多，但他们仍然要遵循科学。为了检验模型的预测是否贴合现实，经济学家通常会采用以下三种方法：自然实验、统计调查和实验室实验。

自然实验是指在经济生活的正常过程中进行的实证实验。在这种实验中，研究对象的某一条件不同，而其他条件相同（或相似）。例如，加拿大的失业救济金高于美国，但两国民情相似。因此，为了研究失业救济金对失业率的影响，经济学家可能会对美国与加拿大进行比较分析。

统计调查用于寻找相关性，即两个变量的值以可预测且相关的方式联动，可以呈现趋势的方向（正相关或负相关）。有时，相关性表现为一个变量对另一个变量的因果影响。例如，吸烟和肺癌存在相关性，吸烟会导致肺癌。但有时因果关系的方向很难确定。

实验室实验将个体（通常是学生）置于特定的决策环境，通过逐步改变一个条件，试图发现他们在应对变化刺激方面的反应和决策行为。如今，还有些经济学家（神经经济学家）正在研究决策者的大脑活动。

分歧：规范陈述与积极陈述

经济学家时常会对同一事物产生分歧。有些分歧可以通过事实检测解决，有些则不能。事实都无法解决的分歧是规范性的，比如关于"应该是什么"这样的分歧。"我们应该少烧煤"这句话是规范陈述。你可以表示同意或不同意，但却不能用事实去进行验证。这句话中没有包含可以用事实验证的内容。因此，社会科学家都会尽量避开规范陈述。

可以用事实解决的分歧是积极的，比如与"是什么"相关的分歧。这些分歧可以通过仔细观察事实解决。"燃烧煤炭会提高地球的温度"是积极陈述，是可以用事实验证的。事实有时无从获知，有时难以解释，因此分歧会一直存在。分歧是一门科学健康发展的基本特征。

● 经济学是政策工具

经济学家提议的所有政策问题都同时关乎积极陈述和规范陈述。经济学难免会带有规范的成分，即政策目标。然而，经济学是可以帮助政府明确政策目标的。对于给定的目标，可以运用经济学工具评估备选的解决方案，并找到能够最充分利用资源的解决方案。

例如，如果一项政策的目的是减轻贫困，那么经济学家可以解释"能否通过提高最低工资实现这一目标"。

有一些顶尖经济学家还兼任政策顾问。比如，珍妮特·耶伦（Janet Yellen）辞去了加利福尼亚大学伯克利分校的教授职务，于 2014 年 2 月 3 日至 2018 年 2 月 5 日担任美国联邦储备委员会主席。

1.4

经济学既是工作技能也是生活技能

学习经济学可以从事哪些工作？与经济学相关的岗位数量可能会增加还是减少？经济学专业的学生毕业后能挣多少钱？从事经济学相关工作需要具备哪些技能？

● 经济学的就业方向

学习经济学，日后可以攻读硕士或博士学位，这是成为经济学家的必经之路。走这条路的人相对较少，但对于那些选择经济学专业的人来说，这是一项令人激动的挑战，有利于他们日后找到满意的工作。经济学是许多专业的研究生的必修课程，如法学专业、商务管理专业、公共卫生专业等。

一些经济学专业的学生创办了自己的企业。弗雷德·史密斯（Fred Smith）便是其中一个著名的例子。他在耶鲁大学读本科时写了一篇学术论文，在其中设想了一项先进的技术，并由此创建了联邦快递（FedEx）。

但大多数经济学专业的毕业生都在私营公司、政府或国际组织工作，收集和分析数据、预测未来趋势，并研究高效使用资源的方法。经济学家的工作有很大一部分是撰写报告、发表演讲。

经济学专业也衍生出了"分析师"的工作岗位，包括市场研究分析师、金融分析师和预算分析师，目前有近百万人从事这些工作。

市场研究分析师主要通过分析购买模式的相关数据，预测产品成功的可能性以及购买者愿意为此支付的价格。

金融分析师主要研究利率、股票和债券价格的趋势与波动，试图预测借贷成本和投资回报。

预算分析师主要记录公司的现金流量，即现金收支状况，还要做好预算，预测公司未来的现金流。

图 1-1 展示了经济学专业的就业规模与分布情况。

岗位名称	2014 年	2024 年
经济学家	21 500	22 700
预算分析师	60 800	62 300
金融分析师	277 600	310 000
市场研究分析师	495 500	587 800
岗位总数	855 400	982 800

注：这张表呈现了 2014 年运用经济学理念和工具的经济学家和分析师的岗位数量，还预测了 2024 年的数量。

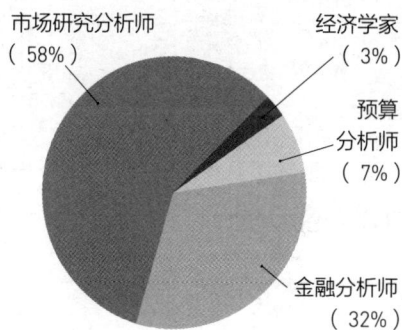

注：饼图显示了经济学专业就业岗位的相对数量。经济学专业的毕业生大多从事市场研究（58%）和金融（32%）方面的工作。

图 1-1 经济学专业的就业规模与分布情况

资料来源：美国劳工统计局。

经济学专业的工作岗位会增加吗

美国劳工统计局预测，2014—2024 年：

» 获得博士学位的经济学家人数将增长 6%；
» 预算分析师的人数将增长 2%；
» 金融分析师的人数将增长 12%；
» 市场研究分析师的人数将增长 19%。

在大数据时代，数据大爆炸使分析数据这一行为可以带来巨大的利润空间。社会对能够理解和挖掘数据模式的人才需求也将大幅增加，经济学专业的学生就属于这类人才。

经济学专业的薪资待遇如何

经济学专业的薪资因工作类型和求职者资历的差异而有所不同。美国的一家薪水调查公司 Payscale 的报告显示，经济学家的年薪范围为 41 226 ～ 124 177 美元，平均年薪为 72 279 美元。

美国经济学会（American Economic Association）的报告称，经济学专业毕业生的年薪约为 10 万美元，目前只有化学工程和应用数学专业毕业生的年薪超过了这个数值。

图 1-2 比较了经济学专业毕业生和其他专业毕业生的薪资水平。

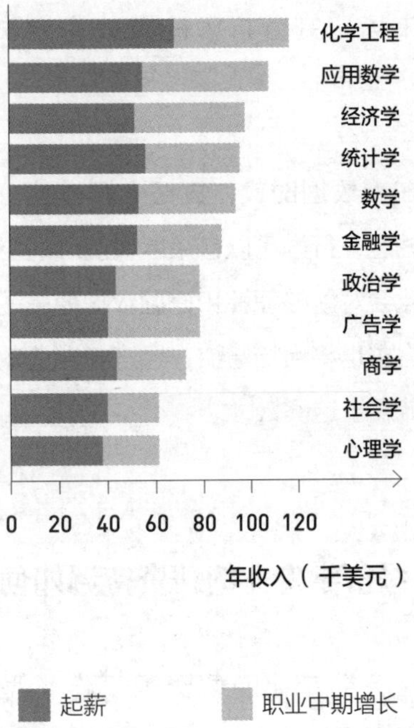

注: 经济学专业毕业生的收入并不是最高的，化学工程和应用数学专业毕业生的年收入更高。在职业生涯中期，经济学专业毕业生的年收入为 10 万美元，高于大多数其他专业毕业生的薪资水平。

图 1-2 经济学专业和其他专业毕业生的薪资待遇

资料来源: 美国经济学会。

● 经济学工作所需技能

应聘经济学相关工作岗位时，求职者应掌握的五项技能包括：

> » 批判性思维能力；
> » 分析能力；
> » 数学能力；
> » 写作能力；
> » 口头沟通能力。

批判性思维能力

批判性思维能力，即使用逻辑和相关证据阐明问题并解决问题的能力。

分析能力

分析能力，即运用经济思维和经济工具检查数据、发现规律并得出合乎逻辑的结论的能力。

数学能力

数学能力，即运用数学和统计工具分析数据并得出有效结论的能力。

写作能力

写作能力，即能够以目标受众为主，用言简意赅的文字提出想法、陈述理由、得出结论的能力。

口头沟通能力

口头沟通能力，即在与同事沟通或在商务会议上解释想法、陈述理由并得出结论的能力。

● 生活经济学

经济学也是一种生活技能。我们能从经济学中学到很多技能，还有一些工具。它们能帮助我们在生活的方方面面做出决策：

> » 个人；
> » 商业；
> » 政府；
> » 社区。

个人决策

你必须在申请助学贷款与找一份薪水更高的工作之间做出选择；你必须在租房还是借钱买房之间做出选择；你必须合理分配学习、工作、志愿服务、关心他人以及休闲娱乐等活动的时间；每个人都必须决定在即将到来的选举中投票给谁。

商业决策

索尼必须决定，是否在智能手机市场上与苹果竞争；雪佛龙必须决定，在墨西哥湾开采石油还是在阿拉斯加开采石油；漫威影业必须决定，下一部电影拍什么。

政府决策

美国政府必须决定，是否处罚那些向海外转移工作岗位的公司，是否限制进口低价汽车和卡车。

社区决策

人们必须决定，是否自愿参加垃圾清理活动、慈善马拉松比赛或晨走小组。

经济学仿佛一个工具箱，提供工具以帮助人们在日常生活中做出决策。

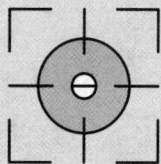

聚焦生活

时间分配

时间是稀缺资源，它被分配的方式会影响到人们的生活质量。比如，身体素质的好坏取决于体育锻炼时间的多少，成绩的高低取决于学习时间的多少。

我们的大部分时间被用于睡觉、个人护理、吃饭和出行等日常活动。然而，这些活动的时间安排是由个人自主决定的。此外，个人还可以选择在工作、参与体育运动、进行其他休闲活动以及接受教育（包括上课、完成作业和学习等）等方面花费多少时间。

你知道自己每天在睡觉、个人护理、吃饭、出行、工作、休闲与运动、教育活动上花了多长时间吗？

这里有一个涉及批判性思维的问题：你和一般同学相比，谁更努力？

这是一个涉及实证问题的情况。然而，在回答此问题之前，我们需要就"更努力"一词的定义达成共识，并且需要一些相关数据（事实）来支撑我们的论断。

首先，我们用每个工作日花费在工作和教育活动上的平均时间作为指标来衡量一个人的努力程度。

接着，我们需要调查你和其他同学的时间分配情况。

表 1-1 包括八项活动和两列数据，根据自己目前的时间分配情况，首先填写表格的第一列。

接着，花整整一周的时间进行实验，记录每天的时间使用情况，并计算出每项活动的实际平均时间。一周结束时，填写表格的第二列。

两列的数据相比差别大吗？是否与预期大相径庭？

现在，需要将你与其他同学的时间使用情况进行对比。为查清事实，美国劳工统计局进行了一项调查，结果如图1-3 所示。

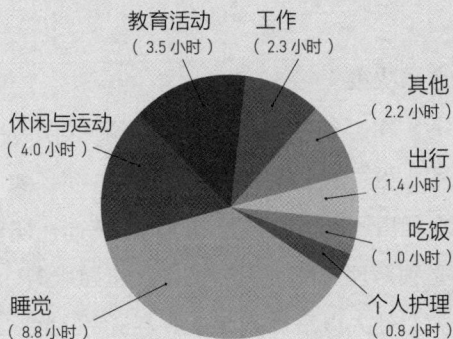

图 1-3　全日制学生的时间使用情况

资料来源：美国劳工统计局公布的美国人时间使用调查：2011—2015 年全日制大学生非假日工作时长的平均值。

所以，上面这个批判性问题的答案是什么？你会感到意外吗？谁努力的时间更长，是你还是其他同学？

看到这个答案，你是否想调整一下自己的时间分配方案？

表 1-1　你的时间分配情况

（单位：小时）

活动	预计时间	实际平均时间
睡觉		
个人护理		
吃饭		
出行		
工作		
休闲与运动		
教育活动		
其他		
总计	24.0	24.0

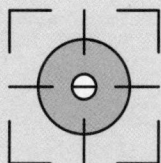

聚焦历史

亚当·斯密与经济学作为一门社会科学的诞生

在亚当·斯密之前，有很多人写过有关经济学的文章，但是亚当·斯密让经济学成为一门社会科学。

亚当·斯密于 1723 年出生于苏格兰，28 岁成为正教授，并于 1776 年出版了他的代表作《国富论》。

在书中，亚当·斯密提出了一个问题：为什么有的国家富裕，有的国家贫穷？他的回答是：劳动分工和自由市场使国家变得富强。为了证明自己的观点，他举了一个别针工厂的例子。亚当·斯密认为，18 世纪 70 年代，工人们使用手工工具加工别针，每人每天只能生产约 20 枚别针。然而，在使用相同手工工具的情况下，通过劳动分工，将生产过程分成若干个工序，每个工序由不同的人专门负责，那么 10 个人一天就可以生产出 48 000 枚别针。

但是，只有大规模的市场才能支持劳动分工，一家雇用 10 名工人的工厂每年需要销售超过 1500 万枚别针才能继续经营下去！

亚当·斯密认为自由竞争市场是财富的源泉。在一只"看不见的手"的引导下，只有商家不断追求利润，才能让资源创造出最大的潜在价值和财富。

第 1 章要点小结

1. 给经济学下定义，并解释经济学家试图回答哪些问题。

- 经济学是一门社会科学，研究针对稀缺性所做的选择以及影响和协调这些选择的刺激因素有哪些。
- 微观经济学是研究个体选择及其相互影响的学问，宏观经济学是研究国家经济和全球经济的学问。
- 经济学的一个重要问题：人们的选择如何最终决定商品和服务的生产内容、生产方式和服务对象？
- 经济学的另一个重要问题：为追求自身利益而做出的选择在什么情况下也能促进社会利益？

2. 解释经济学思维方式的定义。

六个理念定义了经济学思维方式：

- 选择即交易；
- 成本就是为了达成目的而必须放弃的东西；
- 收益是能得到的东西；
- 人们通过比较收益和成本，从而做出理性选择；
- 通过比较边际收益和边际成本，选择在边际上付出多少；
- 选择是对刺激的回应。

3. 解释经济学家作为社会科学家和政策顾问是如何工作的。

- 经济学家尝试运用科学方法来理解经济世界是如何运作的，通过创建经济模型，使用自然实验、统计调查和实验室实验对其进行测试。
- 作为政策顾问，经济学家阐明目标并评估解决方案。

4. 简述经济学专业可从事的工作，解释经济学作为工作技能和生活技能如何发挥作用。

- 经济学专业毕业生可以从事很多工作，如经济学家和分析师。
- 经济学专业的就业前景良好，且薪酬高于平均水平。
- 经济学和经济学思维方式是培养批判性思维与其他工作和生活技能的基础。

第 2 章

美国经济与全球经济

本章学习目标

» 描述美国生产的商品和服务有哪些，如何生产，以及为谁生产；

» 描述在全球经济中，人们生产什么、如何生产以及为谁生产商品和提供服务；

» 解释美国经济和全球经济的循环流程模型。

2.1

美国经济

谁制造了梦想客机？波音公司，对吧？也不完全正确。在本章中，我们将看到全世界有 400 家公司为梦想客机生产零部件。

美国生产的商品和提供的服务有数百万种，飞机只是其中的一种。要想了解美国生产的商品和提供的服务具体都有什么，不妨去美国的购物中心看看。在那里，看看标签就能知道这些商品是在哪里制造的。有些是在美国，但其中大多数是在其他国家制造的。在本章，我们将研究这些商品和服务都是什么以及在哪里生产的；它们是怎样被生产出来的，又是为谁生产的。接下来，我们的研究就从美国生产什么开始。

● 生产什么

我们将生产的商品和服务分为两大类：

» 消费品和服务；
» 生产资料。

消费品和服务

消费品和服务（consumption goods and services）是个人和政府在当前购买与使用的商品和服务。家庭购买的消费品和服务包括住房、汽车、瓶装水、拉面、巧克力棒、三明治、电影、速降滑雪课程以及医疗和牙科服务等项目。政府购买的消费品和服务包括警察和消防服务、垃圾收集和教育等。

生产资料

生产资料（capital goods）是企业和政府为增加生产性资源而购买的物品，目的是将其用于生产其他商品和服务。企业购买的生产资料包括汽

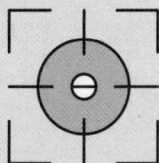

聚焦美国经济

生产什么

美国各行业占比如图 2-1 所示。

在服务业中的占比（%）

服务业 78.2		
医疗保健		20.9
房地产与租赁		15.5
专业和商业服务		14.5
理财服务和保险		8.7
批发贸易		7.0
零售业		6.5
信息		6.3
运输及仓储		3.6
住宿和餐饮服务		3.5
教育服务		1.5
艺术、娱乐和休闲		1.3

在制造业中的占比（%）

制造业 12.8	
化工产品	16.2
计算机	12.9
食品和饮料	12.4

建筑业 4.6
公共设施 1.8
采矿业 1.6
农业 1.0

占总产值的比重（%）　0　5　10　15　20　25

各类别占比（%）

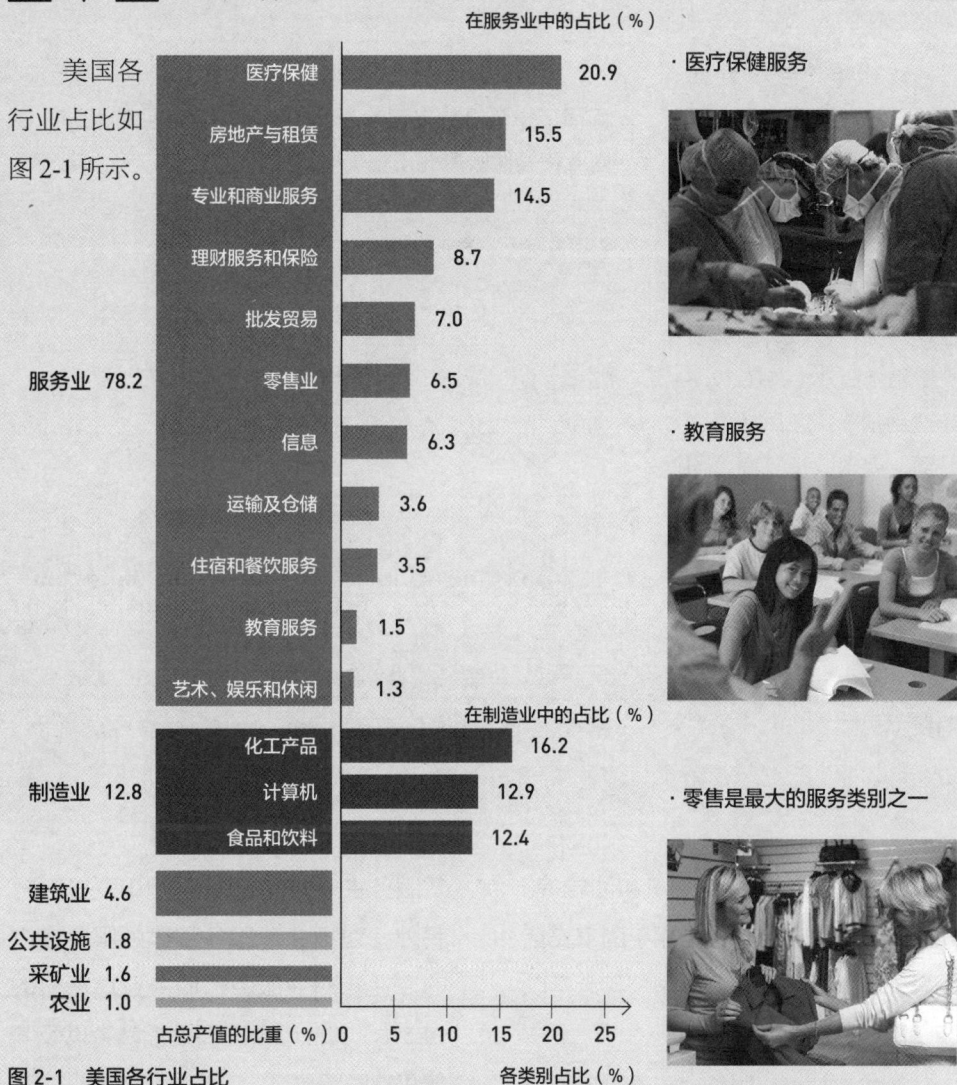

图 2-1　美国各行业占比

数据来源：美国经济分析局。

· 医疗保健服务

· 教育服务

· 零售是最大的服务类别之一

· 美国商品制造中最大的类别是食品制造

· 化工产品

· 计算机

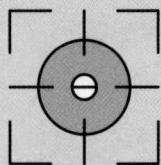

聚焦历史

产品的变化

1881 年，当戴维斯鞋业公司在缅因州的弗里波特镇开办了以蒸汽为动力的工厂时，该镇就成为制鞋中心。在接下来的数年里，陆续有很多制鞋商在这里建厂，该镇制鞋业产量稳步提升，并在 1968 年达到顶峰，之后却直线跌落。弗里波特鞋业公司于 1972 年关闭工厂，而这已经是四年间在该地区关闭的第 15 家鞋厂。如今，弗里波特镇经济的基本盘已经由制鞋转向购物消费（见图 2-2）。

类似于弗里波特镇制鞋业的故事在美国一再上演，解释了一个日益普遍的趋势，即随着制造业的衰退，零售业和其他服务业正在扩张。

皮鞋产量（百万双 / 年）

图 2-2 弗里波特镇制鞋业的发展历史

资料来源：线上美国历史统计大全千禧年版和美国统计摘要。

车装配线、购物中心、飞机和油轮等。政府购买的生产资料包括用于国家安全的导弹和武器系统、公立学校和大学以及州际公路等。

按价值计算，服务业占美国总产值的 78.2%，而且这一百分比在近些年没有太大波动。在"聚焦美国经济"中，我们会把商品和服务划分为更小的类别。

医疗保健是最大的服务类别，占服务业总产值的 20.9%。房地产与租赁服务紧随其后，占 15.5%，房地产与租赁服务主要面向出租房产和自住房产。另外，包括会计服务和律师服务在内的专业和商业服务占服务业总产值的 14.5%。其他服务主要是指教育以及零售和批发贸易。

制造业仅占总产值的 12.8%，而类别最庞杂的化工产品在总产值中的占比不到 2%。

建筑业占总产值的 4.6%，而公共设施、采矿业和农业加起来仅占 4.4%。美国农业的产值仅占总产值的 1%。

商品和服务的产出需要使用生产资料。经济学家将生产资料称作 生产要素（factors of production），包括四个类别：

» 土地；
» 劳动力；
» 资本；
» 企业家精神。

土地

在经济学中，土地（land）资源包含所有用于生产商品和提供服务的"大自然的馈赠"。通俗地讲，土地资源就是我们所说的自然资源。它包含日常生活中常见的土地、矿产、能源、水、空气以及野生植物、动物等。这些资源中有些是可再生的，有些是不可再生的。美国地质调查局建立了一个国家自然资源数量及质量的数据库，时刻监测其变化。

美国国土面积近 20 亿英亩[①]。其中森林、湖泊和国家公园约占国土面积的 45%。2009 年，农业用地约占 50%，城市用地约占 5%。然而，城市用地在不断增加，农业用地在不断减少。

地表资源和水资源是可再生的，一些矿产资源也可以回收利用。然而，还

---

① 1 英亩 = 0.004 平方千米。

如何生产

有很多矿产资源是不可再生的资源。在这些资源中，美国已探明的煤炭、石油和天然气储量十分丰富。

劳动力

劳动力（labor）资源是人们为生产商品和提供服务所付出的时间和努力。从农场、建筑工地到工厂、商店和办公室，无论体力劳动者还是脑力劳动者，都属于劳动力。美国人口普查局和劳工统计局每月都会统计在职人员的数量。

2019 年 3 月，美国参与工作或具备工作能力的人数有 1.63 亿。在这些人中，有些从事全职工作，有些从事兼职工作，还有一些处于失业状态但正在寻找合适的工作岗位。2019 年，美国人的总工作时长约 2800 亿小时。

劳动力资源量随着成人数量的增加而增加。如果就业人员比重上升，则劳动力资源量也会增加。在过去的 50 年中，大量女性参加工作，赚取薪水。这一趋势增加了劳动力资源量。同时，工作赚钱的男性比重略微下降，使得劳动力资源总量也有所减少。

劳动力资源的质量取决于人们的技能水平。一个只会用手推车却不会开卡车的工人，其生产率远低于会开车的工人。会用计算机的上班族的工作效率高于不会用计算机的。经济学家给人类技

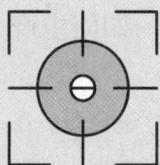

聚焦美国经济

信息经济中生产方式的变化

信息经济包括那些使用计算机以及计算机芯片驱动的设备进行生产的岗位和企业。这种信息经济在日常生活中随处可见。

有两组图片给出了两个示例，显示了新技术的能力，即资本足以替代劳动力。

第一组图片是自动柜员机（资本）替代银行出纳员（劳动力）的例子。尽管人类早在 50 年前就发明了自动柜员机，但它最初只用于银行内部，而且无法更新客户的账户。直到近十年前，自动柜员机才在街边小店得到普及，让我们几乎在世界上的任何地方都能存取现金和查询银行余额。

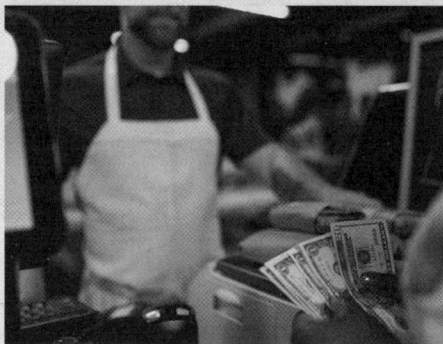

第二组图片是近年来资本替代劳动力的例子：感应刷卡。如今，购物者只需在商店柜台的银行终端机上刷智能手机就能为选定的商品买单。这种新技术使资本替代了劳动力，使人们能够瞬间完成支付。

银行出纳员和店员的岗位数量正在减少，但新技术也创造了大量新的工作岗位，如制造、编程、安装和维修机器等。

能起了一个特殊的名字：人力资本。人力资本（human captital），又称技能资本，是人们从教育、在职培训和工作经历中获得的知识和技能。

比如，学习经济学课程和其他科目，可以提升自我的人力资本价值。当我们找一份全职工作并做得越来越好时，就意味着我们的人力资本也会随之增长。人力资本提升了劳动的质量，使劳动产出的商品和服务的数量得以增长。

资本

资本（capital）是指过去生产的，而现阶段供企业用于生产商品和提供服务的那些工具、仪器、机器、建筑物和其他物品。像锤子和螺丝刀、计算机、汽车装配线、办公大楼，以及仓库、水坝、发电厂、飞机、饼干工厂和购物中心等都属于资本。

资本还包括未售出的商品或生产线上的半成品。还有些资本被称为基础设施，如高速公路和机场。

资本，如人力资本那样，可以提高劳动生产率。与用手推车的工人相比，卡车司机可以提供更多的运输服务；与之前的老旧公路系统相比，州际公路系统能提供更多的运输服务。

美国商务部经济分析局时刻关注着美国的资本总价值及其增长情况。如今，美国经济中的资本价值约为60万亿美元。

金融资本不是资本。在日常用语中，我们将货币、股票和债券统称为资本。但这些属于金融资本，不属于生产资料。人们可以通过股票和债券为企业提供金融资源，但它们不被用于生产商品和提供服务，因此不能算作资本。

企业家精神

企业家精神（entrepreneurship）是指组织劳动力、土地和资本生产商品和提供服务的人力资源具有的一些特征。企业家富有创造力和想象力。他们开创性地提议生产什么和怎么生产，做出商业决策，并承担这些决策带来的风险。如果他们的点子奏效了，就意味着有利可图；如果点子被证明是错误的，那么他们必须承担损失。

企业家精神很难被描述或量度。有时，我们觉得周围尽是些富有想象力的企业家。比如，山姆·沃尔顿（Sam Walton）创建了堪称世界上最大的零售商之一——沃尔玛；比尔·盖茨创建了微软帝国；凯莉·詹纳（Kylie Jenner）创建了凯莉化妆品公司。这些都是具有非凡企业家精神的例子。然而，这些备受瞩目的企业家只是"冰山一角"，这座"冰山"是由成千上万个大大小小的企业组成的。

● 为谁生产

人们收入的高低决定了所获商品和服务的多少。高收入的人可以购买大量的商品和服务，而低收入的人只能拥有少量的商品和服务。

人们通过出售他们拥有的生产要素赚取收入。使用土地就要支付租金（rent），使用劳动力就要支付工资（wages），使用资本就要支付利息（interest），企业家经营企业，赚取利润（profit）或承担亏损（loss）。在美国，这四种要素赚取的收入份额分别是多少？哪个要素的占比最大呢？

图 2-3a 回答了这些问题。该图显示 2017 年的工资收入占该年总收入的68%，租金、利息和利润收入占总收入的 32%。随着时间的推移，这些数据逐渐趋于稳定。我们把收入在生产要素之间的分配称为功能收入分配。

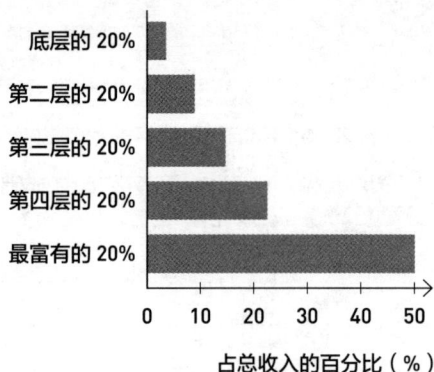

图 2-3b 显示了 2017 年的个人收入分配情况，即家庭收入分配。有些家庭，如克莱顿·克肖家，年收入数百万美元。这些家庭属于最富有的 20% 的家庭，他们的收入占全美所有家庭总收入的 50%。还有一些家庭处于天平的另一端，如小餐馆的服务员们，属于贫穷的那 20%，其收入仅占全美所有家庭总收入的 3.5%。这种收入差距正变得越来越大。富人变得更加富有。总的来说，并不是穷人变得更穷了，只是他们的收入没有富人的增长得那么快。

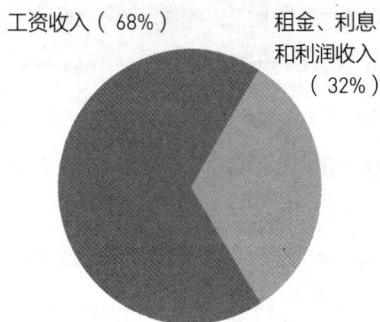

工资收入（68%）　租金、利息和利润收入（32%）

底层的 20%
第二层的 20%
第三层的 20%
第四层的 20%
最富有的 20%

0　10　20　30　40　50

占总收入的百分比（%）

注：1. 2017 年，工资（劳动收入）占总收入的68%。租金、利息和利润（来自土地、资本和创业服务的收入）合计占 32%。

2. 2017 年，收入最高的 20% 的人口，其收入占总收入的 50%。收入最低的 20% 的人，其收入仅占总收入的 3.5%。

a）功能收入分配　　　　　　　b）个人收入分配

图 2-3　2017 年的生产和服务对象

资料来源：美国经济分析局，《国民收入和产品账户》表 1-10；美国人口普查局，《美国的收入和贫困状况》（2017 年），当前人口报告 P60-252，2018 年。

2.2

全球经济

我们现在来看看，在全球经济中，生产什么、怎样生产以及为谁生产。首先，我们简要介绍一下构成全球经济的人口和经济体。

● 人口

登录美国人口普查局网站，查看人口时钟，可以了解目前美国以及全球的人口数量。截至 2019 年 4 月 10 日，人口时钟显示，美国的人口数量为 328 701 000。世界时钟显示，全球人口总数达到 7 564 563 000。美国的人口时钟滴答作响，平均每 15 秒就会增加 1 人。世界人口时钟转得更快，平均每 15 秒增加 30 人。

● 经济体

截至本书出版时，世界上有近 76 亿人口（人口数量仍在不断增加），分布在 194 个经济体中。国际货币基金组织将这些经济体分为两类，分别为：

》发达经济体；
》新兴市场和发展中经济体。

发达经济体

发达经济体是指世界上最富有的 39 个国家或地区。发达经济体包括美国、日本、意大利、德国、法国、英国和加拿大等，还包括四个亚洲新兴工业化经济体，即中国香港、韩国、新加坡和中国台湾。澳大利亚、新西兰和大部分西欧其他国家也属于发达经济体。发达经济体的人口总量约为 10 亿，占世界人口的 15%。

新兴市场和发展中经济体

新兴市场和发展中经济体包含 155 个经济体。新兴经济体位于中东欧和亚洲。中欧、东欧和亚洲都有新兴经济体，新兴经济体的人口总量约为 5 亿，只有发达经济体的一半。这些经济体正在从国有生产、中央经济计划、受到严格监管的市场体系，向自由企业且不受监管的市场体系转变，因此得名"新兴经济体"。

发展中经济体包含位于非洲、亚洲、中东、欧洲以及中美洲和南美洲的大多数国家。超过 55 亿人分布在发展中经济体，几乎占世界人口的 4/5。

发展中经济体在经济规模、平均收入水平以及产出和收入增长率方面差异巨大。但所有发展中经济体的平均收入都远低于发达经济体，其中一些经济体的收入甚至极低。

五个新兴市场和发展中经济体的人口总量为 31 亿，占世界人口总量的 41%，被称为金砖国家（巴西、俄罗斯、印度、中国和南非）。这些国家会定期举行会议，促进国家利益的增长，并关注各个国家的发展问题。

● 全球经济情况

首先，让我们放眼全局。想象一下，每年全球经济都是一块大蛋糕。2018 年，这块大蛋糕价值约 135 万亿美元！为了使这个数字更加直观，我们打个比方：如果将这块蛋糕平均分配给世界上的 76 亿人口，那么每个人将得到一块价值略低于 18 000 美元的蛋糕。

全球经济"大蛋糕"在哪儿烘焙

图 2-4 向我们展示了全球经济大蛋糕的分布比重。发达经济体生产了蛋糕的 40%，其中美国 15%，欧盟 16%，其他发达经济体 9%。这 40% 的全球经济大蛋糕是由占世界人口总数 15% 的人生产出来的。

图中突出的金砖国家经济体，其产量占全球总产量的 33%。其中，中国 19%，在该集团中占主导地位，而占比最少的成员国南非的产量仅占全球产量的 1%。这 33% 的全球经济大蛋糕是由占世界人口总数 42% 的人生产出来的。

剩余 27% 的全球经济大蛋糕则来自非洲、亚洲、中东和西半球其他新兴市场和发展中经济体，这些经济体的人口约占世界人口的 43%。

真正的蛋糕每一切块的馅料都一样，但全球经济大蛋糕里每一块的馅料却不尽

图 2-4　2018 年全球经济情况

中国（19%）　　南非（1%）

金砖国家（33%）

其他非洲和中东国家（10%）

其他新兴市场和
发展中经济体（2%）

印度（8%）

其他西半球国家（8%）

俄罗斯（3%）

巴西（2%）

其他亚洲发展中
经济体（7%）

美国（15%）

欧盟（16%）

其他发达经济体（9%）

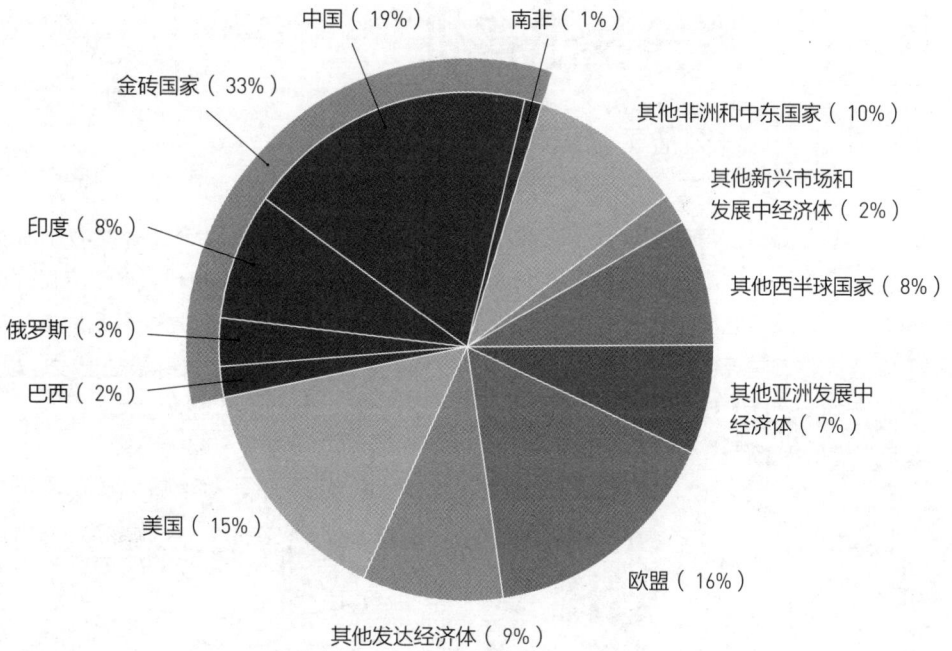

注： 如果我们把世界经济的生产价值看作一整块蛋糕，美国生产的这一块占总量的 15%，欧盟占 16%，其他发达经济体占 9%，所有发达经济体的产量占全球总产量的 40%；金砖国家经济体占另外的 33%，中国占世界总产量的 19%，在金砖国家中占主导地位。全世界总产量的其余 27% 来自非洲亚洲、中东和西半球的其他新兴市场和发展中经济体。

图 2-4　2018 年全球经济情况

资料来源： 国际货币基金组织，世界经济展望数据库，2018 年 4 月。

相同。有些石油资源丰富，有些粮食储量惊人，有些盛产服装，有些则是房地产服务业发达，还有些是汽车业繁荣，等等。让我们看看其中的异同。

产品差异

发展中经济体生产的产品与发达经济体生产的产品形成了鲜明的对比。制造业里可有大门道。发展中经济体拥有庞大且不断增长的制造业，生产纺织品、鞋类、运动装备、玩具、电子产品、家具、钢铁，甚至汽车和飞机。

粮食生产在美国和其他发达经济体中只占其生产产品的一小部分，而在巴西、中国和印度等发展中经济体中，粮食生产占很大一部分。然而，发达经济体的粮食产量

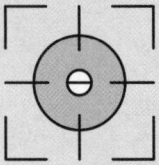

聚焦梦想客机

谁制造了梦想客机

梦想客机由波音公司设计、组装和销售，但实际上这款客机却是由四个大洲 400 多家公司雇用了数千名工人和使用价值数百万美元的专业设备，联合起来制造的。图 2-5 列出了其中一些公司及其制造的零部件。

波音公司会同这些公司做出决策，向工人、投资者和材料供应商支付报酬，规定生产什么、怎样生产以及为谁生产。所有这些决策都从自身利益出发，以期尽可能地降低飞机制造成本。

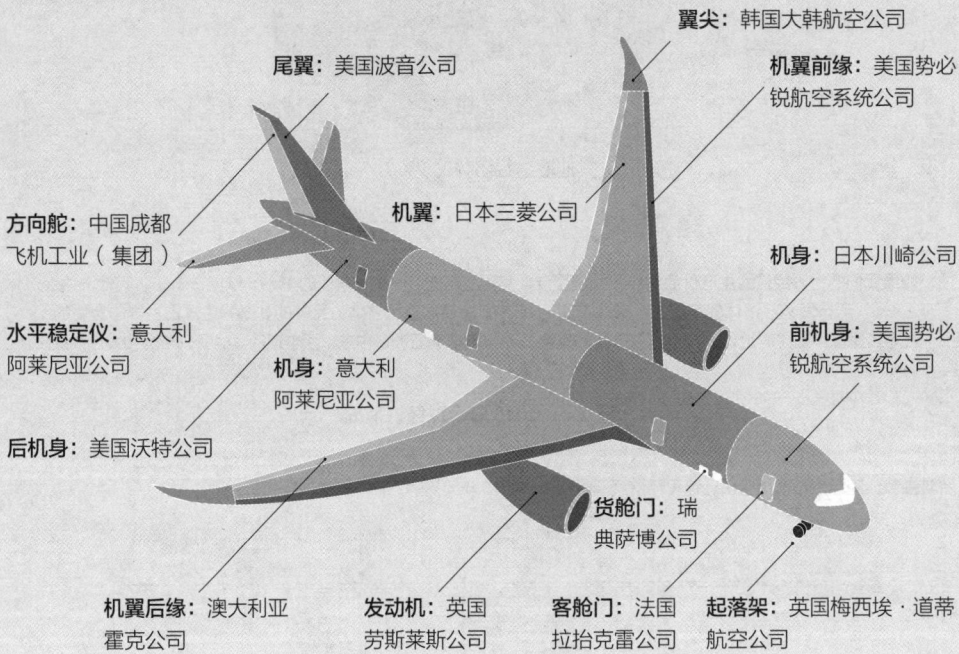

翼尖：韩国大韩航空公司

机翼前缘：美国势必锐航空系统公司

尾翼：美国波音公司

机翼：日本三菱公司

机身：日本川崎公司

方向舵：中国成都飞机工业（集团）

水平稳定仪：意大利阿莱尼亚公司

机身：意大利阿莱尼亚公司

前机身：美国势必锐航空系统公司

后机身：美国沃特公司

货舱门：瑞典萨博公司

机翼后缘：澳大利亚霍克公司

发动机：英国劳斯莱斯公司

客舱门：法国拉抬克雷公司

起落架：英国梅西埃·道蒂航空公司

图 2-5 梦想客机的供应商

却约占世界的 1/3。这是怎么回事儿呢？因为发达经济体的总产量比发展中经济体大得多，大体量中生产的一小部分可能要比小体量中生产的一大部分的生产量更大！

产品的相似之处

如果去加拿大、英国、澳大利亚、日本或任何其他发达经济体的购物中心，你会恍惚以为自己还在美国。你能看到星巴克、汉堡王、必胜客、达美乐比萨、肯德基、凯马特、沃尔玛、塔吉特、盖璞、汤米·希尔菲格、露露乐蒙、香蕉共和国，高奢品牌路易威登和博柏利，以及许多其他熟悉的名字。当然，你还会看到麦当劳的金色拱门。麦当劳 30 000 家门店分布于 119 个国家和地区。去其中任何一个国家和地区，你都能看到麦当劳的招牌。

发达经济体的相似之处不仅在于街市和购物中心，还在于其生产结构的相似性。就经济总量的占比而言，农业和制造业规模较小且在逐渐萎缩，而服务业规模较大且在持续扩大。

● 在全球经济中，产品是怎样生产的

商品和服务是用土地、劳动力、资本和企业家精神生产的，人们选择这些资源的组合方式，以尽可能低的成本生产。每个国家或地区对生产要素的组合方式都不同，但发达经济体和发展中经济体之间却有一些非常有意思的共同模式和关键差异。接下来，我们仔细研究一下。

人力资本的差异

发达经济体与新兴市场或发展中经济体的最大区别之一，是人力资本的数量。发达经济体的人力资本水平要比新兴市场或发展中经济体高得多。

教育是衡量人力资本水平最便捷的标准。像美国这样的发达经济体，几乎每个人都完成了高中学业，还有 30% 的美国人完成了至少四年的大学教育。

相反，在发展中经济体，完成高中学业或拥有大学学位的人口比例很小。在最贫穷的发展中经济体中，许多儿童甚至没有接受过基础教育，因为他们根本就上不了学。

与发达经济体相比，在发展中经济体，人们参加在职培训和获取工作经验的机会也少得多。

物质资本的差异

发达经济体区别于发展中经济体的另一个主要特征是，可用于生产商品和服务

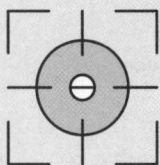

聚焦全球经济

生产方式的差异

图中三组示例说明了商品和服务的生产方式存在很大差异。

比如，洗衣服务（上）、运输服务（中）和公路系统（下），有的使用大量资本而几乎不使用任何劳动力（左），有的几乎不使用资本却要使用大量劳动力（右）。

资本密集型的自动洗衣设备、大卡车和多车道高速公路在发达经济体中很常见，但在较贫穷的发展中经济体中却很少见。

在发展中经济体经常能看到如下场景：人们在河边洗衣服、使用人力拉车、行驶在尘土飞扬的道路上。

但我们也应看到，即使在发展中经济体内部，也存在巨大差异。例如，城市完善发达的公路系统与农村坑洼不平、险象环生的道路。

的资本数量不同。首先是交通体系的差异。在发达经济体，四通八达的公路系统连接了所有主要城市和产地。打开手机上的地图软件，美国得克萨斯州的州际公路系统与墨西哥稀疏的几条高速公路形成了鲜明的对比。如果我们将视野跨过大西洋，查看西欧和非洲的高速公路系统，也会看到类似的差异。

但发展中经济体并不是没有高速公路，也不是没有现代的卡车和汽车。事实上，一些发展中国家甚至拥有最新、最好的交通设施，但这些设施通常位于大城市及其周边地区——请参阅"聚焦全球经济"。

农场和工厂的运输系统也形成了鲜明的对比。一般来说，经济越发达，生产中使用的资本设备的数量就越多，工序也越复杂。同样地，这也不是有和无的对比。印度、中国和亚洲其他地区的一些工厂使用的技术已经是最先进的。以家具制造业为例，为了满足美国消费者，生产高质量的家具，亚洲公司使用的机器和北卡罗来纳州家具厂使用的机器没什么两样。

发达经济体和发展中经济体之间，人力资本和物质资本的差异对谁能获得商品和服务会产生很大的影响，现在我们就来研究一下这个问题。

● 在全球经济中，产品是为谁生产的

谁能获得商品和服务，取决于人们的收入水平。我们现在来看看，收入在各个经济体内以及在全球是怎样分配的。

个人收入分配

如前文所述，在美国，收入最低的 20% 人口获得的收入占总收入的 3.5%，而收入最高的 20% 人口获得的收入占总收入的 50.1%。全球经济中的个人收入分配更加不平等。根据世界不平等数据库，世界上收入最低的 50% 人口获得的收入不到世界总收入的 2%，收入最高的 10% 人口则获得了世界总收入的 40% 左右。

国际收入分配

全球范围内更广泛的不平等现象在很大程度上是由各国平均收入的差异导致的。图 2-6 揭示了其中的一些差异。从图 2-6 中可以看出，美国每人每天的平均收入是171 美元，即在美国，平均收入水平的人每天可以购买价值 171 美元的商品和服务，约是世界平均水平的 5 倍。欧盟每人每天的平均收入为 119 美元，约为美国的 2/3。

注：2018 年，美国每人每天的平均收入为 171 美元，欧盟为 119 美元，俄罗斯为 80 美元，中国为 50 美元，印度下降到 21 美元，非洲下降到 11 美元。

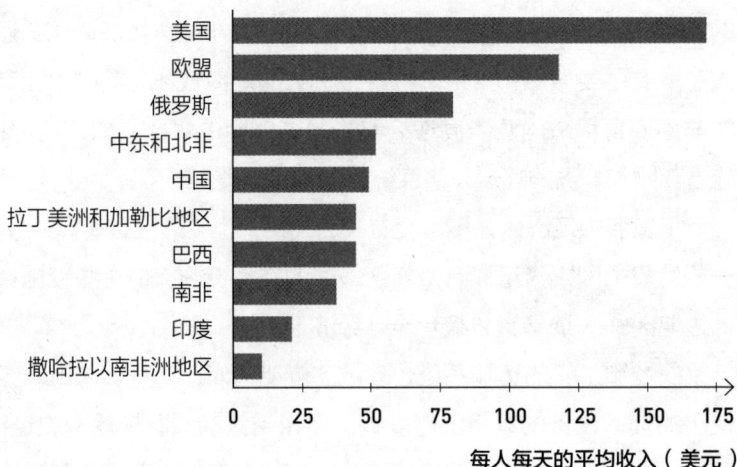

美国	
欧盟	
俄罗斯	
中东和北非	
中国	
拉丁美洲和加勒比地区	
巴西	
南非	
印度	
撒哈拉以南非洲地区	

每人每天的平均收入（美元）

图 2-6 2018 年全球经济为谁服务

资料来源：国际货币基金组织，世界经济展望数据库，2018 年 10 月。

俄罗斯每人每天的平均收入为 80 美元，中国每人每天的平均收入为 50 美元，印度每人每天的平均收入为 21 美元，而非洲每人每天的平均收入仅为 11 美元。

随着高薪制造业岗位的流失，越来越多的美国人在从事低薪服务业的工作，美国和大多数其他发达经济体的不平等现象在加剧。发展中经济体的不平等现象也在加剧。有技能的人收入迅速增加，没有技能的人收入在下降。

快乐的悖论和巨大的挑战

尽管大多数国家的不平等现象有所加剧，但在过去 20 年中，全世界范围内的不平等现象却有所减少。最重要的是，根据哥伦比亚大学经济学教授夏威尔·萨拉 - 伊 - 马丁（Xavier Sala-i-Martin）的说法，极端贫困人口已有所减少。萨拉 - 伊 - 马丁教授预测，1976—1998 年，每天收入 1 美元及以下的人数减少了 2.35 亿，每天收入 2 美元及以下的人数减少了 4.5 亿。之所以出现这样的好转，是因为在中国这个最大的发展中国家，老百姓的收入迅速增加，数百万人摆脱了极端贫困。而且印度百姓的收入也在快速增长。

非洲脱贫是当今人类面临的巨大挑战。1960 年，世界上 11% 的贫困人口生活在非洲，但在 1998 年，这一比例上升到 66%。1976—1998 年，非洲每天收入 1 美元或以下的人数增加了 1.75 亿，每天收入 2 美元或以下的人数增加了 2.27 亿。今天，全世界大约有 10 亿人每天靠 1 美元生活。

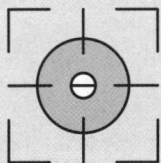

聚焦生活

生活中的美国经济和全球经济

在美国经济和全球经济中，生产什么样的商品和服务？怎样生产？为谁生产？关于上述问题的事实和发展趋势，我们已经了解了很多。那么，如何利用这些信息呢？这些信息可以用在以下两个方面：

* 为职业选择提供信息；
* 以此为参考，决定自己对美国就业岗位保护问题应该持有怎样的政治立场。

职业选择

有了这些信息，就可以了解主要的发展趋势，从而帮助我们制定未来的职业规划。我们必须知道这一事实：当前的制造业正在萎缩。

有人把美国经济称为后工业经济。前几代经济中的支柱产业如今已下降到仅占经济总量的 1/5，而且这一趋势仍在持续。到 21 世纪中叶，制造业可能会像今天的农业一样，提供的就业岗位变得很少。

因此，选择从事制造业或将面临一些严峻的挑战，在整个职业生涯中也许需要多次更换工作。

随着制造业的萎缩，服务业越来越兴盛，而且这种状况将持续扩大。未来，医疗保健、教育、通信、批发和零售贸易以及娱乐业提供的就业岗位可能会增加，成为增加就业和提高工资的有效途径。在服务导向型企业中工作，收入更有可能会稳步增长。

在就业岗位保护问题上所持的政治立场

在保护美国就业岗位这一政治问题上，了解基本事实和发展趋势，能够为人们提供更准确的信息，帮助人们选择自己的政治立场。

要从历史的角度去看待"制造业的工作岗位正在消失并转移到中国"的说法。美国人也许会为此感到担心，尤其是当自己或家人失业时，这么想也在情理之中。但我们应该知道，试图扭转甚至阻止这一趋势就是逆势而为，而历史趋势总是势不可当的。

在后面的章节中，我们将了解到，人们在经济方面有充分的理由质疑任何形式的保护主义和限制竞争的行为。

2.3

循环流程

我们可以使用循环流程模型（circular flow model）来整理前面研究的数据。这是一个经济模型，用来表示因决策者的选择而产生的支出和收入循环流程，以及这些选择相互作用的方式，以此来决定生产什么商品和服务，如何生产，以及为谁生产。图 2-7 展示了循环流程模型。

● 家庭和企业

家庭（households）是生活在一起的个人或群体。在美国，1.28 亿家庭拥有生产要素，即土地、劳动力、资本和企业家精神，他们不仅可以自主选择给企业提供多少生产要素，还能选择购买商品和服务的数量。

企业（firms）是组织商品生产和提供服务的机构。美国有 2800 万家企业，可以选择要购买的生产要素数量，以及要生产的商品和提供服务的数量。

● 市场

家庭选择提供给企业的生产要素数量，企业选择购买生产要素服务的数量。企业选择生产商品和提供服务的数量，家庭选择购买商品和服务的数量。这些选择是如何协调和匹配的呢？答案是：通过市场。

市场（market）是将买方和卖方聚集在一起，使他们能够获得信息并互相交易的一种安排。例如，买卖石油的市场，即世界石油市场。世界石油市场不是一个具体的地方，而是由石油生产商、石油客户、批发商和经纪人组成的石油买卖网络。在世界石油市场上，决策者不会亲自会面。他们会通过电话、传真和互联网进行交易。

图 2-7 显示了两种类型的市场：商品市场和要素市场。商品和服务在商品市场（goods markets）上买卖；生产要素服务则在要素市场（factor markets）上买卖。

● 实物流动和资金流动

当家庭选择向要素市场提供多少土地、劳动力、资本和企业家精神时，他们会根据自己的收入做出决定，即他们能获得多少土地租金、工资、资本利息以及企业家精神能带来多少利润。当企业选择要购买的生产要素服务数量时，也会根据支付的租金、工资、利息和利润做出决定。

同样，当企业选择生产多少商品和提供多少服务，再拿到市场上出售时，它们会根据自己能从家庭可支配收入中获得多少做出决定。当家庭选择购买多少商品和服务时，他们会根据自己必须支付给企业多少钱做出决定。

图 2-7 显示了家庭和企业做选择的流程。◀▪▪ 显示的是实物流动，即生产要素从家庭通过要素市场流向企业的过程，以及商品和服务从企业通过商品市场流向家庭的过程。反方向的是资金流动：换取生产要素服务的支出（◀━）以及商品和服务的支出（◀━）。

在实物流动和资金流动的背后，是数以百万计的个人选择，他们选择消费什么、生产什么以及如何生产。这些选择在商品市场中决定了家庭的购买计划和企业的售卖计划。这些选择也会在要素市场中决定家庭的售卖计划和企业的购买计划，它们相互作用，决定了人们买东西的出价以及他们挣多少钱，从而决定了为谁生产商品和提供服务。你

会在第 4 章中了解到市场如何协调家庭和企业的购买计划与售卖计划，使之能够互相匹配。

企业生产大多数商品和服务，政府则提供了人们所享受的部分服务。政府还通过改变个人收入分配改变商品和服务的生产对象，它们在此过程中发挥了重要作用。接下来，我们要探讨政府在美国经济中的作用，并将政府的作用添加到这个循环流程模型中。

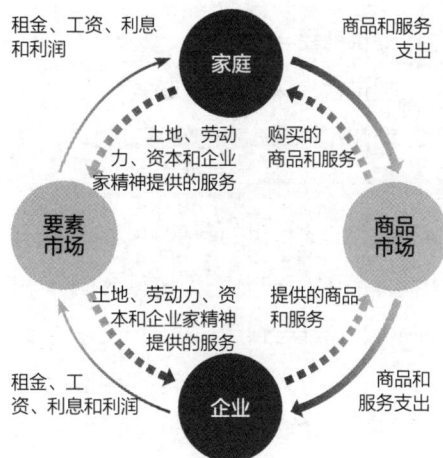

注：1. ◀▪▪ 显示，生产要素服务从家庭通过要素市场流向企业，而商品和服务从企业通过商品市场流向家庭。这些都是实物流动。

　　2. ◀━ 显示，生产要素赚取的收入流动，◀━ 是商品和服务的支出，显示的是资金流动。

　　3. 生产什么商品和提供什么服务？如何生产和如何提供？为谁生产商品，又为谁提供服务？这些问题的答案都是由促成这些实物流动和资金流动的选择决定的。

图 2-7　循环流程模型

● 政府

在美国，有超过 86 000 个各级政府机构。有些很小，如亚利桑那州尤马市，有些很大，如美国联邦政府。美国的政府可以分为两个层次：

» 联邦政府；
» 州和地方政府。

联邦政府

联邦政府的主要支出在以下几个方面：

1. 提供商品与服务；
2. 提供社会保障和福利金；
3. 对州和地方政府的转移支付。

联邦政府提供的商品和服务不仅有法律体系（保护财产和执行合同）和国防，还有社会保障和福利津贴，包括退休人员的收入以及医疗保险和医疗补助等计划。这些是联邦政府对家庭的转移支付，可惠及千家万户。联邦政府对州和地方政府的转移支付旨在为各州和地区提供更多、更平等的机会。

联邦政府各项支出的资金来源于各种税收。联邦政府征收的主要税种有：

1. 个人所得税；
2. 企业（营业）所得税；
3. 社会保障税。

2018 年，联邦政府支出 4.2 万亿美元，约占当年美国制造的所有商品和服务总值的 20%。征收的税款一旦低于这个数额，就说明政府面临财政赤字。

州和地方政府

州和地方政府的主要支出如下：

1. 提供商品和服务；
2. 提供福利待遇。

州和地方政府提供的商品和服务包括：州法院和警察、学校、道路、垃圾收集和处理、供水和污水管理。州和地方政府提供的福利待遇包括：失业救济和给予低收入家庭的其他补助。

州和地方政府支出的资金来源于税收和联邦政府的转移支付。州和地方政府征收的主要税种有：

1. 营业税；
2. 财产税；
3. 州所得税。

2018 年，美国的州和地方政府总支出为 2.8 万亿美元，占美国制造的所有商品和服务总值的 13%。

● 循环流程模型中的政府

图 2-8 将政府放入（经济）循环

流程模型。仔细研究这个图，首先会注意外圈与图 2-7 中的相同之处。除了这些流程，政府还从企业购买商品和服务。◀▪▪（表示通过商品市场从政府流向企业）表示的就是这个支出。

家庭和企业向政府交税。从家庭和企业到政府的 ◀ 表示的就是这一流程。此外，政府还会从家庭和企业购买商品或服务。从政府到家庭和企业的 ◀ 表示的就是这一流程。税收和转移支付是与政府直接交易，无须通过商品市场和要素市场实现。

政府为所有交易提供了法律框架。例如，政府管理法院和法律系统的运作，以此保障合同得以签订和执行，但这不是循环流程的一部分，因此不会在图 2-8 中标注出来。

● 全球经济中的循环流程

美国的家庭和企业主要通过两种方式与其他经济体中的家庭和企业相互交易：他们或买卖商品和服务，或互相借贷。这两种活动分别被称为：

> » 国际贸易；
> » 国际金融。

国际贸易

美国制造的商品并不多。比如，iPad、Wii 游戏、耐克鞋、智能手机、T恤和自行车大多都是在亚洲、欧洲、南美洲或中美洲制造的。美国的进口是指美国从其他国家的家庭和企业购入商品和服务。

美国制造的大部分产品最终并不是美国人在买单。例如，波音公司将制造的大部分飞机出售给外国航空公司。华尔街的银行向欧洲人和亚洲人提供银行服务。美国的出口是指美国向其他国家的家庭和企业出售商品和服务。

国际金融

当美国的公司或政府想要借钱时，它们会四处寻找最低的利率。债主时常

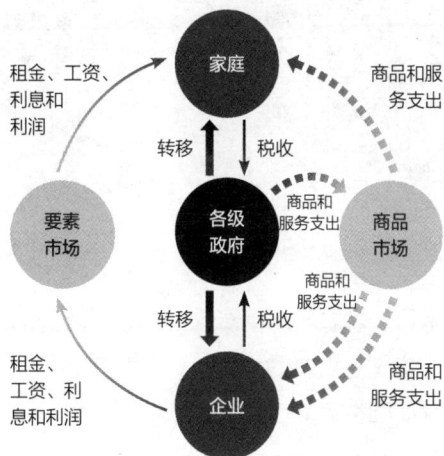

注：1. 从家庭和企业流向政府的 ◀ 代表税收，从政府流向家庭和企业的 ◀ 代表资金转移。
　　2. ◀▪▪ 代表政府在商品和服务上的支出，通过商品市场流向企业。

图 2-8　在循环流程中的政府

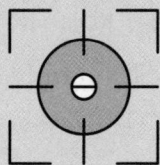

聚焦历史

政府支出不断增长

在 20 世纪初，美国联邦政府每赚 1 美元，就会花掉 2 美分。如今，美国联邦政府每赚 1 美元，会花掉 21 美分。经过两次世界大战，以及 20 世纪六七十年代社会福利项目不断扩大，美国财政支出也在逐渐扩大。

直到 20 世纪八九十年代，从罗纳德·里根（Ronald Reagan）开始，一直到比尔·克林顿（Bill Clinton）这段时期，美国政府开始削减支出，然而，"9·11"事件后，政府支出再度增长。为应对全球金融危机，财政刺激政策和救助措施使政府支出飙升（见图 2-9）。

联邦政府支出占 GDP 的百分比（%）

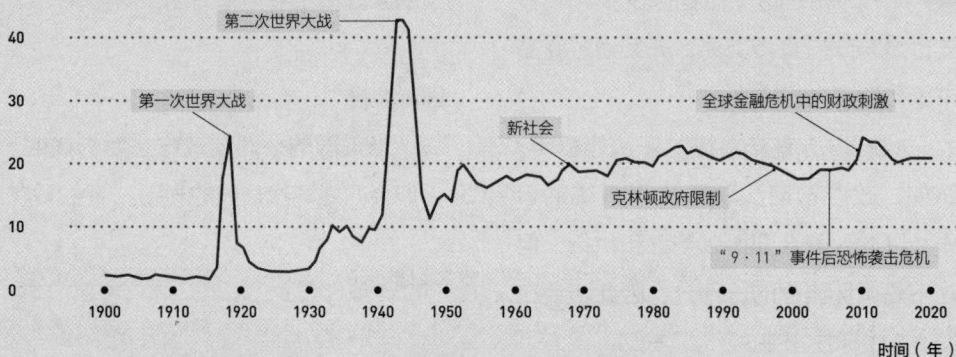

图 2-9 联邦政府支出占 GDP 的百分比

资料来源：美国政府的预算，历史表，表 1.1。

来自美国之外的国家。而且，当进口的价值超过出口的价值时，美国就必须从其他国家借款。

其他国家的公司和政府也一样，需要借钱时就会寻找利率最低的借款，放贷时则想以最高的利率将钱借给别人。它们既可能向美国人借钱，也可能借钱给美国人。

图 2-10 显示了全球经济中商品市场和金融市场的流动情况。美国的家庭和企业通过商品市场和金融市场，与其他国家和地区（其他经济体）的家庭和企业交易相互作用。

← 表示美国进口商品和服务的支出，◄- 表示其他经济体进口美国商品的支出。◄ 表示美国向其他国家和地区提供的贷款，◄▪▪ 表示其他国家和地区借给美国的金额。

在全球经济中，各个国家正是通过国际贸易和国际金融流动紧密地联系在一起，并通过国际贸易和国际金融，使世界的经济形势变得繁荣或衰退。

注：1. 美国的家庭和企业在商品市场和金融市场上与其他国家和地区（其他经济体）的家庭和企业交易互动。

2. ⟵ 表示美国进口商品和服务的支出，⟵ 表示其他经济体进口美国商品的支出。⟸ 表示美国向其他国家和地区提供的贷款，⟸▪▪ 表示其他国家和地区借钱给美国。

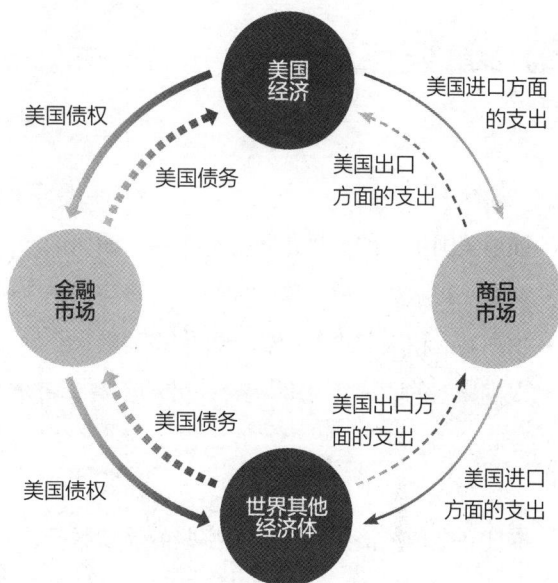

图 2-10 全球经济中的循环流程

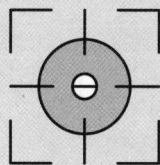

聚焦全球经济
国际贸易的起伏

随着中国成为全球经济的重要组成部分，其国际贸易市场迅速扩张。

中国经济平均每年以接近 7% 的速率增长，国际贸易额每十年就翻了一番，中国产值在世界产值中的占比逐渐增加。

2001 年的局部经济衰退导致全球贸易增长减缓，2009 年的全球经济衰退则导致国际贸易收缩。

在 2009 年的全球经济衰退后，国际贸易占比恢复至全球产值的 27%，这一趋势一直保持至 2018 年特朗普政府贸易战（见图 2-11）。

全球国际贸易占世界 GDP 的百分比（%）

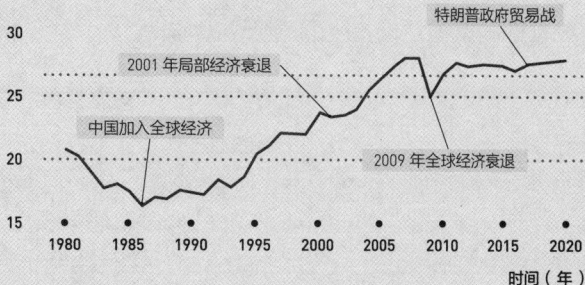

图 2-11 全球国际贸易占世界 GDP 的百分比

资料来源： 国际货币基金组织，世界经济展望数据库，2018 年 10 月。

第 2 章要点小结

1. 描述美国生产的商品和服务有哪些，如何生产，以及为谁生产。

- 消费品和服务占总产量的 85%，生产资料占 15%。
- 生产商品和服务需要用到四种生产要素：土地、劳动力、资本和企业家精神。
- 人们赚取的收入（土地租金、劳动工资、资本利息和创业利润）决定了谁可以享受商品和服务。

2. 描述在全球经济中都生产了哪些商品和服务，如何生产，以及为谁生产。

- 全球 40% 的产值（按价值计算）来自发达经济体，33% 来自金砖国家，27% 来自非洲、亚洲、中东和西半球其他新兴市场和发展中经济体。
- 发达经济体用于生产的资本更多（无论物质资本还是人力资本），一些发展中经济体则拥有最新的资本和技术。
- 相较于美国的分配不均，全球收入分配更不平等。

3. 解释美国经济和全球经济的循环流程模型。

- 美国经济的循环流程模型展示了生产要素和商品的实物流动，以及相应收入和支出的资金流动。
- 政府在美国经济的循环流程中征税，进行转移支付，并且购买商品和服务。
- 全球经济的循环流程模型显示了美国国际贸易（出口和进口）的流动，以及因向其他国家借贷而产生的国际金融流动。

第 3 章

经济问题

本章学习目标

» 使用生产可能性边界解释并举例说明稀缺性、生产效率和权衡这些概念；

» 计算机会成本；

» 解释是什么扩展了生产可能性；

» 解释人们如何从专业化与贸易中获益。

3.1

生产可能性

风是免费的，但风能不是。风能必须经过加工，它就像在美国的农场、工厂、商店、办公室和建筑工地上生产的很多商品和提供的服务一样，只是各式各样的产品之一。2019 年，美国耗费 3.9 万亿美元的资本和 2810 亿小时的劳动，生产出了价值 21 万亿美元的商品和服务。

美国的生产力发达，但可用的资源和技术会制约生产力的发展。无论何时，生产要素的数量都是一定的，人们所掌握的技术也是一定的。所以，能生产的产品也是有限的。这就出现了一个经济问题，即人的欲望超出了可利用的资源能生产出来的产品数量。

本章的任务是研究一个经济问题的模型。接下来，我们描述一下生产可能性边界，即限制生产的模型。

● 生产可能性边界

生产可能性边界（production possibilities frontier，PPF）是指在给定生产要素（包括土地、劳动力、资本和企业家精神）和技术的前提下，能够生产的商品和服务与无法生产的商品和服务之间的界限。

在现实中，人们可以生产出上百万种不同的商品和服务，但如果观察一个只生产两种商品的经济模型，就可以很容易地想象出生产边界的存在。比如，假设有一个只生产自行车和智能手机的经济体，所有可利用的资源，包括土地、劳动力、资本和企业家精神都用来生产这两种商品。

土地可以用来建设生产自行车或智能手机的工厂。劳动力接受培训，从而成为自行车或智能手机的制造者。资本可用于建设自行车或智能手机装配线。企业家们发挥聪明才智，开展制造自行车或运营智能手机的业务。在这种情况下，投入自行车生产上的资源越多，用于生产智能手机的资源就越少。

假设在生产智能手机上的投入为零，全部的资源都用于生产自行车，那么一年最多可以产出 1500 万辆自行车。因此，一种生产可能性是智能手机产量为零，而自行车产量是 1500 万辆。还有一种可能是，我们从自行车厂抽取一部分资源用来生产智能手机，如果每年生产 100 万部智能手机，那么自行车的产量会相应的下降，每年只能生产 1400 万辆自行车。原用于生产自行车的资源，转而投入智能手机的生产线，该经济体的自行车产量会减少，而智能手机的产量会增加。

图 3-1 表格中的 *A* 点和 *B* 点分别是关于智能手机和自行车的生产可能性组合。假设该经济体生产这两种商品不同数量的其他组合为 *C* 点、*D* 点、*E* 点和 *F* 点。*F* 点表示将全部资源都投入在智能手机的生产上，那么智能手机年产量可达 500 万部。这六种可能性就是在给定技术条件下，该经济体用其所有资源生产的两种商品数量

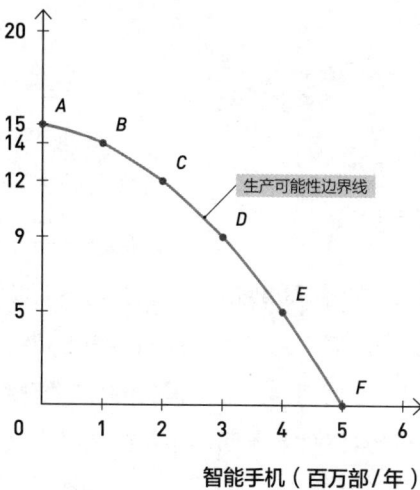

智能手机 （百万部/年）	自行车 （百万辆/年）	可能性
0	15	A
1	14	B
2	12	C
3	9	D
4	5	E
5	0	F

注：1. 图和表显示了智能手机和自行车的生产可能性边界线。
　　2. *A* 点表明，如果该经济体不生产智能手机，那么它每年最多可以生产 1500 万辆自行车。
　　3. 图中 *A*、*B*、*C*、*D*、*E*、*F* 点分别代表该表中的可能性，这些点连成的曲线就是生产可能性边界线。

图 3-1　生产可能性边界

的各种组合。

图 3-1 中的曲线图表示智能手机和自行车的生产可能性边界。曲线上标记的 *A* 点至 *F* 点分别对应表格中的 *A* 点至 *F* 点。例如，*B* 点表示 100 万部智能手机和 1400 万辆自行车的生产可能性组合，表格中的 *B* 点也表示这样的生产可能性组合。

生产可能性边界说明了可利用的资源和技术对生产的限制。如果资源或技术发生变化，那么生产可能性边界也会随之改变。如果可利用资源增加或技术改进，那么生产可能性边界就会向外移动。如果可用资源减少，比如当一个经济体受到自然灾害的影响，那么生产可能性边界则会向内移动。

生产可能性边界是一个表示资源稀缺性对经济生产的影响的重要工具。接下来，我们探讨一下生产可能性边界是怎样显示资源稀缺性对经济生产的影响的。

● 生产可能性边界是怎样显示稀缺性及其影响的

生产可能性边界通过三组显著的对比说明稀缺性及其对经济发展的影响。这三组对比如下：

- » 可实现与不可实现的生产组合；
- » 高效生产与低效生产；
- » 权衡取舍与免费的午餐。

可实现与不可实现的生产组合

因为生产可能性边界显示了生产的界限，所以它将可实现的生产组合与不可实现的生产组合区分开来。比如，某经济体可以生产出低于生产可能性边界线上智能手机和自行车的组合，也可以生产出在该范围内的任何组合。上面提到的那些智能手机和自行车的生产组合都是可实现的。但是一个经济体是不可能生产出超过生产可能性边界以外的生产组合的。

如图 3-2 所示，曲线内为可实现的生产组合，曲线外为不可实现的生产组合。只有生产可能性边界线上或线内（灰色区域）的点所表示的生产组合才是可行的。而超出生产可能性边界（白色区域）所表示的智能手机和自行车的生产组合，如 *G* 点表示的生产组合，是无法实现的。曲线外的这些点表明，在当前资源和技术条件下，该生产组合不可实现。从生产可能性边界线可知，*E* 点表示该经济体每年可生产 400

万部智能手机和 500 万辆自行车；C 点表示该经济体每年可生产 200 万部智能手机和 1200 万辆自行车。但该经济体不能实现 G 点所示的生产组合，不能生产出 400 万部智能手机和 1200 万辆自行车。

高效生产与低效生产

某一经济体运用其可利用资源获得所有商品或服务的情况，就是该经济体的 生产效率（production efficiency）。当某一商品或服务达到最高生产效率

自行车（百万辆 / 年）

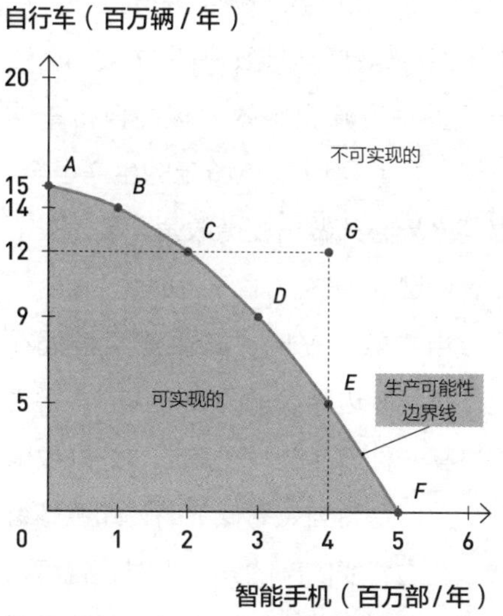

注：生产可能性边界线将可实现的组合与不可实现的组合区分开来。某一经济体可以实现在该线内（灰色区域）或线上的任何一点所示的生产组合。生产可能性边界线之外的任何点，如 G 点，都是无法实现的。

图 3-2　可实现与不可实现的生产组合

时，如果不降低其他商品或服务的产量，那么这一商品或服务的产量就不可能增加。要想高效生产，就必须物尽其用——不仅是劳动力的充分利用，也包括所有可利用的生产要素都要充分利用，每一种资源要素都必须投入最能发挥其作用的任务。

图 3-3 说明了高效生产和低效生产之间的区别。如果生产效率低下，那么该经济体就只能生产出 300 万部智能手机和 500 万辆自行车，如 H 点所示。但是，如果资源可以得到有效利用，那么该经济体就有可能实现在生产可能性边界线上的某点（如 D 点或 E 点）所示的生产组合。相比于 H 点，D 点所示生产组合的自行车产量更高，E 点所示生产组合的智能手机产量更高。尽管在 D 点和 E 点所示的生产组合中，其中一种产品的产量（智能手机或自行车）与 H 点相同，但明显 D 点和 E 点的生产效率更高。

权衡取舍与免费的午餐

权衡取舍（tradeoff）是一种交换，即实现其他目标而做出一定的妥协。当你决定把周末工作的时间用来学习时，就代表你用收入换来了成绩进步。福特汽车公司在面对是否削减卡车产量以节省资源来生产更多混合动力 SUV 时，就必须做出权衡取舍。美国联邦政府在面临是否削减美国航空航天局（NASA）的太空探索计划开支而为国

土安全分配更多的资源时，也必须做出权衡取舍。从社会层面考虑，我们必须权衡是否以破坏西点林鸮的栖息地为代价来砍伐森林。

生产可能性边界说明了权衡取舍这一概念。图 3-3 显示了应该如何权衡取舍。以 E 点为例，如果想生产更多

自行车（百万辆 / 年）

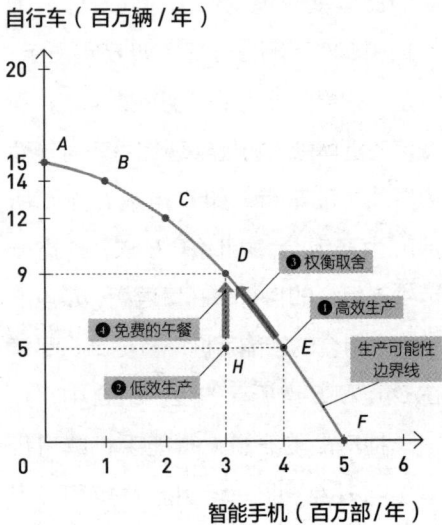

❶ 当产量处于生产可能性边界线上的某一点（如 E 点）时，资源就会被有效利用。

❷ 当产量处于生产可能性边界线内的某一点（如 H 点）时，资源利用效率低。

❸ 在高效生产条件下，生产组合点在生产可能性边界线上时，经济体就必须权衡取舍。比如，经济体的生产组合要从 E 点移动到 D 点时，就需要放弃部分智能手机产量来换取更多的自行车产量。

❹ 在低效生产条件下，生产组合点在生产可能性边界线内某一点时，就会有免费的午餐。从该线内的 H 点移动到 D 点不涉及权衡取舍。

图 3-3 高效生产、低效生产、
权衡取舍、免费的午餐

的自行车，那么智能手机的产量难免会下降。在从 E 点到 D 点的过程中，人们用智能手机的产量换取了自行车的产量。

经济学家用"天下没有免费的午餐"这句话来表述经济学的一个中心思想——所有经济决策都面临权衡取舍。免费的午餐是指天上掉下的馅饼，即在没有舍弃其他东西的情况下就得到了一些东西。这句名言到底在表述什么呢？假设某些资源未被利用或未被有效利用，是不是就可以不用权衡取舍而获得免费的午餐？

答案是肯定的。你可以在图 3-3 中找到原因。如果按照生产可能性边界内的 H 点所示的生产组合进行生产，那么该经济体就可以通过开发未被利用资源或提高资源利用效率提高自行车的产量，从而实现 D 点所示的生产组合。提高产量必须做出权衡取舍，因为天下没有免费的午餐。

当高效生产时，即生产组合处在生产可能性边界线上的某个点时，是否提高某一种商品的产量就需要好好权衡一下。但是，当效率低下时，即生产组合处在边界线内部的某一点时，就可以获得"免费的午餐"，即可以在不用降低其他任何商品和服务产量的情况下，提高某一商品的产量。

因此，"天下没有免费的午餐"意味着当资源得到有效利用时，每一个是否扩大生产的选择都需要权衡取舍。经

济学家认为，人们期望资源能够得到有效利用，所以会做出理性选择。这也就是为什么他们强调权衡取舍，并且坚信天下没有免费的午餐。我们有时可能会时来运转，不劳而获，但权衡取舍才是常态。

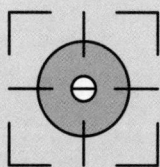

聚焦生活

你的生产可能性边界

作为学生的你，特别关注的两个"商品"是平均绩点（GPA）和可用于休闲或赚取收入的时间，因此你需要权衡取舍。要想获得更高的绩点，就得放弃闲暇或收入。你放弃的闲暇和收入就是提高绩点的机会成本。同样，想要有更多闲暇或收入，你就得接受较低的分数。较低的分数是你增加闲暇时间或增加收入的机会成本。

图 3-4 显示了学生的生产可能性边界。该线上或该线内的任意一点都是可以实现的组合，而该线外的任意一点都是无法实现的。浪费时间的学生所获得的绩点总会低于他能达到的最高绩点。但是，一个高效的学生会使自己的学习或闲暇时间组合点始终处于生产可能性边界线上，以实现效率的最大化。

图 3-4 中的学生将每周有限的 168 小时都花在学习（上课和学习时间）和其他活动（工作、休闲和睡眠时间）上。学生每周花费 48 小时来上课和学习，其余 120 小时用于工作或娱乐（和睡觉）。在这样的时间分配和高效学习的情况下，学生的平均绩点达到 3。

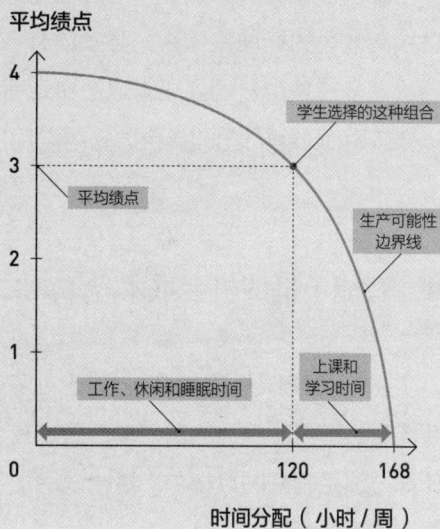

图 3-4 学生的生产可能性边界

3.2

机会成本

我们已经了解到在生产可能性边界线上从一点移动到另一点需要权衡取舍，但是权衡取舍的标准是什么？必须放弃多少才能获得另一种物品的增产？需要放弃的数量是多还是少？机会成本这个概念可以回答上述问题。机会成本是我们为了得到一样东西而必须付出的代价。它可以用生产可能性边界来计算。

● 智能手机的机会成本

生产智能手机的机会成本是为了智能手机增产而放弃的自行车产量。其计算方法是削减的自行车产量除以增加的智能手机产量。

图 3-5 列出了这一计算过程。A 点表示生产了 0 部智能手机和 1500 万辆自行车；B 点表示生产了 100 万部智能手机和 1400 万辆自行车。为了通过从 A 点移动到 B 点，增加 100 万部智能手机的产量，需要削减 100 万辆自行车，因此 1 部智能手机的机会成本是 1 辆自行车。

C 点表示生产了 200 万部智能手机和 1200 万辆自行车。为了通过从 B 点

移动到 C 点，获得 100 万部智能手机，需要放弃 200 万辆自行车，因此 1 部智能手机的机会成本是 2 辆自行车。

如果重复这些计算，从 C 点移动到 D 点，从 D 点移动到 E 点，从 E 点移动到 F 点，机会成本如图 3-5 所示。

沿生产可能性 边界线移动	自行车 数量减少	智能手机 数量增加	自行车减少的数量 除以智能手机增加的数量
A 到 B	100 万	100 万	每部手机 1 辆自行车
B 到 C	200 万	100 万	每部手机 2 辆自行车
C 到 D	300 万	100 万	每部手机 3 辆自行车
D 到 E	400 万	100 万	每部手机 4 辆自行车
E 到 F	500 万	100 万	每部手机 5 辆自行车

自行车（百万辆 / 年）　　　　　　（续图）

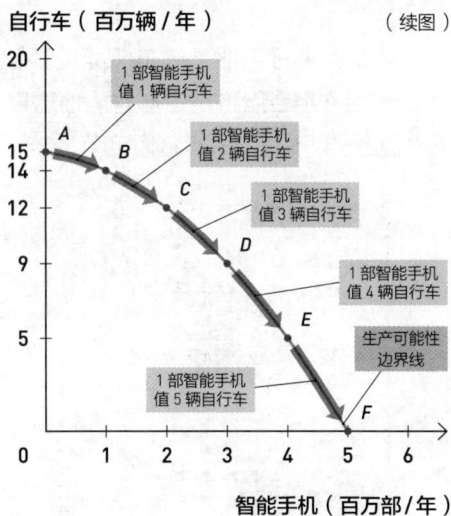

1 部智能手机
值 1 辆自行车

1 部智能手机
值 2 辆自行车

1 部智能手机
值 3 辆自行车

1 部智能手机
值 4 辆自行车

生产可能性
边界线

1 部智能手机
值 5 辆自行车

智能手机（百万部 / 年）

注： 沿着从 A 点到 F 点的生产可能性边界线，智能手机的机会成本随着智能手机产量的增加而增加。

图 3-5　计算智能手机的机会成本

机会成本和生产可能性边界线的斜率

上文我们计算出了智能手机的机会成本，发现这些数字有明显的规律可循。智能手机的机会成本随着智能手机产量的增加而增加。

用生产可能性边界倾斜的程度可以衡量机会成本。由于图 3-5 中的生产可能性边界线向外凸出，所以其斜率随着智能手机产量的上升而变陡。

当智能手机产量较少时（在 A 点和 B 点之间），生产可能性边界线的斜率较缓，智能手机增产的机会成本很低，增加一定量的智能手机产量使自行车产量小幅减少。当智能手机产量大量增加

时（在 E 点和 F 点之间），生产可能性边界线的斜率十分陡峭，智能手机增产的机会成本很高，增加一定量的智能手机产量使自行车产量大幅减少。如图 3-6 所示，智能手机的机会成本逐渐增高。

机会成本是一个比率

智能手机的机会成本是减少的自行车产量与增加的智能手机产量之间的比率。同样，自行车的机会成本是减少的智能手机产量与增加的自行车产量之间的比率。因此，生产自行车的机会成本是生产智能手机的机会成本的倒数。例如，沿着图 3-5 中的生产可能性边界线从 C 点移动到 D 点，1 部智能手机的机会成本是 3 辆自行车。相反，沿着生产可能性边界线从 D 点移动到 C 点，1辆自行车的机会成本是 1/3 部智能手机。

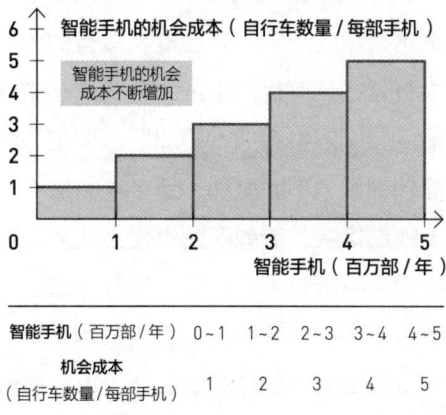

智能手机的机会成本（自行车数量 / 每部手机）

智能手机的机会
成本不断增加

智能手机（百万部 / 年）

智能手机（百万部 / 年）	0~1	1~2	2~3	3~4	4~5
机会成本（自行车数量 / 每部手机）	1	2	3	4	5

注： 由于图 3-5 中的生产可能性边界线向外凸出，因此智能手机的机会成本会随着智能手机产量的增加而增加。

图 3-6　智能手机的机会成本

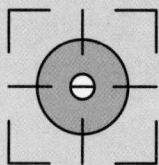

聚焦环境

风能是免费的吗

风能不是免费的。我们必须放弃其他商品和服务来制造风力涡轮机、输电线路、电池，这样才能使用风能。

风力涡轮机只有在风力足够大时才能发电，但随着技术的进步，涡轮机也能在风力较低时运行。

那些最好的风力发电站往往离人们住的地方较远，因此输电线路可能很长，且功率损耗很大。

如果大部分用电来源于风能，那么我们的生产组合点将在生产可能性边界内的某个点（如Z点）运行（见图3-7）。

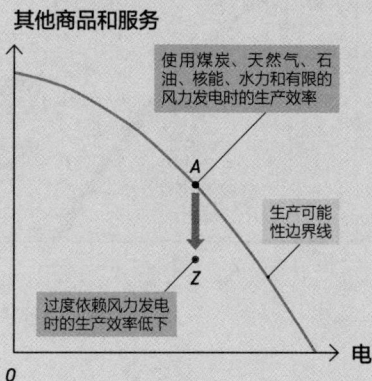

其他商品和服务

使用煤炭、天然气、石油、核能、水力和有限的风力发电时的生产效率

生产可能性边界线

过度依赖风力发电时的生产效率低下

电

图 3-7 风能的机会成本

机会成本的增加现象普遍存在

几乎所有你能想到的生产活动都面临机会成本的增加。让最能干的农民在最肥沃的土地上耕种，生产粮食；让最专业的医生去最贫瘠的地区，提供医疗保健服务。在这两项活动中，有些资源具备的生产力是相同的。如果将这些具有相同生产力的资源从农业转移到医院，就能以较低的机会成本增加医疗保健服务。但是，如果医疗保健服务不断增加，那么我们最终会在最肥沃的土地上建造医院，最能干的农民会成为医院的护工。食品产量会大幅下降，医疗保健服务却增加不了多少，从而导致单位医疗保健服务的机会成本上升。同样，如果我们将资源从医疗保健转向农业，那么最终更多专业的医生会成为农民，更多的医院将用作水培蔬菜工厂。医疗保健服务的下降幅度较大，而食品产量的增长幅度却未必很大，因此生产单位食品的机会成本就会上升。

机会成本增加

回顾一下"聚焦生活"中的生产可能性边界，想想更高绩点的机会成本意味着什么。

从你可能取得的成绩看，花时间和朋友在一起的机会成本是多少？从你为学业而放弃的活动看，取得更好成绩的机会成本是多少？在这些活动中，你是否面临越来越大的机会成本？

3.3

经济增长

生产可能性边界显示了给定的资源和技术条件对生产的限制。但随着时间的推移，资源和技术会发生变化，生产可能性也会扩展，这一持续扩展的过程被称为经济增长（economic growth）。先进的技术、教育、在职培训和工作经验能够提高劳动力素质，再加上越来越多的机器（生产资料）也能用于生产，在这种情况下，经济就会得以增长。

研究经济增长，就必须研究消费品（如智能手机）和生产资料（如智能手机工厂）的生产可能性。利用资源来建造智能手机工厂，就可以扩大未来经济的生产可能性。新生产资料（新智能手机工厂）的产量越大，生产可能性的扩展就越快。

图 3-8 显示了生产可能性边界的扩展路径。如果没有新的工厂来生产（保持在 L 点），生产可能性就不会扩大，该线就会保持在原有的位置上。但是，如果减少智能手机的产量，用节省

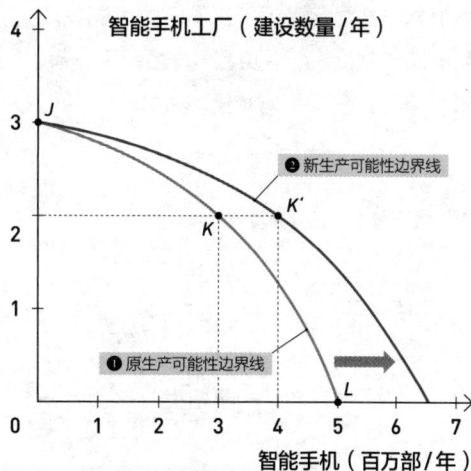

❶ 如果公司不分配资源用来建设生产智能手机的工厂，实现 L 点所示的生产组合，每年生产 500 万部智能手机，那么这条生产可能性边界线将保持不变。

❷ 如果公司将智能手机产量减少到每年 300 万部，并多建设两家生产智能手机的工厂，则 K 点的生产可能性会扩大，生产可能性边界线会向外扩展形成新的曲线，该公司就能实现 K' 点所示的生产组合。

图 3-8　扩大生产可能性

下来的资源建造两个新的智能手机工厂（如 K 点所示），那么生产可能性就会增加。生产可能性边界线会向外扩展，

聚焦美国经济

扩展生产可能性

水平钻井和水力压裂（液压）与最新的遥感技术相结合，使我们有可能以较低成本提取出页岩中的大量气体。据估计，美国有 750 万亿立方英尺[①] 的页岩气，按照目前的开采速度，足够使用 90 年以上。

图 3-9 显示了近年来美国的页岩气产量。2010—2011 年，页岩气产量翻了一番。2010 年以来，年平均增长率为 23%。

页岩气产量（万亿立方英尺 / 月）

图 3-9 页岩气产量

资料来源：美国能源情报署。

页岩气产量的增加是随着生产可能性边界下滑与其他商品和服务产量的减少来实现的吗？不是！页岩气产量的增加是技术进步和更多气井被开发的结果。

图 3-10 说明了这些变化是怎样将生产可能性边界线从 2010 年的 PPF_{10} 向外扩展至 2017 年的 PPF_{17}。两条曲线上的 J 点是相同的，因为 J 点所示的生产组合（只有其他商品和服务，没有页岩气）使人们无法从页岩气的技术进步中获益。2010 年的生产组合如 K 点所示，2017 年的生产组合如 K' 点所示。PPF_{17} 轨迹上生产页岩气的机会成本低于 PPF_{10} 轨迹上生产页岩气的成本。

其他商品和服务（个）

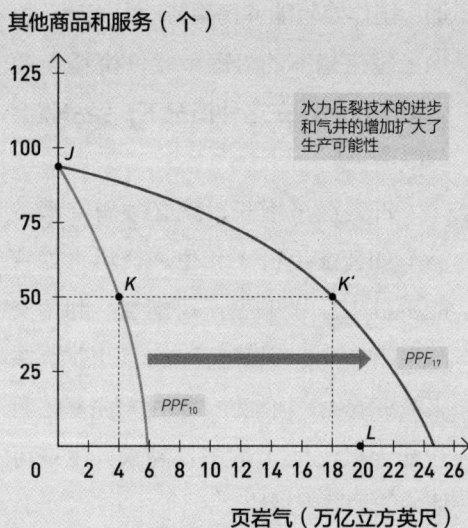

图 3-10 页岩气与其他商品和服务

资料来源：美国能源情报署。

[①] 1 立方英尺 = 0.0283 立方米。

形成一条新曲线，该经济体也会实现 K' 点所示的生产组合。

但是，经济增长是有成本的。要实现经济增长，必须减少当前的消费。在图 3-8 中，从 L 点移动到 K 点意味着当下要放弃 200 万部智能手机的产量。因此，建设新智能手机工厂的机会成本等同于当下减少的智能手机产量。

此外，经济增长并没有解决资源稀缺的问题。经济增长使生产可能性边界线向外扩展，但在新的曲线上，仍然面临机会成本的问题。为了继续产生新的资本，目前的消费必须低于其最大可能水平。

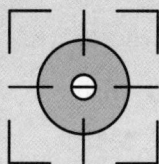

聚焦全球经济

中国香港地区经济快速发展

1980 年，中国香港的人均生产可能性为美国的 54%。但到了 2020 年，中国香港的该项指标已经超过美国。因为比起美国，中国香港将更多的资源用于积累资本，而非消费，这使得中国香港该项指标的增速高于美国。

1980 年，美国和中国香港在其各自的生产可能性边界线上 A 点生产。2020 年，中国香港的生产在 B 点，而美国在 C 点（见图 3-11）。

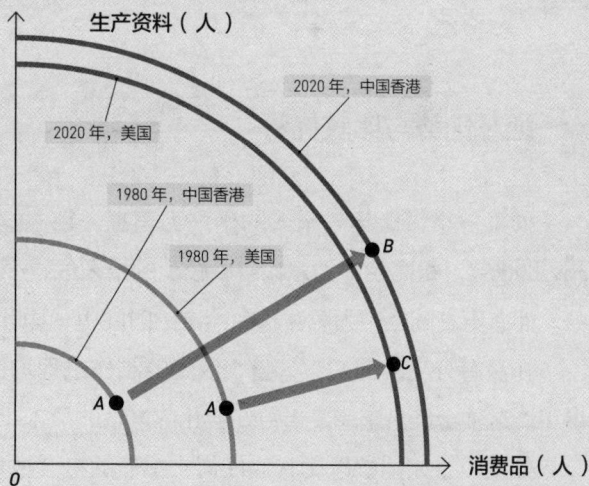

图 3-11　1980—2020 年美国与中国香港的生产可能性边界对比

如果中国香港比美国持续投入更多的资源积累资本（2020 年达到中国香港生产可能性边界线上的 B 点），那么增速将会持续高于美国。但是，如果中国香港的生产处于 B 点以下，其生产可能性边界的扩展速度就会放缓。

3.4

专业化与贸易

你下次去最喜欢的快餐店时，可以观察一下店员们的工作。你会发现，有人负责采购原材料，如面包、沙拉、肉、酱汁、盒子和包装纸；有人负责在烤架边工作；有人会在比萨烤炉边忙碌；有人负责打包饭菜；还有人负责下单收银。试想一下，如果你点了一个汉堡，全靠一个店员给你制作、送餐、收银，恐怕就不是快餐了。

专业化从两个方面提高了生产力：绝对优势与比较优势。

● 绝对优势与比较优势

如果一个人比另一个人的生产力更高，那么这个人就具有绝对优势（absolute advantage）。提高生产力意味着以较少的投入或较少的时间来生产商品或完成生产任务。拥有更高的生产力意味着在给定的时间里一样的投入却可以获得更高的产量。

在没有分工的情况下，整个汉堡的制作过程均由一位员工完成。那么在同样数量下，这种全能员工和麦当劳专业化生产下的员工相比，后者具有绝对优势。

如果一个人能够以比其他任何人都低的机会成本完成某项活动，那么他在这项活动中就具有比较优势（comparative advantage）。回想一下，事物的机会成本是你为得到这个事物而不得不失去的东西。

注意绝对优势和比较优势之间的差异。绝对优势与生产力有关，即生产 1 单位的商品所需的时间，而比较优势与机会成本有关，即为生产一种商品所必须放弃的其他商品价值。

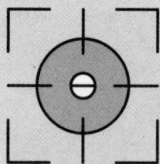

聚焦美国经济

没有人知道铅笔是怎么被制造出来的

铅笔是我们在日常生活中经常用到的物品。然而，铅笔从制作完成到我们手中的过程恰恰说明了专业化和贸易具有令人惊异的力量。

你手握铅笔，就相等于拿着来自俄勒冈的雪松、斯里兰卡的石墨、密西西比的黏土、墨西哥的蜡、荷属东印度群岛的菜籽油、意大利的浮石、亚利桑那的铜和阿拉斯加的锌。

这些材料是由成千上万的工人用数百种专业工具收割和开采的，而这些工具又是由其他成千上万的工人用数百种更专业的工具制造出来的。这些工具由钢以及其他矿物和材料制成，而钢本身又是由铁矿石制成的。

通过铁路、公路和海洋运输系统将这些东西运到各个专业工厂，制造出石墨"铅"、橡皮擦、用来固定橡皮擦的黄铜、油漆和胶水。

最后，铅笔厂买来所有这些零件，用价值数百万美元的定制机器将它们组装在一起。

这支铅笔凝结了数百万人的劳动，即便其中很多人甚至不知道铅笔是什么，也不知道如何制作铅笔。事实上，没有人能指挥得了生产流程中的所有人。每个工人和企业都是在市场上进行交易，从事各自的专业工作。

改编自伦纳德·里德（Leonard Read）1958 年由经济教育基金会出版的《我，铅笔》一书。

● 比较优势：经济模型

我们将研究比较优势的概念，并通过观察一个涉及两个冰沙吧的经济模型具体阐述这一概念。这两个冰沙吧分别由丽兹（Liz）和乔（Joe）经营。通过对比分析，我们会了解到怎样识别比较优势，以及比较优势怎样为利兹和乔创造了机会，让他们从专业化和贸易中获益。

丽兹的冰沙吧

丽兹经营着一家高科技酒吧。她每 2 分钟就能做好一份冰沙或沙拉。如果丽兹只做冰沙，那么她每小时可以做 30 份。如果她只做沙拉，那么每小时也能做 30 份，如表 3-1 所示。如果丽兹将时间平均分配，则每小时可以做 15 份冰沙和 15 份沙拉。丽兹每多做一份冰沙，就会少做一份沙拉，而她每多做一份沙拉，就会少做一份冰沙。因此：

表 3-1 丽兹的生产可能性

> 丽兹制作 1 份冰沙的机会成本是 1 份沙拉，
> 并且
> 制作 1 份沙拉的机会成本是 1 份冰沙。

项目	制作一份的用时	每小时产量
冰沙	2 分钟	30 份
沙拉	2 分钟	30 份

假设顾客购买一样数量的冰沙和沙拉，那么丽兹就会将时间平均分配，每小时做 15 份冰沙和 15 份沙拉。

乔的冰沙吧

乔的冰沙吧比丽兹的小，他也制作冰沙和沙拉。但他只有一个搅拌机，而且设备老旧。即使乔投入所有的资源来做冰沙，每小时也只能做出 6 份。然而，乔做沙拉做得比较好。如果他倾其资源来做沙拉，每小时可以做 30 份（见表 3-2）。无论怎么分配一小时的时间做冰沙或沙拉，乔制作冰沙和沙拉的能力都不变。他可以在 2 分钟内制作 1 份沙拉或 10 分钟内制作 1 份冰沙。乔每多做 1 份冰沙，就不得不少做 5 份沙拉；每多做 1 份沙拉，就必须少做 1/5 份的冰沙。所以：

表 3-2 乔的生产可能性

> 乔制作 1 份冰沙的机会成本是 5 份沙拉，
> 并且
> 制作 1 份沙拉的机会成本是 1/5 份冰沙。

项目	制作一份的用时	每小时产量
冰沙	10 分钟	6 份
沙拉	2 分钟	30 份

　　乔和丽兹的顾客分别购买数量相同的冰沙和沙拉。那么，1 小时内，乔会用 50 分钟来做冰沙，10 分钟来做沙拉。这样分配时间的话，他每小时能做出 5 份冰沙和 5 份沙拉。

丽兹和乔的生产可能性边界线

　　图 3-12 中的生产可能性边界说明了我们上面描述的情况。在图 3-12a 中，丽兹的生产可能性边界线显示，她能够制作 15 份冰沙和 15 份沙拉。在图 3-12b 中，乔的生产可能性边界线显示，他能够制作 5 份冰沙和 5 份沙拉。依据丽兹的生产可能性边界线，1 份冰沙的机会成本为 1 份沙拉。依据乔的生产可能性边界线，1 份冰沙的机会成本为 5 份沙拉。

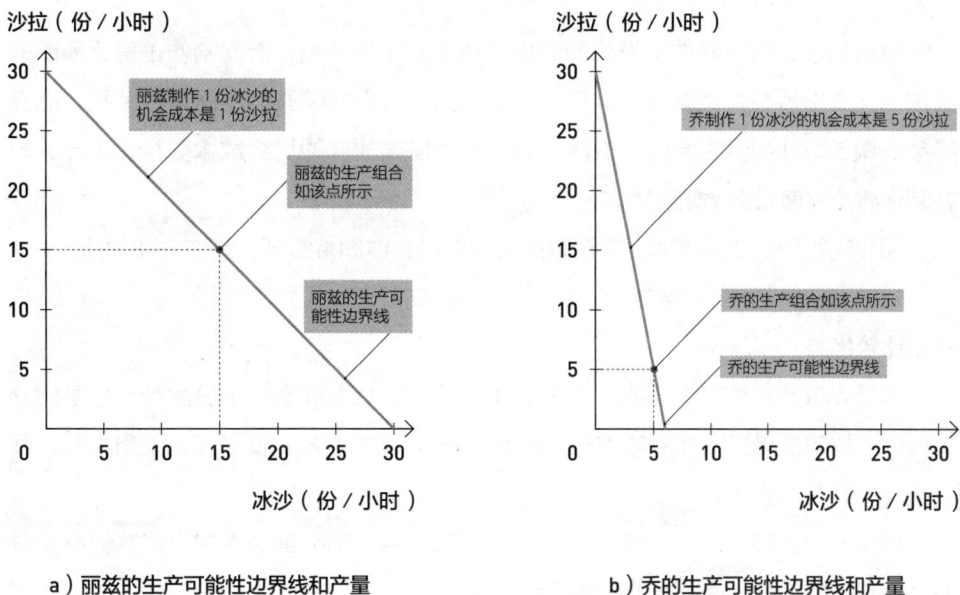

a）丽兹的生产可能性边界线和产量　　　　　　b）乔的生产可能性边界线和产量

注： 1. 丽兹每小时可以制作 30 份冰沙或 30 份沙拉，也可以选在图 3-12a 中所示的生产可能性边界线内的任何其他组合。她选择的是每小时制作 15 份冰沙和 15 份沙拉。

　　 2. 乔每小时可以制作 6 份冰沙或 30 份沙拉，也可以选在图 3-12b 中所示的生产可能性边界线内的任何其他组合。乔选择的是每小时制作 5 份冰沙和 5 份沙拉。

图 3-12　生产可能性边界

图 3-12 中的生产可能性边界线与你在本章前面所见到的向外凸出的生产可能性边界线形成对比，从而得出了一条定律，即当生产力提高时，商品的机会成本会增加。当个人的机会成本不变时，更容易确定比较优势，获得贸易收益。而且你很快就会发现，当个人的机会成本恒定、生产可能性边界为线性时，经济体的生产可能性边界线也是会向外凸出的。

丽兹的生产力更高

从生产数据可以看出，丽兹的工作效率是乔的 3 倍：她每小时能做出 15 份冰沙和 15 份沙拉，乔每小时能做出 5 份冰沙和 5 份沙拉，仅为丽兹的 1/3。相比于乔，丽兹在制作冰沙和沙拉方面效率更高，但丽兹仅在做冰沙方面具有比较优势。

丽兹的比较优势

在这两项活动中，丽兹在哪一项中具有比较优势？回想一下，比较优势是指一个人生产同一种商品的机会成本低于另一个人的机会成本。

显而易见，丽兹制作 1 份冰沙的机会成本是 1 份沙拉，而乔制作 1 份冰沙的机会成本是 5 份沙拉。也就是说，要制作 1 份冰沙，丽兹就必须少做 1 份沙拉，而乔必须少做 5 份沙拉。在制作 1 份冰沙时，丽兹需要放弃的机会成本更少，因此，她在制作冰沙方面具有比较优势。

而乔呢？他在任何事情上都没有比较优势吗？你即将看到，事实并非如此。

乔的比较优势

看看乔做沙拉的机会成本。丽兹做 1 份沙拉的机会成本是 1 份冰沙。但是对乔来说，沙拉的价格只有冰沙的 1/5。因为乔做沙拉的机会成本低于丽兹，所以他在做沙拉方面具有比较优势。

如果一个人在生产一种商品方面具有比较优势，那么其他人在生产其他商品方面也会有比较优势，这一点毋庸置疑。

● 从贸易中获益

丽兹在一家酒吧偶遇乔，她向乔讲述了自己的冰沙生意。丽兹认为对自己来说，唯一的问题是要提高产量，因为一旦排队的时间太长，顾客就会离开。乔对丽兹讲了他自己的小生意。他讲了自己怎么分配做冰沙和沙拉的时间，丽兹瞪大双眼，惊呼道："我要和你做笔交易！"

丽兹想和乔做这样一笔交易：如果乔不做冰沙，每小时可以做 30 份沙拉，而丽兹不做沙拉时，每小时能做 30 份冰沙。也就是说，他们有各自擅长的商品，如表 3-3b 所示。那么他们就可以做笔交易：丽兹卖给乔 10 份冰沙，乔卖给丽兹 20 份沙拉——1 份冰沙的价格是沙拉的 2 倍，如表 3-3c 所示。

以 1 份冰沙等于 2 沙拉（每份沙拉等于半份冰沙）的价格进行交易，丽兹和乔就都能获利。丽兹做的每份沙拉相当于 0.5 份冰沙，这比她制作 1 份沙拉耗费的成本——1 份冰沙要便宜。乔做的 2 份沙拉相当于 1 份冰沙，他制作 1 份冰沙所花费的成本比 5 份沙拉要少。

交易后，乔有 10 份沙拉（他自己生产的 30 份减去他卖给丽兹的 20 份）和他从丽兹那儿购买的 10 份冰沙。因此，乔可以用于销售的冰沙和沙拉的数量翻了一倍。丽兹有 20 份冰沙（她自己生产的 30 份减去她卖给乔的 10 份）和她从乔那里购买的 20 份沙拉，如表 3-3d 所示。从专业化和贸易角度看，他们每人多赚了 5 份冰沙和 5 份沙拉，如表 3-3e 所示。

丽兹绘制了图 3-13 来说明她的想法。图 3-13a 是丽兹的贸易收益，图 3-13b 是乔的贸易收益。他们目前都在曲线上的 A 点，而丽兹的建议是，他们两人都移到 B 点生产。

交易后，两人的产量都移动到了 C 点。在这点上，丽兹有 20 份冰沙和 20 份沙拉，每样都比她自己多做了 5 份。乔有 10 份冰沙和 10 份沙拉，每样也都比他自己多做了 5 份。由于专业化和贸易带来的收益，总产量增加了 10 份冰沙和 10 份沙拉。

请注意，C 点在丽兹和乔的生产可能性边界之外。在这一点，他们获得并享有了更多的商品，超过了他们仅靠自己生产的商品数量。

表 3-3　丽兹和乔在交易中的收益

（a）交易前	丽兹	乔
冰沙	15 份	5 份
沙拉	15 份	5 份

（b）专业化	丽兹	乔
冰沙	30 份	0
沙拉	0	30 份

（c）交易	丽兹	乔
冰沙	出售 10 份	购买 10 份
沙拉	购买 20 份	出售 20 份

（d）交易后	丽兹	乔
冰沙	20 份	10 份
沙拉	20 份	10 份

（e）在交易中的收益	丽兹	乔
冰沙	+ 5 份	+ 5 份
沙拉	+ 5 份	+ 5 份

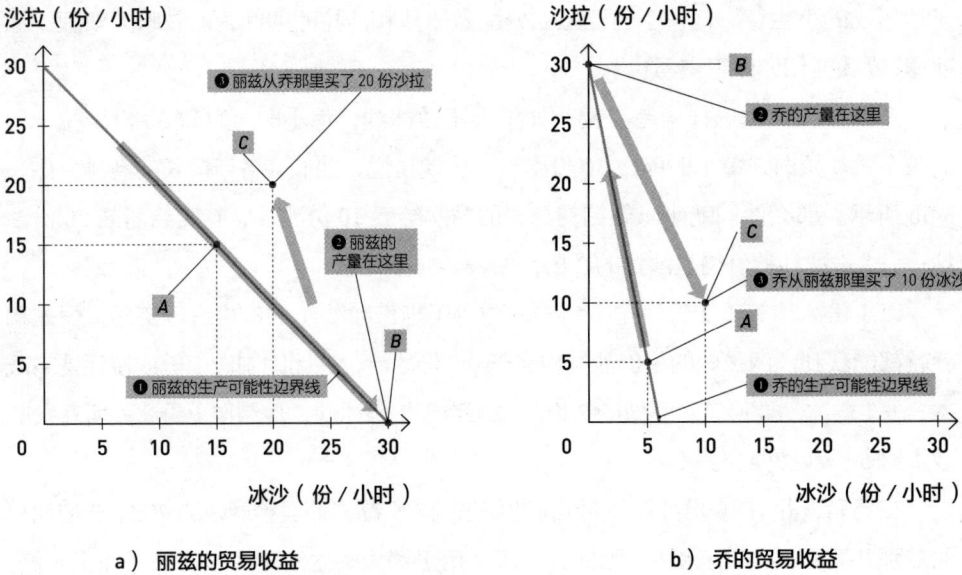

图中文字：

a) 丽兹的贸易收益

沙拉（份/小时）

❶ 丽兹从乔那里买了 20 份沙拉
C
❷ 丽兹的产量在这里
A
B
❶ 丽兹的生产可能性边界线
冰沙（份/小时）

b) 乔的贸易收益

沙拉（份/小时）

B
❷ 乔的产量在这里
C
❶ 乔从丽兹那里买了 10 份冰沙
A
❶ 乔的生产可能性边界线
冰沙（份/小时）

❶ 交易之前，丽兹和乔在各自生产可能性边界线上的 A 点生产。

❷ 丽兹专攻冰沙，乔专攻沙拉，因此他们移动到各自生产可能性边界线上的 B 点。

❸ 他们以 1 份冰沙换 1 份沙拉的价格交易。交易后，两人都移动到了 C 点。这个点在他们各自的生产可能性边界线之外。在这个点，他们两人都额外获得了 5 份沙拉和 5 份冰沙，即 C 点的商品数量减去 A 点的商品数量。

图 3-13　专业化和贸易收益

经济的生产可能性边界

　　从专业化和贸易的角度看，丽兹和乔超出了他们个人的生产可能性边界，但他们却是在经济的生产可能性边界线上生产。此外，尽管丽兹和乔的机会成本不变，但经济的生产可能性边界机会成本正在增加——这条线是向外凸出的。图 3-14 说明了这一点。丽兹制作的前 30 份冰沙每份相当于 1 份沙拉，但乔制作的第 31 份冰沙每份相当于 5 份沙拉。同样，乔制作的前 30 份沙拉每份相当于 1/5 份冰沙，但丽兹制作的第 31 份沙拉每份相当于 1 份冰沙。当丽兹和乔进行规模化生产时，他们会在经济的生产可能性边界线上高效地生产。如果没有专业化和贸易，那么他们就只能在经济的生产可能性边界内的某一点低效地生产。

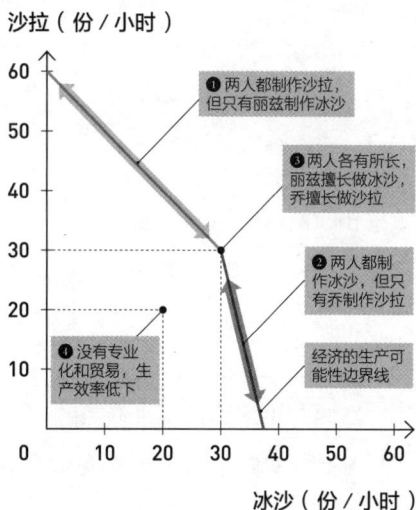

沙拉（份 / 小时）

❶ 两人都制作沙拉，但只有丽兹制作冰沙

❸ 两人各有所长，丽兹擅长做冰沙，乔擅长做沙拉

❷ 两人都制作冰沙，但只有乔制作沙拉

经济的生产可能性边界线

❹ 没有专业化和贸易，生产效率低下

冰沙（份 / 小时）

❶ 当他们每小时生产超过 30 份沙拉时，丽兹和乔都制作沙拉，但只有丽兹制作冰沙。

❷ 当他们每小时生产超过 30 冰沙时，丽兹和乔都制作冰沙，但只有乔制作沙拉。

❸ 当丽兹和乔专注于他们的比较优势时，他们的生产处于在经济的生产可能性边界线上高效率的点。他们可以制作 30 沙拉和 30 份冰沙。

❹ 没有专业化与贸易，丽兹和乔的生产处于经济的生产可能性边界线内的某个低效率的点。

图 3-14　经济的生产可能性

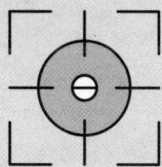

聚焦生活

你的比较优势

你正在通过上学和积累人力资本扩展自己的生产可能性。

发现自己的比较优势，使你能够专注于生产让自己的经济状况越来越好的产品。所以，你必须仔细想想你喜欢做什么，以及哪些事情是你能比别人做得更好的。

在如今的社会，灵活应变是明智的做法。在你发现自己的比较优势发生变化时，可以及时调整，换个工作。

姑且不论自身的利益，你是支持还是反对全球化和自由的国际贸易？

在本章中我们了解到，无论像丽兹和乔的冰沙吧那样的小生意，还是像耐克在马来西亚生产运动鞋这样的全球贸易，合作双方都能从交易中获利。

美国人能以较低的价格购买耐克运动鞋，马来西亚的工人能获得较高的收入。

第 3 章要点小结

1. 使用生产可能性边界解释并说明稀缺性、生产效率和权衡取舍这些概念。

- 生产可能性边界（PPF）描述了有效利用所有可利用资源、使生产潜能达到极限的状况。
- 生产可能性边界内和线上的生产组合是可实现的，线外的生产组合是不可实现的。
- 生产可能性边界线上的所有生产组合都是高效的，线内的生产组合则是低效的。
- 当生产效率高时，即生产组合在生产可能性边界线上，人们必须做出权衡取舍。如果生产组合在生产可能性边界内，就可以不用付出额外的代价而有所得。

2. 计算机会成本。

- 沿着生产可能性边界，X（在 x 轴上测量的项目）的机会成本是 Y（在 y 轴上测量的项目）的减少量除以 X 的增加量。
- Y 的机会成本是 X 的倒数。
- 生产商品的机会成本随着该商品产量的增加而增加。

3. 解释是什么扩展了生产可能性。

- 技术变革以及资本和人力资本的增加扩展了生产可能性。
- 经济增长的机会成本是当前消费减少的量。

4. 解释人们如何从专业化与贸易中获益。

- 如果一个人在某项活动中具有比其他人更低的机会成本，则他在这项活动中具有比较优势。
- 多生产自己具有比较优势的商品，并且与他人交易，就可以获利。

第 4 章

需求与供给

本章学习目标

» 区分需求量和需求，并能够简述是哪些因素决定了需求；

» 区分供给量和供给，并能够简述是哪些因素决定了供给；

» 说明需求与供给如何影响市场上商品的价格和数量，并能够简述需求与供给的变动会给市场带来什么影响。

竞争激烈的市场

我们想喝拿铁时，会去咖啡店。当咖啡店需要补充咖啡豆和牛奶时，店长会打电话给原材料供应商。消费者、咖啡店和原材料供应商在市场上进行交易。

学完第 2 章后，我们知道了市场是将买卖双方撮合在一起的一种安排。市场包含两个方面：需求方和供给方。市场分很多类型：有买卖跑鞋、拿铁咖啡、面包、苹果和登山靴这样的商品市场；有提供飞行旅行、理发服务和网球课程的服务市场；有买卖咖啡豆、计算机程序设计和拖拉机的资源市场；有买卖存储芯片、汽车零部件等工业用品的市场；还有可以交易日元的外汇市场、买卖公司的股票证券市场等。可以说，市场上交易的商品，远远超出了你的想象。

有些市场是实体市场。买卖双方在线下见面，拍卖商或经纪人也会出面帮忙议价。比如，纽约证券交易所就是实体市场。水产、禽肉、农产品批发市场，二手车拍卖市场等都属于实体市场。

还有些是虚拟市场，买卖双方并不见面，只通过电话或互联网联系。比如：货币市场、电子商务网站［如亚马逊（Amazon）和 iTunes］、拍卖网站［如易贝（eBay）］和旅游网站等都属于虚拟市场。

大部分市场交易是买卖双方的自由交易，我们平时交易的市场大都是这种类型。比如，咖啡和零食市场。在美国，咖啡和零食市场的年交易额为 750 亿美元，卖家包括 55 000 家咖啡店和小吃店，吸引了 1 亿多消费者经常光顾。顾客可以这家逛逛，那家走走，而卖家也允许顾客货比三家，挑挑拣拣。

在不同的市场里，买卖双方面临的竞争强度是不一样的。在本章中，我们研究的是竞争型市场。在这样的市场里，有众多的买家和卖家，但是他们中却没有一个能够影响价格。

4.1

需求

　　首先，我们来研究竞争型市场中买家的行为。商品、服务或资源的需求量（quantity demanded）是指人们在特定时期，愿意并能够以特定价格购买的商品、服务或资源的数量。例如，当矿泉水的价格为每瓶 1 美元时，你每天会买 2 瓶，那么每天 2 瓶就是你对矿泉水的需求量。

　　需求量是指在特定的时间段内，市场上消费者愿意购买的商品或服务的数量。需求量的描述通常以单位时间内的需求量来表示。举例来说，个体对水的需求量可以以每天 2 瓶为单位，亦可转化为每周 14 瓶、每月 60 瓶或每年 720 瓶等不同的时间单位。然而，若不明确时间范围，对特定数量的矿泉水需求进行描述将失去意义，因为需求的量化必须建立在明确的时间框架之下。

　　影响购买计划的因素众多，其中之一是商品的价格。在经济学中，我们关注需求量与价格之间的关系。为了研究这种关系，我们通常会假设其他影响购买计划的因素保持不变。在这种情况下，当某种商品的价格发生变化时，该商品的需求量会随之发生变化。需求法则提供了对这种变化的解释。

● 需求法则

　　需求法则（law of demand）认为，

在其他影响因素不变的情况下，当商品价格上涨时，需求量就会减少；当价格下降时，需求量就会增加。

因此，需求法则指出，在其他影响因素保持不变的情况下，如果某种商品（如 iPhone）的价格下降，其销量将增加；相反，如果另一种商品（如棒球赛门票）的价格上涨，其销量则会减少。

为什么在其他影响因素不变的情况下，当商品价格下降时，需求量会增加呢？

原因是：当预算有限时，消费者通常会追求最优化的购买决策。在价格下降、其他因素保持不变的情况下，价格较低的商品相对更具经济性。在这种情况下，消费者更有可能选择购买价格更低的商品。举例来说，如果瓶装水的价格从每瓶 2 美元下降到每瓶 1.5 美元，而佳得乐运动饮料的价格保持在每瓶 2 美元，消费者可能会更倾向于购买瓶装水。通过选择更便宜的瓶装水，他们每次购买可以节省 0.5 美元。这样节省下来的钱可以用来购买之前因为预算不足而无法购买的其他商品或服务。

思考一下你购买的物品，问问自己：其中哪些物品不遵循需求法则？如果新课本的价格降低，其他因素保持不变（包括二手课本的价格），你会购买更多的新课本吗？然后想一想那些你因为支付不起而未购买的物品。电脑的价格要降低到什么程度，你才会同时购买平板电脑和笔记本电脑？只要价格低到一定程度，就会吸引你购买！

● 需求表和需求曲线

需求（demand）是指当影响购买计划的所有其他因素都保持不变时，需求量与商品价格之间的关系。需求量是指在某一价格下，消费者愿意购买某一商品的数量。需求表是不同价格与相对应的商品需求量之间关系的数字序列表，可以用需求表和需求曲线来表示。

需求表（demand schedule）显示了，当影响购买计划的所有因素都不变时，不同价格水平与相应商品需求量之间的关系。图 4-1a 中的表格是蒂娜（Tina）对瓶装水的需求表。从这个表中可知，如果每瓶水卖 2 美元，蒂娜就不买水了，她对瓶装水的需求量是每天 0 瓶；如果每瓶水卖 1.5 美元，那么蒂娜对瓶装水的需求量是每天 1 瓶；当每瓶 1 美元时，她每天会买 2 瓶水；当每瓶 0.5 美元时，她每天就会买 3 瓶水。

需求曲线（demand curve）是指当购买计划的所有其他影响因素都不变时，描述商品需求量与其价格之间关系的图表。如图 4-1b 所示，需求曲线上标记的 A 至 D 点代表需求表的 A 至 D 行。例如，图上的 B 点代表需求表上的 B 行，表明当每瓶水卖 1.5 美元时，对瓶装水的需求量为每天 1 瓶。需求曲线上的 C 点代表需求表的 C 行，表明当每瓶水卖 1 美元时，对瓶装水的需求量为每天 2 瓶。

向下倾斜的需求曲线恰好揭示了

注：1. 该表为蒂娜的需求
　　　表，表中列出了在
　　　影响购买计划的其
　　　他因素不变的情况
　　　下，不同价格对应
　　　的瓶装水需求量。
　　　当每瓶水的价格为
　　　1.5 美元时，蒂娜的
　　　需求量为每天 1 瓶。

2. 需求曲线显示的
　　是，在其他影响因
　　素不变的情况下，
　　需求量与价格之间
　　的关系。向下倾斜
　　的需求曲线印证了
　　需求法则。当价格
　　下降时，需求量增
　　加；当价格上涨
　　时，需求量减少。

	价格 （美元/瓶）	需求量 （瓶/天）
A	2.00	0
B	1.50	1
C	1.00	2
D	0.50	3

a）需求表

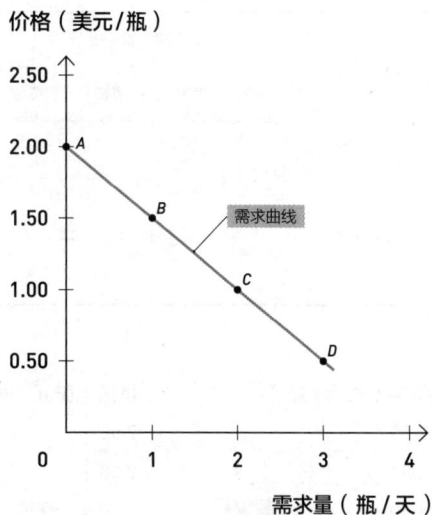

b）需求曲线

图 4-1　需求表和需求曲线

需求法则。沿着需求曲线，当商品价格下降时，需求量增加。例如，在图 4-1 中，当瓶装水的价格从每瓶 1 美元下降到 0.5 美元时，需求量从每天 2 瓶增加到每天 3 瓶。相反，当价格上涨时，需求量减少。例如，当价格从每瓶 1 美元上涨到 1.5 美元时，需求量就会从每天 2 瓶减少到每天 1 瓶。

● 个人需求与市场需求

以上的需求表和需求曲线是针对个人的。要想研究市场，首先要弄懂市场需求是什么。

市场需求就是市场上所有消费者需求的总和。为了弄懂市场需求，我们可以假设有这样一个市场，其中仅有蒂娜和蒂姆（Tina）两个买家。图 4-2 显示了三个需求表，分别是蒂娜的、蒂姆的和市场的。蒂娜的需求表如上所述，在不同的价格下，蒂娜对瓶装水的需求量是不同的。蒂姆的需求表显示了在不同的价格下，蒂姆对瓶装水的需求量分别是多少。将蒂娜和蒂姆的需求量相加，我们就得到了某一特定价格下，市场对水的需求量。例如，当每瓶水 1 美元时，蒂娜的需求量是每天 2 瓶，蒂姆是每天 1 瓶，因此，这时市场上对水的需求量是每天 3 瓶。

价格（美元/瓶）	需求量（瓶/天）		
	蒂娜	蒂姆	市场
2.00	0	0	0
1.50	1	0	1
1.00	2 **+** 1 **=** 3		
0.50	3	2	5

注：1. 市场需求表是个人需求的总和，市场需求曲线是个人需求曲线的水平加总。

2. 当每瓶水的价格为 1 美元时，蒂娜的需求量是每天 2 瓶，蒂姆的需求量是每天 1 瓶，所以市场上的总需求量是每天 3 瓶。

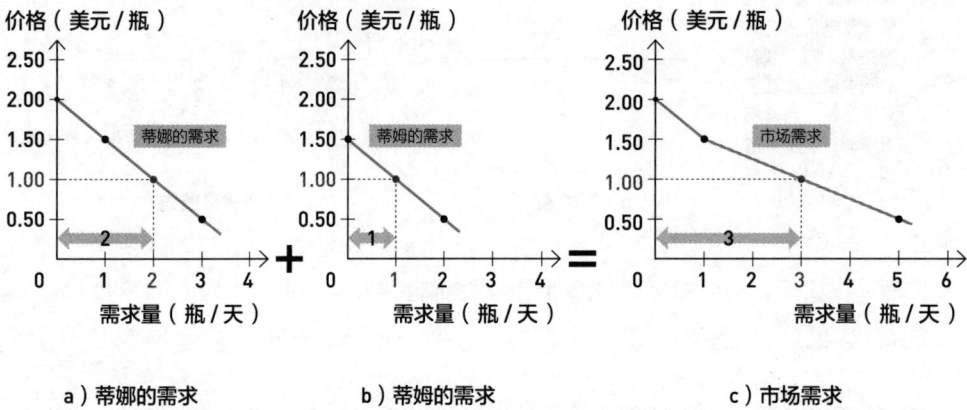

a）蒂娜的需求　　　b）蒂姆的需求　　　c）市场需求

图 4-2　个人需求与市场需求

图 4-2a 是蒂娜的需求曲线，图 4-2b 是蒂姆的需求曲线，图 4-2c 是市场需求表对应的需求曲线。在给定价格下，市场需求曲线上的需求量等于个人需求曲线上需求量的水平加总。

● 需求变化

需求曲线显示了，在影响购买计划的其他因素不变的情况下，当商品价格发生变化时需求量的变化情况。而当影响购买计划的任何其他因素发生变化时，需求会发生变化，即需求变化（change in demand）。这意味着会有新的需求表和新的需求曲线。于是，需求曲线发生移动。

如图 4-3 所示，需求可以增加，也可以减少。假设原始需求曲线为 D_0，当需求减少时，需求曲线向左移动到 D_1。在需求曲线 D_1 上，每个价格下的需求量都较少。当需求增加时，需求曲线向右移动到 D_2。在需求曲线 D_2 上，每个价格下的需求量都较多。

影响人们需求的购买计划的主要因素有：

» 相关商品的价格；

» 预期价格；

» 收入；

» 预期收入和信贷情况；

» 买家数量；

» 偏好。

相关商品的价格

商品分为替代品和互补品。替代品（substitute）是可以替代一种商品的其他商品。比如，巧克力蛋糕是芝士蛋糕的替代品，瓶装水是佳得乐的替代品。互补品（complement）是一类必须与另一种商品配套消费的商品。比如，

头盔和自行车是互补品，瓶装水和健身运动是互补品。

商品的需求与其替代品的价格走势是一致的。如果该商品的替代品价格上涨，则市场对该商品的需求就会增加；如果该商品的替代品价格下跌，则市场对该商品的需求就会减少。例如，当巧克力蛋糕的价格上涨时，芝士蛋糕的需求就会增加。

商品的需求和其互补品的价格走势恰恰相反。如果一种商品的互补品价格上涨，则市场对该商品的需求减少；如果其互补品中任意一种商品的价格下跌，则市场对该商品的需求增加。例如，当自行车价格上涨时，市场对头盔的需求就会减少。

注：除了商品本身价格的变化，影响购买计划的任何因素发生变化，都会改变人们的需求并移动需求曲线。

❶ 当需求减少时，需求曲线从 D_0 向左移动到 D_1。

❷ 当需求增加时，需求曲线从 D_0 向右移动到 D_2。

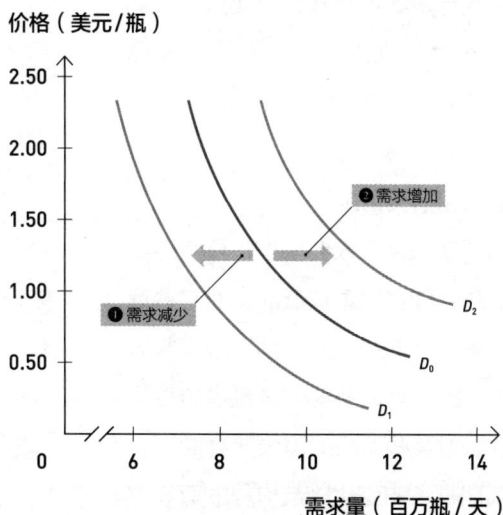

图 4-3　需求变化

预期价格

预测一种商品的价格，如果价格上涨，消费者就会增加对该商品的当前需求，而预测的价格下跌，消费者就会减少当前需求。如果我们预计下周面条的价格会上涨，就会多买点儿面条以应对接下来可能发生的面条涨价。于是，当下对面条的需求就增加了。如果我们预计下周面条的价格会下跌，那么现在就不买了，准备下周面条降价时再买。于是，当下对面条的需求就减少了。

收入

对 正常商品（normal good）来说，收入增加时，其需求就会增加；收入减少时，其需求也会减少。对 低档商品（inferior good）而言，收入增加时，其需求就会减少；收入减少时，其需求就会增加。举个例子，如果你的收入增加了，你决定多买点鸡肉，少买点意大利面，那么对你来说，鸡肉就是正常商品，而意大利面就是低档商品。

预期收入和信贷情况

当预期未来收入会增加，或者容易获得信贷且借贷成本较低时，对某些商品的需求就会增加；而当预期未来收入会减少，或者难以获得信贷且借贷成本较高时，对某些商品的需求就会减少。

预期收入的变化以及信贷的可获得性和成本因素都会对房子与汽车等大宗商品的需求产生很大的影响。

买家数量

当市场上的买家数量增加时，需求就会增加。例如，纽约市对停车位、电影、瓶装水或任何商品的需求量都比爱达荷州的博伊西市要大。

偏好

经济学家所说的口味或偏好会影响人们的需求。当个人偏好发生变化时，一种商品的需求就会增加，另一种或多种商品的需求就会减少。例如，人们对烟草危害健康有了更深入的认识后，偏好就发生了改变。这种变化减少了人们对香烟的需求，增加了对尼古丁贴片（一种香烟替代品）的需求。当新商品上市时，偏好也会发生变化。例如，随着智能手机的普及，人们对固定电话的需求减少了，同时对互联网服务的需求增加了。

● **需求量变化与需求变化**

影响购买计划的因素带来了需求变化。这些是除商品价格之外的所有能影响到购买计划的因素。为了避免混淆，当商品价格变动而其他因素不变时，我们就认为发生了 需求量变化（change in the quantity demanded）。

需求变化和需求量变化之间的区别对研究市场如何应对风险至关重要。图 4-4 例证并总结了二者之间的区别。

» 如果其他影响因素不变，瓶装水的价格上升，则其需求量就会减少，需求曲线 D_0 就会向上移动。如果其他影响因素不变，瓶装水的价格下降，则其需求量增加，需求曲线 D_0 就会向下移动。

» 如果瓶装水的价格没有变化，而影响购买计划的其他因素发生了变化，那么需求也会发生变化。当对瓶装水的需求减少时，需求曲线向左移动到 D_1。当对瓶装水的需求增加时，需求曲线向右移动到 D_2。

我们在考虑需求的影响因素时，不妨问一问自己：这种影响会改变需求量还是需求？首先要弄明白，是商品的价格发生了变化，还是其他的影响因素发生了变化？如果价格发生变化，则需求量也会发生变化；如果其他影响因素发生了变化，而价格保持不变，就是需求发生了变化。

❶ 需求量减少
　　如果商品的价格上涨而其他因素不变，需求量就会减少，需求曲线 D_0 会向上移动。

❷ 需求量增加
　　如果商品价格下降而其他因素保持不变，需求量就会增加，需求曲线 D_0 会向下移动。

❸ 需求减少
　　遇到下述情况时，需求会减少，且需求曲线向左移动（从 D_0 到 D_1）：
* 替代品的价格下降或互补品的价格上涨；
* 预期商品价格下跌；
* 收入减少；
* 预期收入减少或信贷减少；
* 买家数量减少。
　　注：瓶装水是正常商品。

❹ 需求增加
　　遇到下述情况时，需求会增加，且需求曲线向右移动（从 D_0 到 D_2）：
* 替代品价格上涨或互补品价格下跌；
* 预期商品价格上涨；
* 收入增加；
* 预期收入增加或信贷增加；
* 买家数量增加。

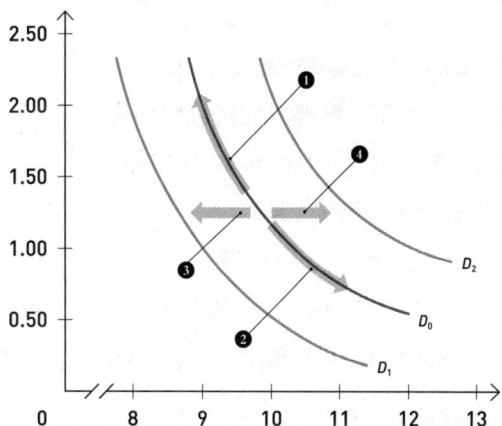

图 4-4　需求量变化与需求变化

4.2

供给

市场有两个方面：一方面是我们刚刚研究过的买家，又称需求方；另一方面是卖家，又称供给方。现在，我们来研究一下决定供给计划的因素有哪些。

商品、服务或资源的供给量（quantity supplied）是指人们在特定时期内愿意并能够以特定价格出售的数量。例如，当矿泉水的价格为每瓶 1.50 美元时，某矿泉水个体生产商决定每天卖 2000 瓶水。那么该个体生产商的矿泉水供给量为每天 2000 瓶水。（与需求一样，供给量也用单位时间的数量来衡量。）

影响销售计划的因素有很多，其中之一就是价格。我们先来看看供给量和价格之间的关系。为了研究它们之间的关系，我们假设影响销售计划的所有其他因素不变，然后分析：当一种商品的价格发生变化时，其供给量会如何变化？供给法则给出了答案。

● 供给法则

供给法则（law of supply）认为，

在其他影响因素不变的情况下，如果一种商品的价格上涨，则该商品的供给量就会增加；如果一种商品的价格下跌，则该商品的供给量就会减少。

供给法则表明，在其他影响因素不变的情况下，如果瓶装水的价格上涨，生产商就会增加供给量。再如，如果平板电视的价格下降，那么索尼公司就会减少平板电视的供给量。

在其他影响因素不变的情况下，为什么价格上涨时供给量就会增加，而价格下跌时供给量就会减少？部分原因可以用机会成本递增原理（详情见 3.2 节）来解释：由于生产要素在各个生产活动中的生产率并不相同，因此随着产品数量的增加，生产该商品的机会成本也会增加。高企的商品价格会促使生产者承担更高的机会成本。此外，还因为对于给定的成本，价格高就意味着利润大，因此卖家就有更大的动力来增加产量。

想一想，你有些什么可供出售的资源？问问自己：哪些资源不符合供给法则？比如，假设暑期工的工资率上涨了，你是否还愿意加班，愿意承担放弃闲暇时间的机会成本？假设银行提高了存款利率，你是否愿意向银行存入更多的钱，愿意承担放弃消费的机会成本？假设旧书商出高价回收你去年用过的课本，你是否愿意出售那本宝贵的数学课本，愿意承担在需要时去图书馆（或找朋友）借书的机会成本？

● 供给表和供给曲线

供给（supply）是指当销售计划的其他影响因素保持不变时，商品供给量与其价格之间的关系。供给量是指在特定价格水平下，生产商能够提供的商品数量。供给通常通过供给表和供给曲线表示，供给表以列表形式展示了不同价格下对应的供给量。供给曲线则是在价格和供给量之间建立的图形关系，用于显示在不同价格下市场上生产商愿意提供的商品数量。

当销售计划的其他影响因素保持不变时，供给表（supply schedule）列出了各个价格区间的供给量。图 4-5 是阿瓜公司（Agua）瓶装水的供给表。

图 4-5a 显示，如果每瓶水定价 0.5 美元，公司就不打算卖水了，也就是说，瓶装水的供给量为零。如果每瓶水卖 1

	价格（美元/瓶）	供给量（千瓶/天）
A	2.00	3
B	1.50	2
C	1.00	1
D	0.50	0

a）供给表

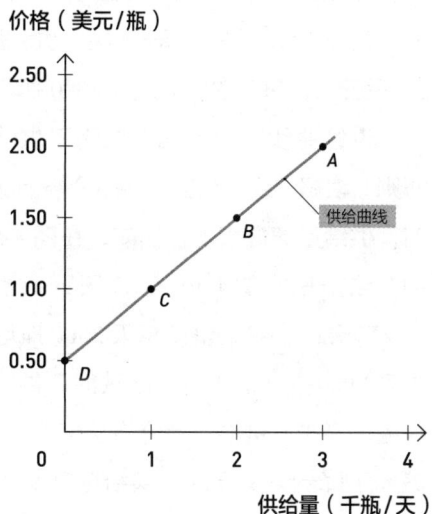

b）供给曲线

注：1. 该表揭示了供给表，其中列出了在销售计划的其他影响因素保持不变的情况下，各个价格区间的供应量。以每瓶 1.5 美元的价格计算，供给量为每天 2000 瓶。

2. 供给曲线反映了在其他因素不变的情况下，供给量与其价格之间的关系。其向上倾斜的供给曲线显示了供给法则。即当价格上涨时，供给量随之增加，反之减少。

图 4-5 供给表和供给曲线

美元，公司会计划每天供给 1000 瓶。如果每瓶水的价格为 1.5 美元，公司的日供给量就会增加到 2000 瓶，每瓶水的价格为 2 美元时，公司的日供给量就会达到 3000 瓶。

供给曲线（supply curve）是指当销售计划的其他影响因素保持不变时，商品供给量与其价格之间的关系曲线。供给曲线上标记为 A 到 D 的点代表供给表的 A 到 D 行。如图 4-5b 所示，供给曲线上的 C 点代表供给表的 C 行，表示当价格为每瓶 1 美元时，每天的供给量为 1000 瓶；供给曲线上的 B 点代表供给表的 B 行，表示当价格为每瓶 1.5 美元时，每天的供给量为 2000 瓶。

供给曲线的向上斜率说明了供给法则。根据供给曲线，当商品价格上涨时，供给量随之增加。例如，在图 4-5 中，当一瓶水的价格从 1.5 美元上涨到 2 美元时，供给量从每天 2000 瓶增加到 3000 瓶。而当价格下跌时，供给量随之减少。例如，当价格从每瓶 1.5 美元下降到 1 美元时，供给量从每天 2000 瓶减少到 1000 瓶。

● 个人供给和市场供给

刚刚分析的供给表和供给曲线只针对个人卖家。但要研究市场，我们就必须确定市场供给。

市场供给是市场上所有卖家的供给量之和。要确定瓶装水的市场供给，需要假设一个只有两个卖家的市场：阿瓜公司和普瑞玛（Prima）公司。图 4-6 中的表格显示了三种供给表：阿瓜公司的供给表、普瑞玛公司的供给表和市场供给表。阿瓜公司的供给表保持不变，而普瑞玛公司的供给表显示了在各个价位下，瓶装水的预售量。为了确定市场供水量，将阿瓜公司和普瑞玛公司的供水量相加。例如，当每瓶水售价为 1 美元时，阿瓜公司的供给量为每天 1000 瓶，普瑞玛公司的供给量为每天 2000 瓶，市场供给量就是每天 3000 瓶。

图 4-6a 中阿瓜公司的供给曲线和图 4-6b 中普瑞玛公司的供给曲线是两个单独的供给表。图 4-6c 中的市场供给曲线是根据市场供给表绘制而成的。在相同的价格下，市场供给曲线上的供给量等于各个供给曲线上供给量的水平总和。

● 供给变化

供给曲线显示了当商品的价格发生变化，但影响销售计划的其他因素又不变时，供给量的变化。当其他影响销售计划的因素发生变化时，供给会随之发生变化，即供给变化（change in supply）。这意味着会有新的供给表和供给曲线。供给曲线发生偏移。

供给既能增长也能减少，如图 4-7

价格（美元 / 瓶）	供给量（千瓶/天）		
	阿瓜公司	普瑞玛公司	市场
2.00	3	4	7
1.50	2	3	5
1.00	1 ＋	2 ＝	3
0.50	0	0	0

注: 1. 市场供给表是各个供给表的总和，市场供给曲线是各个供给曲线的水平总和。

2. 以每瓶水 1 美元的价格计算，阿瓜公司的供给量为每天 1000 瓶，普瑞玛公司的供给量为每天 2000 瓶，因此市场上的总供给量为每天 3000 瓶。

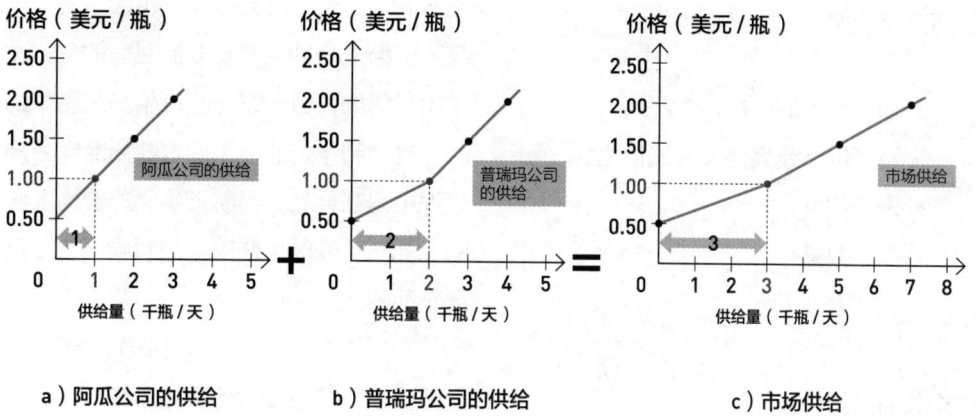

a）阿瓜公司的供给　　b）普瑞玛公司的供给　　c）市场供给

图 4-6　个人供给和市场供给

注: 除了商品本身价格的变化，任何对销售计划有影响的变化都会改变供给，并使供给曲线发生位移。

❶ 当供给减少时，供给曲线从 S_0 向左移动到 S_1。

❷ 当供给增加时，供给曲线从 S_0 向右移动到 S_2。

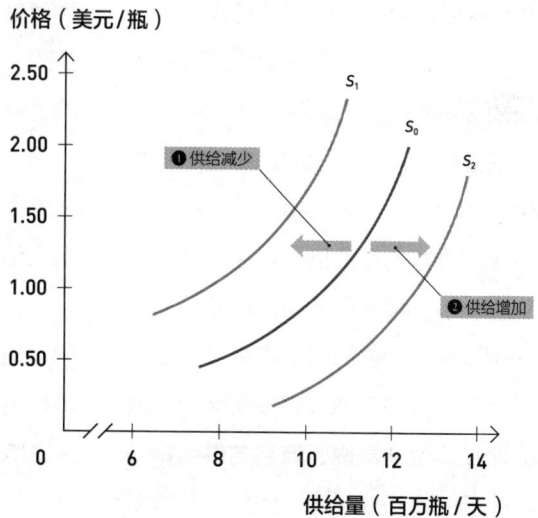

图 4-7　供给变化

所示。原始的供给曲线为 S_0。当供给减少时，供给曲线向左移动到 S_1。在曲线 S_1 上，每个价格下的供应量都变少了。当供给增加时，供给曲线向右移动到 S_2。在曲线 S_2 上，每个价格下的供给量都增长了。

影响销售计划，从而改变供给的主要因素包括：

> » 相关商品的价格；
> » 资源价格或其他投入的价格；
> » 未来估价；
> » 卖家数量；
> » 生产力。

相关商品的价格

我们生产的商品要么是替代品，要么是互补品。一种商品的生产性替代品（substitute in production）是另一种可以代替它生产的商品。比如在服装厂，紧身牛仔裤就是靴型牛仔裤的替代品。

一种商品的生产性互补品（complement in production）是与它一起生产的另一种商品。比如，在乳制品生产中，奶油是生产脱脂牛奶的互补品。

生产中替代品价格的变化：如果在生产过程中，某种商品的替代品价格上涨，则该商品的供给量会减少，反之如果替代品的价格下降，则该商品的供给量会增加。也就是说，商品的供给量与其替代品的价格成反比。例如，一家服装厂可以生产斜纹棉布裤或纽扣式牛仔裤，因此在生产中，这两种商品互为替代品。当纽扣式牛仔裤的价格上涨时，服装厂将不再生产斜纹棉布裤，转而生产纽扣式牛仔裤，因此棉布裤的供给减少。

互补品价格的变化：如果在生产过程中，商品互补品价格上涨，则该商品的供给量会增加，反之互补品的价格下降，则该商品的供给量会减少。也就是说，商品的供给量与其生产互补品之一的价格成正比。例如，当一家乳品厂生产脱脂牛奶时，也会制作奶油，因此这些商品在生产过程中为互补品。当脱脂牛奶的价格上涨时，乳品厂就能生产更多的脱脂牛奶，因此奶油的供给增加。

资源价格或其他投入的价格

当用于生产商品的资源价格或其他投入的价格发生变化时，供给就会发生变化。这是因为资源和投入的价格会影响生产成本。当其他因素保持不变时，生产一种商品的成本越高，各个价位区间下该商品的供给量就越少。例如，当灌装厂工人的工资率上升时，生产一瓶水的成本就会增加，因此瓶装水的供给量就会减少。

未来估价

供给会受未来估价的影响。例如，佛罗里达州的柑橘类作物受到了严寒天气的影响，这不会立刻对目前的橙汁产量产生影响，但它会影响当年收获季作物的产量。因此，卖家预计未来橙汁的价格会上涨。为了以后卖出高价，一些卖家就会增加冷冻橙汁的库存，因而当下橙汁的供给就会减少。

卖家数量

随着市场上的卖家越来越多，供给量也会增加。例如，许多新入驻的销售商在美国开办了瓶装矿泉水厂，这样就会导致瓶装水的供给量增加。

生产力

生产力是单位投入的产出。生产力的提高降低了生产商品的成本，增加了商品的供给，反之生产力下降会增加成本、减少供给。

技术变革和增加资本投入提高了生产力。例如，电子技术的进步降低了生产计算机的成本，提高了计算机的供给。技术变革带来了 iPhone X 等新产品，没有技术变革，就不会有 iPhone X。

恶劣天气和地震等自然灾害会降低生产力并减少供给。例如，2015 年，加利福尼亚州连续四年的干旱使坚果、水果和蔬菜等农产品的供给减少。

● 供给量变化与供给变化

刚刚提到的那些影响销售计划的因素会让供给发生变化。除了商品价格，所有这些都会对卖家计划产生影响。为避免混淆，当商品价格发生变化且影响销售计划的其他因素保持不变时，我们就认为发生了供给量变化（change in the quantity supplied）。

区分供给变化和供给量变化，对于弄清楚市场面对冲击时的应对机制至关重要。图 4-8 说明并总结了这一区别。

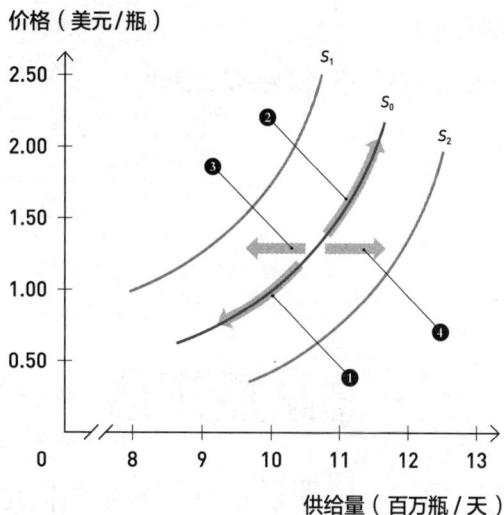

① 供给量减少
当其他因素保持不变，而商品价格下降时，则供给量减少，供给曲线 S_0 向下移动。

③ 供给减少
遇到下述情况时，供给会减少，且供给曲线向左移动（从 S_0 到 S_1）：
* 替代品的价格上涨；
* 互补品的价格下降；
* 资源价格或其他投入的价格上涨；
* 商品的价格预计会上涨；
* 卖家数量减少；
* 生产力下降。

② 供给量增加
当其他因素保持不变，而商品价格上涨时，则供给量增加，供给曲线 S_0 向上移动。

④ 供给增加
遇到下述情况时，供给会增加，且供给曲线向右移动（从 S_0 到 S_2）：
* 替代品的价格下降；
* 互补品的价格上涨；
* 资源价格或其他投入的价格下跌；
* 商品的价格预计会下跌；
* 卖家数量增加；
* 生产力提高。

图 4-8 供给量变化与供给变化

» 如果瓶装水价格下降，而其他影响因素保持不变，则瓶装水供给量减少，供给曲线 S_0 向下移动。如果瓶装水价格上涨，且其他影响因素保持不变，则供给量增加，并沿着供给曲线 S_0 向上移动。

» 当影响瓶装水生产商计划的因素发生变化，而价格不变时，那么瓶装水的供给就会发生变化。当瓶装水供给减少，供给曲线向左移动到 S_1，而供给增加时，供给曲线向右移动到 S_2。

关于供给的影响因素，我们需要习惯性地问问自己：这种影响因素改变的是供给量还是供给？检验一下：是价格导致了变化，还是其他影响因素导致了变化？如果商品价格发生变化，则供给量也会随之而变。如果商品价格保持不变，而其他影响因素改变，那么供给就会变化。

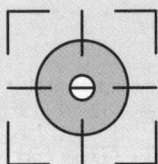

聚焦生活

理解并应用需求和供给模式

要真正理解需求和供给模式，不能只看关键点和定义，也不要只关注那些能影响到需求或供给变化的因素。不妨了解一下，供给模式是怎样指导我们制订自己的购买计划和销售计划的，以此掌握这一模式。

购买计划

看看你买的东西：回想一下数量和价格。这些数量和价格落在你需求曲线的何处。

现在，想一下价格波动是怎样影响你的购买计划的。如果学校咖啡店的咖啡价格上涨，那么你的消费计划会发生怎样的变化？你会改变哪些商品的需求量？你会对哪些商品的需求做出调整？

如果你获得了一份薪水更高的工作，那么你的购买计划将会如何改变？你会多买什么或者少买什么？

假设苹果和三星宣布计划下个月推出新款手机，而你正好准备购买一部新的智能手机。同时，你觉得旧款手机的价格会下降。那么，这个变化会对你的购买计划造成怎样的影响？

针对以上这些假设，考虑一下你是沿着需求曲线移动还是平移需求曲线？

销售计划

也许你觉得自己没有什么可销售的。但是，实际上我们都拥有时间这个宝贵资源可供销售。

假如你有一份工作，想想你的工作时长以及挣的工资率。你是不是想干多长时间就干多长时间？如果是这样的，那么你就处在自己的劳动服务供给曲线的某个点上。

如果工资率上涨，你会作何反应？你会延长工作时间还是缩短工作时间？

此外，你有一堆教科书。想想学期末课程结束后，你要不要卖掉这些书。若是卖掉这些书，你的心理价位最低是多少？在旧书市场上，这个价格就是你的供给曲线上的某一点。

你也许还计划在易贝网站上出售一些旧物。这一次，再想想你的最低出价，即这些物品在你的供给曲线上的某个点。

通过这些假想的销售计划，我们就能明确供需曲线的概念。

从计划到行动

个人的需求和供给曲线以及市场的需求和供给曲线都是"计划"，是一种"假设"的陈述，是以不同的预估价来描述购买计划和销售计划的。但当你按照你的计划购买时，其他人必须有销售计划。你的购买计划必须与其他人的销售计划相匹配。

需求和供给本身都不能代表市场上实际发生的事。不过，要找到匹配的购买计划和销售计划，我们就必须考虑需求和供给。本章最后一节将会介绍如何通过调整价格平衡需求和供给。

未来的生活

需求和供给模式将成为我们未来生活的重要组成部分。这一模式也常常出现在经济学课程中，因此掌握需求和供给的规律能给你带来立竿见影的回报。

然而，更重要的是，通过了解供需规律，了解价格如何平衡供需关系，我们会更好地了解经济世界的运行规律。

每当我们听到有人抱怨商品或服务的价格上涨并将其归咎于人的贪婪时，想想市场的力量，想想需求和供给如何决定商品或服务的价格。

当我们购买自己喜欢的衣服、音乐和食品时，试着描述需求和供给是怎样影响这些商品的价格的。

4.3

市场均衡

在日常用语中，"均衡"的意思是"对立的两方力量相当"。在市场中，需求和供给是对立的。当需求量等于供给量时，即购买计划和销售计划处于均衡状态时，就会达到市场均衡（market equilibrium）。在均衡价格（equilibrium price）下，需求量等于供给量。均衡数量（equilibrium quantity）是在均衡价格下买入和卖出的数量。

在图 4-9 中瓶装水市场中，均衡出现在需求曲线和供给曲线相交的地方。均衡价格为每瓶 1 美元，均衡数量为每天 1000 万瓶。

● **价格：市场的自动调节器**

当平衡被打破时，市场就会对其进行调节。市场力量法则（law of market forces）表明：当有剩余时，价格就会下跌；当有短缺时，价格就会上涨。

剩余是指供给量超过需求量的部分。如果有剩余，那么供应商就必须降价以增加销售量。买家乐于

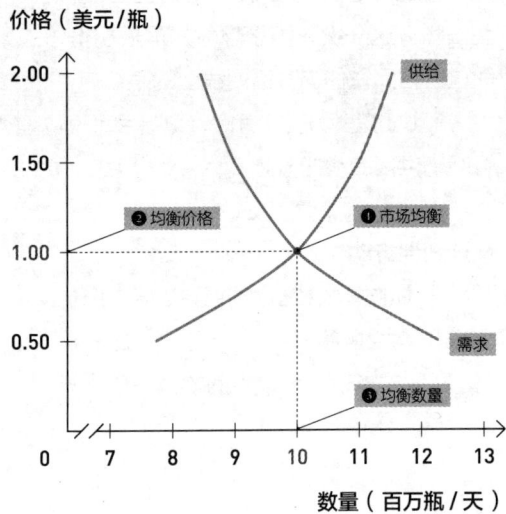

❶ 市场均衡发生在需求曲线和供给曲线的交点处。

❷ 均衡价格为每瓶 1 美元。

❸ 在均衡价格下，需求量和供给量均为每天 1000 万瓶，即达到了均衡数量。

图 4-9　均衡价格和均衡数量

接受低价，因此价格下跌。因为当价格高于均衡价格时便会出现剩余，而价格下跌正是市场恢复均衡所需要的。

短缺是指需求量超过供给量的部分。如果有短缺，买家必须加价才能买到商品。卖家乐于接受高价，因此价格上涨。因为当价格低于均衡价格时会出现短缺，所以价格上涨是市场恢复均衡所需要的。

在图 4-10a 中，当价格为每瓶 1.5 美元时，出现剩余（供过于求）：价格下降，需求量增加，供给量减少。当每瓶水为 1 美元时，此时不再有剩余。

在图 4-10b 中，在每瓶水为 0.75 美元时，商品出现短缺（供不应求）：价格上涨，需求量减少，供给量增加。当每瓶水为 1 美元时，此时不再有短缺。

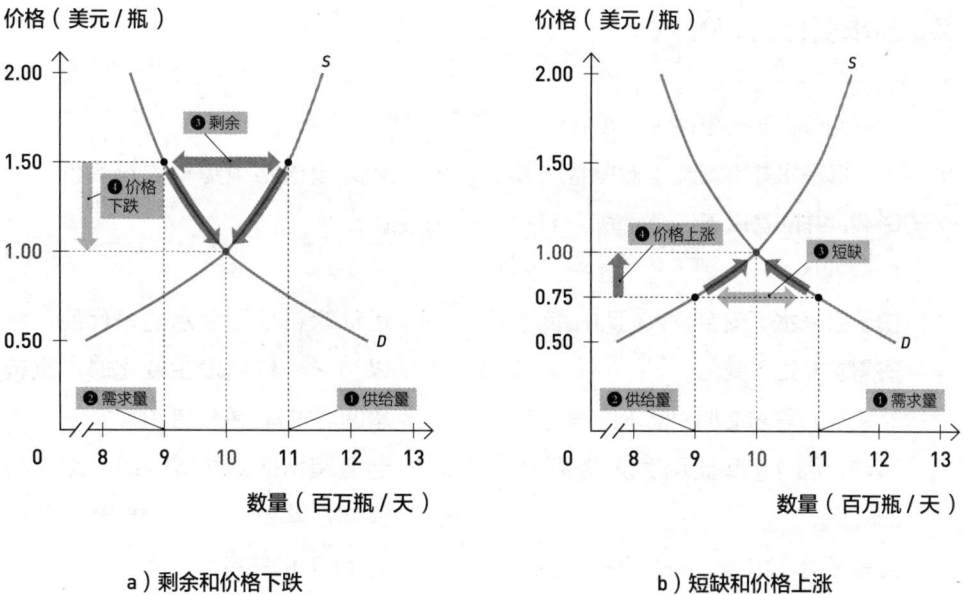

a）剩余和价格下跌　　　　　　b）短缺和价格上涨

注：1. 在每瓶水为 1.5 美元的情况下，❶供给量为 1100 万瓶水，❷需求量为 900 万瓶，❸剩余为 200 万瓶，并且❹价格下降。

2. 在每瓶水为 0.75 美元的情况下，❶需求量为 1100 万瓶水，❷供给量为 900 万瓶，❸短缺为 200 万瓶，并且❹价格上涨。

图 4-10　达到均衡的力量

● 预测价格变化：三个问题

由于价格调整消除了短缺和剩余，市场通常处于均衡状态。当某个事件扰乱了均衡时，新的均衡很快就会出现。为了解释和预测价格与数量的变化，我们只需要考虑均衡价格和均衡数量的变化。下面三个问题的答案可以用于分析一个事件对市场的影响：

1. 该事件会影响需求还是供给？
2. 该事件会增加还是减少需求或供给？也就是说，使需求曲线或供给曲线向左或向右移动？
3. 什么是新的均衡价格和均衡数量，以及它们会如何改变？

● 需求变化的影响

让我们分析某一事件（一项新的研究表明，自来水并不安全）对瓶装水市场的影响，并回答以下三个问题。

1. 由于自来水不安全，人们对瓶装水的需求发生了变化。
2. 瓶装水的需求增加，需求曲线向右移动。图 4-11a 显示了从 D_0 到 D_1 的转变。
3. 当每瓶水卖 1 美元时，瓶装水出现供应短缺。当价格上涨到每瓶 1.5 美元时，供给量便增加至 1100 万瓶。

请注意，供给产品本身没有发生变化；但价格上涨会导致供给量增加，供给量是随着供给曲线的整体移动而变化的。

如果零卡路里运动饮料降价，会发生什么？

1. 运动饮料是瓶装水的替代品，所以当它的价格发生变化时，瓶装水的需求就会随之变化。
2. 当瓶装水的需求减少时，需求曲线向左移动。图 4-11b 显示了从 D_0 到 D_2 的转变。
3. 每瓶水卖 1 美元时会有剩余。当价格降至每瓶 0.75 美元时，供应量便下降至 900 万瓶。

记住，供给没有变化，价格下跌导致供给量减少。价格会随着供给曲线变化。

价格（美元/瓶）

a）需求增加

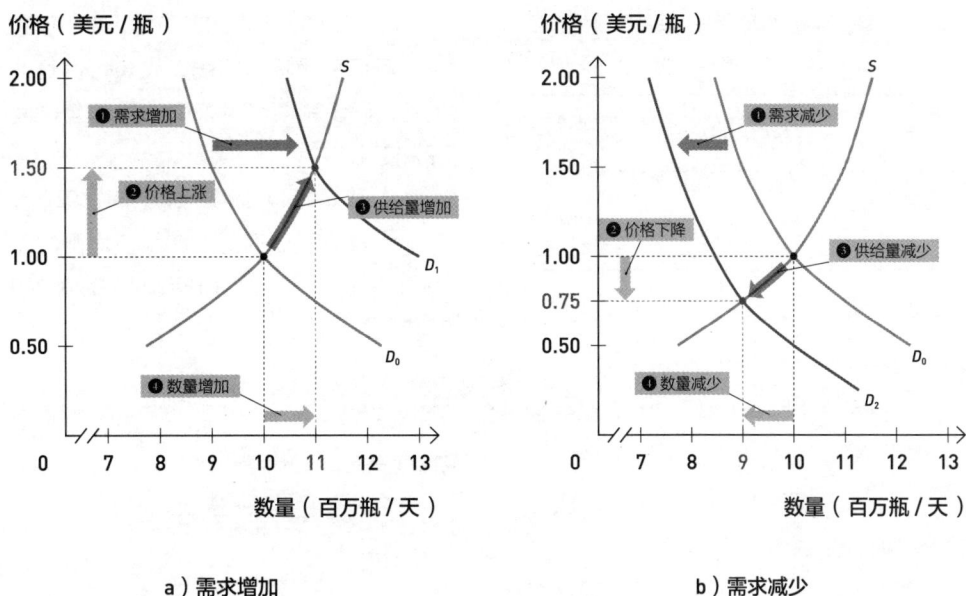

① 需求增加，需求曲线由 D_0 向右移动到 D_1，导致水资源短缺，② 价格上涨，③ 供给量增加，④ 均衡数量增加。

① 需求减少，需求曲线从 D_0 向左移动到 D_2，造成水资源过剩，② 价格下跌，③ 供给量减少，④ 均衡数量减少。

图 4-11 需求变化带来的影响

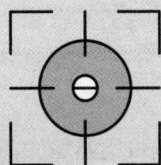

聚焦全球经济

可可豆和巧克力市场

一些发展中国家的人均可支配收入快速增长，以及数百万新兴中产阶级对甜食的喜爱，促使巧克力消费量飙升。可可豆是巧克力的原材料，因此可可豆的价格也随之飙升。

表 4-1 显示了 2000 年和 2020 年可可豆的数量和价格，由此可以看出可可豆的产量和价格都上涨了。

可可豆的产量从 2000 年的 300 万吨增加到 2020 年的 570 万吨，增长了

表 4-1 2000 年和 2020 年可可豆的数量和价格

年份	可可豆的数量 （百万吨／年）	可可豆的价格 （美元／吨）
2000	3.0	1500
2020	5.7	3000

90%。可可豆的价格从每吨 1500 美元翻了一番，涨到 3000 美元。

为什么可可豆的价格上涨？是因为需求增加还是供给减少？

你可以根据表中的信息来回答这个问题。需求增加会导致价格上涨，购买量增加，而供给减少会导致价格上涨，购买量减少。

因为当可可豆价格上涨时，可可豆生产商会增加供给量和销售量，其需求量必然会增加。

需求增加切合了一些发展中国家人均收入增加的事实。

可可豆是一种常见的商品，因此收入增加也会导致人们对它的需求增加。一些发展中国家人均收入的快速增长增加了对可可豆的需求量。

图 4-12 体现了 2000 年和 2020 年的全球可可豆市场。曲线 S 代表可可豆的供给，假设其供给在 2000—2020 年之间没有变化。

从图 4-12 可以看到，在 2000 年，D_{2000} 代表可可豆的需求曲线，均衡价格为每吨 1500 美元，均衡交易量为 300 万吨。

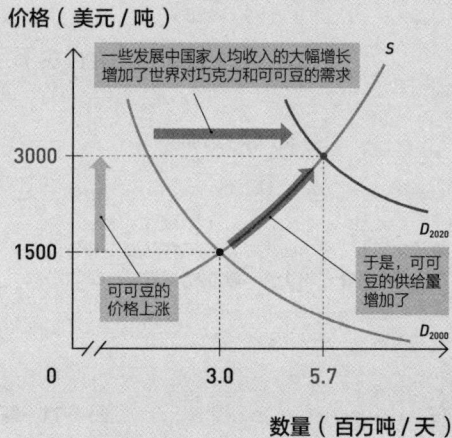

图 4-12 2000 年和 2020 年的全球可可豆市场

到 2020 年，一些发展中国家的人均收入增加时，D_{2020} 代表可可豆的需求量。均衡价格上涨至每吨 3000 美元，均衡交易量增加至 570 万吨。

可可豆价格上涨导致其供给量增加，如图 4-12 所示，可可豆供给曲线向上移动。

● 供给变化的影响

我们通过更多的练习来分析另一事件对市场上瓶装水生产与销售的影响：欧洲瓶装水生产商在水源地取水，并在美国开设了新工厂。

1. 瓶装水供应商增多，供给发生了变化。
2. 瓶装水的供给增加，供给曲线向右移动。图 4-13 显示了曲线 S_0 到 S_1 的变化。
3. 每瓶水价格为 1 美元时有剩余。当瓶装水的价格下降到每瓶 0.75 美元时，供给量增加至 1100 万瓶。

注意，需求没有变化；价格下降导致需求量增加，需求量会随着需求曲线移动。

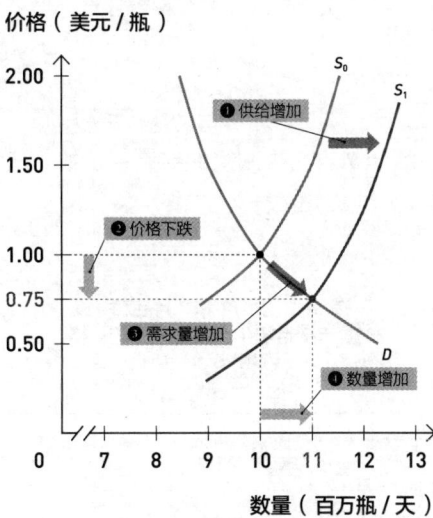

a）供给增加

b）供给减少

❶供给增加导致供给曲线向右移动到 S_1，使瓶装水出现剩余，❷价格下降，❸需求量增加，❹均衡数量增加。

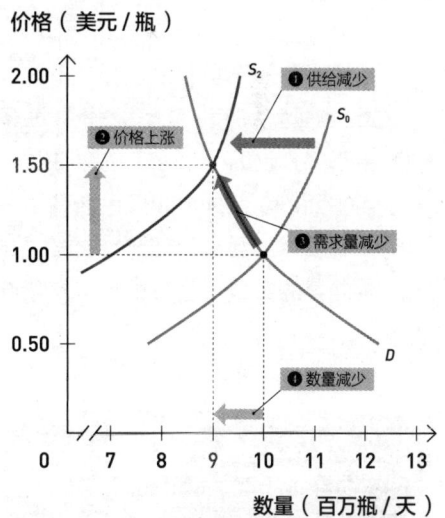

❶供给减少导致供给曲线向左移动到 S_2，使瓶装水出现短缺，❷价格上涨，❸需求量减少，❹均衡数量减少。

图 4-13　供给变化的影响

如果泉水枯竭会怎样？

1. 泉水枯竭会影响水的生产，因此水的供给会发生变化。
2. 泉水越少，瓶装水的供给量就越少，供给量随着曲线向左移动。图 4-13b 显示了曲线 S_0 到 S_2 的变化。
3. 每瓶水卖 1 美元时，会出现短缺。当瓶装水的价格上涨至每瓶 1.50 美元时，供应量减少至 900 万瓶。

同样，需求没有变化；价格上涨导致需求量减少，需求量会随着需求曲线移动。

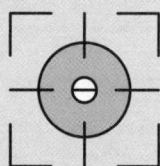

聚焦牛油果的价格

为什么牛油果的价格会出现波动

炎炎 8 月，加利福尼亚州牛油果的产量下降，这时，市面上的牛油果主要来自墨西哥。但是，如果墨西哥牛油果的产量没有加利福尼亚州那么多，市场上牛油果的数量就会下降，价格就会上涨。

表 4-2 的数据取自 2018 年 7 月底和 2018 年 9 月初牛油果的数量和价格。从中我们可以知道什么呢？

表 4-2　2018 年 7 月底和 2018 年 9 月初牛油果的数量和价格

日期	牛油果的数量 （百万磅 / 周）	牛油果的价格 （美元 / 个）
2018 年 7 月底	48	1.03
2018 年 9 月初	36	1.29

牛油果的产量从 7 月的 4800 万磅跌至 9 月的 3600 万磅，下降了 25%，牛油果的单价上涨了 25%，从 1.03 美元涨至 1.29 美元。

价格上涨是因为需求增加，还是因为供给减少？

你可以根据已知信息来回答这个问题。需求增加会导致价格上涨、交易量增加，而供给减少会导致价格上涨、交易量减少。

因为市场上可购买的牛油果数量减少了，价格上涨了，那么牛油果的供给必然会减少。

在墨西哥的牛油果产量上升之前，加利福尼亚州的牛油果产量会先行下降。这一消息告诉我们，牛油果产量下降会减少供给。

图 4-14 展示了 2018 年牛油果的市场行情。曲线 D 代表了牛油果的需求量，假定这两个月的需求量是一样的。

7 月底的供给曲线用 $S_{7月}$ 表示，牛油果的均价为 1.03 美元 / 个，平均产量为 4800 万磅。

8 月期间，加利福尼亚州减产导致 9 月初供给减少（由 $S_{9月}$ 曲线表示）。

牛油果的均衡价格涨到 1.29 美元 / 个，均衡数量降至 3600 万磅。

价格上涨导致牛油果的需求量减少，需求曲线向上移动就表明了这一点。

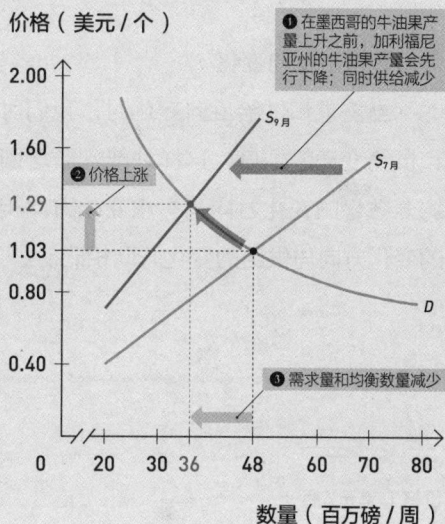

图 4-14　2018 年 8 月牛油果的市场行情

● 供需变化带来的影响

当需求和供给同时变化时，我们可以结合刚刚学过的案例，发现均衡价格和均衡数量的变化。

需求和供给同向变化

当需求和供给同向变化时，均衡数量也同向变化，但我们需要了解需求和供给变动的幅度，这样才能预测价格走势。如果需求增加超过供给增加，那么价格就会上涨；如果供给增加超过需求增加，那么价格就会下跌。

图 4-15a 显示了需求和供给都增加且增幅一致，均衡数量增加。但是由于需求增加等于供给增加，所以既不会出现短缺也不会出现剩余，因此价格不会改变。高需求量会造成短缺和价格上涨；高供给量会造成剩余和价格下跌。

图 4-15b 体现了需求和供给同时减少相同数量时的情况。此处均衡数量减少，价格可能再次上涨或下跌。

需求和供给反向变化

当需求和供给反向变化时，我们可以预测价格如何变化，但我们需要知道需求和供给变动的幅度，这样才能判断均衡数量的增减。如果需求的变化大于供给，则均衡数量的变化方向与需求变化方向相同；如果供给的变化大于需求，则均衡数量的变化方向与供给的变化方向相同。

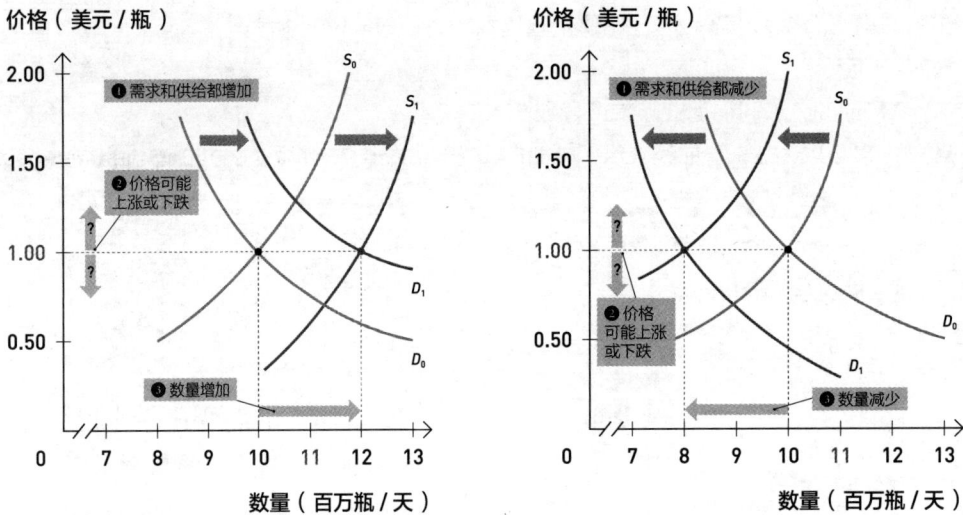

a）需求和供给都增加

b）需求和供给都减少

❶ 需求增加导致需求曲线向右移动到 D_1，供给增加导致供给曲线向右移动到 S_1，❷ 价格可能上涨或下跌，但 ❸ 商品数量增加。

❶ 需求减少导致需求曲线向左移动到 D_1，供给减少导致供给曲线向左移动到 S_1，❷ 价格可能上涨或下跌，但 ❸ 商品数量减少。

图 4-15 当需求和供给同向变化时，对价格及数量的影响

图 4-16a 说明了当需求减少而供给增加且减少和增加了相同数量的商品时，会发生什么。在初始价格下，存在剩余，因此价格下跌。需求减少导致商品数量减少，而供给增加导致商品数量增加，因此当这些变化同时发生时，除非我们知道变动的幅度，否则无法判断数量会如何变化。

图 4-16b 说明了当需求增加而供给减少且增加和减少了相同数量的商品时，会发生什么。在初始价格下，存在短缺，因此价格上涨。需求增加会增加商品数量，供给减少会减少商品数量，因此，当这些变化同时发生时，除非我们知道需求和供给变动的幅度，否则我们无法判断商品数量会如何变化。

对于图 4-15 和图 4-16 中的案例，你无法判断价格或商品数量会如何变化，请举例说明每个方向的变化。

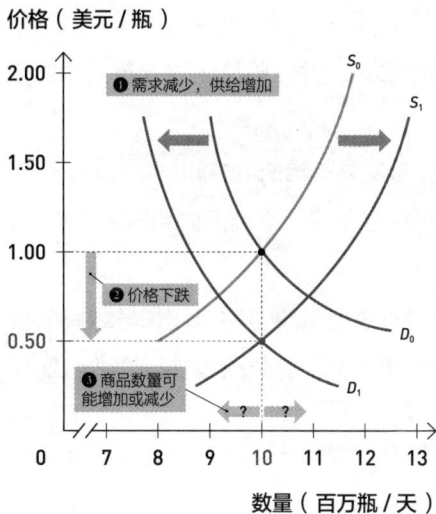

a）需求减少，供给增加

b）需求增加，供给减少

❶ 需求减少导致需求曲线向左移动到 D_1，供给增加导致供给曲线向右移动到 S_1，❷ 价格下跌，但 ❸ 商品数量可能增加或减少。

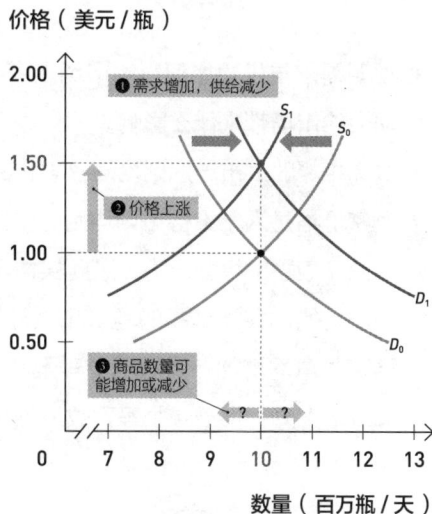

❶ 需求增加使需求曲线向右移动到 D_1，供给减少使供给曲线向左移动到 S_1，❷ 价格上涨，但 ❸ 商品数量可能增加或减少。

图 4-16 需求和供给反向变化时，均衡价格和均衡数量的变化情况

第 4 章要点小结

1. 区分需求量和需求，并能够简述是哪些因素决定了需求。

- 需求法则：在其他影响因素不变的情况下，当商品价格下降时，对该商品的需求量就会增加；反之，当商品价格上涨时，对该商品的需求量就会减少。

- 相关商品的价格、预期价格、收入、预期收入和信贷情况、买家数量和偏好都会影响商品的需求。其中任何一个因素变化都会影响人们对商品的需求。

2. 区分供给量和供给，并能够简述是哪些因素决定了供给。

- 供给法则：在其他影响因素不变的情况下，商品价格上涨，该商品的供给量就会增加；反之，商品价格下降，该商品的供给量就会减少。

- 相关商品的价格、资源价格或其他投入的价格、未来估价、卖家数量和生产力都会影响商品的供给。其中任何一个因素发生变化都会改变商品的供给。

3. 说明需求与供给如何影响市场上商品的价格和数量，并能够简述需求与供给的变动会给市场带来什么影响。

- 供需相等时，市场达到均衡状态，即买方和卖方交易的均衡价格和均衡数量。

- 调整价格是为了维持市场均衡，使需求量与供给量相等。当商品剩余时下调价格，当商品短缺时提高价格，以此保持市场均衡。

- 市场均衡需关注商品的需求和供给情况，并对其进行调整。需求增加导致商品价格和数量均增加；需求减少导致商品价格和数量均减少。供给增加导致数量增加而价格下降；供给减少导致数量减少而价格上涨。

第二部分

仔细观察市场

第 5 章

需求与供给的弹性

本章学习目标

» 定义和计算需求的价格弹性，并解释哪些因素会影响需求的价格弹性；

» 定义和计算供给的价格弹性，并解释哪些因素会影响供给的价格弹性；

» 定义需求的交叉弹性和需求的收入弹性，并解释哪些因素会影响这两种弹性。

5.1

需求的价格弹性

星巴克知道，如果给拿铁咖啡涨价，而其他因素保持不变，则拿铁咖啡的销量就会下降。但是你和朋友会因为拿铁咖啡的销量下降而减少在星巴克的消费吗？想要回答这个问题，星巴克就需要弄清楚拿铁咖啡的需求量在价格变化的情况下会做出怎样的反应。这时，就可以用弹性理论来解释。

需求的价格弹性（price elasticity of demand）测量的是，在其他所有影响购买计划的因素保持不变时，商品需求量对其价格变化的反应程度。

为了确定需求的价格弹性，我们要将需求量的百分比变化与价格的百分比变化进行比较。

● 价格变化百分比

如果星巴克的拿铁咖啡价格调整幅度为每杯 2 美元，那么这个百分比的变化会因为价格上调或下调而有所不同。

价格上涨

假设星巴克的拿铁咖啡价格从 3 美元涨到 5 美元，那么百分比变化的计算方法是将价格的变化除以初始价格，再乘以 100%。公式如下：

$$价格变化百分比 = \frac{新价格 - 初始价格}{初始价格} \times 100\%$$

在此示例中，初始价格为 3 美元，涨价后的价格为 5 美元，因此

$$
价格变化百分比 = \frac{5\,美元 - 3\,美元}{3\,美元} \times 100\% = \frac{2\,美元}{3\,美元} \times 100\% = 66.67\%
$$

价格下降

假设星巴克的拿铁咖啡价格从 5 美元降到 3 美元。现在的初始价格是 5 美元，降价后的价格是 3 美元，所以价格变化的百分比是

$$
价格变化百分比 = \frac{3\,美元 - 5\,美元}{5\,美元} \times 100\% = \frac{-2\,美元}{5\,美元} \times 100\% = -40\%
$$

同样的变化幅度——在 3 美元和 5 美元之间上下浮动 2 美元，相同的时间间隔内，绝对百分比的变化不同：如果是上调价格，变化百分比为 66.67%；如果下调价格，变化百分比为 40%。

因为弹性比较的是需求量的百分比变化与价格的百分比变化，所以我们需要一种不受价格变化方向影响的百分比变化测量法，而中点法就是经济学家会使用的测量方法。

中点法

为了使用中点法计算价格的百分比变化，我们将价格变化除以平均价格，即新价格和初始价格的平均值，然后乘以 100%。平均价格位于初始价格与新价格之间的中点，因此将这种方法命名为中点法。

使用中点法的百分比变化公式为

$$
价格变化百分比 = \frac{新价格 - 初始价格}{(新价格 + 初始价格) \div 2} \times 100\%
$$

在这个公式中，分子（新价格 – 初始价格）与之前相同。分母 [（新价格 + 初始价格）÷ 2] 是新价格和初始价格的平均值。

让我们用中点法计算一下星巴克拿铁咖啡价格的百分比变化：将新价格 5 美元，初始价格 3 美元代入公式：

$$价格变化百分比 = \frac{5\,美元 - 3\,美元}{(\,5\,美元 + 3\,美元\,) \div 2} \times 100\%$$

$$= \frac{2\,美元}{4\,美元} \times 100\% = 50\%$$

因为无论价格上涨还是下跌，平均价格都是一样的，所以无论价格如何变化，用中点法计算的价格变动百分比都是相同的（幅度）。在上文的例子中，变动幅度均是 50%。

● 需求量的百分比变化

假设当拿铁咖啡的价格从 3 美元上涨到 5 美元时，需求量从每小时 15 杯减少到 5 杯。那么使用中点法后，需求量变化百分比为

$$销量变化百分比 = \frac{新销量 - 原始销量}{(\,新销量 + 原始销量\,) \div 2} \times 100\%$$

$$= \frac{5 - 15}{(\,5 + 15\,) \div 2} \times 100\%$$

$$= \frac{-10}{10} \times 100\% = -100\%$$

当商品的价格上涨时，其需求量减少——价格上涨会导致需求量降低。同样，当商品的价格下降，其需求量就会增加——价格下降会带来需求量的增长。

我们用百分比变化的绝对值来比较价格和需求量的百分比变化。

● 比较价格和需求量的百分比变化

为了计算星巴克拿铁咖啡的需求量对其价格的反应程度，我们比较了刚刚计算的两个百分比变化。需求量百分比变化为 100%，价格百分比变化为 50%。在这种情况下，需求量变化大于价格变化。但它也可能等于或小于这种变化。让我们看看如何对反应程度进行分类。

● 弹性需求和缺乏弹性的需求

经过仔细分析星巴克拿铁咖啡以及其他商品和服务的价格、需求量的数据后可知，如果其他因素保持不变，便能够计算出多种价格和需求量的百分比变化。于是，我们就能够根据需求量对价格的反应程度，将需求进行分类。

计算分为三组：需求量的百分比变化可能大于价格的百分比变化（如星巴克拿铁咖啡的示例）、等于价格的百分比变化、小于价格的百分比变化。这三种情况定义了需求价格弹性的三个范围：

» 当需求量的百分比变化大于价格的百分比变化时，需求是有弹性的，即弹性需求（elastic demand）。
» 当需求量的百分比变化等于价格的百分比变化时，需求是单位弹性的，即单位弹性需求（unit elastic demand）。
» 当需求量的百分比变化小于价格的百分比变化时，需求是缺乏弹性的，即缺乏弹性的需求（inelastic demand）。

如图 5-1 所示，不同类型的需求曲线说明了可能的需求价格弹性的范围。图 5-1a 显示了弹性需求的极端情况——完全弹性需求（perfectly elastic demand），即轻微的价格变化导致了需求量的巨大波动。在这种情况下，消费者只愿意以某个价格大量购买某种商品，而一旦价格上涨，就会停止购买行为。图 5-1b 显示了弹性需求的情况，即需求量的百分比变化幅度大于价格的百分比变化。图 5-1c 显示了单位弹性需求的情况，即需求量的百分比变化等于价格的百分比变化。图 5-1d 显示了缺乏弹性的需求的情况，即需求量的百分比变化小于价格的百分比变化。最后，图 5-1e 显示了完全无弹性需求（perfectly inelastic demand）的极端情况，即无论价格的百分比怎样变化，需求量的变化都为零。

● 需求的价格弹性的影响因素

是什么导致对某些商品的需求富有弹性而对另一些商品的需求缺乏弹性？对需求的价格弹性的影响分为两类：

» 替代品的可获得性；
» 支出收入比例。

替代品的可获得性

如果很容易找到一种商品的替代品，那么对该商品的需求就是富有弹性的。比如，软饮料的包装既可以由铝制成，也可以用塑料制成，因此对铝的需求是富有弹性的。

价格（美元 / 加仑）

① 近乎零的价格涨幅　② 大大减少了需求量

1 —————————————————— D

④ 对（取自某一水源的）矿
泉水的需求是完全有弹性的

0　　　　　　100　　　130

数量（加仑 / 月）

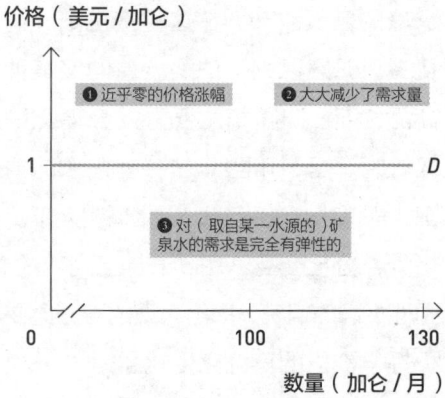

a）完全弹性需求

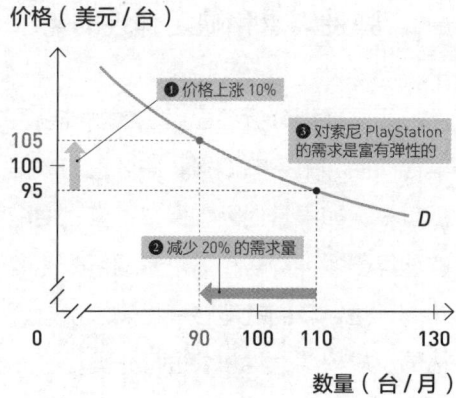

价格（美元 / 台）

① 价格上涨 10%

③ 对索尼 PlayStation
的需求是富有弹性的

105
100
95

② 减少 20% 的需求量

0　　　　90　100　110　　130

数量（台 / 月）

b）弹性需求

价格（美元 / 人次）

① 价格上涨 10%

③ 运输需求是单位弹性的

105
100
95

② 将需求量减少 10%

D

0　　　　95　100　105　　130

数量（人次 / 月）

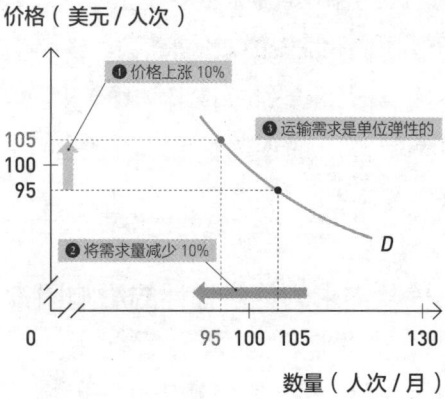

c）单位弹性需求

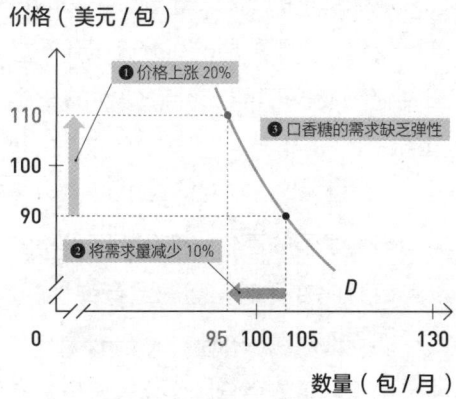

价格（美元 / 包）

① 价格上涨 20%

③ 口香糖的需求缺乏弹性

110

100

90

② 将需求量减少 10%

D

0　　　　95　100　105　　130

数量（包 / 月）

d）缺乏弹性的需求

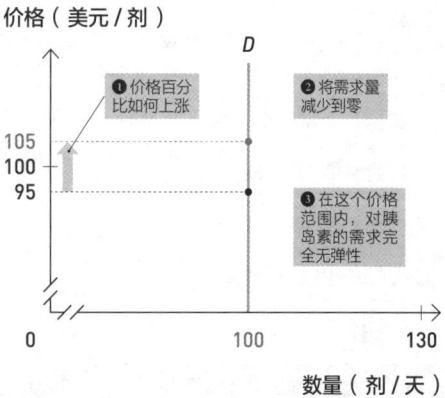

价格（美元 / 剂）

D

① 价格百分
比如何上涨

② 将需求量
减少到零

105
100
95

③ 在这个价格
范围内，对胰
岛素的需求完
全无弹性

0　　　　　　100　　　130

数量（剂 / 天）

e）完全无弹性需求

注：① 价格上涨导致 ② 需求量减少。
需求量和价格变化百分比之间的
关系决定了需求的 ③ 价格弹性，
范围从完全弹性（a 部分）到完
全无弹性（e 部分）。

图 5-1　需求的价格弹性的范围

如果很难找到一种商品的替代品，则对该商品的需求是缺乏弹性的。石油几乎没有替代品（根本就不存在燃煤的汽车），因此对石油的需求是缺乏弹性的。

有三个主要问题，会影响到我们寻找商品替代品的能力。首先，该商品是奢侈品还是必需品？其次，该商品的所属类别是不是比较宽泛？最后，我们要花多长时间来寻找替代品？

- **商品是奢侈品还是必需品**

食品和住房等属于必需品；跨国旅行等属于奢侈品。必需品的替代品很少，比如人总得吃饭，所以对食物等必需品的需求是缺乏弹性的。奢侈品却有很多替代品，比如今年夏天你不一定必须去加拉帕戈斯群岛度假，所以对奢侈品的需求是有弹性的。

- **商品定义范围的大小**

商品的定义越细化，其需求越具有弹性。例如，邓肯拿铁是星巴克拿铁的绝佳替代品，所以星巴克拿铁的需求是富有弹性的。对商品的定义越宽泛，需求就越缺乏弹性。例如，咖啡的需求缺乏弹性，因为茶还不能完全替代咖啡。

- **商品价格变动后的时间**

某种商品的价格发生变化后，时间越久，这种商品的需求就越有弹性。例如，20 世纪 70 年代和 80 年代汽油价格急剧上涨，但是汽油的需求量并没有太大变化，这是因为汽车的油耗很高，因此汽油的需求是缺乏弹性的。但随着新能源汽车取代了耗油量大的汽车，汽油需求量减少，汽油需求就变得更有弹性了。

支出收入比例

价格上涨，和收入减少一样，意味着人们不能购买相同数量的原商品和原服务。在一种商品上的花费占收入的比例越大，就意味着价格上涨对人们能够购买该商品的数量的影响就越大，对该商品的需求弹性就越大。例如，牙膏在预算中占比很小，住房则占比很大。如果牙膏的价格翻了一番，购买牙膏的数量几乎不变，因为对牙膏的需求是缺乏弹性的。如果公寓的租金翻倍，那么我们就会极力寻求与多人合租。所以，我们对住房的需求比对牙膏的需求更有弹性。

● 计算需求的价格弹性

我们用下面的公式来判断对商品的需求是有弹性的，还是有单位弹性的，或者是缺乏弹性的。计算需求价格弹性的公式如下所示：

$$需求的价格弹性 = \frac{需求量变化的百分比}{价格变化的百分比}$$

» 如果需求价格弹性大于 1，则需求是富有弹性的。

» 如果需求价格弹性等于 1，则需求是单位弹性的。

» 如果需求价格弹性小于 1，则需求是缺乏弹性的。

图 5-2 说明并总结了针对星巴克拿铁咖啡的计算过程与结果。初始时，星巴克拿铁咖啡的价格是 3 美元/杯，这时的需求量是 15 杯/小时；然后价格上涨到 5 美元/杯，需求量减少到 5 杯/小时。价格上涨 2 美元/杯，平均（中点）价格为 4 美元/杯，因此价格变化百分比为 50%。需求量减少 10 杯/小时，平均（中点）量为 10 杯/小时，因此需求量的百分比变化为 100%。

$$需求的价格弹性 = \frac{100\%}{50\%} = 2$$

从上面的公式可以看出，星巴克拿铁咖啡的需求的价格弹性为 2。

在需求曲线上初始价格和新价格之间的中点处，需求的价格弹性为 2。在这个价格范围内，消费者对星巴克拿铁咖啡的需求是富有弹性的。

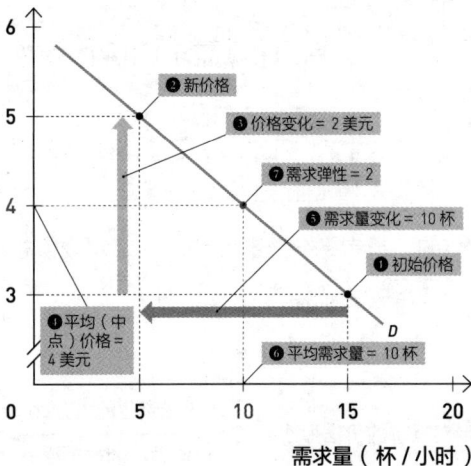

价格（美元/杯）

需求量（杯/小时）

❶ 初始价格为 3 美元/杯，需求量为 15 杯/小时；

❷ 新价格为 5 美元/杯，需求量为 5 杯/小时；

❸ 价格变化为 2 美元/杯，❹ 平均价格为 4 美元/杯，因此价格变化百分比 =（2÷4）×100%，即 50%；

❺ 需求量的变化为 10 杯/小时，❻ 而平均需求量是 10 杯/小时，因此百分比需求量 =（10÷10）×100%，即 100%；

❼ 需求的价格弹性 = 100%÷50%，即 2。

图 5-2 计算需求的价格弹性

● 解释需求量的价格弹性

我们刚刚计算的数值只是一个例子，并非基于真实的咖啡价格和需求量数据。但是，假设真实数据确实如此，该商品的需求价格弹性为 2，那么这个数字说明了什么？

这个数字告诉我们三个要点。

1. 消费者对星巴克拿铁咖啡的需求是富有弹性的。由于具有弹性，该商品有许多很容易找到的替代品（如其他品牌的拿铁咖啡），而且与消费者的收入相比，该商品对消费占比很小。
2. 星巴克必须意识到，其拿铁咖啡不宜定价过高。提高价格当然会增加单杯的收益，但会失去很多潜在的消费者。
3. 反过来看，价格略低能吸引大量潜在的消费者，最终带来更多的收入。

● 线性需求曲线的弹性

斜率显示了反应能力，但弹性与斜率不同。通过观察线性（直线）需求曲线上的需求价格弹性，我们可以清楚地看到二者的区别。斜率是恒定的，但弹性是变化的。图 5-3 所示的星巴克拿铁咖啡需求曲线与图 5-2 中相同，但

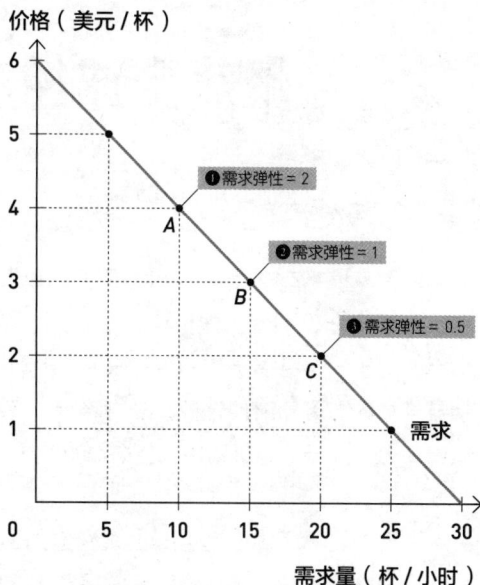

注：1. 在线性需求曲线上，斜率是恒定的，但弹性随着价格的下降和需求量的增加而下降。
❶ 在 A 点，需求是有弹性的。
❷ 在需求曲线的中点 B 点，需求是单位弹性的。
❸ 在 C 点，需求缺乏弹性。
2. 需求在需求曲线中点以上的所有点都富有弹性，而在需求曲线中点以下的所有点都是缺乏弹性的。

图 5-3　线性需求曲线的弹性

通过延长坐标轴，表示价格更低时，需求量也更大。

我们来计算一下 A 点的需求弹性。如果拿铁咖啡的价格从 3 美元 / 杯上涨到 5 美元 / 杯，需求量从 15 杯 / 小时减少到 5 杯 / 小时。平均价格为 4 美元 / 杯，平均数量为 10 杯 / 小时。A 点的需求弹性为 2，即需求是有弹性的。

再来计算 C 点的需求弹性。如果价格从 3 美元 / 杯下降到 1 美元 / 杯，则需求量从 15 杯 / 小时增加到 25 杯 / 小

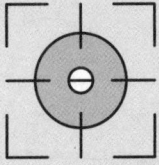

聚焦全球经济

需求的价格弹性

一位家境富有的女生每天吃得很简单，不过就是几美元的汉堡，即使汉堡价格翻倍，她也会这么吃。然而，对于一个家境贫穷的男生来说，吃什么可是要精打细算的。因为对他来说，食物难得，还得随时防备着不被人抢走。食品价格上涨，他就得减少开支，少吃点儿。

图 5-4 显示了 10 个国家的食品支出占收入的百分比以及食品需求的价格弹性。食品支出占收入的比重越大，食品需求的价格弹性就越大。

随着低收入国家越来越富裕，人们花在食品上的收入比例会下降，人们对食品的需求将变得更加缺乏弹性。因此，整个世界对食物的需求也将变得更加缺乏弹性。

收成波动带来粮食价格的波动。随着整个世界对食品的需求变得越来越缺乏弹性，食品价格的波动将越来越大。

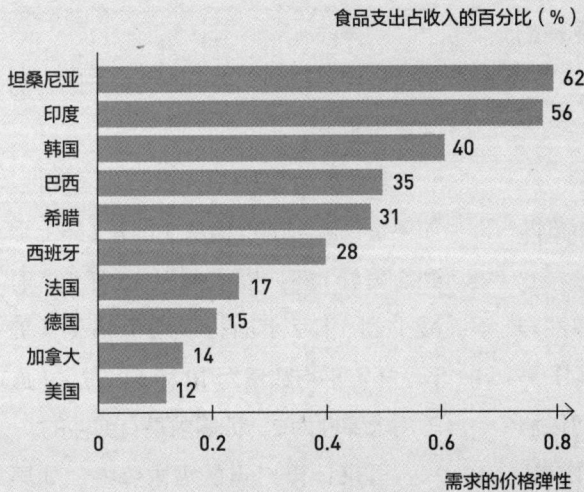

表 5-1 显示了在真实世界中的需求价格弹性。数值上至金属的 1.52，下至食品的 0.12。金属的替代品比较容易获得，如塑料，而食物几乎没有替代品。对于表 5-1 中自上而下所示的商品种类，其相应的优质替代品越来越少，最下面的几乎就是必需品。

表 5-1   一些商品需求的价格弹性

商品或服务	弹性
弹性需求	
金属	1.52
电气工程产品	1.39
机械工程产品	1.30
家具	1.26
机动车	1.14
仪器工程产品	1.10
专业服务	1.09
运输服务	1.03
缺乏弹性的需求	
煤气、电和水	0.92
油	0.91
化学品	0.89
饮料（所有类型）	0.78
衣物	0.64
烟草	0.61
银行和保险服务	0.56
住房服务	0.55
农产品和水产品	0.42
图书、杂志和报纸	0.34
食物	0.12

食品支出占收入的百分比（%）

国家	百分比
坦桑尼亚	62
印度	56
韩国	40
巴西	35
希腊	31
西班牙	28
法国	17
德国	15
加拿大	14
美国	12

0   0.2   0.4   0.6   0.8

需求的价格弹性

图 5-4   10 个国家的食品支出占收入的百分比以及食品需求的价格弹性

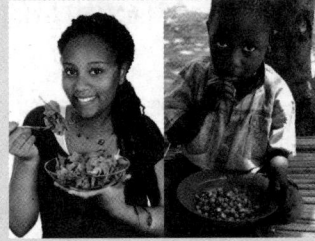

时。平均价格为 2 美元 / 杯，平均数量为 20 杯 / 小时。C 点的需求弹性为 0.5，即需求是无弹性的。

最后，让我们计算 B 点的需求弹性，即需求曲线的中点。如果价格从 2 美元 / 杯上升到 4 美元 / 杯，则需求量从 20 杯 / 小时减少到 10 杯 / 小时。平均价格是 3 美元 / 杯，平均数量是 15 杯 / 小时。B 点的需求弹性是 1，即需求是单位弹性的。

沿着线性需求曲线：

» 需求在曲线的中点处是有单位弹性的；
» 需求在曲线中点以上的所有点都是有弹性的；
» 需求在曲线中点以下的所有点都是缺乏弹性的。

● 总收益和需求的价格弹性

总收益（total revenue）是卖家出售某样商品所获得的金额，等于商品的价格乘以售出的数量。例如，假设星巴克拿铁咖啡的价格为 3 美元 / 杯，每小时售出 15 杯。那么总收益是 3 美元 / 杯乘以 15 杯 / 小时，为 45 美元 / 小时。

我们可以用星巴克拿铁咖啡的需求曲线来说明总收益这个概念。如图 5-5a 所示，灰色矩形表示了在拿铁咖啡的价格为 3 美元 / 杯、需求量为 15 杯 / 小时，其销量的总收益为 3 美元 / 杯乘以 15 杯 / 小时，即 45 美元 / 小时。

当价格出现变化时，总收益可以同向变化、反向变化或保持不变。具体情况取决于需求的价格弹性。通过观察价格变化引起的总收益变化（所有其他影响数量变化的因素保持不变），我们可以估算需求的价格弹性。这种估算需求价格弹性的方法被称为总收益测试法（total revenue test）。

如果需求是有弹性的，一定幅度的价格上涨会带来更大幅度的需求量下降，因此总收益（价格乘以数量）会减少。图 5-5a 说明了这个结果。当拿铁咖啡的价格为 3 美元 / 杯时，需求量为 15 杯 / 小时，因此总收益为 45 美元 / 小时（= 3 美元 / 杯 × 15 杯 / 小时）。如果拿铁咖啡的价格上涨到 5 美元 / 杯，需求量将减少到 5 杯 / 小时，因此总收益为 25 美元 / 小时（= 5 美元 / 杯 × 5 杯 / 小时）。

如果需求缺乏弹性，一定幅度的价格上涨带来的需求量下降幅度较小，因此总收益会增加，如图 5-5b 所示。当课本的价格为 50 美元 / 册时，每年课本的需求量为 500 万册，总收益为 2.5 亿美元（= 50 美元 / 册 × 500 万册）。如果课本的价格涨到 75 美元 / 册，那么每年的需求量将减少到 400 万册课本，而总收益将增加到 3 亿美元（= 75 美元 / 册 × 400 万册）。

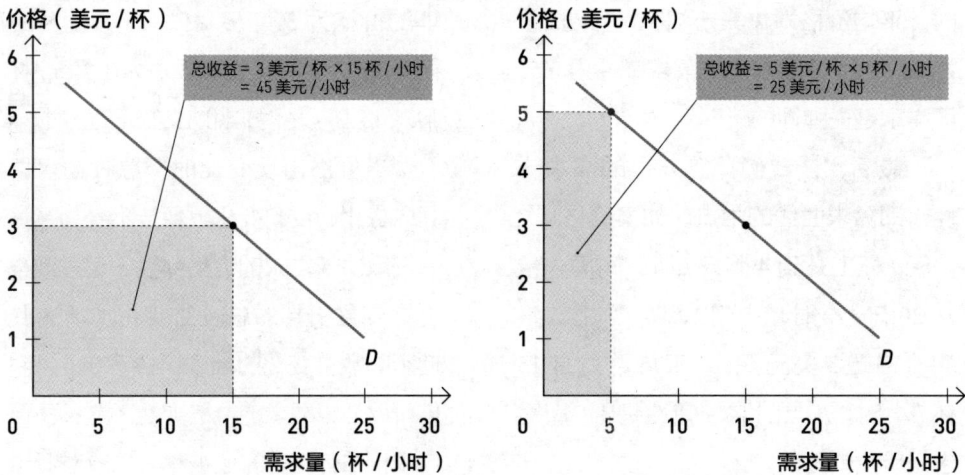

a）总收益和弹性需求：星巴克拿铁咖啡

注： 1. 图 5-5a 所示为星巴克拿铁咖啡的需求量，总收益等于价格乘以数量。当拿铁的价格为 3 美元 / 杯时，需求量为
 15 杯 / 小时，总收益 45 美元 / 小时。但涨价到 5 美元 / 杯时，需求量减少到 5 杯 / 小时，总收益减少到 25 美
 元 / 小时。

　　2. 由于拿铁咖啡的需求是弹性的，星巴克涨价后，其总收益减少。

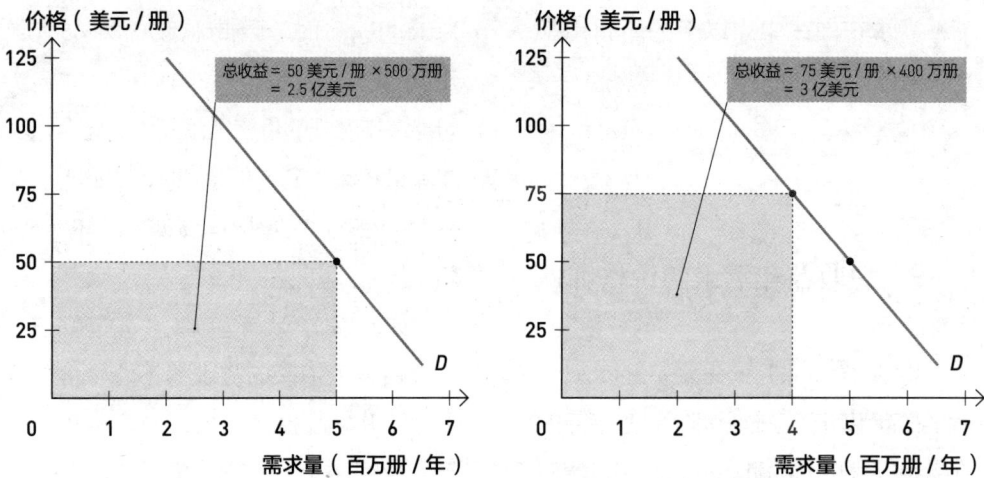

b）总收益和缺乏弹性的需求：课本

注： 1. 图 5-5b 显示了课本的需求量。当课本卖 50 美元 / 册时，每年的需求量为 500 万册，总收益为每年 2.5 亿美元，
 但涨到 75 美元 / 册时，需求量减少到每年 400 万册，总收益增加到每年 3 亿美元。

　　2. 当课本的价格上涨时，总收益增加，因为课本的需求缺乏弹性。

图 5-5　总收益和需求的价格弹性

需求的价格弹性与总收入的关系为：

» 如果价格和总收益反向变化，则需求是有弹性的；
» 如果价格变动使总收益不变，则需求是单位弹性的；
» 如果价格和总收益同向变化，则需求缺乏弹性。

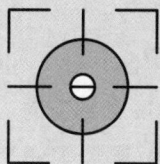

聚焦咖啡店的弹性

当星巴克的拿铁咖啡涨价时，你会怎么做

当星巴克的拿铁咖啡涨价时，你要做的第一件事，就是看看附近其他咖啡店的拿铁咖啡价格。假设其他店的价格没有变化，你可以在唐恩都乐买到一杯价格合理的拿铁咖啡。那么，你自然就会"移情"其他咖啡店，拿铁咖啡照喝不误。

不过很快，附近所有咖啡店的咖啡都涨价了。无论如何货比三家，你每天喝的拿铁咖啡只会越来越贵。眼看钱包越来越瘪，你还是决定回星巴克，不过每周会少买一杯。

需求的价格弹性

你对星巴克的拿铁咖啡涨价的可能反应，或许可以解释为你对星巴克拿铁咖啡和其他拿铁咖啡进行了需求的价格弹性评估。

相近的替代品

只有在星巴克的拿铁咖啡涨价时，

你才会转而购买别家的拿铁咖啡，因此，对你而言，星巴克拿铁咖啡的需求价格弹性很高，即你的需求量是有弹性的。

星巴克的拿铁咖啡和唐恩都乐的不同，但对一些人来说，二者是相近的替代品。所以，只有星巴克的拿铁咖啡涨价时，其销量才会有大的变化。因此，星巴克拿铁咖啡的需求是有弹性的。

糟糕的替代品

后来，当所有咖啡店的拿铁咖啡都涨价时，你又回到了星巴克，只是减少了拿铁咖啡的消费次数。你对不论什么品牌的拿铁咖啡的需求价格弹性都很低，说明你的需求是缺乏弹性的。

拿铁咖啡、茶、水、果汁和其他饮料是糟糕的替代品。因此，当拿铁咖啡的价格上涨时，拿铁咖啡的销量会下降，但不会下降太多，此时所有拿铁咖啡的需求都是缺乏弹性的。

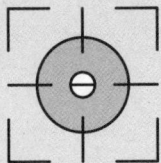

聚焦美国经济

需求的价格弹性的两种应用

橙子价格和总收入

佛罗里达州的霜冻对橙子种植者来说是好事还是坏事？霜冻会使他们的总收益减少还是增加？运用需求的价格弹性的知识便能够回答这个问题。

如果供给变化而需求不变，那么均衡数量变化的百分比等于需求量变化的百分比。价格和数量变动的幅度取决于需求弹性。

经济学家估算，橙子的需求是缺乏弹性的。因此，如果佛罗里达州的霜冻令橙子减产，使橙子的均衡数量减少了1%，则其价格上涨将超过1%。

因为涨价的百分比变化大于减产的百分比变化，所以总收益增加。

因此，当佛罗里达州发生霜冻时，橙子涨价的百分比大于橙子减产的百分比，因此种植者的总收益增加了。

霜冻对消费者和失去收成的种植者来说是个坏消息，但对其他种植者来说却是个好消息。

成瘾性和弹性

这部分的讨论也许有助于我们拟定行之有效的政策来应对成瘾的问题。

非成瘾者对成瘾物质的需求是有弹性的。成瘾物高昂的价格会劝退大多数人，这样，他们就不太可能上瘾。但成瘾者对成瘾物质的需求是缺乏弹性的，即使价格再高，成瘾物的需求量也只会小幅下降。

以上关于需求价格弹性的真相意味着，对香烟和酒类征收高额税费会导致年轻人不去购买这些商品，从而避免成为这些商品的老顾客，但高额税费对老顾客的影响很小，他们该买还是会买。

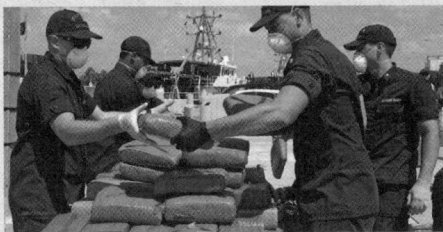

同样，对非法毒品进口进行有效管制，限制其供给，会导致毒品价格大幅上涨，新染上毒瘾的人数会大幅减少。然而，吸毒成瘾的人对毒品的消费只会略有下降。成瘾者的毒品支出增加了。由于许多吸毒者通过犯罪手段弄来毒资，因此盗抢案件会频发。

由于吸毒者对毒品需求的价格弹性较低，任何有效减少吸毒的政策都会聚焦于毒品需求，并试图通过戒毒康复项目改变吸毒者的需求偏好。

5.2

供给的价格弹性

假设你是一位种植牛油果的果农。你知道当牛油果需求量增加时，价格就会上涨。此时你会采摘更多的牛油果、增加供给量。当价格涨幅小时，供给量会大幅增加吗？或者，当价格涨幅大时，供给量会小幅增加吗？要回答这个问题，我们就需要了解供给的价格弹性这个概念。

供给的价格弹性（price elasticity of supply）测量的是，当其他所有影响卖家计划的因素保持不变时，商品供给量对其价格变化的反应程度。我们通过比较供给量变化的百分比与价格变化的百分比计算供给的价格弹性。

● 弹性供给和缺乏弹性的供给

商品的供给可能是：

» 有弹性的；
» 有单位弹性的；
» 缺乏弹性的。

图 5-6 说明了供给弹性的范围。图 5-6a 显示了完全弹性供给（perfectly elastic supply）的极端情况，即价格变化的百分比几乎不变，而供给量变化的百分比却发生了巨变。图 5-5b 显示了弹性供给（elastic supply），即供给量变化的百分比大于价格变化的百分比。图 5-6c 显示了单位弹性供给（unit elastic supply），即供给量变化的百分比等于价格变化的百分比。图 5-6d 显示了缺乏弹性的供给（inelastic supply），

价格（美元／吨）

① 价格涨幅几乎为零   ② 供给量大幅增加

1 ————————————————————— S

③ 硅的供给完全有弹性

0   100   130

供给量（吨／月）

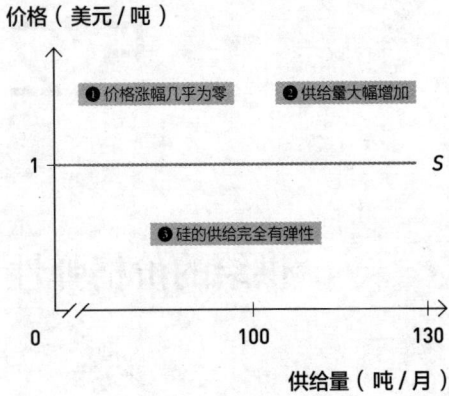

a）完全弹性供给

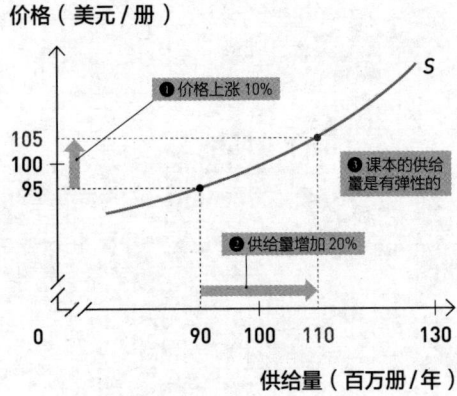

价格（美元／册）

① 价格上涨 10%

105
100
95

④ 课本的供给量是有弹性的

② 供给量增加 20%

0   90 100 110   130

供给量（百万册／年）

b）弹性供给

价格（美元／磅）

① 价格上涨 10%

10.50
10.00
9.50

③ 鲜鱼为单位弹性供给

② 供给量增加 10%

0   95 100 105   130

供给量（磅／天）

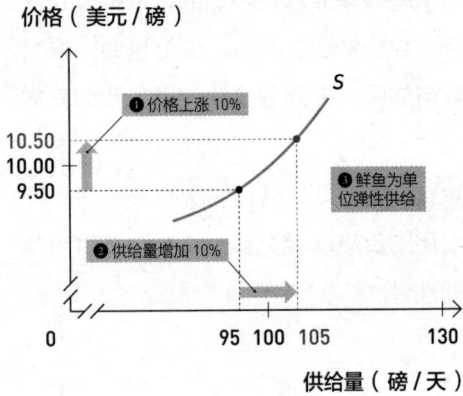

c）单位弹性供给

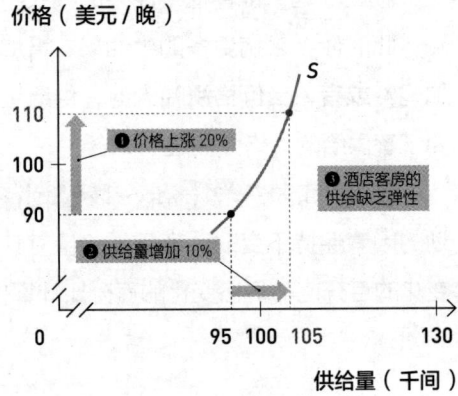

价格（美元／晚）

① 价格上涨 20%

110
100
90

④ 酒店客房的供给缺乏弹性

② 供给量增加 10%

0   95 100 105   130

供给量（千间）

d）缺乏弹性的供给

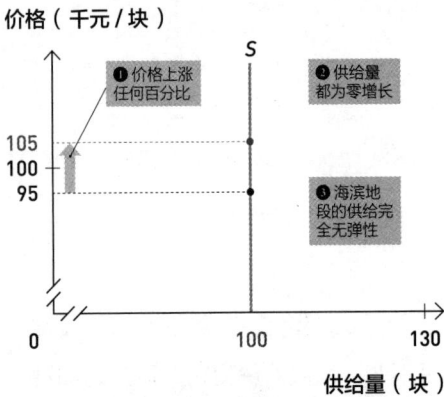

价格（千元／块）

① 价格上涨任何百分比   ② 供给量都为零增长

105
100
95

③ 海滨地段的供给完全无弹性

0   100   130

供给量（块）

e）完全无弹性供给

注：① 价格上涨使供给量增加 ② 供给量变化百分比与价格变化百分比之间的关系决定了 ③ 供给的价格弹性，其范围从完全弹性（a）到完全无弹性（e）。

图 5-6　供给的价格弹性的范围

即供给量变化的百分比小于价格变化的百分比。图 5-6e 显示了<mark>完全无弹性供给（perfectly inelastic supply）</mark>的极端情况，即当价格变化时，供给量变化的百分比为零。

● 影响供给的价格弹性的因素

是什么使有些商品的供给是有弹性的，而另一些是缺乏弹性的？影响供给的价格弹性的两个主要因素是：

» 生产可能性；
» 存储可能性。

生产可能性

有些商品可以在机会成本不变（或缓慢上升）的情况下进行生产。这样的商品就是弹性供给的。计算机芯片中的硅就是其中一个很好的例子。从沙子中提取硅的机会成本很小，几乎是恒定的，因此硅的供给是完全弹性的。

有些商品只能以固定数量生产。这些商品是完全无弹性供给的。马里布的海滨住宅只能建在特定的地块上，因此这些住宅的供给是完全无弹性的。

纽约市的酒店客房不能直接改作办公场所，办公空间也不能直接转作酒店客房，因此纽约市的酒店客房的供给是缺乏弹性的。纸张和印刷机可用于生产课本或杂志，因此这些商品的供给是有弹性的。

- 商品价格变动后的时间

某种商品价格发生变化后，随着时间的推移，改变生产计划变得更容易，供给变得更有弹性。对于某些商品（如水果和蔬菜），价格变化后很难或不可能立即改变供给量。这些商品在价格变动当天的供给是完全无弹性的。供给量取决于先前的作物种植情况。例如，橙子的种植量在橙子结果之前就已经定好了。

如果生产计划只能在短期内调整，那么许多产品的供给都会是缺乏弹性的。例如，任天堂于 2006 年 11 月推出了 Wii 游戏机。在此之前，任天堂预测了美国市场对该产品的需求量，对产品进行了定价，并制订了生产计划，按照预测的购买意愿，向美国供给相应数量的产品。结果，美国市场对这款游戏机的需求量超出了任天堂早先的预测。在网上拍卖市场易贝上，Wii 游戏机价格飞涨，从而实现了市场均衡。在价格高企时，任天堂本想运送更多的 Wii 游戏机到美国市场，但无法在短期内增加供给量。因此，Wii 游戏机的供给是缺乏弹性的。

随着时间的推移，供给弹性增加。当公司用尽所有可行的技术手段调整生产后，对大多数产品来说，供给是极具弹性的，即完全有弹性。2007 年，任天堂加快了Wii 游戏机的生产，易贝上的售价开始下降。随着产量的不断扩大，Wii 游戏机的供给变得更有弹性。

存储可能性

对于无法存储的商品，如新鲜草莓等易腐烂的商品，其供给弹性仅取决于生产可能性。然而，可存储商品的供给弹性则取决于这些商品是要被存储起来还是要被出售。微小的价格变化都会对这个决定产生很大的影响。所以，可存储商品的供给是有高度弹性的。存储成本是影响可存储商品供给弹性的主要因素。例如，哥伦比亚的玫瑰花农预计在 2 月的情人节时，人们对玫瑰花的需求量会激增，因此，他们会在 1 月底和 2 月初减少供给，增加玫瑰花的库存，然后在情人节当天售出存储在仓库里的玫瑰花。

● 计算供给的价格弹性

为了确定商品的供给是有弹性的、单位弹性的还是缺乏弹性的，我们用类似计算需求价格弹性的方法来计算供给价格弹性。计算公式如下：

$$供给的价格弹性 = \frac{供给量变化的百分比}{价格变化的百分比}$$

» 如果供给的价格弹性大于 1，则供给是有弹性的；
» 如果供给的价格弹性等于 1，则供给是有单位弹性的；
» 如果供给的价格弹性小于 1，则供给是缺乏弹性的。

我们来计算一下玫瑰花供给的价格弹性。假设在平日里，玫瑰花的售价为 40 美元 / 束，供给量为 600 万束。而在 2 月旺季，价格会上涨到 80 美元 / 束，供给量增加到 2400 万束。图 5-7 显示了玫瑰花的供给情况，并给出了计算结果。图 5-7 显示初始价格为 40 美元 / 束，新价格为 80 美元 / 束。每束花的价格上涨了 40 美元，平均或中点价格为 60 美元 / 束，因此价格变化的百分比为 66.67%。供给量增加了 1800 万束，平均或中点数量为 1500 万束，则供给量变化的百分比为 120%。

运用上述公式，我们可以计算出玫瑰花供给的价格弹性为

$$供给的价格弹性 = \frac{120\%}{66.67\%} = 1.8$$

在供给曲线上，初始价格和新价格之间的中点处，供给的价格弹性为 1.8。本例中，在此价格范围内，玫瑰花的供给是有弹性的。

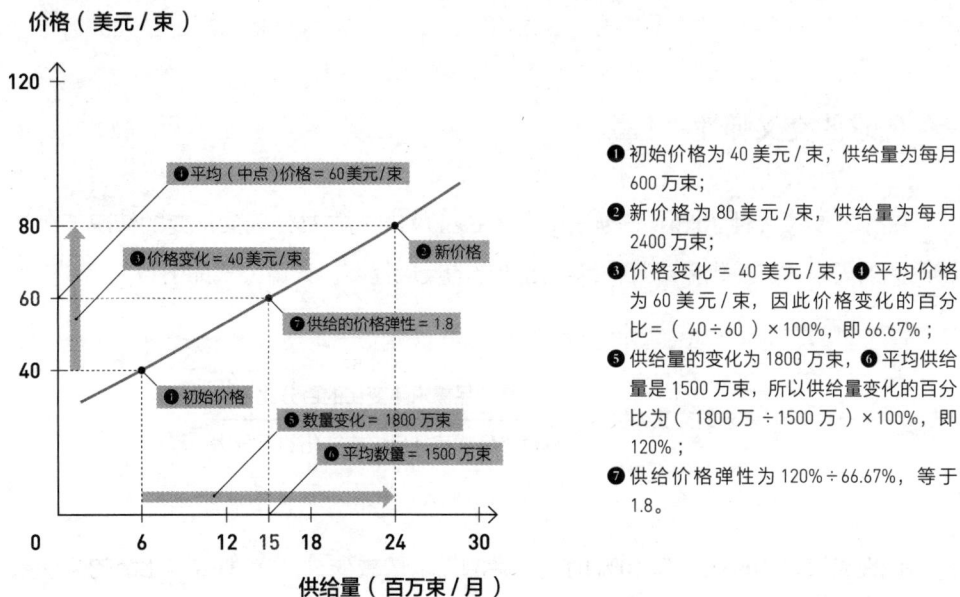

图 5-7　计算供给的价格弹性

5.3

交叉弹性和收入弹性

丘拉维斯塔市的达美乐比萨遇到一个问题：汉堡王刚刚降价了。达美乐的经理帕特（Pat）知道比萨和汉堡包互为替代品。他还知道，当比萨替代品的价格下降时，比萨的需求量就会减少。那么，如果他坚持不降价，比萨的购买量会减少多少？

帕特还知道比萨与可乐为互补品。如果比萨的互补品降价，比萨的需求量就会增加。因此，他想着也许可以通过可乐的降价留住顾客。但他拿不准可乐要降价多少，才能保证在便宜汉堡的冲击下仍能售出同样数量的比萨。

要回答以上问题，帕特需要计算需求的交叉弹性。让我们看看如何计算交叉弹性。

● 需求的交叉弹性

需求的交叉弹性（cross elasticity of demand）是指在其他因素不变的情况下，某种商品的需求对其替代品或互补品价格变化的反应程度。计算公式如下：

$$需求的交叉弹性 = \frac{某商品需求量变化的百分比}{其替代品或互补品价格变化的百分比}$$

假设当汉堡的价格下降 10% 时，比萨的需求量减少 5%。[①] 那么，比萨的需求量相对于汉堡价格的交叉弹性为

---

① 如前所述，用中点法计算这些百分比变化。

$$需求的交叉弹性 = \frac{-5\%}{-10\%} = 0.5$$

替代品的需求交叉弹性为正,表明替代品价格的下降会导致商品需求量的减少,商品的需求量与其替代品的价格变化成正比。

假设当可乐价格下降 10% 时,则比萨的需求量增加 2%。比萨的需求量相对于可乐价格的交叉弹性为

$$需求的交叉弹性 = \frac{2\%}{-10\%} = -0.2$$

互补品的需求交叉弹性为负,表明互补品价格的下降会导致该商品需求量的增加,商品的需求量与其互补品的价格变化成反比。

图 5-8 为比萨需求的两种交叉弹性曲线。当比萨售价不变(卖 10 美元),汉堡的价格下降,比萨的需求就会减少,比萨需求曲线从 D_0 向左移动到 D_1。而当可乐的价格下降,比萨的需求就会增加,比萨的需求曲线从 D_0 向右移动到 D_2。交叉弹性的大小决定了需求曲线移动的远近。

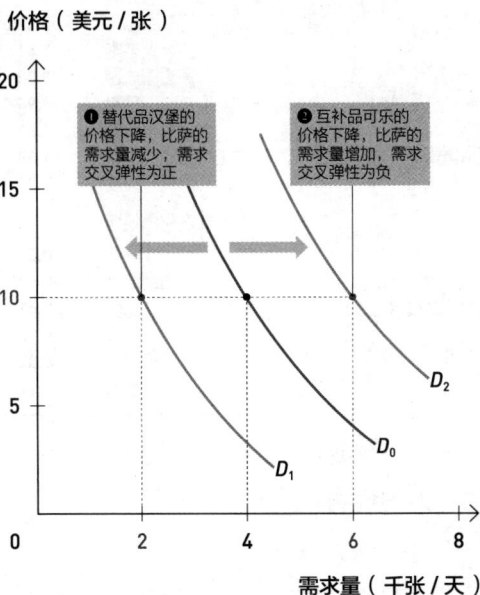

价格(美元/张)

❶ 替代品汉堡的价格下降,比萨的需求量减少,需求交叉弹性为正

❷ 互补品可乐的价格下降,比萨的需求量增加,需求交叉弹性为负

❶ 当比萨的替代品汉堡的价格下降时,比萨的需求曲线从 D_0 向左移动到 D_1。当比萨的价格仍为 10 美元时,人们的购买欲望下降。比萨需求相对于汉堡价格的交叉弹性为正。

❷ 当比萨的互补品可乐的价格下降时,人们对比萨的需求增加,比萨的需求曲线从 D_0 向右移动到 D_2。当一张比萨 10 美元时,人们购买比萨的欲望升高。比萨需求相对于可乐价格的交叉弹性为负。

需求量(千张/天)

图 5-8 需求的交叉弹性

● 需求的收入弹性

得益于全球经济的扩张，人们的收入不断提高，生活质量显著改善。这种经济的繁荣使大多数商品的需求量不断增加。但人们对不同商品的需求会增加多少呢？对某些商品的需求是否会快速增长，使人们在这些商品上的开销越来越大？而对另一些商品而言，需求是否会减少？

这个问题要用需求的收入弹性来解答。需求的收入弹性（income elasticity of demand）是指在其他因素保持不变的情况下，某种商品的需求对收入变化的反应程度。其计算公式如下：

$$需求的收入弹性 = \frac{需求量变化的百分比}{收入变化的百分比}$$

需求的收入弹性有以下三种类型：

» 大于 1，属于正常商品，收入是有弹性的；
» 在 0 ~ 1 之间时，属于正常商品，收入是缺乏弹性的；
» 小于 0，属于低档商品。

随着人们收入的增加，会出现以下三种情况：

» 收入弹性需求在收入中的占比越来越大；
» 收入缺乏弹性需求在收入中的占比越来越小；
» 负的需求收入弹性在收入中只占非常小的一部分。

表 5-2　某些需求的收入弹性

商品或服务	弹性
收入弹性	
航空旅行	5.82
看电影	3.41
出国旅游	3.08
用电	1.94
外出用餐	1.61
本地公交车和火车	1.38
理发	1.36
收入缺乏弹性	
烟草	0.86
酒精饮料	0.62
衣服	0.51
报纸	0.38
手机通信	0.32
食物	0.14

通过了解不同商品和服务需求的收入弹性，我们可以对未来几年世界的变化趋势做出一些强有力的预测。表 5-2 显示了一组取样值。

这些预测需求的收入弹性的数据说明，人们在航空旅行上的开销将会越来越大；在看电影、外出用餐、乘坐公共交通工具和理发方面的开销也会越来越大。另外两个具有收入弹性的重要项目（表中未显示）是教育和医疗保健。随着人们的收入增长，可以预测，教育和医疗保健在人们收入中的占比也将逐渐增加。

随着人们收入的增加，在衣服、手机通信和食物上的花费占收入的比例将会下降。即便低收入人群也是如此，食品需求的收入弹性会小于 1。因此，我们可以做出预测，农业和制造业的颓势将会继续，服务业则会持续扩张。

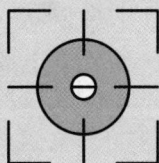

聚焦生活

生活中的需求的价格弹性

当你要买的东西涨价时，仔细留意一下：你花在上面的钱变多、变少，还是没变？

我们在某商品上的支出等于该商品的价格乘以购买的数量。

反过来想，卖家的总收益也就等同于商品价格乘以销售量。

因为我们在某件商品上的支出等于卖家的总收益，所以也就可以用卖家的总收益来估测我们在该商品上的需求的价格弹性。

当某样商品的价格发生变化时，注意一下你在该商品的总支出上有怎样的变化，以此确定你对该商品的需求是有弹性的、单位弹性的还是缺乏弹性的。

当某商品的价格上涨时，你对该商品的需求会出现以下几种情况：

* 如果你花在该商品上的支出减少，那么你的需求就是有弹性的；
* 如果你花在该商品上的支出没有变化，那么你的需求就是单位弹性的；
* 如果你花在该商品上的支出增加了，那么你的需求就是缺乏弹性的。

通过回顾影响需求的价格弹性的因素，思考为什么你对某样商品的需求可能是有弹性的、有单位弹性的或缺乏弹性的。

也许，恰如我们在"聚焦咖啡店的弹性"中所指出的，当拿铁咖啡的价格上涨时，你对拿铁咖啡的需求量基本没有什么改变。因为拿铁咖啡的替代品很少，所以你对拿铁的需求是缺乏弹性的。

如果智能手机服务的价格下降，你会怎么做？如果你对智能手机服务的需求是缺乏弹性的，是否会减少在智能手机服务上的开销？或者，如果你在这方面花得更多了，就表明你对智能手机服务的需求是有弹性的？

你经常在 iTunes、hulu 或奈飞上下载电影吗？你对这些电影的需求是有弹性的还是缺乏弹性的？对课本的需求是有弹性的还是缺乏弹性的？你可以预测一下这些商品的需求弹性。

第 5 章要点小结

1. **定义了需求的价格弹性，计算了需求的价格弹性，并解释了影响需求的价格弹性的因素。**
- 如果商品的价格发生变化，且需求量变化的百分比大于价格变化的百分比，则该商品的需求是具有弹性的。
- 如果商品的价格发生变化，且需求量变化的百分比小于价格变化的百分比，则该商品的需求是缺乏弹性的。
- 一种商品的需求价格弹性取决于找到其替代品的难易程度以及花在该商品上的费用占收入的比例。
- 需求的价格弹性等于需求量变化的百分比除以价格变化的百分比。
- 如果需求是有弹性的，那么价格上涨会导致该商品的总收益减少。如果需求是有单位弹性的，那么价格上涨使总收益不变。如果需求是缺乏弹性的，那么价格上涨会导致总收益增加。

2. **定义和计算了供给的价格弹性，并解释了影响供给价格弹性的因素。**
- 如果商品的价格发生变化，且供给量变化的百分比大于价格变化的百分比，则该商品的供给是有弹性的。
- 如果商品的价格发生变化，且供给量变化的百分比小于价格变化的百分比，则该商品的供给是缺乏弹性的。
- 影响供给的价格弹性的主要因素是生产可能性和存储可能性的灵活度。

3. **定义了需求的交叉弹性和需求的收入弹性，并解释了影响这两种弹性的因素。**
- 需求的交叉弹性显示了，当某种商品的替代品或互补品的价格发生变化时，该商品的需求量会怎样变化。
- 替代品之间的交叉弹性为正，互补品之间的交叉弹性为负。
- 需求的收入弹性显示了收入变化对商品需求量变化的影响。正常商品的需求收入弹性为正，低档商品的需求收入弹性为负。

第 6 章

市场效率与公平

本章学习目标

- » 描述稀缺资源配置的替代方法，定义并解释高效配置的特征；
- » 区分价值和价格，定义消费者剩余；
- » 区分成本和价格，定义生产者剩余；
- » 评估资源配置替代方法的效率；
- » 解释与公平相关的主要观点，并评估稀缺资源配置替代方法的公平性。

6.1

资源配置的方法与效率

因为资源有限，我们必须在相互竞争的用途之间分配资源。任由人们随意使用资源也是一种配置方法。但最常使用的方法是将资源分配给那些有能力并愿意为之付费的人。本章的目标是评估市场价格在高效且公平地配置资源方面的能力。

然而，市场价格只是配置资源的诸多方法之一。要想弄清市场是否高效，需要比较市场及其替代品，还需要知道什么样的资源配置才是高效且公平的。

相较于公平，经济学家更重视效率，因此本章着重讨论效率，最后一节再讨论公平这一难题。首先，我们看一看资源配置的方法；然后，我们解释高效配置有哪些特征。

● 资源配置的方法

可以使用以下任何一种或几种方法组合来配置资源：

» 市场价格；

» 命令；

» 多数裁定原则；

» 竞争；

» 先到先得；

» 平等共享；

» 抽签；

» 个人特征；

» 武装力量。

结合事例，我们看看每种方式是怎样运作的。

市场价格

使用市场价格配置稀缺资源时，愿意付费并有能力支付的人会获得资源。那些觉得资源与市场价格相匹配的人会掏钱购买并利用资源。

大部分稀缺资源都是按照市场价格进行配置的。人们在市场上出售自己的劳动力，就是按照价格配置资源的例子。人们需要的所有东西几乎都可以在市场上买到。

不按照市场价格购买商品的有两种人：一种是买得起但选择不买的；另一种是太穷而买不起的。

对许多商品和服务来说，并不需要对这两类人进行区分。但在配置某些特定的资源时，区分这两类人就至关重要。例如，一些穷人付不起学费，也付不起诊金。大多数人认为是生活必需品的东西，穷人却无力购买。市场价格法无法很好地解决这一问题，所以通常会使用其他方法来配置教育资源和医疗资源。

但对大多数商品和服务来说，市场能够很好地发挥作用。本章后面会对此进行探究。

命令

命令系统（command system）是指根据权威的命令配置资源。许多资源都是以这种方式分配的。在美国，公司和政府机构内部广泛使用命令系统。例如，工作中，人们听从命令做事。通过命令，人们了解到自己要在多长时间内完成特定任务。

在有些情况下，整个经济体的资源都是通过命令系统分配的，苏联就是这样的一个例子。

在组织职权范围明确、责任界限清晰、活动易于监控的组织中，命令系统运作良好。但当它应用于整个经济体时，效果往往不尽如人意。这是因为监控的活动范围太大，人们很容易蒙混过关，使命令系统失效。

多数裁定原则

多数裁定原则是指以少数服从多数的方式配置资源。在社会上，人们通常根据这一原则做出重大决策。例如，将稀缺资源分配至私人或公共使用时，可以根据这一原则确定税率。还有，在确定税收是用于国防还是老人保健时，也可以根据这一原则做出决策。

美国人口超过 3 亿，让这么多人投票决定国家的每一笔预算，代价极其大。因此，和大多数其他国家一样，美国实行代议制体系，而不是简单的少数服从多数。多数裁定原则决定谁来代表民众，而代表又通过多数裁定原则决定稀缺资源的具体分配。

当决策影响到大多数人，并且必须牺牲个人利益才能最高效地使用资源时，多数裁定原则效果显著。

竞争

通过竞争，资源分配给了获胜者（或一组获胜者）。最常见的竞争是体育赛事。比如，塞雷娜·威廉姆斯（Serena Williams）和斯隆·斯蒂芬斯（Sloane Stephens）进行网球比赛，获胜者拿的奖金会比对方多一倍。

相比体育赛场上的竞争，这里所说的"竞争"不是一般意义上的竞争。例如，比尔·盖茨赢得了竞争，给这个世界带来了个人计算机操作系统；詹妮弗·劳伦斯（Jennifer Lawrence）也成为赢家，在电影表演行业达到事业巅峰。

"玩家"付出了多少努力是很难监测的，也很难获得回报，这时"竞争"就能起到很好的作用。人们会为了大奖而努力工作，成为"赢家"。尽管最终只有少数人能获奖，但许多人在这个过程中都变得更加努力了。所以，竞争增加了产出。

先到先得

先到先得是指将资源分配给排在前面的人。在美国，大多数国家公园都用这一方法分配露营场地。航空公司也根据这个原则在登机口分配候补座位。在日常生活中，高速公路上行车适用的也是这一原则，第一辆到达入口匝道的车能够优先享受这种稀缺的交通资源。如果高速公路上的车很多，那么行车速度就快不了。所以，在高速公路上，大家还是得排队！

如上例所示，当稀缺资源按顺序一次只能服务一位用户时，先到先得往往是配置资源的最好方法。先到的用户先享受服务，这种方法可以最大限度地减少排队等待以获取资源的时间。

平等共享

当平等共享资源时，每个人都会得到相同数量的资源。我们在餐厅分享甜点时会用这种方法。合租度假公寓也是平等共享资源的一种方式。

要想实现平等共享，人们必须就如何使用资源达成一致的协议，并且必须确保能够落实这一协议。对那些有共同目标和理想的小团体来说，平等共享是合理配置资源的好方法。

抽签

抽签是指将资源分配给那些抽到幸运号码、幸运卡片的人或游戏中的幸运儿。每年在美国，国家发行的彩票以及赌场会对价值数百万美元的商品和服务进行再分配。

与赌场中的轮盘赌和彩票头奖相比，抽签更为常见。在很多情况下，都可以用抽签来配置稀缺资源。例如，草地网球协会（Lawn Tennis Association）通过投票和抽签的方式分配温布尔登网球公开赛的门票；此外，一些机场还用抽签的方式来安排航班的起降时段。

在没有更高效的方式来区分稀缺资源的潜在用户时，抽签就是个好办法。

个人特征

当根据个人特征配置资源时，符合特征的人将获得资源。对个人来说，一些最重要的资源就是以这种方式分配的。我们都愿意花时间与喜欢的人在一起，尽量避免和不喜欢的人在一起。选择结婚对象就是根据个人特征做出的决策。根据个人特征进行资源配置是完全合理且可接受的。

但是这种方式也被用在了一些不可接受的地方。例如，在美国，好的工作机会常常优先给盎格鲁 - 撒克逊裔的欧洲裔男性，少数族裔和女性常常会受到歧视。

武装力量

在配置稀缺资源时，武装力量也发挥着重要作用，有时候是积极作用，有时候是消极作用。让我们先从消极的方面说起。

战争是指一国使用武力去侵犯另一个国家。在历史上，战争对资源配置有着重大影响。欧洲殖民者在美洲和澳大利亚所享有的经济霸权地位在很大程度上要归因于"战争"。

未经同意拿走他人的财产属于盗窃行为，对资源配置也会产生很大的影响。每年大规模的有组织犯罪和小规模的轻微罪行都会涉及价值数十亿美元的资源配置。如今，有人借助高科技电子设备实施盗窃行为，从银行和成千上万的无辜百姓那里盗取资源。

另外，武装力量在资源配置中发挥着至关重要的积极作用。它为政府提供了一种高效的将财富从富人转移给穷人的方法，同时它也是一种法律体制。市场上的自由交易行为通常就是在这样的法律框架下进行的。

现代社会中，大多数收入和财富的再分配都是通过国家权力下的税收和福利制度实施的。人们根据少数服从多数的原则投票支持税收和福利制度，但这也需要通过国家力量确保每个人都遵守规则并支付他们所分配的份额。

法律体系是美国市场经济运行的基础。如果合同没有法律效力，那么做生意就会很难。必要时，法庭可以通过武装力量确保合同的法律效力。国家给予法庭最高级别的权力，使它能够开展工作。

广义上讲，国家的力量对于维护法治原则至关重要。这一原则是保证经济生活、政治生活和社会生活有序进行、健康发展的基石。有了法治，人们的日常经济生活就有了保障，财产将会受到法律的保护。一旦其财产受到侵犯，他们可以提起诉讼（如果侵犯他人的财产，也会被起诉）。

人们不必担心财产出现意外，并相信交易对象会遵守协议。因此，他们就会深耕于自己占据比较优势的活动来促进双赢。

在本章接下来的内容中，我们将了解市场如何实现资源的高效利用，有哪些阻碍效率的因素，其他配置方式对改善市场起到了怎样的作用。但首先我们要理解效率的含义，还要了解高效配置资源的方式有哪些特点。

● 高效地利用资源

在日常用语中，效率意味着充分利用某些东西。高效的汽车是指油耗低的汽车，高效炉是能够用尽可能少的燃料传递热量的熔炉。在经济学中，效率意味着从整个经济体中获取最大利益。

效率和生产可能性边界

生产可能性边界是指在给定生产要素和技术的条件下，能够生产的商品和服务与无法生产的商品和服务之间的界限。当某一经济体处于生产可能性边界线上的生产组合时，其生产效率就比较高；当其处于生产可能性边界线内的某一生产组合时，生产效率就较低。

当人们认为生产的商品和服务的数量很重要时，就实现了配置效率（allocative efficiency）。换句话说，只有放弃人们珍视的其他东西，才能增加某一商品的生产数量，这时资源就得到了高效配置。若是以减少某种商品的产量来获取更多高价值的商品，就说明还没有实现处于生产可能性边界线上的高效生产组合。

生产可能性边界告诉我们，可以生产什么，但它并不能揭示生产出的商品具有怎样的价值。为了找到该线上最高值的点，就必须了解一些关于价值的信息。边际收益（marginal benefit，MB）提供的就是这方面的信息。

边际收益

商品或服务的边际收益是指增加单位产出带来的收益。人们的偏好决定了边际收益，我们可以用人们为了获取某个商品或服务而愿意放弃的东西来衡量商品或服务的边际收益。

边际收益递减原理是指当增加某一商品或服务的数量时，其边际收益就会减少。我们可以想想比萨的边际收益。吃第一块时我们最开心，吃到第二块时也还行，但感觉没有吃第一块时那么好吃，吃到第三块、第四块、第五块、第六块，甚至更多块时，每多吃一块，开心就会少一些。所以，吃得越多，边际收益就会越低。吃的比萨越多，愿意为多吃一块而放弃的其他商品或服务的可能性就越低。

图 6-1 显示了比萨的经济边际收益表和边际收益曲线。表和图显示的是同一信息，随着比萨数量的增加，人们愿意为此放弃其他商品的意愿就更低。

边际成本

为了实现高效配置，必须比较比萨的边际收益与边际成本。商品或服务的边际成本（marginal cost，MC）是指多生产 1 单位的商品所付出的机会成本，可以通过生产可能性边界的斜率衡量。一种商品的产量增加，边际成本也会随之增加。

图 6-2 显示了该经济体的边际成本表和边际成本曲线。图和表显示了相同

的信息，从中可知，随着比萨生产数量
的增加，人们必须放弃生产其他商品才
能再多制作一张比萨。

现在可以使用边际收益和边际成
本的概念来弄清楚生产多少比萨是高
效的。

边际收益（人们愿意为每张比萨放弃的其他商品数量）

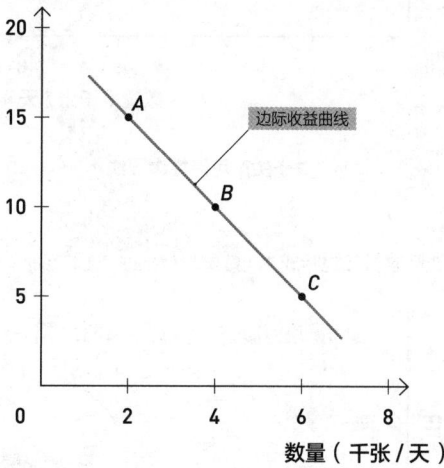

（图：边际收益曲线，A(2,15)、B(4,10)、C(6,5)，向下倾斜；横轴 数量（千张/天），纵轴 0~20）

数量（千张/天）	2	4	6
放弃的意愿（人们愿意为每张比萨放弃的其他商品数量）	15	10	5
可能性	A	B	C

注：1. 表和图显示了比萨的边际收益。
2. 由表中的可能性 A 和图中的 A 点可知，如果每天生产 2000 张比萨，人们愿意为一张比萨放弃 15 个单位的其他商品。图上的 A 点、B 点、C 点分别对应着表中的可能性 A、B、C。
3. 这些点连成的线就是边际收益曲线。随着比萨生产数量的增加，其边际收益就会降低。

图 6-1 比萨的边际收益

边际成本（每张比萨对应的其他商品的单位）

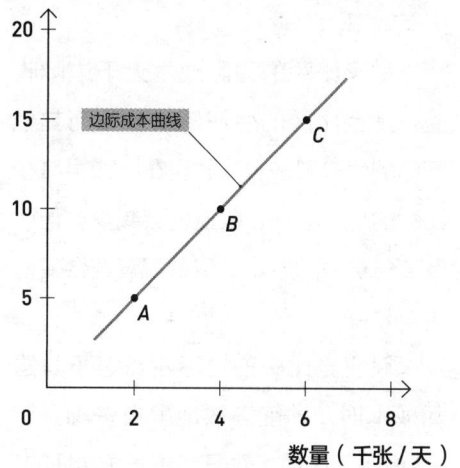

（图：边际成本曲线，A(2,5)、B(4,10)、C(6,15)，向上倾斜；横轴 数量（千张/天），纵轴 0~20）

数量（千张/天）	2	4	6
必须放弃（每张比萨对应的其他商品的单位）	5	10	15
可能性	A	B	C

注：1. 表和图显示了比萨的边际成本。边际成本是指多生产 1 单位的商品所付出的机会成本。它是从生产可能性边界线中推导出来的，以生产可能性边界线的斜率来衡量。
2. 图上的 A 点、B 点、C 点分别对应表中的可能性 A、B、C。边际成本曲线表明，随着比萨产量的增加，边际成本也会随之增加。

图 6-2 比萨的边际成本

高效配置

高效配置是最有价值的配置方式。为了实现这种配置方式，我们要比较边际收益和边际成本。

如果比萨的边际收益大于边际成本，那么比萨的生产量较少（而其他商品的生产量较多）。如果增加比萨的生产量，成本就会增加，但多生产的比萨会带来更大的收益。资源配置会变得更有效率。

如果比萨的边际成本大于边际收益，那么比萨的生产量较多（而其他商品的生产量较少）。现在，如果减少比萨的生产数量，收益就会减少，但可以节省更多的成本。资源配置也会变得更有效率。

只有当比萨的边际收益等于其边际成本时，才能高效地配置资源。图6-3说明了这种高效配置是怎样实现的，并以图文的形式描述了这一高效配置。

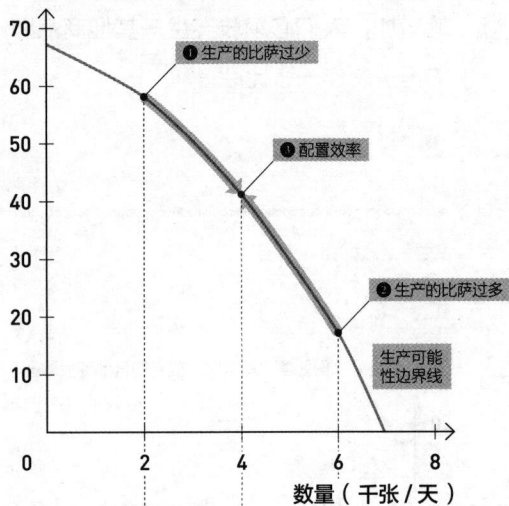

其他商品（千个 / 天）

a）关于生产可能性边界线

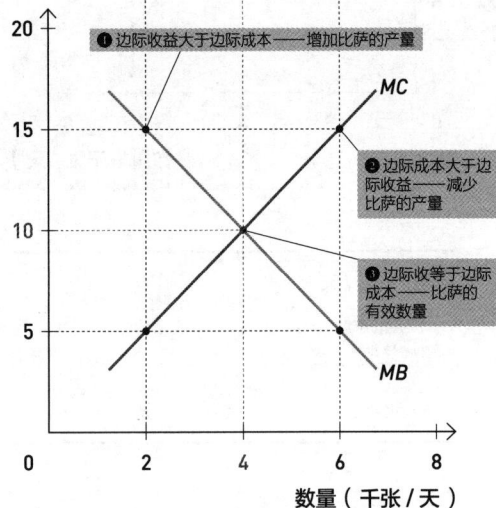

边际收益和边际成本（每张比萨对应的其他商品的单位）

b）边际收益等于边际成本

注：生产效率出现在生产可能性边界线上的任意一点，但其中只有一个生产组合实现了高效配置。

❶当（a）生产 2000 张比萨时，比萨的边际收益大于（b）的边际成本，此时，比萨的生产数量太少。当增加比萨的生产数量，减少其他商品的生产数量时，生产价值就会上升，资源配置效率也会更高。

❷当（a）生产 6000 张比萨时，比萨的边际成本大于（b）的边际收益，此时，比萨的生产数量过多。当减少比萨的生产数量，增加其他商品的生产数量时，生产价值就会上升，资源配置效率也会更高。

❸当（a）每天生产 4000 张比萨时，比萨的边际成本等于（b）的边际收益。此时生产的比萨数量是有效的。我们就不可能从经济体的稀缺资源中获得更大的价值。如果减少比萨的生产数量，增加其他商品的生产数量，那么比萨减少的价值大于其他商品增加的价值，因此总价值就会减少。如果多生产一张比萨而使其他商品的生产数量减少，则获得的比萨的价值小于损失的其他商品的价值，因此总价值也会减少。

图 6-3　比萨的有效数量

6.2

价值、价格和消费者剩余

为了研究市场是否高效，我们需要了解需求与边际收益之间的关系，以及供给与边际成本之间的关系。

● 需求和边际收益

在日常生活中，我们经常能听到"物有所值"这一说法。这个说法区分了价值和价格这两个概念。买方付钱，得到价值。在经济学中，价值的日常概念是边际收益，我们用人们愿意为另一单位商品或服务支付的最高价格来衡量，可以从需求曲线中看到这一价格。在图 6-4a 中，需求曲线显示了给定价格下的需求量——当比萨的价格为 10 美元 / 张时，需求量为每天 10 000 张。在图 6-4b 中，需求曲线显示了给定数量下，人们愿意支付的最高价格——当每天都有 10 000 张比萨可供购买时，人们愿意为第 10 000 张比萨支付的最高价格为 10 美元。第 10 000 张比萨的边际收益为 10 美元。所以：

需求曲线就是边际收益曲线。从比萨的需求曲线中可以看出，人们愿意为了多吃一张比萨而放弃价值多少美元的其他商品和服务。

● 消费者剩余

人们并不总是必须支付自己的心理预期价。当人们以低于其价值的价格购买某商

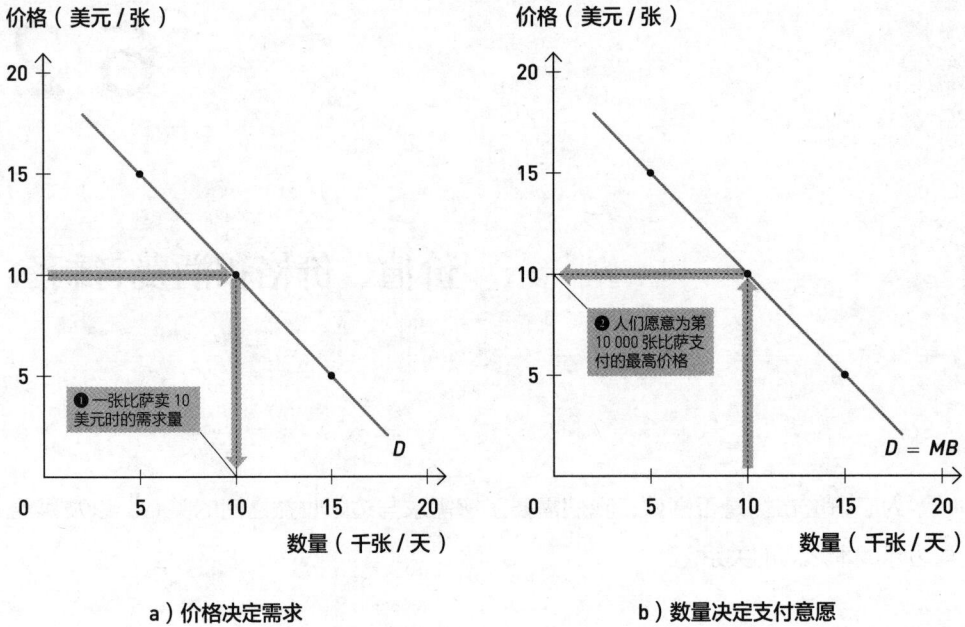

价格（美元/张）

20

15

10

5

0   5   10   15   20

a）价格决定需求

❶ 比萨的需求曲线 *D* 显示了在其他条件保持不变时，每种价格下比萨的需求量。当一张比萨卖 10 美元时，需求量是每天 10 000 张比萨。

价格（美元/张）

20

15

10

5

0   5   10   15   20

b）数量决定支付意愿

❷ 需求曲线显示了对于给定数量愿意支付的最高价格（边际收益）。如果有 10 000 张比萨，则愿意为第 10 000 张比萨支付的最高价格为 10 美元。需求曲线也是边际收益曲线 *MB*。

图 6-4   需求、支付意愿和边际收益

品时，他们就会获得消费者剩余。消费者剩余（consumer surplus）是指消费者消费一定数量的商品且愿意支付的最高价格与这些商品的实际市场价格之间的差额。

我们可以从图 6-5 中看出消费者剩余。从比萨的需求曲线中可知，在每种价格下，人们计划购买的比萨数量，以及每种数量比萨的边际收益。如果一张比萨的价格为 10 美元，那么人们每天会购买 10 000 张比萨。比萨的支出为 100 000 美元，用深灰色矩形的面积表示。

要计算消费者剩余，就必须算出每张比萨的消费者剩余，再将它们相加。第 10 000 张比萨的边际收益为 10 美元，购买价格也为 10 美元，因此这张比萨的消费者剩余为零。第 5000 张比萨的边际收益为 15 美元，则这张比萨的消费者剩余为 15

价格（美元/张）

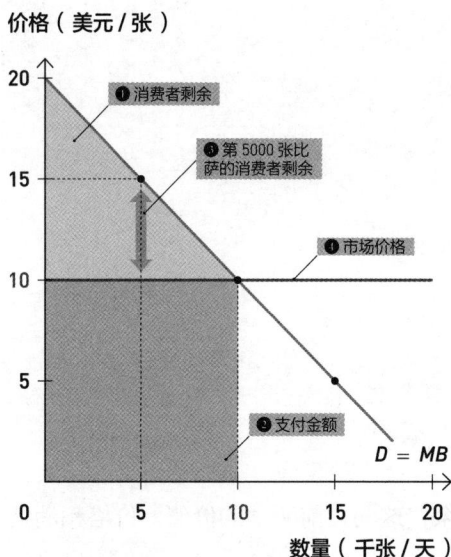

❶ 比萨的市场价格为 10 美元/张。

❷ 按照市场价格，人们每天购买 10 000 张比萨，花费 100 000 美元，即深灰色矩形面积。

❸ 从需求曲线可知，人们愿意为第 5000 张比萨支付 15 美元，因此第 5000 张比萨的消费者剩余为 5 美元。

❹ 人们购买 10 000 张比萨的消费者剩余为 50 000 美元，即浅灰色三角形面积。

注： 比萨的总收益为人们支付的 100 000 美元加上他们获得的 50 000 美元消费者剩余，即 150 000 美元。

图 6-5　需求和消费者剩余

美元减去 10 美元，即 5 美元。第一张比萨的边际收益大概为 20 美元，所以这张比萨的消费者剩余为 10 美元。

　　消费者剩余，即人们购买 10 000 张比萨的消费者剩余之和，为每天 50 000 美元，在图中用灰色三角形的面积表示［三角形的底边是每天 10 000 张比萨，高是 10 美元，所以它的面积大小为（ 10 美元/张 ×10 000 张）/2 = 50 000 美元］。

　　总收益是支付的 100 000 美元（深灰色矩形面积）加上消费者剩余的 50 000 美元（浅灰色三角形面积），即 150 000 美元。消费者剩余是总收益减去支付的金额，也就是消费者的净收益。

6.3

成本、价格和生产者剩余

现在我们来学习成本、价格和生产者剩余，这与之前所学的价值、价格和消费者剩余相似。

● 供给和边际成本

对买家来说，价值和价格是不一样的；同样，对卖家来说，成本和价格也是不一样的。成本是生产商品时卖家必须放弃的，价格则是销售商品时卖家所收到的。边际成本是指额外制造单位产品所付出的机会成本。如果可以出售的价格等于边际成本，那么就值得多生产 1 单位的商品或服务，我们在供给曲线中可以看出这个价格是多少。在图 6-6a 中，供给曲线显示了给定价格下的供给量——当比萨售价为 10 美元 / 张时，每天会供应 10 000 张比萨。在图 6-6b 中，供给曲线显示了生产者为供应给定数量的比萨而必须获得的最低价格——如果每天供应 10 000 张比萨，生产者必须能够从第 10 000 张比萨中获得至少 10 美元。第 10 000 张比萨的边际成本是 10 美元。所以：

供给曲线就是边际成本曲线。
从比萨的供给曲线中可知，公司额外多生产一张比萨，人们必须放弃价值多少美元的其他商品和服务。

价格（美元/张）

价格（美元/张）

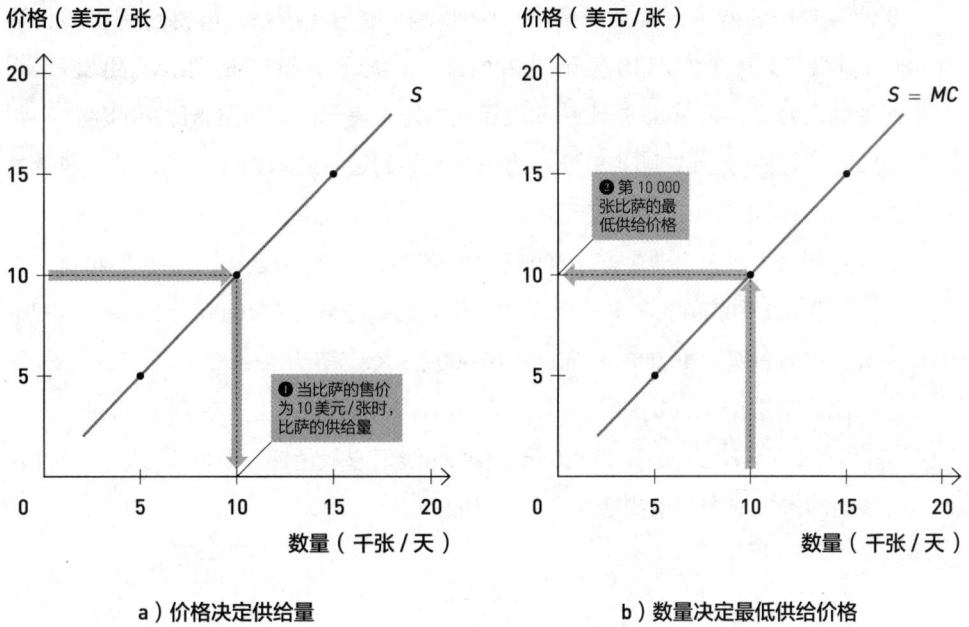

a）价格决定供给量

b）数量决定最低供给价格

❶ 比萨的供给曲线 S 显示了在其他条件不变的情况下，每种价格下比萨的供给量。当一张比萨的售价为 10 美元时，每天比萨的供给量是 10 000 张。

❷ 供给曲线显示了企业为供应给定数量的比萨所必须提供的最低价格。最低供给价格等于边际成本，第 10 000 张比萨的边际成本为 10 美元。供给曲线也是边际成本曲线 MC。

图 6-6　供给、最低供给价格和边际成本

● 生产者剩余

当商品价格超过其边际成本时，企业获得生产者剩余。生产者剩余（producer surplus）是指一种商品的价格超过生产该商品的边际成本时的差额之和。

图 6-7 说明了比萨生产者的生产者剩余。我们从供给曲线中不仅可以看出生产者在每种价格下计划出售的比萨数量，还能看出比萨在每种生产数量下的边际成本。当比萨的售价为 10 美元/张时，生产者计划每天销售 10 000 张比萨，那么每天的总收益为 100 000 美元。

要计算生产者剩余，就必须算出每张比萨的生产者剩余，再将它们相加。第10 000 张比萨的边际成本为 10 美元，生产者以 10 美元 / 张的价格卖出，因此该比萨的生产者剩余为零。第 5000 张比萨的边际成本为 6 美元，因此这张比萨的生产者剩余为 10 美元减去 6 美元，即 4 美元。第一张比萨的边际成本为 2 美元，其生产者剩余为 10 美元减去 2 美元，即 8 美元。

生产者剩余，等于企业生产 10 000 张比萨的生产者剩余之和，即每天 40 000 美元，也就是图 6-7 中灰色三角形的面积。三角形的底边是每天 10 000 张比萨，高是 8 美元，所以它的面积为 40 000 美元（ = 10 000 张 ×8 美元 / 张 ÷2 ）。

生产比萨的总成本为销售比萨所得的 100 000 美元减去生产者剩余 40 000 美元（灰色三角形的面积），即 60 000 美元（*MC* 曲线下方灰色梯形的面积）。生产者剩余为总收益减去总成本，也就是生产者的净收益。

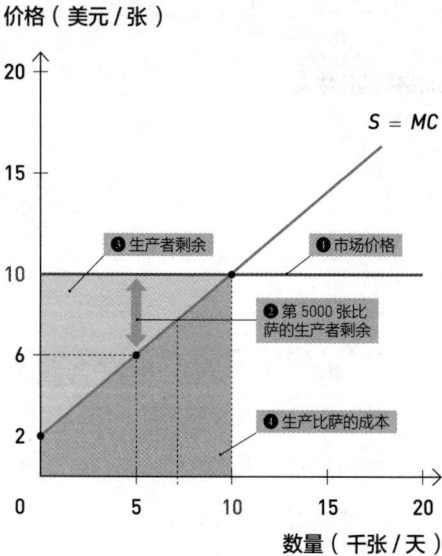

❶ 比萨的市场价为 10 美元 / 张，如果按照这个价格销售，生产者计划每天销售 10 000 张比萨，那么每天的总收入为 100 000 美元。

❷ 根据供给曲线可知，第 5000 张比萨的边际成本为 6 美元，因此生产者在第 5000 张比萨上可以获得 4 美元的生产者剩余。

❸ 每天售出 10 000 张比萨的生产者剩余为 40 000 美元，即灰色三角形的面积。

❹ 每天生产 10 000 张比萨的成本是边际成本曲线下方灰色梯形的面积，就是 100 000 美元的总收入减去 40 000 美元的生产者剩余，即每天 60 000 美元。

图 6-7 供给和生产者剩余

6.4

市场是否高效

学习了 6.1 节中"高效配置"这部分内容后，你已经明白当边际收益等于边际成本时就会实现资源的高效配置，价值也会得到高效配置。继续以比萨为例，比萨的高效数量是非常重要的，高效数量就是指边际收益等于其边际成本时的比萨数量。

通过学习 6.3 节的内容，我们领略到市场力量的作用。市场可以决定均衡数量和均衡价格，还可以协调买卖双方的计划。图 6-8 显示了处于均衡状态下的比萨市场。需求曲线为 D，供给曲线为 S，均衡价格为 10 美元 / 张，均衡数量为每天 10 000 张。

竞争市场的均衡能否提供高效的比萨产量？

● 边际收益等于边际成本

为了检验图 6-8 中的均衡是否高效，请回想一下我们是怎样将需求曲线解释为边际收益曲线的，以及将供给曲线解释为边际成本曲线的。从需求曲线中，我们可以看出比萨的边际收益，从供给曲线中，我们可以看出比萨的边际成本。两条曲线相交之处意味着边际收益等于边际成本。

边际收益等于边际成本，是实现资源高效利用的条件。竞争市场的均衡将资源分配给可能创造出最大价值的活动，因此这一方法十分高效。

● 总剩余最大化

检验均衡是否高效的另一种方法是看总剩余。总剩余（total surplus）是生产者剩余与消费者剩余之和。如果商品的价格高于均衡价格，那么生产者剩余可能会增加，但消费者剩余可能会减少。如果商品的价格低于均衡价格，那么消费者剩余可能会增加，但生产者剩余可能会减少。更好的均衡价格会令总剩余最大化。

在图 6-8 中，如果每天生产少于 10 000 张比萨，有人愿意以高于生产成本的价格购买比萨。如果产量增加，买方和卖方都会获利。如果每天生产超过 10 000 张比萨，则生产比萨的成本将超过所有人愿意支付的价格。如果产量下降，买方和卖方都会获利。只有当每天生产 10 000 张比萨时，改变比萨的产量才不会产生潜在收益，总剩余才会最

大化。

买卖双方都在极力追求自身利益。他们都没有想怎样才能让整个社会运转得更高效，也不会顾及社会的利益。买方寻求尽可能低的价格，卖方则在寻求尽可能高的价格。然而，买卖双方在追求自身利益的同时，也使社会受益，这确实让人有些意想不到。

● 看不见的手

亚当·斯密在 1776 年出版的《国富论》中首次提出，竞争市场有助于实现资源的最优配置。他认为，有一只"看不见的手"在引导着竞争市场中的每位参与者，促进发展，让资源得到高效利用。然而，这对于竞争市场中的每个参与者来说，并非他们的初衷。

"看不见的手"影响着生活的方方面面。比如，学校书店在每学期开学前都会购入很多课本。书店预测学生买书的数量，然后备货。又如，咖啡店按照人们的需求准备各种饮品和小吃。再如，服装店根据人们的需求准备运动服、袜子和其他商品供人们挑选。高速公路上，奔驰的货车将课本、咖啡及饼干和服饰运送到各地，供人们购买。那些并不认识我们的公司会预测我们的需求，并努力满足我们的需求。

没有政府组织这些生产，也没有政府审计员监督生产者，以确保他们服

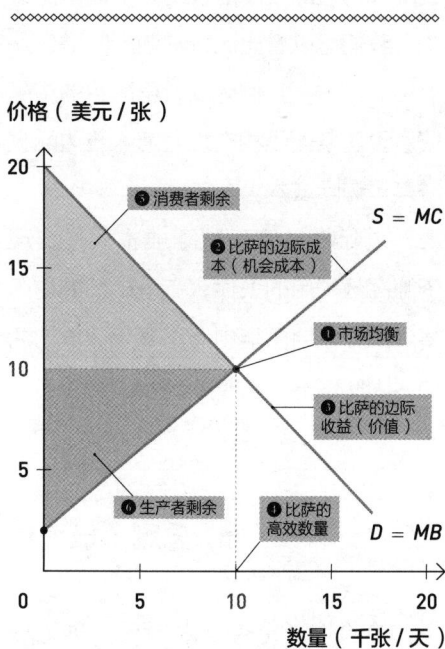

图 6-8 高效的比萨市场

● 当比萨的售价为 10 美元／张，每天销售 10 000 张比萨时，市场处于均衡状态。
❷ 供给曲线也是边际成本曲线。
❸ 需求曲线也是边际收益曲线。
注：当边际收益等于边际成本时，市场处于均衡状态。
❹ 比萨生产达到高效的数量。❺ 消费者剩余与❻ 生产者剩余之和最大化。

务社会、维护公共利益。这些稀缺资源的配置并不是有计划的。价格波动使购买计划和销售计划相匹配，资源配置达到最优，使资源发挥最大的价值。

亚当·斯密解释了这些奇妙活动产生的原因。他在书中写道："我们能吃到美味的食物，并不是因为肉铺老板、酿酒师和面包师的恩惠，而是由于他们对自身利益的关切。"

出版公司、咖啡店、服装厂和其他许多生产者都以自己的利益为导向，以此满足消费者的需求。

聚焦美国经济

看不见的手与电子商务

这幅漫画体现了亚当·斯密"看不见的手"的理念。

烈日当空，一位男士正坐在公园的长椅上看报纸，这时，有一个卖冷饮的商贩经过（见第一张图）。这个小贩既有冷饮也有遮阳伞，冷饮和遮阳伞都有机会成本和最低供给价格。公园中这位读报的男士购买了冷饮和遮阳伞，从而获得了边际收益。

交易一开始，"看不见的手"就发挥了作用（见中间的图）。看报纸的男士买了小贩的遮阳伞。在这笔交易中，看报纸的男士购买了遮阳伞，他从中获得的边际收益超过了小贩的边际成本。

交易后（见最后一张图），卖方以高于其机会成本的价格出售了遮阳伞，获得了生产者剩余，而买方以低于其边际收益的价格购买了遮阳伞，获得了消费者剩余。买卖双方对这次交易都很满意。

迈克·图伊（Mike Twohy）/The New Yorker Collection/ The Cartoon Bank

遮阳伞发挥了其最大价值，资源得到了高效利用。

市场经济活动与漫画中的类似，目的都是实现资源的高效配置。新技术降低了互联网使用的成本，在过去几年中，已有数百个网站可用于各种类型的商品、服务和生产要素的贸易。

电子拍卖网站易贝让消费者剩余和生产者剩余都实现了大幅增长，还有助于实现更高的配置效率。

● 市场失灵

我们从上述分析中可知，处于均衡状态下的市场竞争将实现有效率的资源分配。但并非所有市场竞争都是如此，有时市场竞争无法达到均衡，人们便将市场资源分配无效或低效这一情况称为市场失灵（market failure）——要么生产的产品太少导致生产不足，要么生产的产品太多导致生产过剩。

生产不足和生产过剩

当生产不足时，边际收益大于边际成本，未能生产出来的那部分商品的价值高于生产商品的成本。当生产过剩时，边际成本超过边际收益，生产商品的成本高于生产商品的价值。

图 6-9a 显示了每天生产 5000 张比萨，即生产不足的情况。第 5000 ～ 9999 张比萨，每张的价值都超过了单张比萨的制作成本，但是它们并没有被生产出来。图 6-9b 显示了每天生产 15 000 张比萨，即生产过剩的情况。第 10 001 ～ 15 000 张比萨，每张的制作成本都超过了单张比萨的价值。

无谓损失

无谓损失（deadweight loss）是指由于生产不足或生产过剩而导致的总剩余减少的情况。这是一种社会损失。

生产不足造成的无谓损失用图 6-9a 中灰色三角形面积表示，为 22 500 美元 [＝（ 15 美元 / 张 － 6 美元 / 张 ）×5000 张 ÷2]。你能计算出图 6-9b 中生产过剩造成的无谓损失是多少吗？

● 市场失灵的根源

导致市场失灵、造成无谓损失的原因有：

» 价格规定和数量规定；
» 税收和补贴；
» 外部因素；
» 公共物品和公共资源；
» 垄断；
» 高额交易成本。

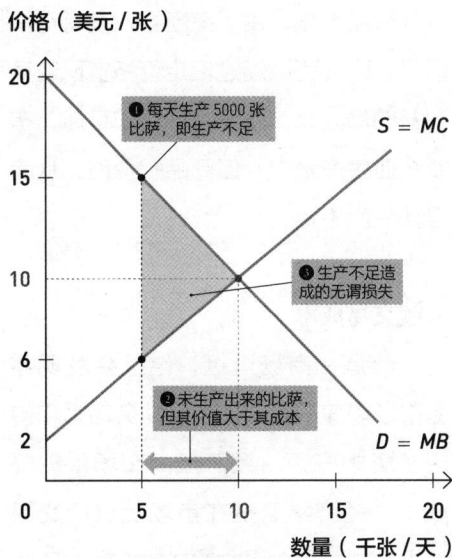

价格（美元／张）

❶ 每天生产 5000 张
比萨，即生产不足

S = MC

❸ 生产不足造
成的无谓损失

❷ 未生产出来的比萨，
但其价值大于其成本

D = MB

数量（千张／天）

a）生产不足

价格（美元／张）

❹ 每天生产 15 000
张比萨，即生产过剩

S = MC

❻ 生产过剩造
成的无谓损失

❺ 生产成本大
于比萨的价值

D = MB

数量（千张／天）

b）生产过剩

❶ 如果每天生产 5000 张比萨，则 ❷ 未生产出来的比萨价值大于其成本——生产不足，效率较低。❸ 灰色三角形面积表示产生的无谓损失。

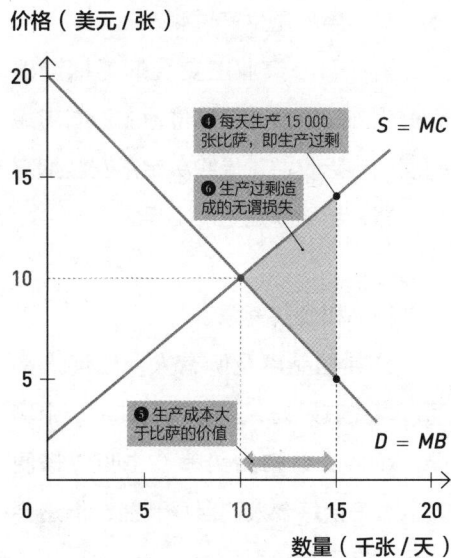

❹ 如果每天生产 15 000 张比萨，则 ❺ 生产成本大于比萨的价值——生产过剩，效率低下。❻ 灰色三角形面积表示产生的无谓损失。

图 6-9　低效结果

价格规定和数量规定

法律规定房屋租金要设置上限，雇主要向员工支付最低工资，这些规定有时会妨碍价格浮动，需求量和供给量无法得到平衡，从而导致生产不足。同样的道理，限制农产品产量的规定也会导致农产品生产不足。

税收和补贴

税收提高了买方支付的价格，也降低了卖方的收入。因此，税收会使生产量减少而导致生产不足。政府给予生产者的补贴降低了买方支付的价格，提高了卖方的收入。因此，补贴会使生产量提高而导致生产过剩。

外部因素

外部因素是指影响商品买卖双方以外其他人的成本或收益的因素。比如，电力公司燃煤产生了外部成本，造成了酸雨，使农作物遭受损失。公司在决定发多少电时没有考虑环境污染的成本，其结果就是生产过剩。

再如，公寓业主安装烟雾探测器会产生外部收益。但这位业主没有考虑邻居的边际收益，最终决定不安装烟雾探测器，结果就是生产不足。

公共物品和公共资源

公共物品惠及所有人，任何人都可以享受其好处，国防就是其中一个例子。不为公共物品买单（也叫"搭便车"）符合每个人的自身利益，但这会导致生产不足。

公共资源不为任何人所有，但却为所有人所用。过度捕捞大西洋鲑鱼就是其中一个例子。忽略由于自己使用公共资源而导致他人承担的成本（被称为"公地悲剧"[①]），这符合每个人的自身利益，但这会导致生产过剩。

垄断

垄断是指某种商品或服务的提供者只有一个。地方自来水公司和有线电视公司都属于垄断企业。

垄断企业的自身利益是要使自己

[①] 1968年，美国学者加勒特·哈丁（Garrett Hardin）在《科学》杂志上发表了一篇题为"公地的悲剧"的文章。英国曾经有这样一种土地制度——封建主在自己的领地中划出一片尚未耕种的土地作为牧场（称为"公地"），无偿向牧民开放。这本来是一件造福于民的事，但由于是无偿放牧，每个牧民都会养尽可能多的牛羊。随着牛羊数量无节制地增加，公地牧场最终因"超载"而成为不毛之地，牧民的牛羊最终全部饿死。（资料来源：百度百科）
——译者注

的利润最大化。由于垄断企业没有竞争对手，因此可以通过设定价格实现自身利益的最大化。为了实现这一目标，垄断企业生产量少，但商品定价高，从而导致生产不足。

高额交易成本

若是在商场逛逛，你就会发现零售市场里雇用了大量的稀缺劳动力和使用了资本资源。经营任何市场都需要成本。经济学家把在市场上进行交易的机会成本称为交易成本（transactions costs）。

要想利用市场价格配置有限资源，就必须考虑承担建立市场的机会成本。而有些市场的运营成本确实很高。例如，在"免费"球场上打网球时，你不用为使用球场而支付市场价格，但你必须等到球场空了才能用，等待的时间就是"支付"的成本。

当交易成本很高时，市场可能会出现生产不足的情况。

● 市场的替代

当市场效率低下时，我们在本章开头所论述的其他非市场方法能否带来更好的效果？

有时是可以的。表 6-1 总结了市场失灵的原因和一些可能的应对措施。通常来说，可以使用多数裁定原则应对市

表 6-1 市场失灵和一些可能的应对措施

市场失灵的原因	可能的应对措施
1. 价格规定和数量规定	通过多数裁定原则取消规定
2. 税收和补贴	通过多数裁定原则使无谓损失最小化
3. 外部因素	通过多数裁定原则使无谓损失最小化
4. 公共物品	按多数裁定原则配置
5. 公共资源	按多数裁定原则配置
6. 垄断	按多数裁定原则配置
7. 高额交易成本	按命令原则或先到先得原则配置

场失灵,但多数裁定原则有自身的局限性,因为追求其成员自身利益的团体会成为大多数。例如,奉行利己主义的团体成为大多数后,将其成本强加给少数人,对价格和数量进行管制,造成无谓损失。而且,在多数裁定原则下,选票结果必须由官僚转化为实际行动落实,而这些官僚可能有自己的打算。

公司的管理人员发出命令,省去了每次要完成某项工作时都要前往市场所产生的交易成本。先到先得,省去了很多排队等候的麻烦。排队这件事可能本身就有市场,人们可以拿自己在队列中的位置来交易,但必须有人愿意交易。你能想象在人挤人的星巴克店里,必须买个靠前的排位才能买杯咖啡有多闹心吗?

采用单独的一种机制是无法高效地配置资源的。但市场绕过了企业内部命令系统控制,辅以多数裁定原则和先到先得原则,实现了高效的资源配置。

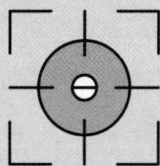

聚焦倒票

倒票行为符合经济学原理吗[1]

倒票是指以高于原价的价格转售音乐会或体育赛事门票的行为。在互联网时代,倒票变得很常见、更容易操作且有利可图。但是,倒票行为符合经济学原理吗?

为了回答这个问题,我们来看这两个市场:在一级市场,只有活动组织者出售门票;在二级市场,一级市场的买

---

[1] 在中国,倒票行为违反了《治安管理条例》,是不被允许的。——编者注

家转售门票。这两个市场的供求关系决定了门票价格和倒卖价格。

边际收益决定了一级市场和二级市场的需求。一级市场的买家比二级市场的买家出手更快。有时候，因为宣传使活动备受瞩目，人们不得不去二级市场购票。

由于活动举办场地有限，一级市场的供应完全无弹性。

二级市场的供应与一级市场的需求恰恰相反。对持票人来说，门票的机会成本不是原价，而是可以转售的价格。因此，二级市场的价格决定了在二级市场供应的一级市场门票的数量。

图 6-10 显示了有 4000 个座位的场馆的一级市场，平均票价为 50 美元 / 张。

图 6-11 显示了二级市场（也称"转售市场"）的情况。供给曲线 S_1 是一级市场的需求曲线。S_1 显示了买家在一级

市场以不同价格购入后，在二级市场上出售的门票数量。需求曲线 D_1 显示倒票均价为 200 美元 / 张。

买家在一级市场买了 3000 张门票来参加活动，但他们只出售了 1000 张门票，放弃了一些消费者剩余（图 6-10 中 A 区域面积）。

在二级市场上，卖家的总收益为 200 000 美元（图 6-11 中 A、B、C 三个区域的面积总和）。倒卖门票的机会成本是在 B 区域支付的金额加上 A 区域放弃的消费者剩余。C 区域是票贩子的生产者剩余。

倒票的效率很高。总剩余由买家的消费者剩余和票贩子的生产者剩余构成，倒票增加了总剩余。

如果倒票被定为非法行为，那么二级市场就会关闭，该市场的总剩余就会消失不见。

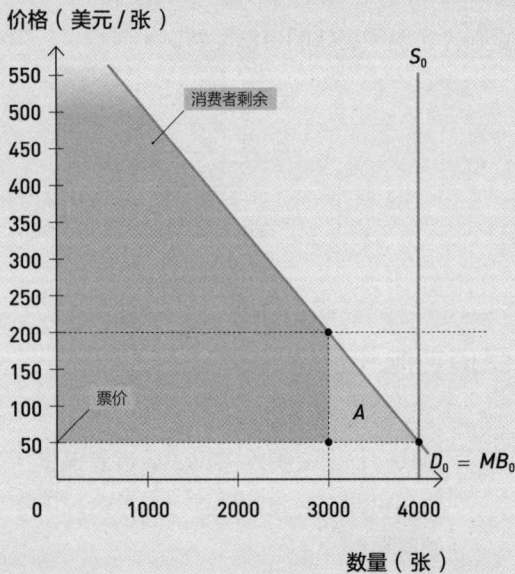

图 6-10　一级市场

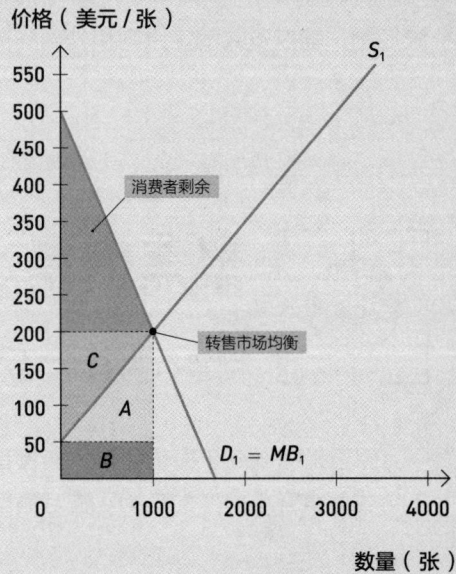

图 6-11　转售市场

6.5

市场公平吗

在经历了一场特大暴风雪或飓风后，许多生活必需品的价格都会上涨。让灾民付出更高的价格购买物品是否公平？许多低技能人员的工资低到大多数人认为根本无法养家糊口的地步，是否公平？我们怎么判断某件事公平还是不公平？

经济学家对效率有明确的定义，但没有明确定义公平是什么。此外，关于公平是什么并不完全局限于经济学的研究，还涉及伦理学的研究。

要研究公平是什么，不妨将经济生活视为一种游戏，一种严肃的游戏，即有规则和结果的游戏。以下是两种常见却又相互冲突的判断公平的方法：

> » 如果规则不公平，就是不公平；
> » 如果结果不公平，就是不公平。

● 如果规则不公平，就是不公平

1974 年，来自哈佛大学的哲学家罗伯特·诺齐克（Robert Nozick）出版了《无政府、国家和乌托邦》（*Anarchy, State, and Utopia*）一书，书中提到了他对公平原则的观点。诺齐克认为，公平需要遵循两条规则：

> » 国家必须建立并保护私有产权；
> » 商品和服务以及生产要素的服务只能通过自愿交换进行转移，每个人都可以自由参与这种交换。

第一条规则说明一切有价值的东西，包括所有稀缺资源和商品都必须归个人所有，国家必须保护私有产权。第二条规则说明人们获得物品的唯一途径是在自愿的前提下进行交易。

诺齐克说，如果遵守这些规则，结果就是公平的。只要做蛋糕的人自愿提供服务，以换取作为补偿的那一份蛋糕，那么经济蛋糕的分配有多不平等并不重要。机会是平等的，但结果可能不平等。这种公平的方法与配置效率是一致的。

● 如果结果不公平，就是不公平

大多数人认为，公平的规则会导致许多不平等的情况发生，从而造成不公平的结果。例如，银行行长每年赚取数百万美元，而银行出纳员每年仅赚取数千美元，这是不公平的。

但什么是"太不公平"？有些人得到的是其他人的两倍而不是 10 倍或 100 倍，这公平吗？又或者，最贫穷的人不应该"太穷"，这才是更重要的？

这些问题很难回答。一般来说，越公平越好，但没有方法衡量最理想的公平状态是怎样的。

确保结果公平的方法与配置效率相冲突，还会引发所谓的大权衡（big tradeoff）问题，即在效率与公平之间进行权衡，承认收入的成本会转移。

大权衡基于这样一个事实，即只能通过向高收入者征税将财富转移给低收入者，但向工薪阶层征税会影响其工作热情，这导致劳动力数量少于有效数量，会阻碍储蓄，并导致资本数量低于有效数量。由于劳动力和资本的数量都较少，所生产的商品和服务数量总是低于有效数量，经济就会衰退。

收入再分配在经济蛋糕的大小和平等分享之间产生了一种权衡。通过所得税进行收入再分配的规模越大，效率越低，蛋糕就越小。

效率低下的第二个原因是：从富人手中拿走的每一分钱，最终都不会落到穷人的手中。管理税收和转移系统需要钱，雇用会计师、审计师和律师也需要钱，上述工作需要具备一定技能的劳动力和资本资源，而这些资源本可以用于生产对人们而言更有价值的其他商品和服务。

此时，你就会明白，当考虑到所有成本时，为什么说从富人那里拿走的每一分钱，最终都不会转移到穷人那里，甚至有可能使穷人的状况变得更糟。例如，如果一个高税收的企业家决定缩减规模并关掉企业，那么低收入的工人就会被解雇，他们被迫寻找其他工作，而下一份工作的收入甚至可能会更低。

● 妥协

虽然大多数人，可能包括大多数经济学家，都认同诺齐克的观点，但还是觉得这一观点过于极端。他们认为，税收和政府收入支持计划（taxes and government income support schemes）可以将富人的部分收入转移给穷人。收入转移可以是自愿的，因为这是多数人投票决定的结果，即使投反对票的人也自愿参与这一政治进程。

一旦认同了这一税收制度的公平性，即富人向穷人转移收入是公平的，我们就需要确定公平税收到底意味着什么。本书第 8 章将会讨论税收体系。

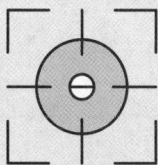

聚焦生活

配置方法、效率和公平性

我们的生活与国家经济、地方经济、区域经济和家庭经济息息相关。因此，我们的许多决定都会影响这些经济的效率和公平性。先来看看家庭经济。

让我们来制作一个电子表格，并在上面标明家庭所有的生产要素。计算所有可用的工作时间和资本，并标注这些资源是如何分配的。

家里的稀缺资源是通过什么方式分配的？市场价格、命令、先到先得、平等共享还是多数裁定原则？

现在来看一个难点：这些资源是否得到了高效配置，即家庭资源的价值是否实现了最大化？想一想我们是怎样检测每项家庭活动的边际收益是否等于边际成本的。

现在有一个更棘手的问题，你家的资源配置公平吗？思考公平的两种概念，以及这两种概念在你家是如何体现的。

第 6 章要点小结

1. 描述其他稀缺资源配置的方式，定义并解释高效配置的特征。

- 分配稀缺资源的方法是根据市场价格、命令、多数裁定规则、竞争、先到先得、平等共享、抽签、个人特征、武装力量等原则决定的。
- 当资源创造了最大价值时，就是高效配置，这意味着边际收益等于边际成本。

2. 区分价值和价格，定义消费者剩余。

- 边际收益是指消费者愿意为另一单位商品或服务支付的最高价格。
- 需求曲线是边际收益曲线。
- 价值是人们愿意支付的费用；价格是人们必须支付的费用。
- 消费者剩余等于边际收益超过价格的部分加上消费量。

3. 区分成本和价格，定义生产者剩余。

- 边际成本是指生产者每增加 1 单位产量所必须支付的最低价格。
- 供应曲线是边际成本曲线。
- 机会成本是生产者必须支付的费用；价格是生产者得到的费用。
- 生产者剩余等于价格超过边际成本的部分加上生产的数量。

4. 评估资源配置替代方法的效率。

- 在竞争均衡中，边际收益等于边际成本，资源分配是高效的。
- 价格规定和数量规定、税收、补贴、外部因素、公共物品和公共资源、垄断以及高额交易成本导致市场失灵并产生无谓损失。

5. 解释与公平相关的主要观点，并评估稀缺资源配置替代方法的公平性。

- 公平有两种情况：规则公平和结果公平。
- 规则公平需要确保私有产权和自愿交换，而结果公平需要富人向穷人转移收入。

第三部分

政府如何影响经济

第 7 章

政府在市场中的行为

本章学习目标

» 解释价格上限是怎样发挥作用的，为什么租金上限会导致住房短缺，为什么设置租金上限的规定是低效且不公平的；

» 解释价格下限是怎样发挥作用的，为什么最低工资会导致失业，为什么设置最低工资的规定是低效且不公平的；

» 解释生产配额是怎样发挥作用的，为什么生产配额会导致价格上涨，为什么生产配额的规定是低效且不公平的。

7.1

价格上限

也许美国国会巴不得自己设定商品的价格或数量，而不是任由市场决定。那么，这样的政府行为会对市场造成什么影响？本章将回答这个问题，让我们从政府试图设定价格上限说起，解释这个问题。

政府明文规定某种商品、服务或生产要素在交易时不得超过某一价格，称为价格上限（price ceiling）或价格限制（price cap）。于是，以高于价格上限的价格进行交易便是非法行为。

很多市场都会有价格限制。然而，与民众息息相关的是住房市场。这里所说的住房价格是指人们为房屋或公寓所支付的租金。

图 7-1 显示，密西西比州比洛克西①的公寓租赁市场有 4000 套公寓出租，每月租金为 550 美元。

---

① 美国密西西比州的城市，位于比洛克西湾与密西西比河之间的半岛上，濒临墨西哥湾。

● 租金上限

假设比洛克西市长当选时承诺，会实施租金上限（rent ceiling）政策，即规定住房租金不得超过指定金额。

租金上限政策的效果取决于设定的租金上限是在均衡租金水平之上还是之下。如图 7-1 所示，如果租金上限设定在 550 美元/月以上，那么这项政策便不会产生任何影响，因为人们实际支付的租金（550 美元/月）并没有超过租金上限。

然而，如果租金上限设定在均衡租金以下，那么，它就会对市场产生巨大影响。出现租金上限的原因在于，政府试图通过实施该项政策防止租金过高，以调节供求关系。法规和市场之间存在冲突，且其中一方（或双方）必须让步。

在图 7-2 中，租金上限设定为不得超过 400 美元/月，阴影部分则是高于租金上限的收入，该区域的租金都属于非法收入。租金上限首先带来的影响是住房短缺。假设租金为 400 美元/月，需求量为 6000 套房

价格（美元 / 月）

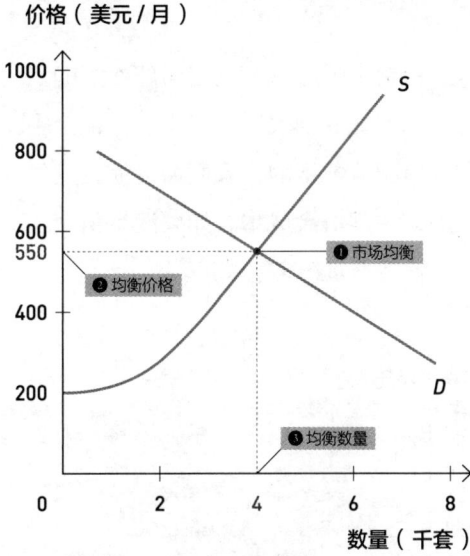

注: 该图显示了租房的需求曲线 D 和供给曲线 S。

❶ 当需求量等于供应量时，市场处于均衡状态。
❷ 均衡价格（租金）为 550 美元 / 月。
❸ 房屋的均衡数量为 4000 套。

图 7-1　住房市场

价格（美元 / 月）

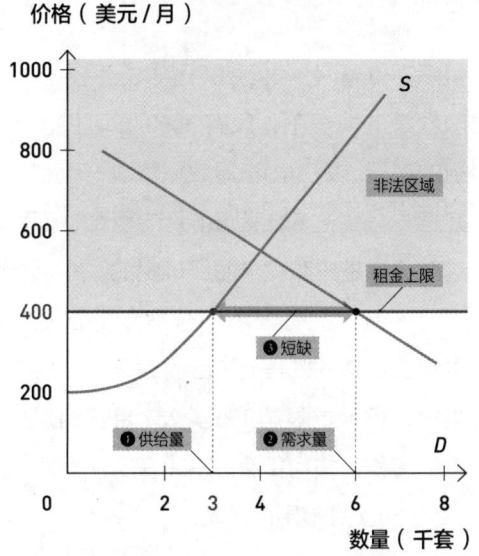

注: 设定的租金上限低于均衡租金。在这个例子中，租金上限为 400 美元 / 月。

❶ 住房供应量减少到 3000 套。
❷ 住房需求量增加到 6000 套。
❸ 有 3000 套房屋缺口。

图 7-2　租金上限导致住房短缺

屋，然而，房屋供应量仅有 3000 套。因此，当租金为 400 美元 / 月时，就会有 3000 套住房缺口。

然而，事情还不止于此。这 3000 套房屋的业主拿来出租的房屋必须以某种方式分配给 6000 位租客。这个配给过程可以通过以下两种方式实现：

» 黑市交易；
» 花更多的时间找房子。

黑市

黑市（black market）是指与政府监管的市场并行的非法市场。租金上限有时会导致房屋租赁黑市的出现，因为急于交易的租客和房东会想方设法将租金提高到法律规定的上限之上。房东想要提高租金，因为他们清楚现有的房源数量不足，租客愿意花更多的钱，以求早日租到房子。

因为提高租金是非法行为，所以房东和租客会使用一些小有创意的技巧来逃避法律的制裁。比如，让租客为不值钱的装修付上一大笔钱。比如，花 2000 美元换个窗帘；或者，花高价换新锁，美其名曰"钥匙费"。

从图 7-3 可以看出，在比洛克西的黑市上，房屋租金高得离谱。由于在严格执行租金上限政策的情况下，只有 3000 套可供出租的房屋。因为出租屋数量短缺，租客愿意支付高达 625 美元 / 月的租金，而这个价格是按照需求曲线确定的。

于是，就有一小部分房东非法提供租金高达 625 美元 / 月的房子。政府规定，租金上限是 400 美元 / 月。而黑市的房租价格可能会在 400 美元 / 月到 625 美元 / 月范围内浮动。

增加搜索活动

搜索活动（search activity）是指花费时间寻找交易对象。每次买东西时，特别是购买汽车、房屋这样的大件物品时，我们总是会花费一些时间四处看看。当价格上限造成住房短缺时，就得花更多的时间四处寻找。在租金受到管制的住房市场，求租者会在网上、报纸上到处寻找租房信息。一有公寓待租的消息，他们便会争先恐后地赶过去。

商品的机会成本等于商品的价格加上寻找该商品所花费的时间价值。所以，租房的机会成本等于租金加上寻找公寓所花费的时间价值。找房成本不菲，因为这需要花费时间和其他资源，如打电话、开车、还得加油，这些资源本可以用在其他更有价值的产出上。如图 7-3 所示，要找到租金为 400 美元 / 月的房子，租客就得在 400 美元 / 月的房租上再甘愿付 225 美元的找房费用，这样每个月的租金实际就是 625 美元 / 月。

租金上限可以控制住房成本中的租金，但不能控制找房的成本。当租金中加入这部分成本时，人们最终就会支付高额的住房机会成本。如果没有租金上限，就用不着花这笔钱了。

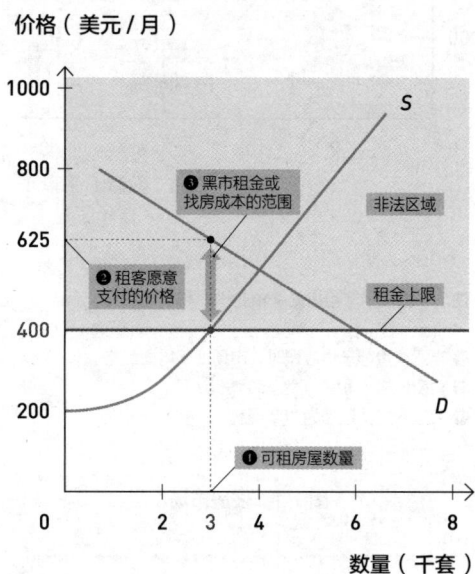

注: 如果租金上限为 400 美元 / 月，则

❶ 有 3000 套住房可租。
❷ 有人愿意支付 625 美元 / 月去租第 3000 套房子。
❸ 黑市租金可能高达 625 美元 / 月。如果花更多的时间去找房，还得在租金上限的基础上再多花费 225 美元。

图 7-3　租金上限导致黑市交易出现，人们必须花更多的时间找房子

租金上限是高效的规定吗

在没有租金上限的房屋租赁市场，均衡租金由市场决定。住房需求量等于住房供应量。在这种情况下，因为住房的边际成本等于边际收益，稀缺的房屋资源就会得到有效分配。图 7-4a 显示了比洛克西公寓租赁市场的效率。在这个高效的市场中，总剩余即消费者剩余（灰色三角形面积）加上生产者剩余（三角形下方区域面积），消费者剩余和生产者剩余的相交点在均衡租金和住房数量上达到最大值（见第 6 章）。

图 7-4b 显示，实行租金上限的效果不尽如人意。出租房屋的边际收益大于边际成本，但生产者剩余和消费者剩余减少，还产生了无谓损失 ❸。这部分损失是由那些找不到房子的租客和那些无法按限价租赁房屋的房东承担的。

然而，总损失要大于无谓损失。因为当人们花更多的时间找房时，或者在黑市上租房时，往往会耗费很多资源。这些资源的价值如图中 ❹ 矩形所示。此外，为了实行租金上限而付出的成本则是更大的损失。这一损失由纳税人承担，在图中并未显示出来。

尽管租金上限效率低，但并非人人都从中受损。支付租金上限的人增加了消费者剩余，收取黑市租金的房东增加了生产者剩余。

在上述讨论中，租金上限的成本只是初始成本。当租金低于市场均衡租金时，房东没有动力去养护他们的房屋。住房供应的数量会逐渐减少，质量也会下降，租金上限这一规定造成的损失也会越来越大。

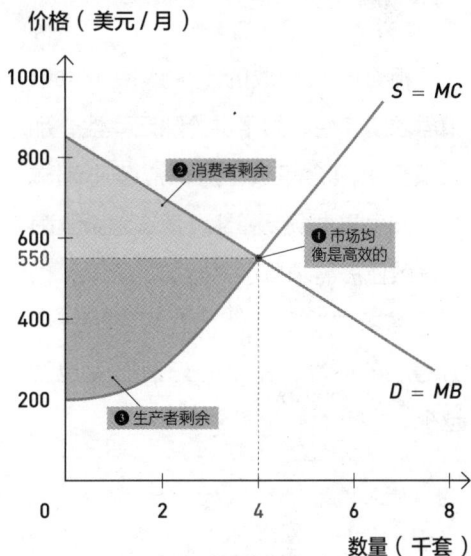

a）高效的住房市场

❶ 市场均衡是高效的，边际收益等于边际成本。总剩余，即 ❷ 消费者剩余和 ❸ 生产者剩余的总和达到最大值。

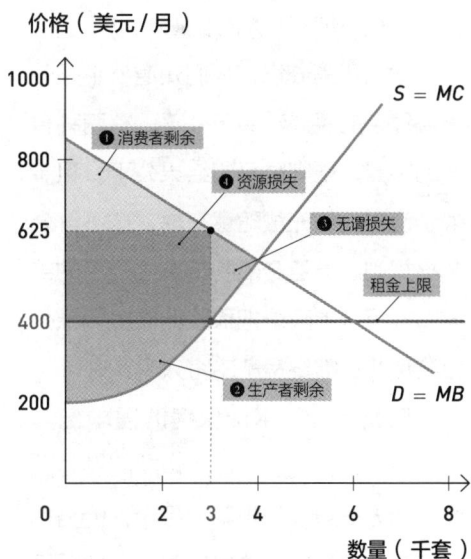

b）低效的住房市场

租金上限是低效的。❶ 消费者剩余和 ❷ 生产者剩余减少，产生了 ❸ 无谓损失，当人们花更多的时间找房子并在黑市中交易时，损失了很多资源 ❹。

图 7-4　租金上限的低效率

租金上限造成的损失取决于供给和需求的弹性。如果供给缺乏弹性，那么租金上限会导致住房供应量小幅减少。如果需求缺乏弹性，那么租金上限会导致住房需求量小幅增加。所以，供给或需求越缺乏弹性，就越会缓解住房短缺的问题，产生的无谓损失也就越少。

● 租金上限的规定公平吗

我们可以看到，租金上限导致稀缺资源无法得到有效分配，资源无法发挥其最大价值。但是，稀缺的房屋资源就不能被更加公平地分配吗？

学习了第 6 章，我们知道公平是一个很复杂的概念。关于公平，有两种普遍的观点：规则公平和结果公平。租金限制使得人们无法随意交易，这不符合公平规则。但租金限制带来了公平的结果吗？租金上限能把稀缺的住房资源分配给那些最需要房子的穷人吗？

调整租金，平衡租房的需求量与供给量，并不能解决住房短缺问题。因此，当无法通过法规调节租金，价格机制无法合理分配稀缺房屋时，必须采用其他分配机制。如果这种机制可以将住房分配给那些最贫穷的人，那么这种分配方式就可能是公平的。

但是，通用的机制无法达成公平的结果。先到先得是一种分配机制，基于种族、民族或性别的歧视是另外一种机制。而歧视新来者，偏向老住户也是一种机制。这些机制都会造成不公平的结果。

以纽约为例，这里实行的租金上限政策就采用了这些机制。在纽约，租金上限的主要受益者是那些长期生活在当地的住户，包括一些有钱有势的家庭。这些家庭享受着低廉的租金，新来者却要费尽千辛万苦才能找到公寓，而且必须支付高昂的租金。

● 如果租金上限政策的效果这么差，为什么还要设定租金上限呢

租金上限这一政策有悖于经济规律，人们在这一点上已普遍达成共识，因此很少见到新颁布的租金上限法规。但是，当政府想要废除租金限制的规定时，现有的租房者又会游说政客们继续实行这项法规。纽约市政府曾在 1999 年想废除租金限制的规定，结果遭到租客们的强烈反对。那些找不到房子的租客一旦幸运地找到了一套有租金限制的公寓，就会高兴得不得了。出于这些原因，很多政客还是会支持租金限制政策。

只有少数房东反对租金上限，但他们的想法不会对政客产生很大影响。因为租金上限的支持者多于反对者，政客们自然会偏向大多数人。

7.2

价格下限

在上文中，我们了解了价格上限会带来怎样的影响。现在来看看价格下限的影响。价格下限（price floor）是指政府规定某种商品、服务或生产要素在交易时不得低于某一价格，以低于价格下限的价格进行交易是一种违法行为。

在许多市场上，都有价格下限的规定，而人们最关注的是劳动力市场。劳动力的价格是人们赚取的工资率。劳动力市场的需求和供给决定了工资率和被雇用的劳动力的数量。

图 7-5 显示了亚利桑那州尤马市快餐服务员的市场状况。在这个劳动力市场中，需求曲线为 D。在这条需求曲线上，工资率为 13 美元 / 小时时，快餐服务员的需求量为零。当赛百味（Subway）、汉堡王（Burger King）、塔可钟（Taco Bell）、麦当劳（McDonal's）、温迪（Wend's）等快餐店必须向服务员支付 13 美元 / 小时的工资时，他们就不想再雇用服务员了。

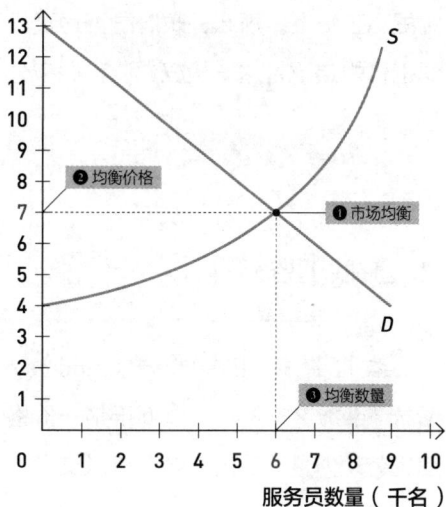

注：这张图显示了快餐服务员的需求曲线 D 和供给曲线 S。

❶ 当供需平衡时，市场处于均衡状态。
❷ 均衡价格（工资率）是 7 美元 / 小时。
❸ 均衡数量为 6000 名服务员。

图 7-5 快餐服务员市场

因为可以用自动售货机取代服务员！但如果时薪低于 13 美元，他们还是会多雇用一些服务员。如果时薪为 7 美元，这些餐饮公司将会雇用 6000 名服务员。

作为市场的供给方，没有人愿意做时薪为 4 美元的工作。为了吸引服务员，公司的时薪必须超过 4 美元。

服务员市场的均衡工资为 7 美元 / 小时，这个市场需要的服务员数量为 6000 名。

假设政府认为时薪 7 美元过低，决定提高工资率。那么，政府能否通过最低工资规定改善这一状况？让我们来分析一下。

● 最低工资标准

依据最低工资标准（minimum wage law）这一规定，以低于某一价格雇用劳动力是非法的。企业可以支付给员工高于最低工资标准的工资，但不得低于最低工资标准。最低工资，即价格下限。

价格下限的规定能否起作用取决于价格下限是在均衡价格之上还是之下。在图 7-5 中，均衡工资率是 7 美元 / 小时，在这个工资率下，企业雇用了 6000 名服务员。如果政府设定的最低工资低于 7 美元 / 小时，那么不会有什么影响，因为公司已经支付了 7 美元的时薪，这高于规定的最低工资，所以不会对现有的工资率造成什么影响，企业还是会继续雇用这 6000 名服务员。

但是，设定最低工资的目的是提高低收入劳动者的收入。因此，在面向低收入劳动者的市场中，最低工资会超过均衡工资率。

假设政府将最低工资标准定为 10 美元 / 小时。图 7-6 显示了该法规的效果。低于 10 美元 / 小时的工资是非法的，图中的阴影部分表示低于最低工资标准的数量，这些都是非法的。企业和工人不能在市场的均衡点上运作，因为会违法。这时，市场力量和政治力量是相互冲突的。

政府可以设定最低工资标准，但不能规定企业主该雇用多少工人。如果企业必须支付 10 美元 / 小时的工资，那么他们只好雇用 3000 名工人，而当平均工资为 7 美元 / 小时时，企业则会雇用 6000 名工人。所以设定了最低工资标准后，企业就会解雇 3000 名工人。

但当工资率为 10 美元 / 小时时，2000 名不想时薪只挣 7 美元的人就要去干服务员的工作。当工资为 10 美元 / 小时时，劳动力的供给量为 8000 人。3000 名工人会被解雇，另有 2000 人将去寻求更高薪的工作，所以 5000 名想当服务员的人被迫失业了。

3000 份工作必须以某种方式分配给想要成为服务员的 8000 人。该如何进行分配呢？那么，只能通过不停地找工作和接受非法雇用实现了。

工资率（美元 / 小时）

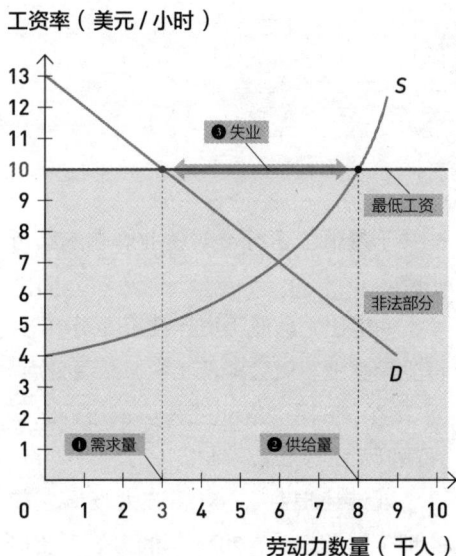

注：在这个最低工资标准高于平均工资的例子中，最低工资是 10 美元 / 小时。

❶ 劳动力需求量减少到 3000 人。
❷ 劳动力供给量增加到 8000 人。
❸ 5000 人失业。

图 7-6　最低工资标准造成失业

花更多的时间找工作

　　找一份好工作需要花费大量的时间和其他资源。因为有最低工资标准这一规定，求职者的数量要多于这一工资标准可提供的工作岗位数量。沮丧的失业者们花费时间和精力苦苦寻找工作。图 7-7 显示，为了找到一份 10 美元 / 小时的工作，人们愿意以 5 美元 / 小时的价格工作（在供给曲线上），而另外的 5 美元 / 小时用于找工作（10 美元 / 小时的最低工资减去 5 美元 / 小时实际到手的工资）。

非法雇用

　　由于求职人数多于岗位数量，某些企业和人员可能会在黑市上以低于最低工资标准的工资率进行非法交易。不合法的工资率可能在最低工资（10 美元 / 小时）和人们愿意接受的最低工资（5 美元 / 小时）之间。

工资率（美元 / 小时）

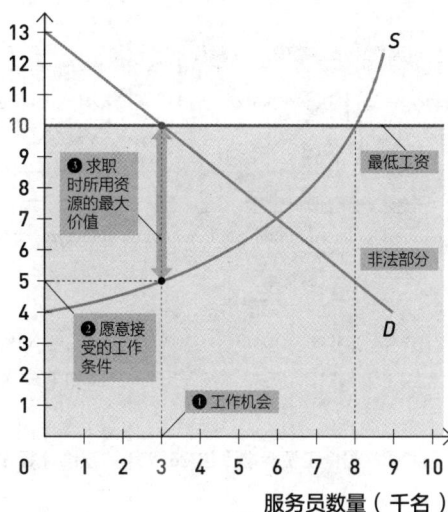

注：设定最低工资率为 10 美元 / 小时：

❶ 提供 3000 个工作岗位。
❷ 有人愿意接受的最低工资标准是 5 美元 / 小时。在黑市交易中，不合法的工资可能低至 5 美元 / 小时。
❸ 找工作所能花的最高费用为 5 美元 / 小时，即 10 美元 / 小时的工资标准减去求职者愿意接受的 5 美元 / 小时的工资。

图 7-7　最低工资使人们花更长的时间才能找到工作，还会导致出现非法雇用现象

聚焦美国经济

最低工资标准与就业

美国联邦政府制定的《公平劳动标准法》规定了最低工资标准，但大多数州还会自主设定最低工资标准，一般都会高于联邦政府设定的最低工资标准。

图 7-8 显示了 1994 年以来，以 2019 年的物价计算的最低工资标准。

最低工资（美元／小时，按 2019 年的物价计算）

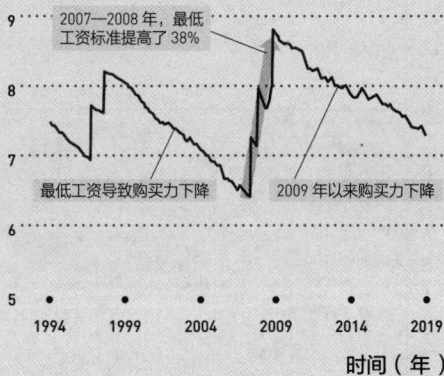

图 7-8　最低工资标准（以 2019 年的物价计算）

资料来源：美国劳工统计局。

最低工资标准会造成失业，但具体失业率会达到多少呢？2007—2009 年，最低工资标准提高了 38%，16 ~ 19 岁的就业率却下降了 28%。其中有多少比率是由于提高了最低工资标准造成的呢？

加州大学尔湾分校经济学教授戴维·纽马克（David Neumark）梳理了一些关于最低工资标准对就业影响的新近研究。

他指出，最低工资标准每提高 10%，青少年就业率就会降低 1 ~ 3 个百分点，而 23 个州的平均最低工资标准已经比联邦最低工资标准高了 11.5%。

戴维还提到，"与经济大衰退之前的那个时期相比，2014 年的最低工资标准导致美国减少了 10 万 ~ 20 万个工作岗位。"

大多数经济学家都同意戴维·纽马克的观点。但是加州大学伯克利分校的戴维·卡德（David Card）和普林斯顿大学的艾伦·克鲁格（Alan Krueger）对这一观点提出了质疑。他们认为，加利福尼亚州、新泽西州和得克萨斯州都提高了最低工资标准，也因此提高了低收入人员的就业率。

大多数经济学家对卡德和克鲁格的观点表示怀疑，而且找到了他们所说的就业增长的其他原因。

得克萨斯大学奥斯汀分校的丹尼尔·哈默梅什（Daniel Hamermesh）认为，卡德和克鲁格把时间弄错了。由于企业预料到工资会上涨，因此在工资上涨之前就会裁员。关注最低工资标准提高后对就业有何影响时，不能忽略这一因素的主要影响。得克萨斯农工大学的菲尼斯·韦尔奇（Finis Welch）和芝加哥大学的凯文·墨菲（Kevin Murphy）认为，卡德和克鲁格所说的就业增长是由不同地区经济增长的差异引起的，而不是由最低工资标准的变化引起的。

此外，只看就业会使人忽略最低工资标准这项规定带来的供给侧效应。最低工资标准政策也使高中辍学找工作的人数增加了。

最低工资标准政策是高效的吗

生产要素的高效配置与第 6 章讨论的商品或服务的高效配置类似。对劳动力的需求让我们看到了企业在雇用劳动力时存在的边际收益。企业雇用劳动力，生产商品或服务，并从中受益。企业愿意支付的工资率等于他们从额外一小时劳动中获得的收益。从图 7-9a 的劳动力需求曲线可以看出，尤马的公司从雇用快餐服务员中获得了多少边际收益。对企业来说，边际收益减去工资率就是剩余。

我们可以从劳动力供给中看出，工作的边际成本是多少。为了工作，人们不得不放弃闲暇时间或做家务的时间。工人获得的剩余就是所得的工资率减去工作的边际成本。

当企业的边际收益等于工人承担的边际成本时，劳动力就会得到高效配置。如图 7-9a 所示的劳动力市场的分配。公司享有剩余 ❷，员工享有剩余 ❸。这些剩余的总和（即总剩余）也实现了最大化。

图 7-9b 显示了最低工资带来的损失。当雇用了 3000 名工人时，最低工资为 10 美元 / 小时，边际收益大于边际成本。公司的剩余和员工的剩余将会减少，还会产生无谓损失 ❸。这些损失由那些裁员的公司和那些在较高的工资率下找不到工作的人来承担。

然而，总损失大于无谓损失。由于每个失业者都在不停地找工作，资源就被用在了花费很高的求职活动上，如写信、发电子邮件、打电话、参加面试等。这些资源的价值在图中以灰色矩形的面积 ❹ 表示。

工资率（美元/小时）

13
12 · ❷公司的剩余
11
10
9
8
7 · ❶市场均
6 衡是高效的
5
4
3 · ❸员工的剩余
2
1
0 1 2 3 4 5 6 7 8 9 10
数量（千人）

S
D

a）高效的劳动力市场

工资率（美元/小时）

13
12 · ❶公司的剩余
11
10 · 最低工资
9
8
7 · ❸无谓损失
6
5 · ❹求职过程
4 中损失的资源
3
2 · ❷员工的剩余
1
0 1 2 3 4 5 6 7 8 9 10
数量（千人）

S
D

b）低效的劳动力市场

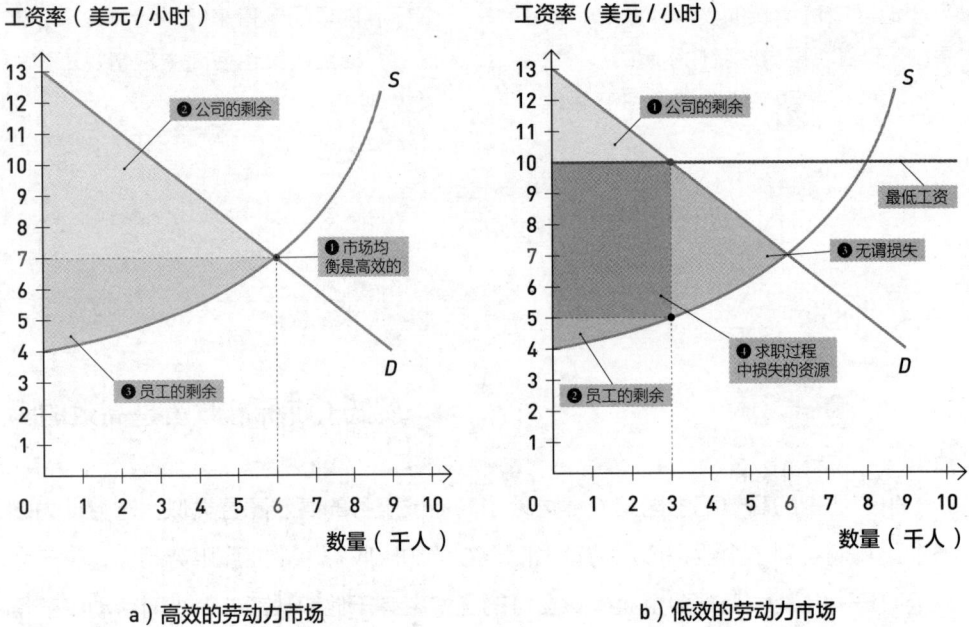

注：当边际收益等于边际成本时，❶市场均衡是高效的。总剩余，即❷公司剩余和❸员工剩余的总和达到最大值。

最低工资是低效的。❶公司剩余和❷员工剩余减少，产生❸无谓损失，人们在找工作的过程中❹损失了资源。

图 7-9 最低工资的低效率

最低工资标准的规定是公平的吗

无论从规则公平的角度还是从结果公平的角度看，最低工资标准的规定都是不公平的。它不仅带来了不公平的结果，也体现了不公平的规则。因为只有那些找到工作的人才能受益，所以结果是不公平的。最终，失业者的境况会比没有最低工资政策时更糟糕。那些找到工作的人也可能并不是最穷困的。还有一个不公平的现象是，通过个人特征（即歧视）分配工作。最低工资政策还阻碍了市场的自由交易，将不公平的规则强加于人。企业愿意雇用更多的劳动力，人们也愿意做更多的工作，但最低工资的法规不允许他们这样做。

● 如果设定最低工资标准的效果这么差，为什么还要这么做呢

尽管最低工资这项政策的效率低下，但并不是每个人都会因此遭受损失。那些以最低工资率为标准找到工作的人就生活得还不错。支持最低工资政策的人认为，劳动力市场的供求弹性较低，因此不会导致太多人失业。工会也支持实行最低工资标准，因为这会提高工资水平，当然也包括工会会员的工资率。非工会会员劳动力是工会会员劳动力的替代，所以当最低工资标准提高时，对工会会员劳动力的需求量就会增加。

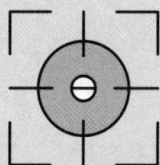

聚焦价格管制

政府会使市场力量法则失效吗

当政府颁布并签署一项新法规时，产生的结果并不总是完全符合预期。当政府试图使市场力量法则失效时，往往都会事与愿违。

最低工资法规带来的问题层出不穷，如失业问题。如果试图以法规的形式设定高管薪酬上限，那么劳动力市场的另一侧也会出现问题。

2009 年春天，美国参议院提出了《2009 年高管薪酬上限法案》。该法案旨在对受政府资助企业的高管和董事发出"限薪令"。

该法案中对薪酬的定义比较宽泛，这里的薪酬是指所有形式的现金收入、财产和任何津贴。设定的上限是不超过美国总统的年补偿金。

该法案一直未能通过。但可以预料，如果通过该法案，将会出现一些问题。

首先，确定总统的薪酬就很麻烦，在白宫办公，乘坐空军一号算不算总统薪酬的一部分？

其次，假设第一个问题可以得到解决，就像在本章中探讨过的对房屋租金设置上限一样，对高管薪酬设置上限也会带来同样性质的问题。

管理层的人员将减少，那些工作能力强的管理者会转而为不受监管的雇主工作。政府资助的这些企业会陷入发展困境，因为难以招到并留住有能力的高管和董事而面临额外的挑战。这会造成巨大的无谓损失。幸运的是，在美国，这个法案并未通过！

7.3

生产配额

在本章中，我们已经探讨了政府阻止价格向均衡价格移动所采取的行动会带来怎样的影响。在最后一节，我们将探讨市场干预的问题。市场干预旨在阻止供给量向均衡数量移动。生产配额（production quota）是实现这一目的的工具，这意味着政府对市场上可供应的产品数量设置上限，实行监管。

如果不把国内市场从全球竞争中区分出来，那么政府就无法调节供给量。因此，生产配额政策通常与进口配额政策同时实施。进口配额限制了从其他国家进口产品的数量（将在第9章中探讨）。

为了让生产配额在限制供给量上发挥作用，必须将配额分配给每个生产者。这些配额之和等于市场配额。此外，必须采用某些机制防止个体生产者的生产超出其配额。

有效的生产配额（如有必要，可以伴随着进口配额）会将供给量减少至均衡数量以下。于是，产品价格提高了。较高的价格显然损害了消费者的利益，消费者被迫花更多的钱，得到的产品却变少了。是否对生产者有利取决于该产品的需求弹性。如果对受配额限制的产品的需求是无弹性的，那么价格越高，总收益就会增加，生产者就会获利。因此，配额制只在需求缺乏弹性的情况下才能使用（见后文的"聚焦全球经济"）。

这里将通过一个例子说明消费者损失了什么，生产者收获了什么，以及为什么生产配额是低效且不公平的。

● 生产配额的例子

我们以加利福尼亚州的乳制品市场为例来说明生产配额会带来怎样的影响。加

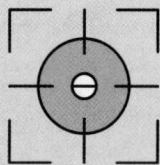

聚焦全球经济

生产配额

　　蔓越莓、花生、糖、鸡肉、鸡蛋、牛奶、奶酪和烟草，这些产品有什么共同之处？

　　答案是，无论过去还是现在，生产配额都是用来规范这些产品的市场的。这里的每一种商品需求都是缺乏弹性的，所以如果产品的供给量可以限制在均衡数量以下，那么产品价格上升的百分比将大于供给量下降的百分比。于是，生产者最终获得了更多的总收益和生产者剩余。

　　不过，消费者会有损失。对每个消费者来说，损失微不足道，不值一提。但对数百万消费者来说，总损失就很大了。

　　在消费者的损失中，一部分是无谓损失，但其中大部分是生产者的收益。而且由于生产者比消费者少得多，每个生产者最终获得的收益都足够大，足以促使他们为那些投票支持配额政策的立法者提供政治献金。

利福尼亚州食品和农业部负责监管牛奶（和奶粉）、奶酪和其他乳制品的市场。州政府为该市场设定了生产配额，并分配给每个生产者，这些配额之和等于市场配额。

　　图 7-10 显示的就是这个市场的情况。需求曲线 D 表示每种价格下的需求量，供给曲线 S 表示每种价格下的供给量。

自由市场参考点

　　在图 7-10a 中，在没有生产配额的情况下，均衡价格为 10 美分 / 磅，乳制品的均衡数量为每年 600 亿磅。这时，市场是高效的。因为需求曲线上的边际收益等于供给曲线上的边际成本。总剩余，即消费者剩余（❷）和生产者剩余（❸）的总和实现了最大化。

具有有效生产配额的市场

　　图 7-10b 说明了生产配额对该市场的影响。政府为产量为每年 400 亿磅的市场设定了生产配额，将 400 亿磅分配给每个生产商。现在，假设所有人的生产都没有超出被分配的配额，所以市场上的供给量还是 400 亿磅。

在这个供给量下，如果价格保持在 10 美分 / 磅，那么乳制品就会出现短缺。商品短缺会导致价格上涨，市场将以 20 美分 / 磅的价格达到新的均衡。

当数量更少、价格更高时，对消费者是不利的。消费者剩余的缩减衡量了消费者的损失。

虽然消费者遭受损失，但奶农却从中获利了。他们生产的乳制品产量较少，但售价较高。由于对乳制品的需求是缺乏弹性的，因此较少的产量对较高的价格也不会产生影响。回想一下，当需求是缺乏弹性的，产量下降的百分比小于价格上涨的百分比，价格上涨会增加总收益。我们可以看到，总收益从 60 亿美元增加到 80 亿美元。（算算价格在 10 美分 / 磅和 20 美分 / 磅之间的需求弹性。）

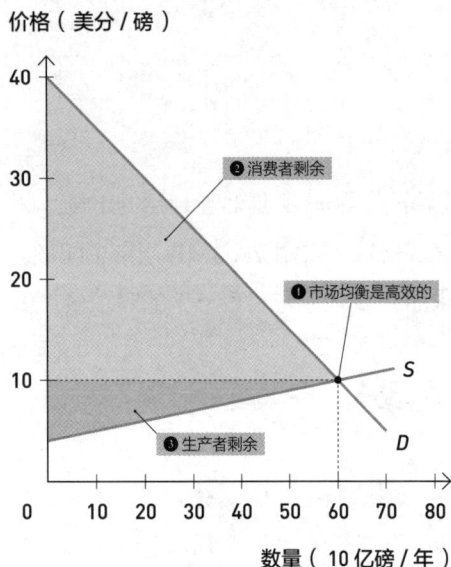

a）高效的乳制品市场

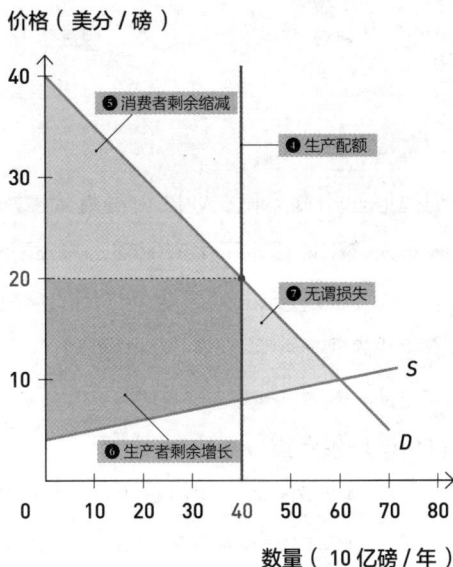

b）有配额后低效的乳制品市场

注：1. 在乳制品市场上：
❶ 在没有干预的情况下，市场充满竞争，均衡价格是 10 美分 / 磅，乳制品的均衡数量是每年 600 亿磅。
❷ 消费者剩余 + ❸ 生产者剩余最大化。
❹ 政府规定了每年 400 亿磅的生产配额。

❺ 消费者剩余缩减，❻ 生产者剩余增长，❼ 出现无谓损失。
2. 没有配额，市场十分高效。有了配额，效率就变低了。

图 7-10 生产配额失效

生产配额失效

农民的收益小于消费者的损失，结果就是效率变低，且产生了无谓损失。减少的产量在需求曲线上的价值高于其在供给曲线上的边际成本。灰色三角形面积表示无谓损失。

生产配额不公平的现象

从规则公平和结果公平两个角度看，生产配额政策都是不公平的。一方面，这会造成不公平的结果，富裕的农民获利，消费者却遭受了损失；另一方面，这会妨碍自由交易，造成规则不公平。农民愿意生产更多的产品，消费者也愿意购买更多的产品，但生产配额不允许他们这样做。

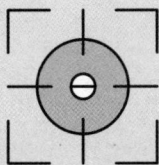

聚焦生活

生活中的价格上限和价格下限

在我们参与交易的许多市场中，价格上限和价格下限都发挥了作用。它们都要求我们作为公民和选民必须表明立场。

在美国，除非你是住在俄勒冈州或者其他几个大城市，否则你不大可能住在一栋有租金限制的房子或公寓里。经济学家已经解释了租金上限会带来很多不良影响，前文也对此做出了解释，因此这样的市场干预行为现在已经很少见了。

但是，当我们在高速公路上开车时，几乎每次都会碰到价格上限的情况。高速公路免费也是价格上限的一种类型。下次，当你遇到交通堵塞、通行缓慢的情况时，想想，是不是开放高速公路，让其成为自由交易的市场，就可以缓解拥堵，让我们能够畅行呢？

开车行驶在新加坡的城市道路上，汽车仪表盘上的接收装置会记录行驶道路的使用费用。价格随时段、交通密度和所在位置的变化而变化。因此，司机们可以避开交通堵塞。

在劳动力市场上，有可能会遇到价格下限。你是否有过这样的经历：你想得到一份工作，愿意并且也可以去上班，却无法被雇用？如果可以，你愿意接受一份薪水稍低的工作吗？

在食品市场上，也会遇到价格下限的情况。我们以高于生产成本的价格购买西红柿、糖、橙子和许多其他食品。

我们可以用本章学到的方法，决定自己对价格下限和价格上限要持有怎样的立场。

第 7 章要点小结

1. **请解释：价格上限是怎样发挥作用的？为什么租金上限会导致住房短缺？为什么租金上限低效且不公平？**
- 高于均衡价格的价格上限不会产生任何影响。
- 低于均衡价格的价格上限会造成住房短缺，租户必须花更多的时间找房子，这也会增加黑市交易。
- 价格上限既低效又不公平。
- 租金上限是价格上限的一个例子。

2. **请解释：价格下限是怎样发挥作用的？为什么工资下限会导致失业？为什么工资下限低效且不公平？**
- 低于均衡价格的价格下限不会产生任何影响。
- 高于均衡价格的价格下限会产生剩余，人们要花更多的时间找工作，非法交易也会增加。
- 价格下限既低效又不公平。
- 工资下限是价格下限的一个例子。

3. **请解释：生产配额是怎样发挥作用的？为什么生产配额会导致更高的价格？为什么生产配额低效且不公平？**
- 生产配额会减少产量和销量，还会导致价格升高。
- 生产配额用于市场上缺乏弹性需求的商品。
- 生产配额对生产者有利，但消费者遭受的损失大于生产者获得的利益，这就造成了无谓损失。
- 生产配额既低效又不公平。

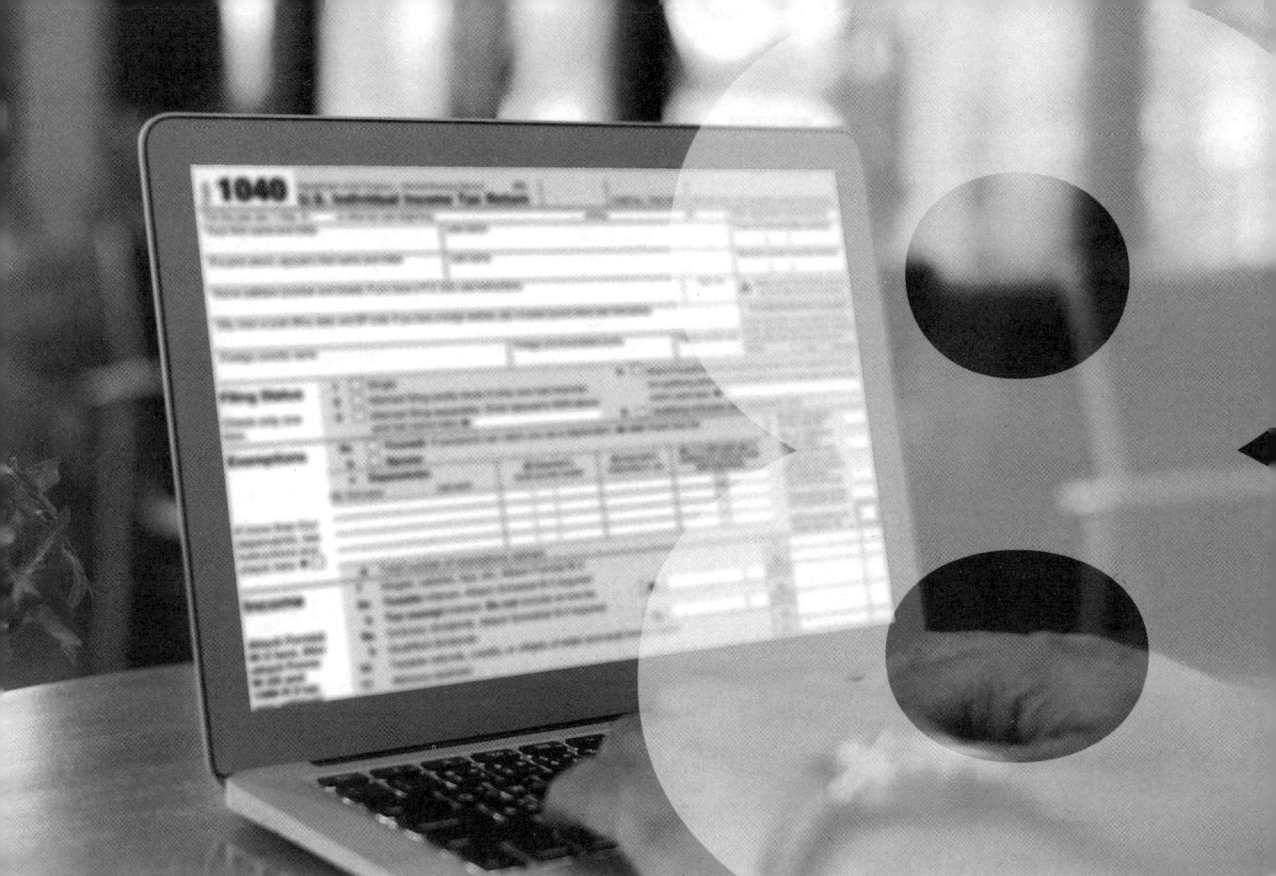

第 8 章

税收

本章学习目标

» 解释税收对价格和数量有怎样的影响，买方和卖方以怎样的方式共同负担税款，以及税收是如何带来低效率这一问题的；

» 解释所得税和社会保障税是如何改变工资率和就业的，并说明老板和员工以怎样的方式共同负担这些税款，以及这些税收又是如何带来低效率这一问题的；

» 回顾税收制度的公平性，以及效率与公平之间如何权衡等理念。

8.1

向买方和卖方征税

几乎所有的消费行为均受税收的影响，如深夜购买炒面、机票或加注汽油等，皆须纳税。针对部分商品，消费者须承担广告价格中蕴含的销售税，而对其他商品而言，消费者需支付隐含于广告价格中的消费税，如高税率商品——汽油。

但我们确实缴纳了这些税吗？当广告价格里含税时，缴税不是显而易见的吗？广告价格比非广告定价高出的部分不就是税费的价格吗？

如果商品的税是包含在价格里的，如汽油税，那么是谁在为这些税买单呢？是卖方把全部的税都转嫁给买方，还是卖方少赚点儿，给买方的价格不变，自己承担税费？

为了回答这些问题，让我们假设 TIFS[①]（税收非法文件共享游说团）已经说服政府对每台新智能手机征收 10 美元的税，并将税收收入用于补贴艺术家。但是，一些人认为，买智能手机的人因为使用智能手机而获益，应当纳税；另一些人认为，卖智能手机的人因为销售智能手机而获利，应当纳税。两种观点争执不休。

● 税收归宿

税收归宿（tax incidence）是指买方和卖方之间的税收分配。我们将用两种不同的税来计算对智能手机征收 10 美元税的归宿：一种是对买方征税；另一种是对卖方征税。

---

① 通过在网络上非法地发布和传播关于税收的文件游说决策者的组织。

　　图 8-1 显示的是智能手机市场状况。在不征税的情况下，智能手机的均衡价格为 100 美元 / 部，平均销量为 5000 部 / 周。

　　对商品征税时，会有两种价格：不含税价格和含税价格。买方只会对含税价格有兴趣，因为这是他们的实际支付价格。卖方只会对不含税价格有兴趣，因为这才是他们出售商品的收入。税款正是这两种价格之间的差。

　　图 8-1a 显示的是政府对买方征税情况。税收不会改变买方的支付意愿和能力。需求曲线 *D* 说明买方愿意且能支付的总金额。买方每购买一件商品必须向政府纳税

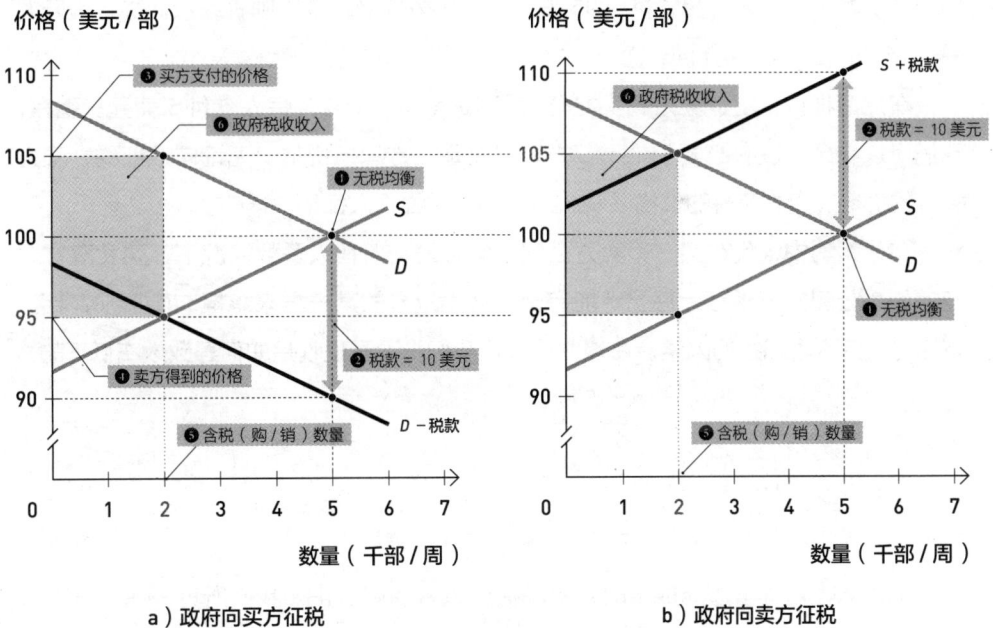

a）政府向买方征税

b）政府向卖方征税

注：❶ 在不征税的情况下，智能手机的售价为 100 美元 / 部，每周的销量是 5000 部，以上两图均是如此。
❷ 在图 8-1a 中，对买方征收 10 美元的税款使需求曲线向下平移到曲线 *D* − 税款。在图 8-1b 中，对卖方征收 10 美元的税款使供给曲线向上平移到曲线 *S* + 税款。

以下为上面两个图所示情况：
❸ 买方支付的价格增加 5 美元，上升至 105 美元；
❹ 卖方收到的价格减少了 5 美元，降至 95 美元；
❺ 购买数量减少到每周 2000 部智能手机；
❻ 政府每周可收取 2 万美元的税款（灰色矩形所示）。
在这两种情况下，税款都是由买方和卖方平均分摊的，每部智能手机的税款由买卖双方各承担 5 美元。

图 8-1　对智能手机征税

10 美元，标记为 D – 税款的曲线显示了买方愿意向卖方支付多少钱。这条线比需求曲线 D 低 10 美元。

市场均衡为曲线 D – 税款与供给曲线 S 的相交点。购买者支付均衡净税价格 95 美元加上 10 美元的税款，即每部智能手机的价格为 105 美元。每部智能手机的税后净价格为 95 美元。政府对 2000 部智能手机征收 10 美元／台的税款，总计 2 万美元（灰色矩形所示）。

图 8-1b 显示的是政府向卖方征税情况。税收增加了供应商的成本，导致供给减少，供给曲线平移到 S + 税款曲线。这条曲线是指假设每卖出一件商品，卖方必须向政府支付 10 美元时，卖方愿意接受的成交价格。S + 税款曲线在供给曲线 S 上方 10 美元。

市场均衡为曲线 S + 税款与需求曲线 D 的相交点。买方为每部智能手机支付的均衡价格为 105 美元。卖方获得 95 美元的税后净价格，政府则收取总计 2 万美元的税款。

在这两种情况下，买方和卖方分摊了 10 美元的税款，每人支付 5 美元。现在，我们可以看到，没有必要争论是买方承担还是卖方承担税款。无论向谁征税，买方支付的价格、卖方获得的价格以及政府获得的税收收入都是一样的。

在该案例中，税在买方和卖方之间平均分配。但在大多数情况下，买卖双方之间的税款分配并不平等，甚至可能完全由买卖双方的某一方来承担。接下来，我们将探讨决定税收归宿的因素。在这之前，让我们先看看税收是如何导致效率低下的。

⬤ 税收与效率

当边际收益等于边际成本时，资源得到有效利用。正如我们所见，在买方支付的价格和卖方获得的价格之间形成了一个差额，这个差额即税款。买方的价格等于边际收益，卖方的价格等于边际成本，所以税收在边际收益和边际成本之间形成了一个差额。税收使均衡数量减少到小于有效数量，造成无谓损失。

⬤ 税收负担

税收造成了消费者剩余和生产者剩余的损失，这是一种无谓损失。纳税额加上税收造成的无谓损失被称为税收负担。这种无谓损失被称为税收的 超额负担（excess burden）。政府用税收收入来购买人们关注的商品和服务，因此，只有超额负担才能体现出税收的低效率。

图 8-2 显示了税收的低效率。假设政府向卖方征税，图 8-2a 中，如果不征税，边际收益等于边际成本，市场是高效的。图 8-2b 中，在征税的情况下，边际收益超过边际成本。消费者剩余和生产者剩余减少。每笔剩余的一部分作为政府税收收入（❺ 矩形面积），另一部分是无谓损失（❻ 灰色三角形面积）。

在该案例中，超额负担很大。通过计算无谓损失三角形的面积可知该损失有多严重。其面积为（ 10 美元 × 3000 ）/2，即每周 15 000 美元。税收收入是每周 2 万美元，所以税收的超额负担是税收收入的 75%。

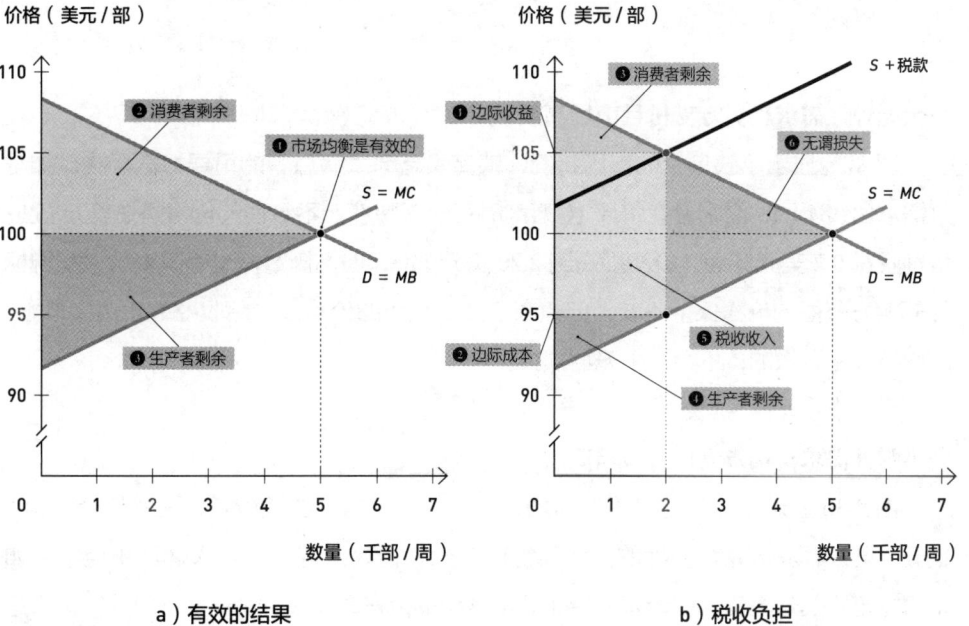

a）有效的结果　　　　　　　　　　　b）税收负担

注：1. ❶市场是有效的，边际收益等于边际成本。
　　　总剩余——❷消费者剩余和 ❸ 生产者剩余
　　　的总和，处于可能的最大水平。

2. 10 美元的税款在 ❶ 边际收益和 ❷ 边际成本之间形成了差额。❸ 消费者剩余和 ❹ 生产者剩余的减少量为 ❺ 税收收入加上活动的 ❻ 无谓损失。无谓损失是税收的超额负担。

图 8-2　税收与效率

在对智能手机征税的案例中，买方和卖方平均分摊税款，其超额负担很大。那么，是什么决定了税收分配以及超额负担的大小?

税收归宿及其超额负担由下列需求和供给的弹性情况来决定:

» 对于给定的供给弹性来说，商品的需求越缺乏弹性，买方支付的税收份额就越大;

» 对于给定的需求弹性来说，商品的供给越缺乏弹性，卖方支付的税收份额就越大;

» 超额负担越小，需求或供给就越缺乏弹性。

● 税收归宿、低效率和需求弹性

为了了解买方和卖方之间的税收分配情况及超额负担如何受需求弹性的影响，我们将研究两种极端情况。

完全无弹性需求: 买方支付且市场高效

图 8-3a 显示了胰岛素的市场状况，胰岛素是糖尿病患者的重要日常药物。如垂直需求曲线所示，需求量在每周 10 万剂时完全无弹性。不含税的价格是 2 美元 / 剂。每剂收税 0.2 美元的话，价格提高到 2.20 美元 / 剂，但均衡数量没有改变。该征税标准使卖方获得的价格保持不变，但提高了买方支付的价格。边际收益等于边际成本，因此结果是有效的，不会产生无谓损失。

完全弹性需求: 卖方支付且市场低效

图 8-3b 显示了粉色记号笔的市场状况。如水平需求曲线所示，记号笔价格为 1 美元 / 支，需求是完全弹性的。如果粉色笔比其他笔便宜，每个人都用粉色笔。如果粉色笔比其他笔贵，就没有人用了。不含税的价格是 1 美元 / 支，每周的销售量是 4000 支。每支笔征税 0.1 美元，其价格仍要保持在 1 美元 / 支，但均衡数量减少到每周 1000 支。买方支付的价格不变，卖方支付全部税款。结果是低效的，因为边际收益超过了边际成本，产生了无谓损失。

a）无弹性需求

b）弹性需求

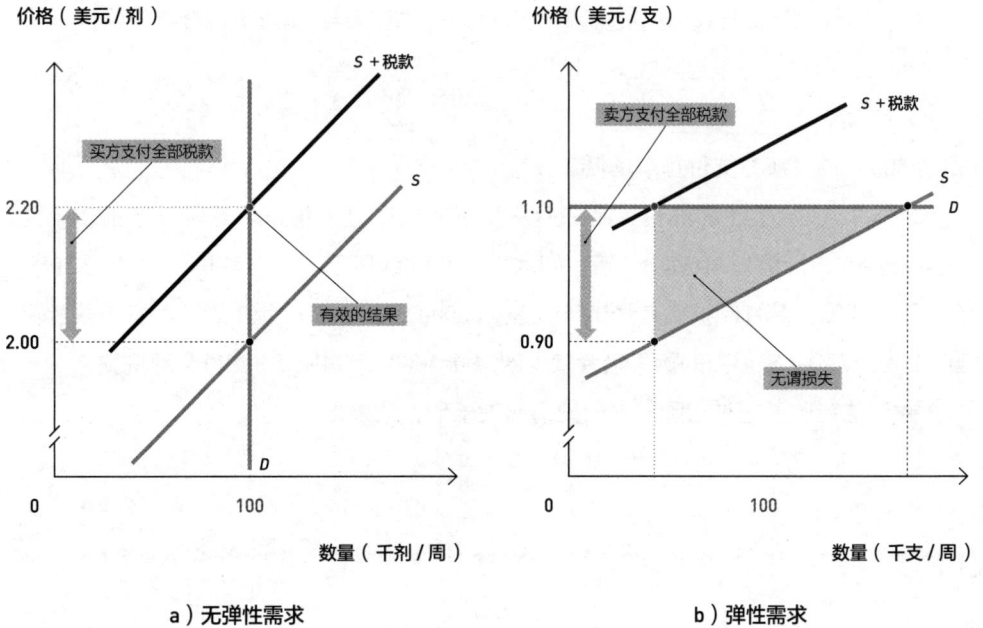

注: 1. 在图 8-3a 中，对胰岛素的需求是完全无弹性的。每剂药征税 0.2 美元，价格就上涨 0.2 美元，买方支付所有的税款。但是边际收益仍然等于边际成本，所以结果是有效的。

2. 在图 8-3b 中，对粉色记号笔的需求是完全弹性的。每支笔征税 0.1 美元使卖方得到的价格降低了 0.1 美元，卖方支付了所有的税款。边际收益大于边际成本，所以结果是低效的。无谓损失是税收的超额负担，是衡量税收效率低下的表现。

图 8-3　税收归宿、低效率和需求弹性

为了解释供给弹性是怎样决定买方和卖方之间的税收分配的，我们再来看看以下两种极端情况。

完全无弹性供给：卖方支付且有效率

图 8-4a 显示了以无法控制的恒定速率流通的矿泉水市场状况。当每周生

税收归宿、低效率和供给弹性

产 10 万瓶矿泉水时，供给完全无弹性，如垂直供给曲线所示。不含税时，价格是 50 美分 / 瓶，产出的 10 万瓶水销售一空。每瓶征税 5 美分使产出数量保持不变，仍为每周 10 万瓶。只有当价格保持在 50 美分 / 瓶时，消费者群体每周才能购买 10 万瓶。价格保持在 50 美

分 / 瓶，但税收使卖方收到的价格降低了 5 美分 / 瓶，因此卖方支付全部税款。

因为边际收益等于边际成本，所以没有无谓损失，结果是高效的。

完全弹性供给：买方支付且市场低效

图 8-4b 显示了计算机芯片制造商从沙子中提取硅的情况。这种沙子的供给是完全弹性的，价格为 10 美分 / 磅，如水平供给曲线所示。不含税时，价格为 10 美分 / 磅，计算机芯片制造商每周的购买量为 5000 磅。每磅征税 1 美分将把价格提高到 11 美分 / 磅，制造商的购买量会减少到每周 3000 磅。由买方支付全部税款。

由于边际收益超过边际成本，无谓损失出现，结果是低效的。

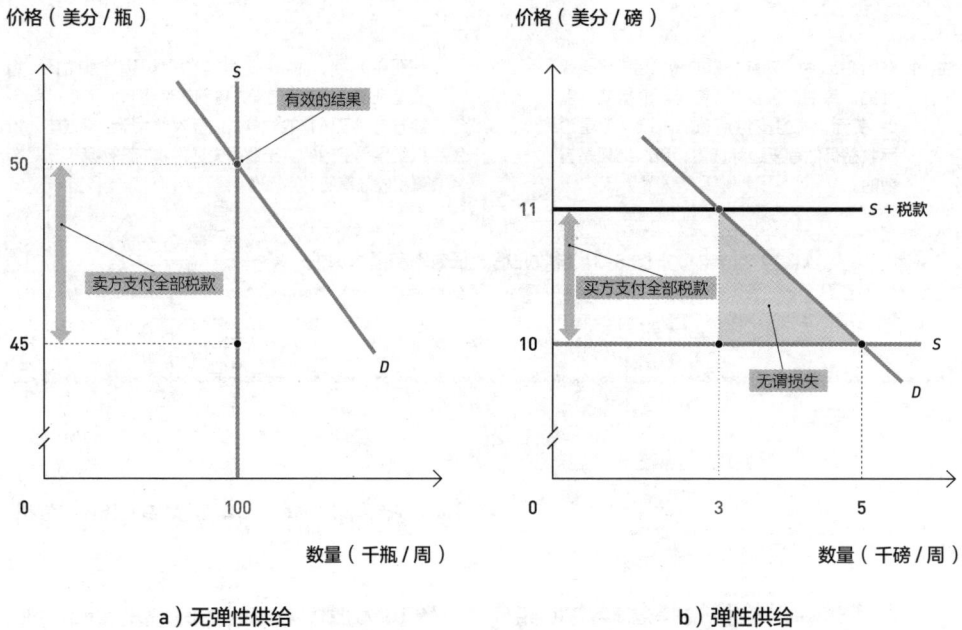

a）无弹性供给　　　　　　　　　　b）弹性供给

注：1. 在图 8-4a 中，瓶装矿泉水的供给完全无弹性。每瓶征税 5 美分使卖方收到的价格每瓶降低 5 美分，卖方支付所有的税款。边际收益等于边际成本，所以结果是有效的。

2. 在图 8-4b 中，沙子的供给是完全弹性的。每磅征税 1 美分使沙子的价格每磅上涨 1 美分，买方支付所有的税款。边际收益大于边际成本，所以结果是低效的。无谓损失是税收的超额负担，是衡量税收效率低下的表现。

图 8-4　税收归宿、低效率和供给弹性

8.2

所得税和社会保障税

所得税和社会保障税占美国政府总收入的 2/3（详见后文的"聚焦美国经济"）。这些税是由谁支付的？这些税是有效的吗？让我们来研究一下。

● 所得税的效应

所得税是对利用生产要素（劳动力、资本和土地）提供服务的人征收的税。我们刚刚了解到，谁来纳税，即税收归宿是谁，取决于需求和供给的弹性。这些相同的弹性也使税收造成的低效率受到影响。

每个生产要素的需求和供给弹性是不同的，因此，为了确定所得税的归宿和是否有效，我们必须分别考察所得税对每个生产要素的影响。让我们先来看看税收对劳动收入的影响。

劳动所得税

图 8-5 显示了竞争性劳动力市场中的需求曲线 LD 和供给曲线 LS。在这个不用缴纳所得税的市场中，当员工每小时挣 19 美元，每周工作 40 小时时，就会达到均衡，这个均衡是高效的。公司愿意支付每小时 19 美元，因为这是他们额外劳动一小时的边际收益。员工愿以 19 美元的价格提供第 40 小时的劳动，因为这补偿了他们工作的边际成本。

在计算所得税的效应前，请仔细观察劳动力需求曲线和劳动力供给曲线。需求曲线上的一点为均衡 40 小时，19 美元 / 小时；另一点为 35 小时，20 美元 / 小时。劳动力需求是富有弹性的。工资率从 19 美元 / 小时小幅上升到 20 美元 / 小时，使每

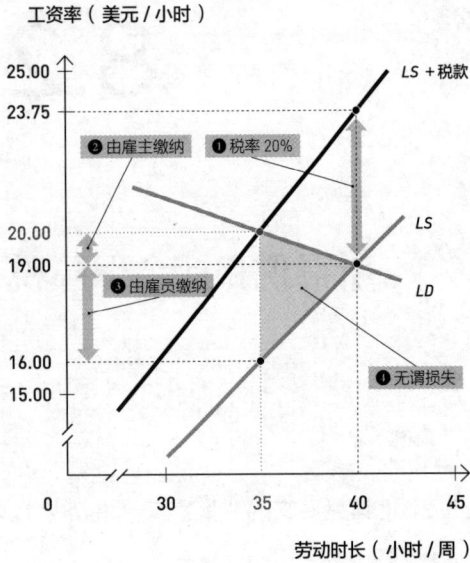

注：1. 如果不缴纳所得税，雇员们每小时能挣
        19 美元，每周工作 40 小时。
      2. ❶ 如果对劳动所得征收 20% 的边际税，
        劳动力的供给就会减少。供给曲线变为
        LS + 税款，工资率上升，税后工资率
        下降。
      3. 因为劳动需求是富有弹性的，劳动供给
        是缺乏弹性的，❷ 雇主缴的税小于 ❸ 劳
        动者缴的税。
      4. 所雇用的劳动力数量低于高效的劳动力
        数量，因此出现 ❹ 无谓损失。

图 8-5　对劳动所得征税

周工作时间从 40 小时下降到 35 小时。劳动力的需求是富有弹性的，因为在许多项目中，如果劳动力成本太高，那么企业会轻而易举地让机器代替劳动力。

　　现在来看看供给曲线。曲线上的两个点分别是：均衡 40 小时，19 美元 / 小时；35 小时，16 美元 / 小时。劳动力供给是缺乏弹性的。工资率从 19 美元 / 小时下降到 16 美元 / 小时，才能使每周工作时间从 40 小时减少到 35 小时，但减少幅度较小。劳动力供给为缺乏弹性的，因为大多数人工作只为收入，除此之外也没有什么好的选择。

　　现在，让我们看看对劳动收入征收 20% 的边际税会发生什么变化。劳动供给曲线平移到 LS + 税款。如果在不征税的情况下，员工愿意以 19 美元的时薪每周工作 40 小时，但要是征收 20% 的税，那只有时薪给到 23.75 美元时，他们才愿意每周工作 40 小时。也就是说，员工希望工资是之前所得的 19 美元加上现在必须向政府交的 4.75 美元（ = 23.75 美元 ×20%）。

　　均衡工资率上升到 20 美元 / 小时，但税后工资率下降到 16 美元 / 小时，因为有 4 美元/ 小时的税。每周工作时间会减少到35小时。员工缴纳大部分的税，即 3 美元，而老板交 1 美元，因为劳动力需求是弹性的，而劳动力供给是缺乏弹性的。税收造成了无谓损失，如灰色三角形所示。

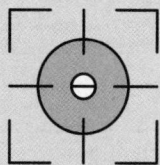

聚焦美国经济

目前美国的税收

图 8-6 显示了美国联邦、州和地方政府的六个主要收入来源。

个人所得税占总税收的 40%，社会保障税占总税收的 27%，二者加起来占总税收的 2/3。

这两种税更多地落在员工身上，而不是老板身上。

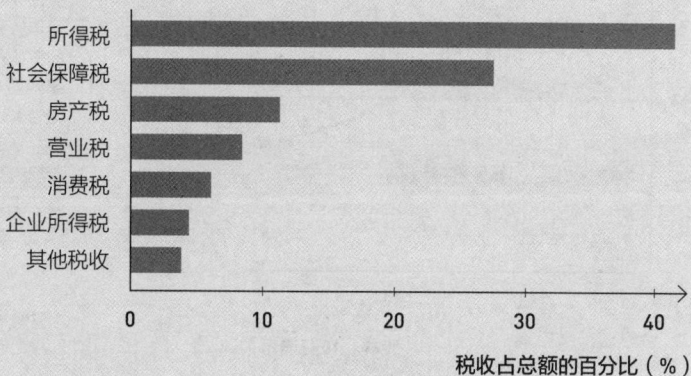

图 8-6　美国联邦、州和地方政府的主要收入来源

资料来源：美国经济分析局，国民收入和产品核算，表 1.1.5、3.2 和 3.3。

资本所得税

债券和银行存款利息形式的资本收入，按正常所得税率纳税，而股票股息形式的资本收入要按 15% 的税率纳税，因为这个算作企业利润，要按企业所得税率纳税。

图 8-7 显示了竞争性资本市场的需求曲线 KD 和供给曲线 KS。资本市场中的需求和供给都表现出弹性，但供给的弹性程度高于需求。资本需求的弹性与劳动力需求的弹性相似，这是因为许多任务可以通过机器代替劳动力完成。由于资本可以跨国流动，资本供给表现出高度的弹性，如图 8-7 所示，其供给具有完全弹性。在这个例子中，资本供给表现为完全弹性，每年增长 6%。在该利率下，企业可以获得其所需的所有资本，并且无须支付资本所得税，总共可支配 400 亿美元的资本。

在假设资本所得的税率为 40% 的情况下，对资本所得征收 40% 的税后，资本供给曲线将平移到 KS + 税款，表示供给曲线上的资本数量相应减少。由于对资本的需求曲线 KD，债权人希望获得额外 4% 的利息来覆盖缴纳资本所得税的成本，因此债权人不愿意以低于 10% 的年利率放贷。

年利率（%）

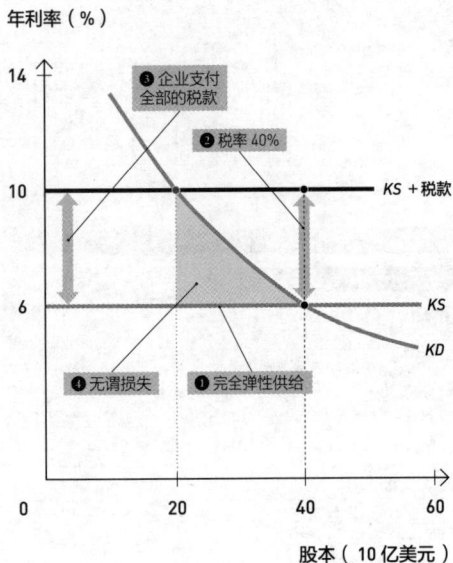

❸ 企业支付全部的税款

❷ 税率 40%

KS + 税款

KS

KD

❹ 无谓损失　❶ 完全弹性供给

0　20　40　60

股本（10 亿美元）

❶ 资本供给具有高度弹性（这里为完全弹性）。在对资本所得不征税的情况下，每年的利率为 6%，企业支配 400 亿美元的资本。
❷ 对资本所得征收 40% 的税，供给曲线变为 KS + 税款。年利率上升到 10%，而
❸ 企业要支付全部的税款。
支配的资本数量少于高效数量，因此出现
❹ 无谓损失。

图 8-7　资本所得税

征收资本所得税后，资本规模将减少到 200 亿美元，而年利率将上升到 10%。企业将承担全部的资本所得税，而债权人获得的税后利率将与没有资本所得税时相同。这种税收政策导致了无谓损失，如图中的灰色三角形所示。

土地和其他稀有资源所得税

每一块土地都是独一无二的，具有完全无弹性供给的特点。这意味着无论租金设置得多高，该土地资源的供给量都是固定的，无法随价格的变化而增加或减少。

图 8-8a 显示了土地所得税的情况。在这个例子中，无论土地租金如何变动，都会有固定的 2500 亿英亩土地供给。均衡地租由土地需求决定，在本例中均衡租金是 1000 美元／英亩。

当对租金所得征收 40% 的税时，土地所有者缴纳全部税款，税后所得就降至 600 美元／英亩。对土地所得征税是高效的，不会造成无谓损失（超额负担）。

图 8-8b 展示了另一个案例。假设布莱德利·库珀（Bradley Cooper）每年愿意拍摄三部电影，他的服务供给在这个数量上是完全无弹性的。好莱坞电影公司竞相邀请他合作拍片，需求曲线反映了电影公司愿意向他支付的片酬。均衡片酬是每部电影 2000 万美元。如果布莱德利为这笔收入需要缴纳 40% 的税，那么每部电影的税后

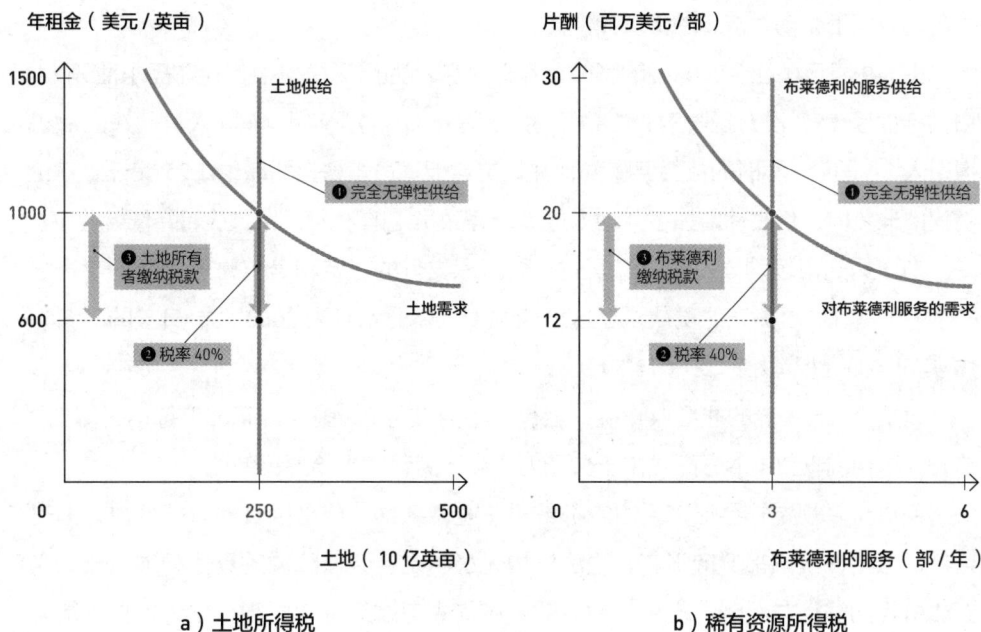

年租金（美元／英亩）

1500

土地供给

● 完全无弹性供给

1000

❸ 土地所有者缴纳税款

土地需求

600

❷ 税率 40%

0   250   500

土地（10 亿英亩）

a）土地所得税

片酬（百万美元／部）

30

布莱德利的服务供给

● 完全无弹性供给

20

❸ 布莱德利缴纳税款

对布莱德利服务的需求

12

❷ 税率 40%

0   3   6

布莱德利的服务（部／年）

b）稀有资源所得税

● 在土地和布莱德利·库珀的服务市场上，供给是高度缺乏弹性的（这里是完全无弹性的）。

❷ 对这些资源的所得征收 40% 的税，均衡数量和市场价格保持不变。

❸ 土地所有者和布莱德利缴纳全部税款。在资源使用量不变的情况下，税收是高效的。

图 8-8 对土地所得和其他稀有资源所得征税

收入就是 1200 万美元。值得注意的是，无论是否征税，电影公司不会因为这笔税款受到任何影响，布莱德利拍电影的数量都会保持不变。这种税收政策不会造成无谓损失或超额负担，因为布莱德利的供给量不受税收的影响，仍然保持在三部电影的水平。

● 社会保障税

法律规定，社会保障税对员工和老板一视同仁。然而，实际情况可能并非如此。社会保障税和其他税收一样，其税务负担的实际分摊并非完全由立法机构决定，而更多地取决于劳动力市场的供求弹性。

图 8-9 展示了社会保障税的影响。在这个劳动力市场模型中，存在需求曲线 *LD* 和供给曲线 *LS*，没有税收时，工资率为 12 美元 / 小时，雇用 4000 人。现在立法机构引入 2.5 美元 / 小时的社会保障税，并规定老板和员工各自需缴纳 1.25 美元。不论税款由谁负担，税收都增加了劳动力成本，导致员工的收入下降，从而降低就业率。

为了达到市场均衡，我们观察到老板愿意支付的工资和员工愿意接受的工资之间的差异等于 2.5 美元的税款。在这种情况下，就业水平为 3000 人，员工的时薪为 10 美元，而老板每小时支付 12.50 美元。

再加上 2.5 美元的社会保障税，老板每小时支付 0.5 美元，而员工每小时得到 2 美元。这种税收负担的分配是由于劳动力需求比劳动力供给更具弹性。

税法可以规定社会保障税由老板或员工全部缴纳，或者以其他方式分摊，但无论是谁缴纳，税额都保持不变。立法机构无法决定社会保障税的具体缴纳对象。当立法机构的法律与经济学规律相冲突时，应优先考虑经济学原则。立法机构不能忽视市场力量法则对经济的影响。

注：在没有税收的情况下，雇用 4000 人，工资率是 12 美元 / 小时。
❶ 2.5 美元 / 小时的社会保障税导致了雇主支付的工资和雇员实际收到的工资之间出现了差额，进而使就业人数减少至 3000 人。
❷ 雇主支付的工资率较高，为 12.50 美元 / 小时，每小时增加 0.5 美元。
❸ 雇员实际收到的工资率较低，为 10 美元 / 小时，每小时减少 2 美元。
❹ 政府收取的税收如灰色矩形所示。
因为劳动力需求比劳动力供给更具弹性，雇员缴纳大部分税款。

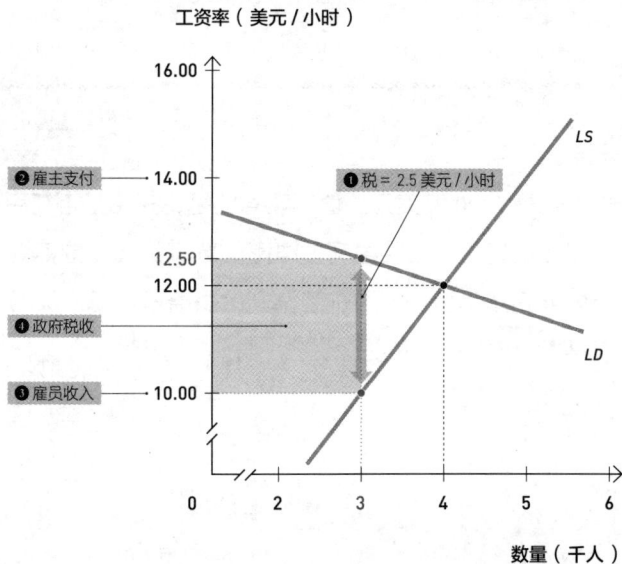

图 8-9 社会保障税

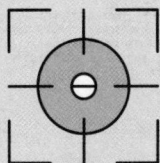

聚焦立法机构

纳税对象由立法机构决定吗

美国立法机构规定老板和员工缴纳同等的社会保障税（2020 年每人缴纳 7.65% 的社会保障税）。然而，由于劳动力需求弹性远大于供给弹性，最终员工成为实际承担税负的主体（见图 8-9）。

同样，由于劳动力需求弹性大于供给弹性，工资所得税主要由员工承担。相比之下，资本所得税主要由资本出借者承担，因为资本供给具有高度弹性。

但是，立法机构可以通过税法的制定或调整以及退税政策的实施，影响税收的具体纳税对象，但这些措施并不会直接影响到经济主体在做决策时的边际条件。

美国国会在 2009 年通过了这样一项法律，作为《美国复苏与再投资法案》（American Recovery and Reinvestment Act）的一部分，旨在重振正努力从全球金融危机中复苏的经济。该法律采用了一种被称为"让工作得到回报的税收抵免"的退税方式，对单身员工减税 400 美元，对夫妇减税 800 美元。

税收抵免是指个人所得税中固定的扣减额（目前为 400 美元）。对大多数人来说，税收抵免不会对他们的劳动力供给产生影响。因为无论工作多少小时，员工都可以获得 400 美元的税收抵免。税收抵免并不会影响工作时间的选择。

影响工作时间选择的是税后时薪率，而税后时薪率取决于边际所得税率。

图 8-10 显示了税收抵免的影响，与图 8-9 类似。在 20% 的所得税率下，劳动力供给曲线从 LS 移动到 LS + 税款。在劳动力需求曲线 LD 的情况下，20% 的税率导致税前工资率上升 1 美元 / 小时至 20 美元 / 小时，税后工资率下降 3 美元 / 小时至 16 美元 / 小时，并使每周平均工作时间从 40 小时减少至 35 小时。由于没有税收抵免，员工承担税务的比例为 75%，老板则承担 25%。

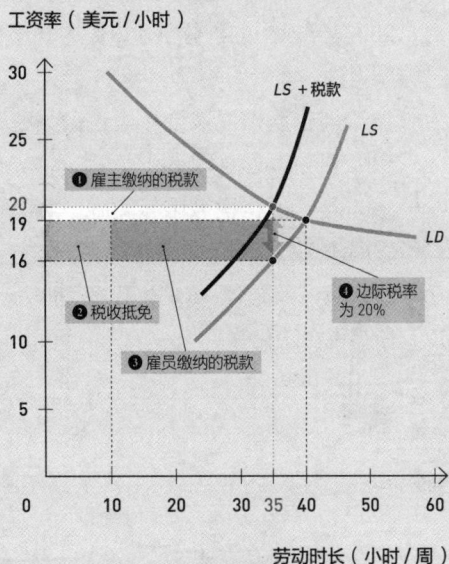

图 8-10　税收抵免的影响

假设美国国会通过一项法案，向员工提供每周 30 美元的税收抵免。这项抵免对劳动力供给没有影响，因为它并非基于每小时工作的抵免，而是一个与工作时间无关的固定金额抵免。员工现在只需缴纳 68% 的税，老板则需缴纳 32%

的税。立法机构已采取措施应对弹性需求的情况。然而，遗憾的是，对员工而言，这种税收抵免实际上并未带来实质性减税效果。

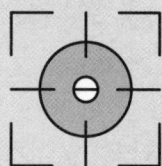

聚焦历史

美国所得税的起源与历史

* 1861 年：美国首次对所有年收入 800 美元以上的群体征收 3% 的联邦所得税。

* 1872 年：所得税被废除（进口关税保障了政府收入）。

* 1895 年：所得税被重新实施，然而最高法院裁定该所得税违反宪法。

* 1913 年：宪法第 16 次修正案使联邦所得税合法化。

* 1913—2019 年：在第二次世界大战期间，最高税率上升到 91%，里根时代又下降到 28%，如今是 37%。

在 20 世纪 40 年代之前，最低税率一直保持在 5% 以下。然而，到了 20 世纪 40 年代，最低税率上升至 20%。随后在 1963 年，最低税率再次下降，并在此后保持在 10% ~ 15% 之间波动。目前，最低税率为 10%（见图 8-11）。

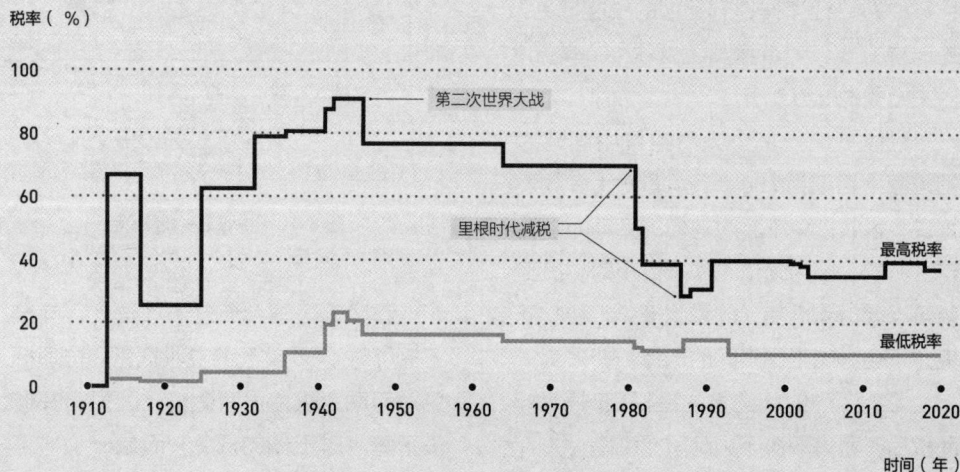

图 8-11　美国所得税的起源与历史

资料来源：立法机构税务联合委员会。

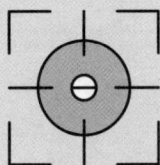

聚焦生活

免税日

税务基金会的宗旨是尽可能建立简单、透明且稳定的税收体系，以减少过度负担，促进贸易和收入增长。

每年，税务基金会为了实现更加透明的纳税方式，会计算并宣传"免税日"，这一天，美国公民完成了一段时间的工作，可以缴纳整年的税款。

2018 年，美国的"免税日"是当年的第 91 天，即 4 月 1 日。在这一年，美国公民需要工作满 90 天才能足够支付全年的税款，税款被分为五类。具体数据如下表所示：

个人所得税	37 天
社会保障税	24 天
营业税和消费税	12 天
房产税	10 天
企业所得税	4 天

要计算你的"免税日"，首先要记录一年中你缴纳的所有税款，然后将该数字转换为你年收入的百分比。接着找出该税额需要的天数（以 365 天为基准），然后就可以计算出你的"免税日"了。

如果你认为美国税收高，那么看看其他国家的政策。

以下是 2018 年，其他几个国家的"免税日"：

英国	5 月 13 日
加拿大	6 月 7 日
德国	7 月 19 日
挪威	7 月 29 日
比利时	8 月 3 日

在发达国家中，只有澳大利亚与美国类似，设立了类似的免税日。澳大利亚公民在 2018 年的税款在 4 月 13 日之前全部缴纳完毕。

"免税日"是一种引人注目的手段，旨在引起人们对高平均税收的关注，然而高边际税收可能导致效率低下。

8.3

公平和大权衡

本章研究了不同税种的税收归宿和效率问题，这是经济学在税收领域可以解决的重要问题。然而，当政治领导人讨论税收问题时，公平性成为最受关注的焦点，而不仅仅是税收归宿和效率。在美国，民主党人批评共和党的减税政策不公平，因为他们认为该政策主要惠及富人。共和党人则反驳说，由于富人缴纳了大部分税款，因此他们从减税中得到了更多的好处，这是公平的。关于税收公平的问题很复杂，难以简单地用几句话解释清楚。经济学家提出了两项适用于税收制度的公平原则：

» 受益原则；
» 支付能力原则。

● 受益原则

受益原则（benfits principle）是指人们从公共产品和服务中获得的利益应该与其纳税金额相等。这一原则被认为是公平的，因为受益更多的个体应该为所享受的利益支付更多的税款。受益原则认为纳税和政府提供的服务消费类似于私人消费支出。在受益原则下，税款的征收取决于个体从公共产品和服务中获得的利益程度，享受越多利益的个体也会为此缴纳更多的税款。

要实施受益原则，需要建立一种客观的方法来衡量每个人从政府提供的公共产品中获得的边际收益。如果缺乏这样的客观方法，受益原则可能被用来支持各种税收政策的合理性。

受益原则可以支持对高速公路征收高额汽油税的合理性。这是因为觉得高速公路有价值的人通常是频繁在高速公路上行车的人，因此他们应该支付高速公路建设和维护的大部分成本。同样，受益原则也可以支持对酒精饮料和烟草产品征收高额税款的合理性。这是因为那些酗酒和吸烟的个体通常会对公共医疗保健服务造成更大的负担，因此他们应该为此支付更多的费用。

受益原则同样适用于支持对高收入人群征收高额所得税的合理性。这是因为富人通常从法律、秩序和安全等公共服务中获得了相对较大的利益，因此他们应该为此承担更多的费用。

● 支付能力原则

支付能力原则（ability-to-pay principle）是指人们应根据自身财务能力来纳税。根据这一原则，富人相比穷人更有能力承担公共产品供给的费用，因此他们应该缴纳更高额的税款。支付能力原则在横向和纵向两个维度上对个体进行比较，以确保税收负担公平合理。

横向公平

如果税收基于支付能力，那么具有相同支付能力的纳税人应该支付相同的税额，这种情况被称为横向公平（horizontal equity）。尽管在原则上横向公平是合理的，但在实际操作中却面临困难。当涉及比较相似但不完全相同的纳税人时，横向公平的适用性变得复杂。其中最大的挑战在于，如何量化因个体健康状况和家庭责任而产生的支付能力差异。美国的所得税制度包含许多特殊的扣除项目和其他规定，旨在追求横向公平的目标。

纵向公平

纵向公平（vertical equity）是指具有更强支付能力的纳税人应该承担更高额的税收。这一原则通常被用来主张高收入者应该缴纳较高的税款。然而，纵向公平原则并未明确说明随着收入的增加，税收应该如何逐步增加。

● 支付能力和累进税

税收累进程度是指税率与收入水平之间的关系，即随着收入的增加，税收增加的幅度。在描述累进税时，通常参考两种税率概念，即平均税率和边际税率。

平均税率（average tax rate）是指纳税人的税款占其总收入的百分比。举例来说，如果一个纳税人的总收入为 50 000 美元，其缴纳的税款为 10 000 美元，那么其平均税率为 20%。

边际税率（marginal tax rate）是指每增加 1 单位收入所需要缴纳的税款与该单位收入的百分比。举例来说，如果一个人的收入从 50 000 美元增加到 50 001 美元，其纳税额从 10 000 美元增加到 10 000.30 美元，即增加了 30 美分。在这种情况下，边际税率为 30%。

累进税（progressive tax）是指平均税率随着收入的增加而增加。在累进税制下，边际税率高于平均税率。以前面的例子来说明，当收入为 50 000 美元时，平均税率为 20%。然而，一旦收入超过 50 000 美元，边际税率就会达到 30%。假设在 100 000 美元以下的所有收入水平，边际税率都维持在 30%。在这种情况下，当收入达到 100 000 美元时，平均税率为 25%，而前 50 000 美元的平均税率为 20%，后 50 000 美元的平均税率则为 30%。

与累进税不同，比例税（proportional tax）对于不同收入水平的个体来说，平均税率保持相同。在比例税制下，边际税率等于平均税率。

累退税（regressive tax）是指平均税率随着收入的增加而逐渐降低的税收制度。

在决定采用累进税、比例税还是累退税时，关键是考虑税收制度是否符合纵向公平的基本原理。不论采用哪种税制，目的都是让高收入群体缴纳更多的税，以实现纵向公平。然而，大多数人认为，纵向公平最好通过累进所得税实现。正如后文"聚焦美国经济"中所指出的，美国联邦所得税法就印证了这种平等观点。

● 大权衡和替代性税收提案

在第 6 章中提到了关于税收公平和效率之间的大权衡问题。针对资本所得征税被认为是产生最大无谓损失的税收方式。然而，资本大部分由较少数量的富裕纳税人所掌控，这导致了效率和公平之间的对立。我们的目标是寻求一种有效的税收制度，既能为政府提供公共产品和服务所需的收入，又能实现公平地分担这些公共产

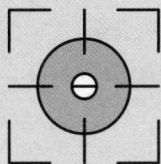

聚焦美国经济

累进所得税

美国联邦所得税是一种累进税。在这种税收制度下，随着收入的增加，平均税率也会增加，而边际税率会高于平均税率。以下图表数据对此进行了说明。表 8-1 列出了边际税率的数据，图 8-12 则标示了平均税率和边际税率的变化情况。

表 8-1 边际税率的数据

应纳税收入（美元）	边际税率（%）
0 ~ 9700	10.0
9701 ~ 39 475	12.0
39 476 ~ 84 200	22.0
84 201 ~ 160 725	24.0
160 726 ~ 204 100	32.0
≥ 204 101	35.0

根据表 8-1 中的数据，我们可以计算年收入为 60 000 美元的个人的纳税额。税后收入为 48 000 美元，即总收入减去适用的扣除项目。纳税额由以下三部分构成：首先，针对第一部分应纳税收入 9700 美元的 10% 税率（合 970 美元）；然后是第二部分应税收入 29 775 美元的 12% 税率（合 3573 美元）；最后是剩余的 8525 美元应用 22% 税率（合 1875 美元）。总纳税额为 6418 美元，占其收入的 10.7%。因此，该纳税人的平均税率为 10.7%。

当年收入为 120 000 美元时，计算其纳税额，你就会发现平均税率是如何随着收入的增加而上升的。对后者而言，其收入中的第一个 60 000 美元的税款和前者相同。但其第二个 60 000 美元的收入需要缴纳的税款是 13 676 美元，其中 3.62 万美元收入的边际税率为 22%（合 7964 美元），2.38 万美元收入的边际税率为 24%（合 5712 美元）。总税额为 20 094 美元，占其总收入的 16.7%。因此，其平均税率为 16.7%。

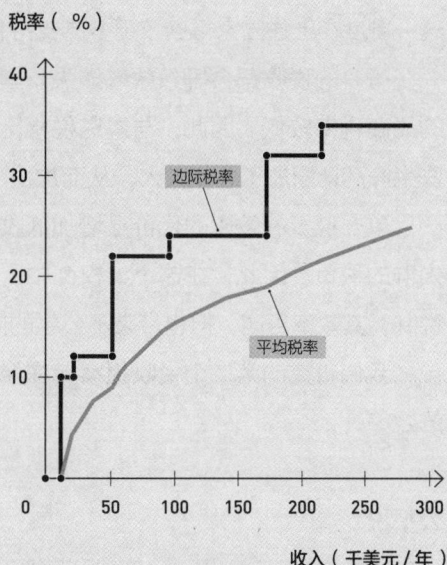

图 8-12 平均税率与边际税率的变化情况

资料来源：美国国税局。

品和服务的税收负担。

美国的税收制度是一个不断演变的妥协方案，旨在平衡公平和效率两个目标。这种演变的一部分源于对改革提议的持续讨论。其中两个提议是：

» 单一税；
» 公平税。

单一税

单一税（flat tax）是一种税收制度，其平均税率和边际税率保持恒定。因此，单一税属于比例税的范畴。

美国有九个州在家庭收入方面实行单一税率，分别是科罗拉多州、伊利诺伊州、印第安纳州、肯塔基州、马萨诸塞州、密歇根州、北卡罗来纳州、宾夕法尼亚州和犹他州。此类税率是指对所有居民家庭收入采用相同的税率。虽然美国联邦曾提出所得税单一税率的计划，但该计划并未得到广泛支持。

一些东欧国家已经引入了某种形式的单一税，包括阿尔巴尼亚、保加利亚、爱沙尼亚、拉脱维亚、立陶宛、北马其顿、罗马尼亚、俄罗斯、斯洛伐克和乌克兰等。这一制度在上述国家得到了更多的支持和实施。

所有的税收都会导致效率损失。其中，单一税比累进税效率更低，因为单一税的最高税率较低。因此，与累进税相比，单一税会刺激人们工作、储蓄和投资。这些生产活动增加了总体收入，从而加快了经济增长速度。

单一税提高效率的代价是增加低收入和中等收入人群的税负，同时减轻高收入人群的税负。因此，在这个大权衡中，单一税选择优先追求效率，相比目前的累进税制，其效率更高，但也带来不公平的问题。

我们研究的第二个税收提案旨在保留累进税制的公平性的基础上，复制单一税的效率。

公平税

公平税（fair tax）是 1999 年美国国会试行过的一项提案，其征收对象为贫困线以上的所有购买消费品和服务的人，这是一个对整个美国联邦税收制度进行彻底改革的方案。该提案旨在废除所有现行的联邦税种，包括个人和企业所得税、资本利得税、工资税（包括社会保障和医疗保险税）、赠与税和遗产税。取而代之的是一种名为"单一税"的税制，其最初的税率为 23%，适用于个人消费购买的所有新商品和服务。

目前，美国联邦税主要是所得税，收入是税基。公平税则以消费支出作为税基，而不是收入。个体可以在消费和储蓄之间选择不同的收入分配方式。公平税的实施减弱了消费的动机，同时增强了储蓄的动机。由于公平税鼓励储蓄，资金的积累将增加对生产性商业活动的投资，进而带来就业机会和收入增加。因此，公平税具备类似单一税的效率特征。

公平税的"公平"部分是指联邦政府承担了在贫困线内每个家庭每月购物时所产生的购买税。以 2019 年为例，一个由两名成人和两名儿童组成的四口之家，维持其在贫困线上的生活水平每年需要 25 750 美元。按照 23% 的消费税计算，该家庭每年需要缴纳 5923 美元的税款，或每月需要缴纳 494 美元的税款。

对低收入人群来说，按月缴纳的公平税是一种累进税，其平均税率会随着收入的提高而增加。处于贫困水平的家庭无须缴纳税款。如果家庭收入高于贫困线一倍（即 51 500 美元），且当其收入均用于消费，那么该家庭的平均纳税率为 11.5%，即其收入中，有 25 750 美元（贫困线水平以下的收入）不交税，收入中 25 751 ~ 51 500 美元的部分（贫困线以上部分的收入）平均税率为 23%。

公平税是一种税收制度，其税率随着消费金额的增加而逐渐增加。然而，实际情况是，尽管收入增加，消费也增加，但高收入并不意味着同等级的高消费。因此，税收在收入中所占的比例并不会增加，这导致公平税具有累退税的特征。换句话说，税收与收入的比例会随着收入的增加而降低。公平税的这种累退税率特性使其看起来不公平。

因此，尽管公平税的名称中含有"公平"二字，其实际效率可能比目前实行的累进税制更低，所以不能因此认为它更公平。

目前，我们只能将累进税作为效率和公平之间的最佳可用折中方案。要寻找一个更优的解决方案来解决这种大权衡问题，仍需要持续的对话和协商。

第 8 章要点小结

1. **解释了税收是怎样调节价格和商品数量的，买卖双方如何分担税款，以及税收如何导致低效率。**

- 无论对买方还是对卖方征税，其效果都是等价的：税收将导致买方支付价格上涨，同时卖方所收到的价格下降。

- 税收在经济中扮演着边际收益和边际成本之间的中介角色，从而产生无谓损失，导致经济效率降低。

- 需求缺乏弹性或供给弹性过剩时，价格上涨的幅度将增大，从而导致买方支付的税款增加。

- 如果需求是完全弹性的，或供给是完全无弹性的，则税负全部由卖方承担；如果需求完全无弹性或供给是完全有弹性的，相反地，税负将完全由买方承担。

- 当需求或供给完全无弹性时，税收不会引起无谓损失，并且被称为有效征税。

2. **解释说明由老板和员工共同承担的所得税和社会保障税是如何改变工资率和就业，并导致效率低下的。**

- 企业和家庭缴纳的所得税份额取决于生产要素的需求弹性和供给弹性。

- 所得税和社会保障税的负担归属是由需求和供给的弹性决定的，而不是由立法机构确定的。

- 当一种生产要素的需求或供给越有弹性时，所得税的超额负担就越大。

3. **回顾税收制度的公平性，以及效率与公平之间如何权衡等概念。**

- 税收公平的受益原则和支付能力原则，并未呈现普遍接受的公平理念。

- 税收可以采用累进税率（平均税率随着收入的增加而增加）、比例税率（平均税率保持不变）或累退税率（平均税率随着收入的增加而下降）的方式征收。美国的所得税是累进税。

- 单一税和公平税已被提议作为"大权衡"替代解决方案，因其更高效，但普遍认为这些税制与当前的税收安排相比存在失衡。

第 9 章

全球市场在行动

本章学习目标

» 解释在进行国际贸易时，市场如何运作；

» 了解国际贸易的收益，知道谁在国际贸易中受益，谁又在此过程中受损；

» 解释国际贸易壁垒的影响；

» 解释并评估限制国际贸易的理由。

9.1

全球市场如何运作

因为我们参与国际贸易活动，所以在消费与购买商品和服务时，我们并不受限于本国的生产能力。购买其他国家居民及企业所生产的商品和服务，被归类为进口（imports）产品；而向其他国家居民及企业销售的商品和服务，则被定义为出口（exports）产品。

● 今天的国际贸易

当前全球范围内的贸易活动呈现巨大的规模。以 2018 年为例，全球进出口总额约 24 万亿美元，相当于全球总产值的 29%（由于国际贸易中，一国的出口即是另一国的进口，因此全球进口总额和出口总额的数值相等）。美国在全球贸易中居领先地位，其出口额占据全球出口总额的 11%，同时进口额占据全球进口总额的 13%。

2018 年，美国出口总额达到 2.5 万亿美元，约占美国产值的 12%。美国进口总额达到 3.1 万亿美元，约占美国总支出的 15%。

美国既进行商品贸易，又进行服务贸易。2018 年，美国服务出口 0.9 万亿美元（占出口总额的 34%），服务进口 0.6 万亿美元（占进口总额的 19%）。

美国主要的服务出口项目是旅游业，而在商品出口方面，民用飞机及其零部件是出口量最大的品类。尽管原油曾是美国进口量最高的商品之一，而且仍保持较大规模，但在 2018 年，服装和鞋类成为美国进口量最多的商品类别。在"聚焦美国经济"中，我们介绍了美国十大进出口产品的相关内容。

● 是什么推动了国际贸易

推动国际贸易的主要动因之一是比较优势。在经济学中，比较优势是指一个个体或国家以低于其他个体或国家

聚焦美国经济

美国的进出口产品

图 9-1a 中的柱状图呈现了美国十大出口产品的情况，图 9-1b 中的柱状图则显示了美国十大进口产品的情况。鉴于美国的进出口范围涵盖多个商品类别，因此部分商品可能既在出口列表中又在进口列表中出现。

在美国的十大出口产品中，有五种属于服务类产品。这些服务包括旅游领域（如英国游客在佛罗里达州度假时的支出）、商业服务（如欧洲运动用品制造商阿迪达斯购买谷歌的广告服务）、金融服务（如银行和保险）、版税和授权费（当好莱坞电影在外国上映时，电影制片人会收取一定的版税和授权费），以及运输服务（包括空运和海运）。这些服务类产品的出口也在一定程度上反映了美国经济的多样性和国际竞争力。

在美国的十大进口产品中，服装和鞋类属于数量最多的类别。此外，原油、旅游、汽车及其零部件以及计算机等也是美国主要的进口产品。另外，私人服务也构成了一个重要的进口类别。

以联想笔记本电脑中所使用的英特尔芯片为例，阐述一种经济现象。美国生产英特尔芯片，然后将它们出口至中国，在中国进行组装，最终将组装后的笔记本电脑再次出口至美国。在这个过程中，进口的笔记本电脑内包含来自美国的半导体（计算机芯片），因此这些笔记本电脑不仅是美国的进口产品，也是美国的出口产品。

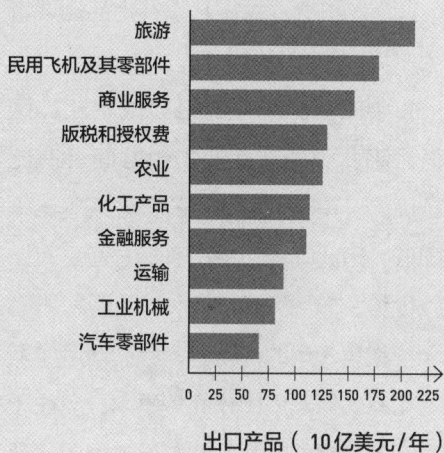

出口产品（10亿美元/年）

a）美国十大出口产品

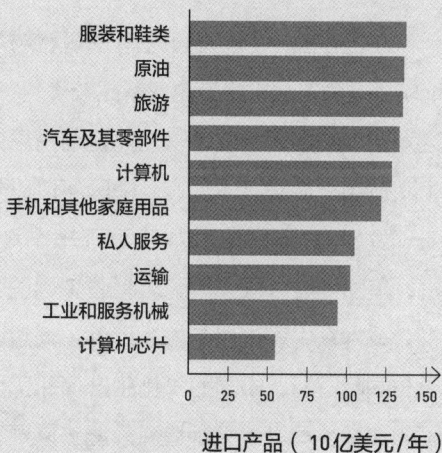

进口产品（10亿美元/年）

b）美国十大进口产品

图 9-1 美国的进出口产品

资料来源：美国经济分析局。

的机会成本从事某项活动或者生产某种商品或服务的能力。这个概念在第 3 章中有详细阐述。从国家的角度看，比较优势意味着一个国家能够以低于其他任何国家的机会成本来从事特定活动或者生产特定的商品或服务。

中国生产 T 恤的机会成本比美国低，因此中国在生产 T 恤方面具有比较优势。美国生产飞机的机会成本比中国低，因此美国在生产飞机方面具有比较优势。

在第 3 章的讨论中，我们理解了丽兹和乔如何运用比较优势原则，专注于生产各自擅长的商品，并通过贸易实现互利，从中获得经济利益，使双方均能获得更大的收益。同样的原则也适用于国际贸易。

中国在生产 T 恤方面拥有比较优势，而美国在生产飞机方面也具备比较优势，这为两国的居民提供了从专业化与贸易中获益的机会。具体而言，中国可以以低于生产飞机的机会成本从美国进口飞机，美国则能以低于其国内制造 T 恤的机会成本从中国进口 T 恤。此外，通过参与国际贸易，中国的 T 恤生产商和美国的波音公司等飞机制造商都能够以更高的价格出售其产品，从而推动两国经济的增长，实现相互的利益。

接下来，我们将对全球市场上 T 恤和飞机的需求与供给进行研究，以更详尽地阐述之前提到的从贸易中获得收益。

● 美国进口 T 恤的原因

图 9-2 阐述了国际贸易对 T 恤市场的影响。该图呈现了美国市场的需求曲线 $D_{美国}$ 和供给曲线 $S_{美国}$。需求曲线反映了在不同价格水平下，美国消费者愿意购买的 T 恤数量。供给曲线则展示了在不同价格水平下，美国服装制造商愿意提供的 T 恤数量。

图 9-2a 呈现了在没有国际贸易的情况下，美国 T 恤市场的情况。在此情境下，每件 T 恤的价格为 8 美元，美国服装制造商每年生产 4000 万件 T 恤，供美国消费者选择购买。

图 9-2b 展示了在国际贸易情境下，美国 T 恤市场的情况。在这种情况下，T 恤的价格由全球市场决定，而不是仅受美国市场的影响。每件 T 恤的国际市场价格低于 8 美元，这表明其他地区在 T 恤生产方面拥有比较优势。由图 9-2b 可知，每件 T 恤的国际市场价格为 5 美元。

通过分析美国 T 恤的需求曲线 $D_{美国}$ 和供给曲线 $S_{美国}$，我们可以得出以下结论：若每件 T 恤的售价为 5 美元，那么在这一价格下，美国的消费者每年将购买 6000 万件 T 恤，然而美国的服装制造商只能生产 2000 万件 T 恤。在这种情况下，供给量小于需求量，从而导致供需失衡。因此，美国将需要从全球其他地区进口 T 恤，每年需进口 4000 万件 T 恤，以满足国内市场的需求。

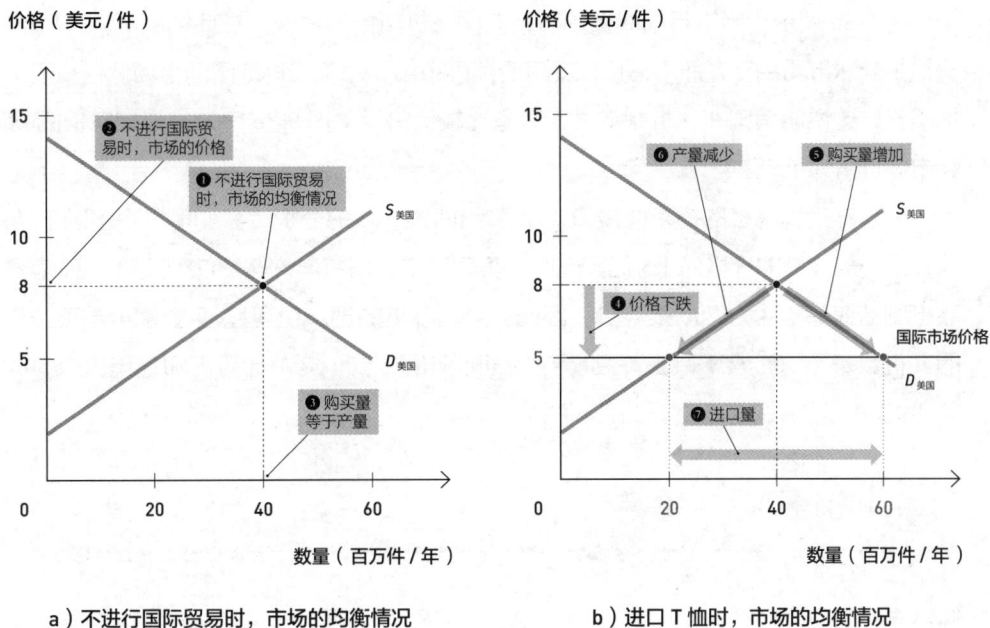

a）不进行国际贸易时，市场的均衡情况

b）进口 T 恤时，市场的均衡情况

注：1. 图 9-2a 显示了在不进行国际贸易的情况下，❶ 美国国内的供给和需求决定了 ❷ 每件 T 恤的均衡价格为 8 美元，❸ 每年供应 4000 万件 T 恤。

2. 图 9-2b 显示了在进行国际贸易的情况下，全世界的供给和需求决定了国际市场价格，每件 T 恤 5 美元。❹ T 恤在美国国内的价格降至 5 美元 / 件。❺ 国内购买量增至每年 6000 万件，❻ 国内产量降至每年 2000 万件，所以美国 ❼ 每年要进口 4000 万件 T 恤。

图 9-2 进口市场

● 美国出口飞机的原因

图 9-3 展现了国际贸易对飞机市场的影响。其中的需求曲线 $D_{美国}$ 和供给曲线 $S_{美国}$ 仅描绘了美国市场的供需情况。需求曲线反映了在不同价格水平下，美国航空公司愿意购买的飞机数量。与此同时，供给曲线表明了在不同价格水平下，美国飞机制造商愿意提供的飞机数量。

图 9-3a 呈现了在没有进行国际贸易的背景下，美国飞机市场的现状。在这种情况下，一架飞机的价格为 1 亿美元，美国的飞机制造商每年生产 400 架飞机，以供美国航空公司购买。

图 9-3b 展示了当进行国际贸易时，美国飞机市场的情况。在此情况下，飞机的价格由全球市场决定，而不再仅仅受限于美国市场。每架飞机的国际市场价格高于 1 亿美元，这说明美国在飞机制造方面具备比较优势。由图 9-3b 可知，每架飞机的国际市场价格为 1.5 亿美元。

通过对美国飞机的需求曲线 $D_{美国}$ 和供给曲线 $S_{美国}$ 的分析，我们可以得出以下结论：当一架飞机的价格为 1.5 亿美元时，美国航空公司每年购买 200 架飞机，而美国飞机制造商每年生产 700 架飞机。因此，美国飞机的出口量可以通过将每年可生产的飞机数量（700 架）减去美国航空公司购买量（200 架）计算，即每年出口 500 架飞机。

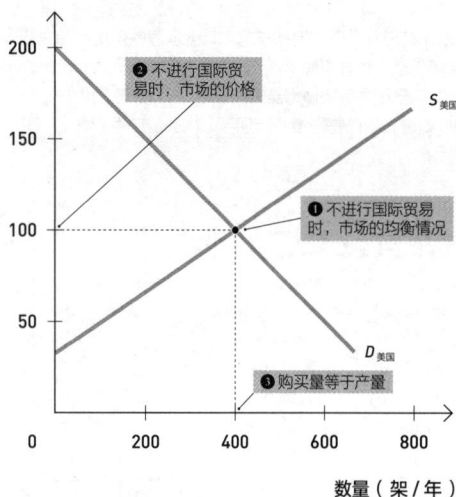

a）不进行国际贸易时，市场的均衡情况

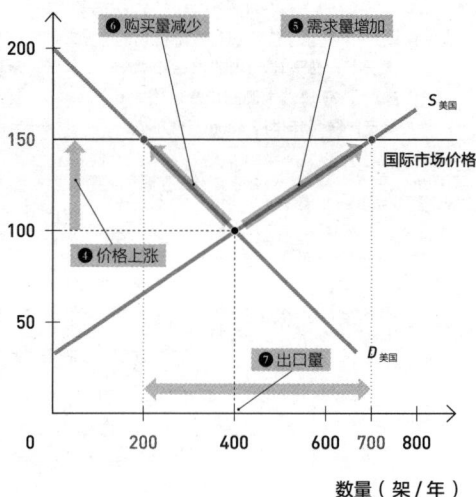

b）出口飞机时，市场的均衡情况

注：1. 如图 9-3a 所示，在不进行国际贸易的情况下，❶ 美国国内的供给与需求决定了 ❷ 一架飞机的均衡价格为 1 亿美元，❸ 均衡数量为每年 400 架飞机。

2. 如图 9-3b 所示，在进行国际贸易的情况下，全世界的供给与需求决定了国际市场价格，即一架飞机 1.5 亿美元。❹ 美国的飞机价格上涨，❺ 美国的飞机产量增加到每年 700 架，❻ 美国的购买量减少到每年 200 架，所以 ❼ 美国每年出口 500 架飞机。

图 9-3 出口市场

9.2

受益者、受损者和贸易净收益

通过之前的学习，我们了解到国际贸易如何在降低进口产品价格和提高出口产品价格方面发挥作用。进口产品的买家从价格下降中受益，出口产品的卖家则从价格上升中获利。然而，尽管存在这些好处，仍然有一些人对国际竞争持反对态度，他们认为并非所有人都能从中受益。在接下来的内容中，我们将探讨在自由国际贸易中谁是受益者，谁是受损者。通过学习这些内容，我们将了解到反对国际竞争的人是谁，以及他们反对的理由是什么。

为什么没听说过购买进口产品的消费者反对国际竞争？为什么没听说过出口商反对国际竞争（他们想要拓宽国外市场的情况除外）？为什么生产商抵制廉价的进口产品？学完这部分内容后，你自然会知道答案。

● **进口带来的收益和损失**

通过分析进口对消费者剩余、生产者剩余和总剩余的影响，我们可以评估进口带来的收益和损失。受益者是指那些因为进口而获得了剩余增加的个体或群体，受损者则是指因进口而导致剩余减少的个体或群体。

图 9-4a 呈现了在没有进行国际贸易的情景下，消费者剩余和生产者剩余的状况。商品的价格和数量由国内需求（$D_{美国}$）和国内供给（$S_{美国}$）决定。图中深灰色区域代表了消费者剩余，浅灰色区域代表生产者剩余，总剩余则是这两个剩余的总和。

图 9-4b 展示了在市场允许商品进口时，两个剩余发生的变化。在这种情景下，市场价格下降至国际市场价格水平。销售量增加至达到国际市场价格水平下的需求量，从而引发了消费者剩余的增加，这在图中（$A + B + D$）区域中得到了呈现。

价格（美元/件）

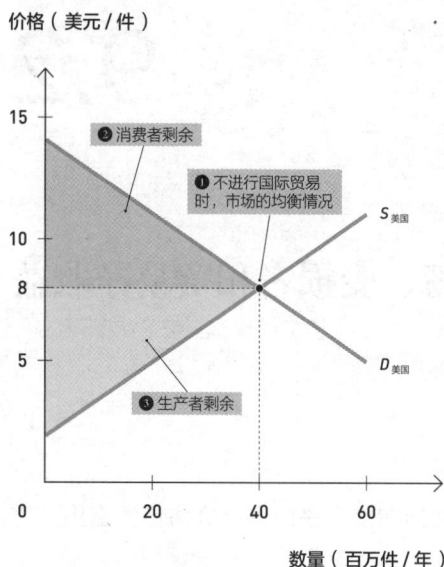

a）在不进行国际贸易时的消费者剩余和生产者剩余

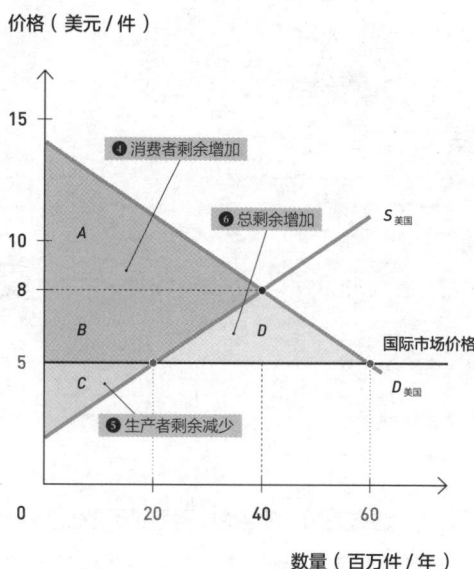

价格（美元/件）

b）进口带来的收益和损失

注：1. 在不进行国际贸易的情况下，❶国内需求和国内供给曲线交会处的平衡状态决定了价格和数量。❷深灰色区域是消费者剩余，❸浅灰色区域是生产者剩余。

2. 在进行国际贸易时，国内价格降至国际市场价格。❹消费者剩余增加，如图中（A + B + D）区域。B区域从生产者剩余转为消费者剩余，❺生产者剩余减小，如图中C区域所示。❻D区域是增加的总剩余。

图 9-4　进口市场带来的收益与损失

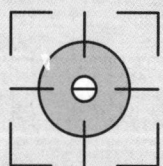

聚焦全球化

谁在全球化进程中受益，谁又因此蒙受损失

经济学家普遍认为，全球化的利大于弊，但是在全球化中，既有受益者，也有受损者。

美国的消费者是受益者。全球化使得美国能够以更为优惠的价格购买大尺寸电视、iPad、Wii 游戏机、耐克鞋和其他多种产品。

印度和其他亚洲国家的劳动者同样从中受益。在全球化的环境下，这些劳动者能够获得更丰富多样的就业机会，从事更具吸引力的工作，同时也享受更高的工资待遇。

美国以及欧洲国家的家具制造商和纺织工人则蒙受了一定的损失。在全球化过程中，许多从事家具制造和纺织行业的劳动者面临失业的风险，这导致很多人被迫寻找新的就业机会，甚至考虑接受薪资降低。

非洲农民同样处于受损群体之列。由于美国和欧洲的贸易限制以及贸易补贴政策，全球化的现象使得非洲大部分地区难以进入全球农业市场。

与此同时，产量减少至达到国际市场价格水平下的供给量，导致生产者剩余的减少，如图中 C 区域所示。

额外的消费者剩余（B 区域）是由于生产者剩余减少而产生的，这可以被视为总剩余的重新分配。然而，另一部分导致消费者剩余增加的因素（D 区域）则可被视为净收益。增加的总剩余则代表了进口带来的收益，这是由价格下降和销售量增加所产生的结果。

● 出口带来的收益和损失

通过研究出口对消费者剩余、生产者剩余和总剩余的影响，我们可以评估出口带来的收益和损失，这与衡量进口的方法类似。

图 9-5a 展示了在没有进行国际贸易的情况下，消费者剩余和生产者剩余的情况。国内的需求（$D_{美国}$）和国内供给（$S_{美国}$）共同决定了商品的价格和数量。图中深灰色区域代表消费者剩余，浅灰色区域代表生产者剩余，将这两部分相加得到总剩余。

图 9-5b 展示了在商品出口情况下，消费者剩余和生产者剩余所发生的变化。此时，商品价格上升至国际市场价格水平。销售量减少至达到国际市场价格水平下的需求量，从而导致消费者剩余减少，如图中 A 区域所示。同时，产量增加至达到国际市场价格水平下的供给量，引发了生产者剩余的增加，如图中（$B + C + D$）区域所示。

增加的生产者剩余（B 区域）是消费者剩余减少的部分，这被视为总剩余的重新分配。但是，生产者剩余增加的另一部分（D 区域）是净收益。增加的总剩余是出口收益，是价格上涨和产量增加的结果。

价格（百万美元 / 架）

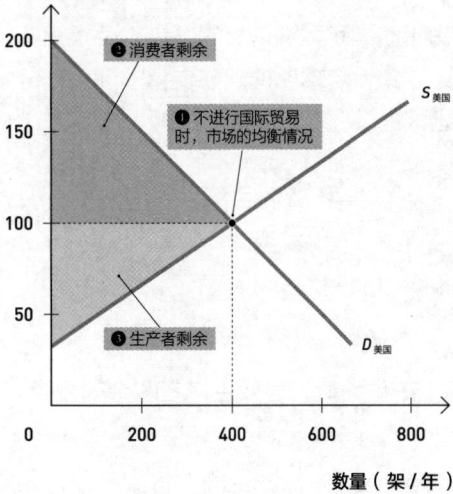

❷ 消费者剩余

❶ 不进行国际贸易时，市场的均衡情况

$S_{美国}$

❸ 生产者剩余

$D_{美国}$

价格（百万美元 / 架）

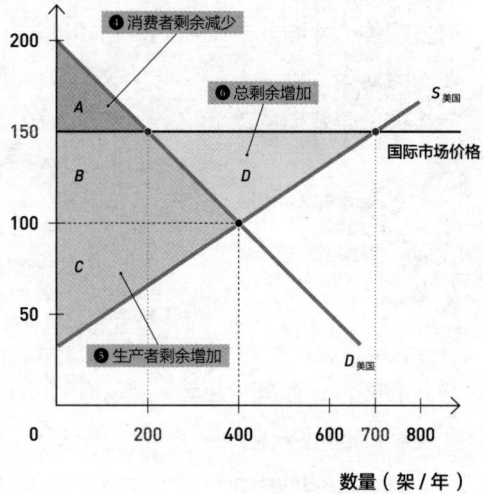

❹ 消费者剩余减少

❻ 总剩余增加

$S_{美国}$

国际市场价格

A

B

D

C

❺ 生产者剩余增加

$D_{美国}$

数量（架 / 年）

a）不进行国际贸易时的消费者剩余和生产者剩余

数量（架 / 年）

b）出口带来的收益与损失

注：1. 在不进行国际贸易的情况下，❶ 国内需求和国内供给曲线交会处的平衡状态决定了价格和数量。❷ 深灰色区域是消费者剩余，❸ 浅灰色区域是生产者剩余。

2. 当进行国际贸易时，国内价格升至国际市场价格。❹ 消费者剩余减小，如图中 A 区域。❺ 生产者剩余增加，如图中（$B + C + D$）区域，B 区域从消费者剩余转为生产者剩余，❻ D 区域是增加的总剩余。

图 9-5　出口市场带来的收益与损失

9.3

国际贸易限制

政府可以采用四种手段来影响国际贸易，保护国内产业免受来自外国的竞争，分别为：

» 关税；
» 进口配额；
» 其他进口壁垒；
» 出口补贴。

● 关税

关税（tariff）是对进口产品征收的税。例如，印度政府对从美国加利福尼亚州进口的葡萄酒征收 100% 的关税。当一家印度公司进口一瓶价格为 10 美元产自加利福尼亚州的葡萄酒时，需向印度政府缴纳 10 美元的进口税。

政府征收关税的动机很强烈。首先，关税可以为政府提供收入；其次，对那些在进口竞争行业赚取收入的人来说，政府征收关税可以满足他们的自身利益。接下来你将会学习到，对自由国际贸易征收关税等限制措施会减少贸易收益，不符合社会利益。

关税的影响

为了解关税的影响，先来回顾一下美国在自由国际贸易中进口 T 恤的例子。美国进口 T 恤，再以国际市场价格出售。随后，在美国服装制造商的施压下，美国政

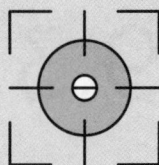

聚焦历史

美国关税的历史

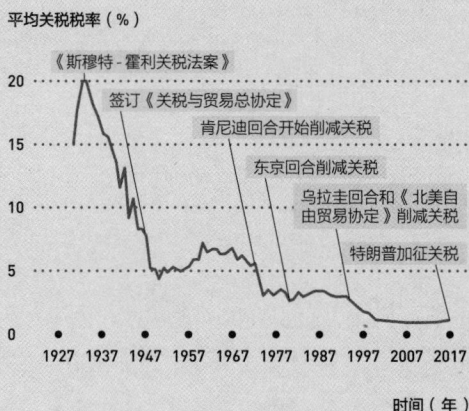

图 9-6 显示了 1930 年以来美国进口产品的平均关税税率。20 世纪 30 年代，国会通过了《斯穆特－霍利关税法案》，关税达到了历史最高值。1947 年，美国与其他国家或地区签署了《关税与贸易总协定》（GATT，世界贸易组织前身）。通过一系列的谈判，该协定为美国和许多其他国家或地区实现了广泛的关税削减。如今，世界贸易组织（WTO）继续开展关税与贸易总协定的工作，并想方设法促进所有成员间的贸易不再受限。

在与个别国家或地区缔结贸易协定、降低贸易壁垒方面，美国发挥了主导作用。但 2016 年后，特朗普总统声称要退出 WTO，大幅削弱了美国与加拿大、墨西哥和太平洋沿岸国家或地区间的贸易协定。他还对来自中国的多种进口产品加征新的关税，引发了人们对贸易战的担忧。

图 9-6 1930 年以来美国进口产品的平均关税税率

资料来源：2015 年财务预算、历史表格、表 2.5，美国经济分析局。

府对进口 T 恤征收关税，这样，买家购买 T 恤不仅要按国际市场价格支付，还要负担关税。于是就会给 T 恤市场带来一些影响，如图 9-7 所示。

和图 9-2b 一样，图 9-7a 显示了自由国际贸易的情况。美国每年生产 2000 万件 T 恤，并以 5 美元／件的国际市场价格进口 4000 万件 T 恤。

图 9-7b 显示了征收关税后的情况，每件 T 恤征收关税 2 美元。

美国的 T 恤市场发生以下变化：

» 美国每件 T 恤的价格上涨 2 美元；

» 美国 T 恤的销量减少；

» 美国生产的 T 恤数量增加；

» 美国 T 恤的进口量减少；

» 美国政府收取财政关税。

- T 恤价格上涨

要购买 T 恤，美国人支付的金额必须在国际市场价格的基础上加上关税，因此每件 T 恤的价格上涨了 2 美元，至 7 美元。图 9-7b 是新的国内价

价格（美元 / 件）

a）自由国际贸易的情况

价格（美元 / 件）

b）有关税的市场

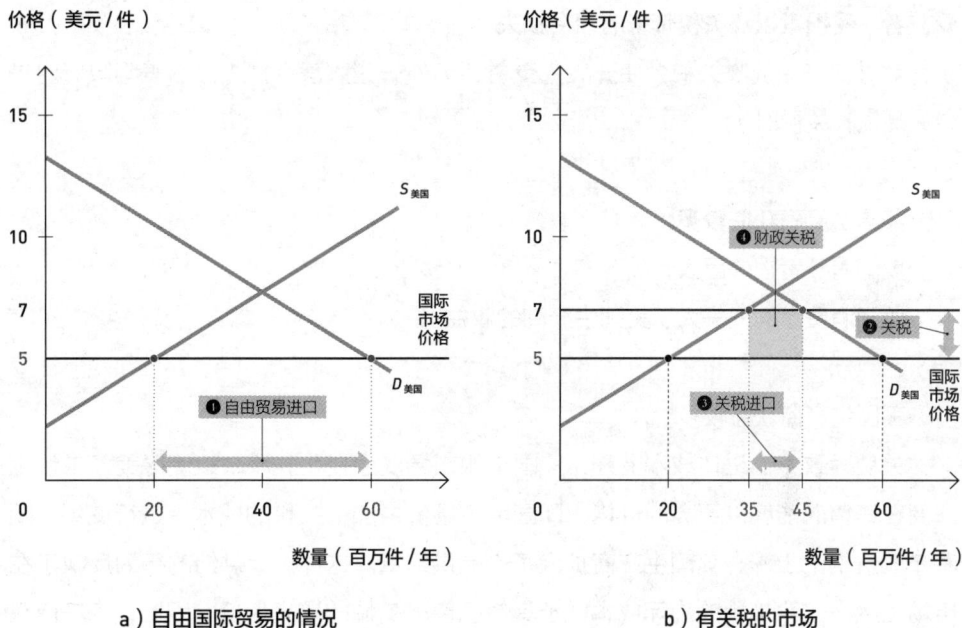

注：1. 每件 T 恤的国际市场价格为 5 美元。在自由贸易的情况下，图 9-7a 中，美国人买了 6000 万件 T 恤。美国生产 2000 万件 T 恤。❶ 进口 4000 万件 T 恤。

2. 在图 9-7b 中，❷ 如果每件 T 恤的关税为 2 美元，则美国国内 T 恤的价格将上涨至 7 美元 / 件（国际市场价格加上关税）。美国国内产量增加，购买量减少，❸ 进口数量减少。❹ 美国政府对每件进口 T 恤收取 2 美元的财政关税（如灰色矩形所示）。

图 9-7 关税的影响

格线，由图可知，该价格比国际市场价格高了 2 美元。

- 销量减少

T 恤价格上涨导致需求量减少，图 9-7b 显示了 T 恤的价格和数量沿着需求曲线变化。从每件 5 美元、需求量为 6000 万件，到每件 7 美元、需求量为 4500 万件。

- 国内产量增加

T 恤价格上涨刺激了美国国内产量，图 9-7b 显示了 T 恤的价格和产量沿着供给曲线变化。从每件 5 美元、需求量为 2000 万件，到每件 7 美元、需求量为 3500 万件。

- 进口减少

T 恤进口量每年减少了 3000 万件，从 4000 万件减少到 1000 万件。购买量减少，国内产量增加，导致 T 恤进口减少。

- 关税收入

政府的关税收入为 2000 万美元，进口 1000 万件 T 恤，每件 T 恤收取 2 美元关税（如灰色矩形所示）。

受益者、受损者以及关税带来的社会损失

对进口产品征收关税会使一些人受益，另外一些人蒙受损失。当美国政府对进口产品征收关税时：

- » 美国生产商获益较多；
- » 美国消费者损失巨大；
- » 美国消费者的损失大于美国生产商的收益。

- 美国生产商获益较多

关税导致 T 恤进口成本上升，美国 T 恤市场发生变化。该政策使得美国 T 恤生产商在销售时能够以更高的价格，即国际市场价格加上关税的成本，进行交易。随着 T 恤价格的上涨，美国生产商扩大了产品供给量。这种扩大供给的行为反映了在市场上生产一件 T 恤的边际成本低于其他已售出 T 恤的较高售价。因此，生产商获得了较大的生产者剩余。生产者剩余的增加意味着美国生产商的总收益增加。

- 美国消费者损失巨大

由于美国 T 恤的价格上涨，T 恤的需求量就会减少。较高的价格和较少的购买量会导致消费者剩余减少。消费者剩余的损失代表了美国消费者因关税而遭受的损失。

- 美国消费者的损失大于美国生产商的收益

由上可知，关税使得美国 T 恤市场上消费者剩余减少，生产者剩余增加，但哪个变化更大？是消费者的损失大于生产者的收益，还是生产者的收益大于消费者的损失？或者只是从消费者到生产者的直接转移？要想回答这些问题，需要回到美国 T 恤市场的供需分析，比较消费者剩余和生产者剩余的变化。

图 9-8a 与图 9-4b 相同，显示了自由国际贸易下 T 恤的消费者剩余和生产者剩余。深灰色区域代表了自由国际贸易下总剩余增加。通过比较图 9-8a 和图 9-8b，可以看到进口 T 恤时 2 美元的关税如何改变了剩余。生产者剩余增加了，标记为 B 区域。生产者剩余的增加就是美国生产商从 T 恤关税中获得的收益。消费者剩余（深灰色区域）缩小了。

消费者剩余的减少可以分解为三个部分。首先，一部分消费者剩余被转移给生产者。图中的 B 区域表示消费者剩余的减少，同时也代表了生产者剩余的增加；其次，另一部分消费者剩余被转移给政府。图中的白色区域 C 展示了消费者剩余的损失，同时也反映了政府税收收入的增加。在实施关税政策时，消费者和生产者可能

价格（美元／件）

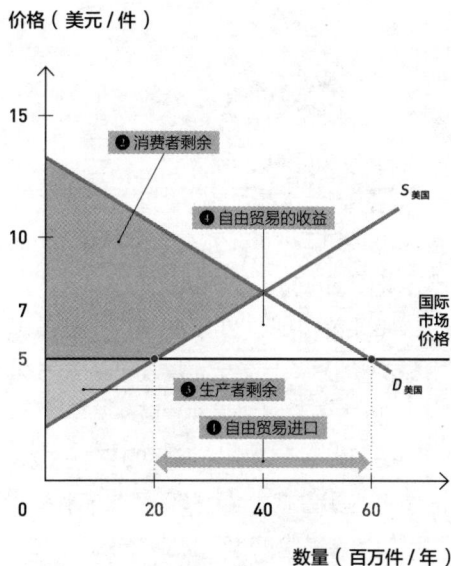

a）自由国际贸易的情况

注： 一件 T 恤的国际市场价格为 5 美元。在自由贸易的情况下，❶ 美国进口了 4000 万件 T 恤。尽可能多地获得了 ❷ 消费者剩余、❸ 生产者剩余和 ❹ 自由国际贸易的收益。

价格（美元／件）

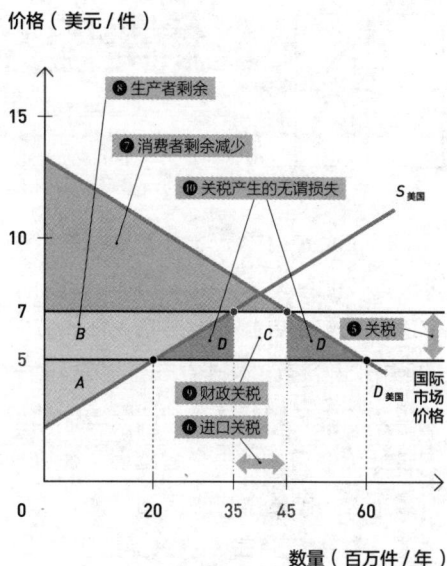

b）实行关税的市场

❺ 每件 T 恤 2 美元的关税使美国 T 恤价格上涨至 7 美元／件，❻ 进口数量减少。❼ 消费者剩余减少，如 B、C、D 区域所示。❽ 生产者剩余扩大到 B 区域。❾ 政府的关税收入为 C 区域，并且 ❿ 产生了无谓损失，即两个 D 区域的面积。

图 9-8　关税的受益者和受损者

会因此获得一些好处，因为关税可以提高国内生产者的竞争优势。然而，购买 T 恤的消费者却无法从 T 恤关税所得中受益。事实上，关税收入对购买 T 恤的消费者而言是一种损失。

消费者剩余损失的第三部分未向任何人转移，是无谓损失。在这种情况下，消费者以较高价格购买了较少数量的商品。在图中，被标记为 D 的两个灰色区域代表了消费者剩余的损失。总

体来看，总剩余减少了。这是关税引起的社会损失。

现在让我们看看限制贸易的第二种手段：进口配额。

进口配额

进口配额（import quota）是一种贸易管制措施，旨在限制特定商品的进

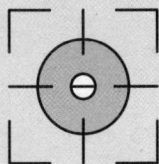

聚焦美国经济

软木的关税

加拿大是世界上最大的木材生产国之一，19 世纪以来一直向美国出口木材。美国的大部分森林地属于私人所有，并按照市场价格向木材生产者提供租赁，加拿大的森林则归国有，按照法律规定的较低价格向木材生产者出租。在这种背景下，美国的木材生产商认为，加拿大的木材生产商在经济上受到了补贴，并且正在进行所谓的"倾销"行为。倾销是指在美国市场上以低于加拿大的生产成本或低于加拿大市场价格的价格出售木材。

对进口木材征收关税会使美国木材生产商获益吗？美国人都会因此过得更好吗？这项关税政策导致美国木材的价格上涨，而较高的价格减少了美国木材的需求量，增加了美国生产商的供给量，并减少了美国的木材进口数量。

美国木材生产商获得了更大的生产者剩余，但面对更高的价格，消费者却遭受了损失。生产者的收益小于消费者的损失，即出现了无谓损失。

图 9-9 说明了美国的木材市场情况。需求曲线为 $D_{美国}$，供给曲线为 $S_{美国}$。木材在加拿大的售价和国际市场价格都是 120 美元 / 立方米。相对而言，加拿大在木材生产方面具有比较优势。

按全球售价计算，美国每年生产 1000 亿立方米木材，使用 1500 亿立方米，每年进口 500 亿立方米。图 9-9 显示了美国的木材进口数量。

如果美国征收 20% 的关税，则美国木材的价格将上涨至 144 美元 / 立方米（按国际市场价格加关税计算）。

美国木材产量增加至 1100 亿立方米，消费者购买量减少至 1400 亿立方米，木材进口数量减少至 300 亿立方米。

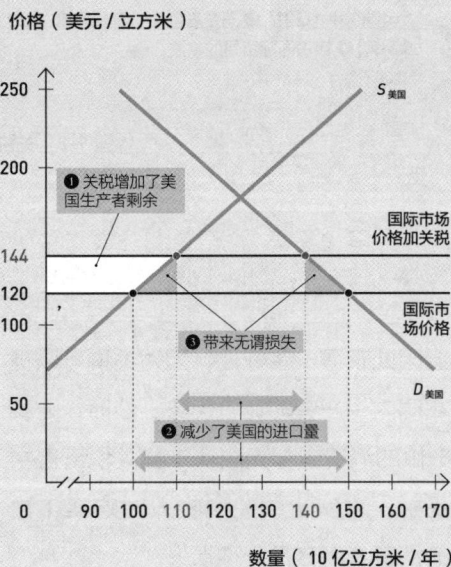

价格（美元 / 立方米）

图 9-9　美国的木材市场情况

在价格上涨和产量增加的情况下，美国生产者剩余增加了（如白色梯形所示）。但美国消费者剩余减少了，就产生了无谓损失（如两个深灰色三角形所示）。

实际上，关税被视作对加拿大所声称的补贴和倾销行为的反应，然而这种措施并不一定能够提高关税的经济效率。尽管存在加拿大的补贴问题，但开展木材自由贸易仍然可能为美国消费者带来益处，这些益处可能超过美国木材生产商的损失。

口数量。该制度规定了在特定时间段内，某种商品的最大允许进口量。美国针对多种商品实行进口配额政策，其中包括糖、香蕉、牛肉和纺织品等。

配额制度能够满足政府在进口竞争性行业中实现内部经济利益的目标。然而，值得注意的是，与关税相似，进口配额同样会对贸易收益造成削减，从而不利于社会总体利益的实现。

进口配额的影响

进口配额所带来的影响与关税的效应相似。具体而言，实施进口配额会引发一系列经济变化，其中包括价格上涨、购买量减少，以及美国国内产量的增加。这一现象可以在图 9-10 中得到说明。

图 9-10a 显示了自由国际贸易的情况，图 9-10b 则呈现了实施每年进口 1000 万件 T 恤配额的结果。在后者的情景下，美国 T 恤市场的供给曲线被调整为国内供给曲线 $S_{美国}$ 与允许进口数量的配额曲线的结合。因此，美国的供给曲线形态转变为 $S_{美国}$ 加上配额所决定的曲线。在这种情况下，每件 T 恤的价格涨到 7 美元，美国人购买的 T 恤数量减少至 4500 万件 / 年，美国国内生产的 T 恤数量则增加至 3500 万件 / 年。与此同时，美国对 T 恤的进口配额限制下降至 1000 万件 / 年。这些调整效应与在每件 T 恤征收 2 美元关税的情景中所产生的效应完全相同，正如图 9-7a 所描绘的那样。

进口配额的受益者、受损者以及造成的社会损失

进口配额所涉及的受益者和受损者情况与关税的情况相似，然而也存在一些差异。在政府实施进口配额时：

价格（美元/件）

价格（美元/件）

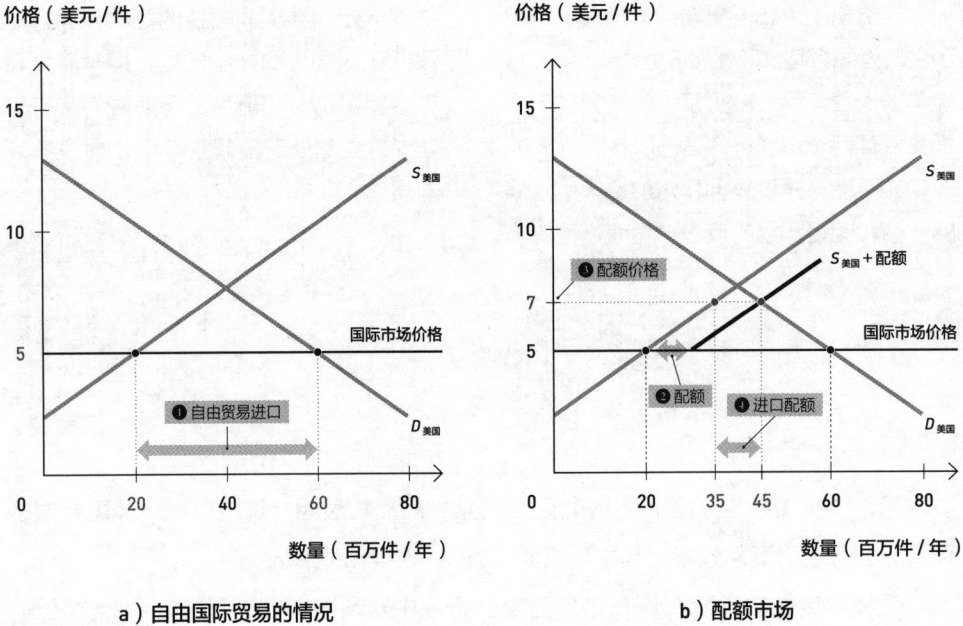

a）自由国际贸易的情况

b）配额市场

注：如图 9-10a 所示，当进行自由贸易时，美国人以国际市场价格购买了 6000 万件 T 恤。美国生产 2000 万件 T 恤，❶进口 4000 万件 T 恤。在图 9-10b 中，

当❷进口配额为 1000 万件时，美国 T 恤的供给曲线变为 $S_{美国}$＋配额。❸每件 T 恤价格上涨至 7 美元。美国 T 恤的产量增加，购买量减少，❹进口量减少。

图 9-10 进口配额的影响

» 美国生产商获益较多；

» 美国消费者损失巨大；

» 进口商获益较多；

» 美国消费者的损失大于美国生产商和进口商的收益。

图 9-11 以经济学模型比较了自由贸易和配额制在贸易领域所带来的收益。图 9-11a 呈现了自由国际贸易背景下 T 恤市场的消费者剩余和生产者剩余。通过对比图 9-11a 与图 9-11b，我们能够观察到 1000 万件 T 恤的进口配额对市场剩余所产生的影响。在图 9-11b 中，生产者剩余呈现增加的趋势，如 B 区域所示。B 区域所代表的增加部分，代表了美国生产商因进口配额而获得的附加利润。然而，与此同时，在图 9-11b 中，消费者剩余则呈现减少的趋势，如深灰色区域所示。深灰色区域所代

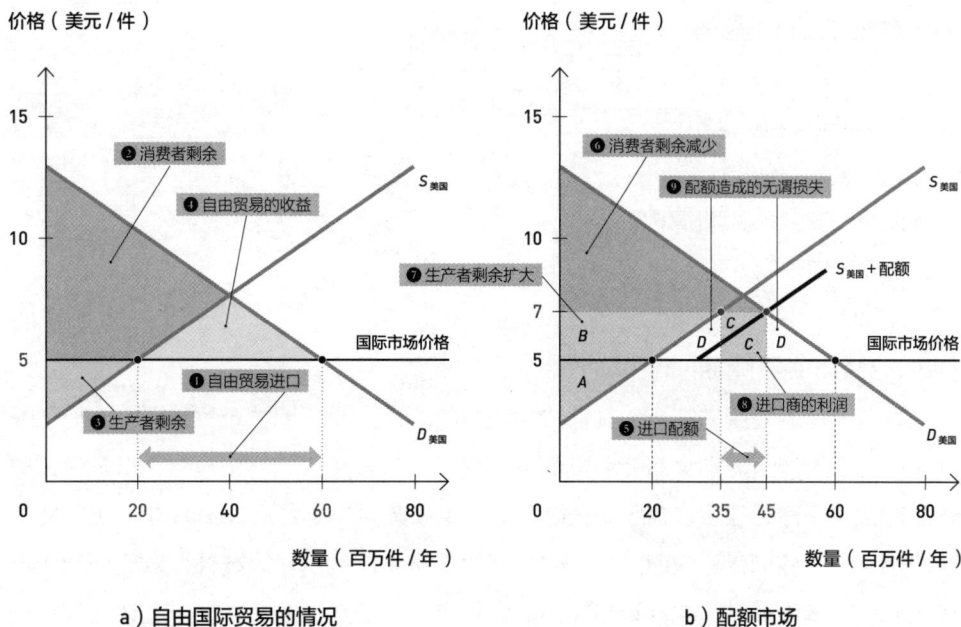

a）自由国际贸易的情况

注：一件 T 恤的国际市场价格为 5 美元。当进行自由贸易时，❶ 美国进口 4000 万件 T 恤。❷ 消费者剩余、❸ 生产者剩余和 ❹ 自由贸易的收益都尽可能多。在图 9-11b 中，在有进口配额的情况下，美国 T 恤的价格提高至 7 美元 / 件。❺ 进口量减少。

b）配额市场

❻ 消费者剩余减少，图中 B、C、D 区域已不再是消费者剩余。❼ 生产者剩余增加，图中 B 区域成为生产者剩余。图中两个 C 区域代表 ❽ 进口商利润，两个 D 区域代表配额造成 ❾ 无谓损失。

图 9-11　进口配额的受益者和受损者

表的减少部分，即为消费者因进口配额所遭受的损失。

消费者剩余的减少分为三个部分。首先，部分消费者剩余转移给了生产者。B 区域代表消费者剩余损失（以及生产者剩余的增加）。其次，部分消费者剩余转移给了进口商，进口商以 5 美元 / 件的国际市场价格购买 T 恤，然后在美国以 7 美元 / 件的价格出售。区域 C 代表减少的消费者剩余和进口商的利润。

消费者剩余损失的第三部分未向任何人转移，是无谓损失。在此情景下，消费者以较高的价格购买相对减少的商品数量。图中两个 D 区域，描绘了消费者剩余的减少。D 区域即代表了总剩余减少的数量，显示了进口配额引发的社会损失。

我们现在已经了解了进口配额与关税之间的差异。具体而言，关税为政府提供收入，进口配额则为进口商带来利润。只要这一进口配额被设定在与关税所导致的进口数量水平相等的情况下，其他的所有影响都将保持一致。

● 其他的进口壁垒

影响进口的两个政策是:

» 健康、安全和监管障碍;
» 自愿出口限制。

健康、安全和监管障碍

数以千计的健康、安全和其他法规在当前国际贸易环境中对贸易活动施加了限制。以美国为例,美国食品药品监督管理局对进口食品实施严格检查,以确保这些食品符合"干净、卫生、食用安全以及卫生生产条件"的标准。2003 年,美国发生了一例疯牛病病例,导致国际市场停止了对美国牛肉的贸易。另外,欧盟则禁止进口大部分转基因食品,包括来自美国的大豆等。值得注意的是,尽管上述法规的初衷并非在于限制国际贸易,但实际上它们确实对国际贸易产生了制约效果。

自愿出口限制

自愿出口限制类似于为外国出口商分配的出口配额。类似于进口配额,自愿出口限制通过减少进口量实现限制国际贸易的效果,然而不同之处在于,外国出口商能够从国内价格与国际市场价格之间的差异中获得盈利。

● 出口补贴

出口补贴(export subsidy)是指政府给生产者提供的津贴,补贴部分出口产品的生产成本。美国和欧盟等国家政府在农产品领域实施了出口补贴政策。这些补贴鼓励了农产品的生产和出口,但也削弱了其他国家(特别是非洲和中南美洲地区)的生产者在全球市场上的竞争力。尽管出口补贴给国内生产者带来了收益,但它也可能导致国内经济产生过剩,世界其他地区则可能面临生产不足的局面,进而引发了无谓损失。

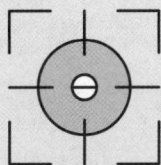

聚焦美国经济

食糖进口配额

美国在食糖生产领域并未展现出比较优势。与美国农民相比，墨西哥、澳大利亚和其他多个国家的农民在种植甘蔗和甜菜方面的机会成本要低得多。

但美国农民也生产食糖，且产量很高，约占美国国内食糖消费总量的 2/3。尽管如此，美国的食糖市场价格却较昂贵，大约是全球市场价格的 3 倍。

为什么美国农民生产如此多的食糖，价格却又如此之高？

因为美国政府通过配额限制食糖进口。

美国食糖进口配额导致美国食糖价格上涨，从而减少了美国国内食糖的需求量，增加了美国生产商的供给量，减少了美国对食糖的进口量。

美国食糖的生产商享有更高的生产者剩余，但面对更高的价格，美国食糖消费者的处境更糟糕。生产者的收益小于消费者的损失，因此产生了无谓损失。

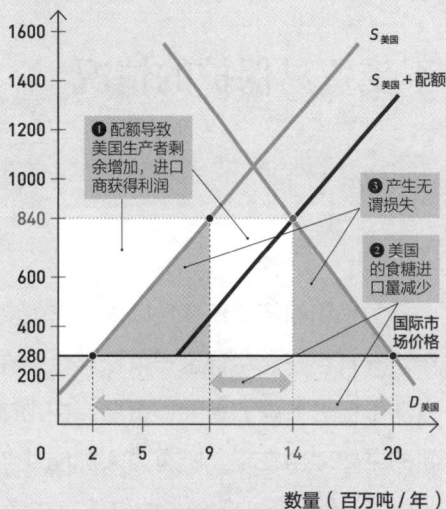

图 9-12 显示了美国的食糖市场状况。需求曲线为 $D_{美国}$，供给曲线为 $S_{美国}$。食糖的国际市场价格为 280 美元 / 吨，因此，世界其他地区在生产食糖方面具有比较优势。

图 9-12　美国的食糖市场

按国际市场价格看，美国每年生产 200 万吨食糖，消费 2000 万吨，进口 1800 万吨。图 9-12 显示了这一进口量。

如果美国对食糖实行 500 万吨的进口配额，那么美国的供给曲线就是 $S_{美国}$ + 配额。这一调整将导致美国食糖的均衡价格上涨至 840 美元 / 吨，相应地，食糖的产量将增加至 900 万吨 / 年，购买量则会减少至 1400 万吨 / 年，同时进口配额也将缩减至 500 万吨 / 年。

在价格上涨和产量增加的情况下，美国的生产者剩余将会增加，增加的幅度如图中白色区域所示。同时，进口商也将获得更多的利润。然而，美国的消费者剩余将会减少，这导致了无谓损失，减少的幅度如图中两个灰色三角形所示。

9.4

不受贸易保护的情况

国家和国际贸易存在以来，有关实行自由国际贸易与保护国家免受外部竞争的辩论一直存在。尽管这一争论至今仍在继续，然而大多数经济学家认为，自由贸易有助于促进各国的繁荣，贸易保护则减少了贸易所能带来的潜在收益。支持自由贸易的主要理由在于，所有国家都能从各自的比较优势中获得利益。尽管如此，在自由贸易与贸易保护的辩论中仍然存在诸多问题，这些问题值得我们一同探讨。

● 支持贸易保护的三个传统论点

支持贸易保护，限制国际贸易的三个传统论点是：

» 国家安全论；
» 幼稚工业论；
» 倾销论。

让我们一起来仔细研究一下。

国家安全论

国家安全论是一种观点，主张国家需要保护其本国国防设备和军备制造业，以及确保供应国防工业所需的原材料和其他中间投入的制造业。然而，这种观点可能会存在一定程度的过度强调。

首先，这是国际孤立的论点，因为在战争时期，没有一个产业不为国防做出贡献；其次，如果需要提高战略性产业（如航空航天）的产出，那么实行税收补贴比关税或进口配额更有用。补贴将使该产业以适当的规模进行运营，而自由国际贸易将使消费者面临的价格保持在国际市场价格之上。

幼稚工业论

幼稚工业论（infant-industry argument）主张，国家需要保护新兴产业，促使其发展成能够在国际市场上竞争的成熟产业。这一论点基于"边做边学"的思想，即通过不断实践，工人可以提升技能，从而在相同时间内提高产量。

"边做边学"的理念并无不妥之处。实际上，这一思想是人力资本积累和经济增长的重要推动力。通过在实际操作中不断积累经验，个体或企业能够提升技能，进而提高生产效率。"边做边学"的过程有可能改变比较优势的形成。例如，如果在实践中积累的经验能够降低生产特定商品的机会成本，那么一个国家可能会在生产该商品方面形成比较优势。

然而，"边做边学"的过程并不应成为贸易保护的合理依据。企业和工人通过"边做边学"以及高效生产能够获得个体或企业自身的利益。如果政府通过保护这些企业以增加产量，可能会导致低效的生产过剩现象出现（类似于第 6 章中所描述的情形）。

历史经验表明，保护幼稚工业并非可取之策。东亚国家在过去并未采取这类贸易保护措施，依然实现了经济繁荣。相反，像印度等国过去曾试行保护幼稚工业的政策，但结果并不尽如人意。

倾销论

当外国公司以低于其生产成本的价格出售出口产品时，就会发生倾销（dumping）。为什么一家公司愿意以低于生产成本的价格出售其产品呢？要么别卖，要么提高价格至少收回成本，难道不是更好吗？公司以低于成本的价格出售产品，进行倾销的原因可能有两个：

» 掠夺性定价；
» 补贴。

· 掠夺性定价
涉及掠夺性定价的企业往往会将其价格降低至低于其生产成本的水平，以期通过此举将竞争对手驱逐出市场。如果一家企业试图在国际市场上削弱其他国家的竞争对手，它可能会采取倾销策略。这意味着外国企业将以低于其生产成本的价格销售其产品，以达到排挤国内企业的目的。随着国内企业的倒闭，外国企业可能会因其垄断地位而提高产品价格。然而，这种高价策略可能会引来新的竞争对手，导致该策略难以长期维持盈利。因此，关于这种倾销策略能否实现，经济学家持怀疑态度。

- 补贴

补贴是由政府向生产者支付的一种款项。获得补贴的企业能够以低于其生产成本的价格销售产品，并从中获得利润。补贴在几乎所有国家中都是一种常见的政策手段。美国和欧盟在众多农产品领域向生产者提供补贴，这使得它们能够将剩余产量倾销到国际市场上。然而，这种做法可能会对发展中国家的农民造成收益减少的影响，同时也可能削弱贫穷国家扩大农业生产的动力。此外，印度和欧洲也曾被指控有向美国倾销钢铁产品的嫌疑。

根据世界贸易组织、北美自由贸易协定（NAFTA）以及中国 - 东盟自由贸易区（CAFTA）等国际贸易协定的规定，无论产品的来源如何，倾销行为都被视为违法行为，并且这也成为征收临时性关税的正当理由。因此，在当今全球贸易环境中，反倾销关税的实施具有重要意义。

然而，存在充分的理由来抵制倾销，实施贸易保护。首先，倾销行为实际上很难被准确界定，因为确定企业的成本本身就是一项挑战。这导致实际上很难确定一家企业是否存在倾销行为。因此，常常会根据出口价格是否低于国内价格来判断是否存在倾销行为，但这种判断方法本身并不十分可靠。这是因为在市场需求对价格变动非常敏感的情况下，企业降低价格是合理的；而在市场需求对价格变动不敏感的情况下，企业提高价格也是合理的。

其次，很难设想有一种商品是完全由一家企业独自生产的。在某些行业，即使所有国内企业都被淘汰出市场，仍然存在寻找到几家（通常很多）替代的外国供应商的可能性，从而能够以市场竞争决定的价格进行交易。

最后，如果某种商品或服务真正属于全球性自然垄断，那么最为合适的对策是采取监管措施，类似于国内垄断情况下的处理方式。然而，对于全球性自然垄断的监管需要在国际层面上展开合作。

刚才探讨的三种保护论观点各自有其一定的合理性。然而，相对而言，反对观点通常更具有说服力，因此这些论点不能作为支持贸易保护论的合理理由。此外，这些论点也不是唯一可能遭遇的争论，事实上还存在许多其他观点。下面将进一步探讨四个相关论点。

● 四个新的贸易保护论点

关于国际贸易限制，有四个较新且频繁被提及的论点，即贸易保护可以在以下几个方面产生影响：

- » 贸易保护可以起到保护就业的作用；
- » 贸易保护可以使美国能够与那些拥有廉价外国劳动力的国家进行竞争；
- » 贸易保护可以带来多样性和稳定性；
- » 贸易保护还可以用于对不符合环境标准的国家进行制裁。

贸易保护可以起到保护就业的作用

当美国人开始购买进口产品（如来自巴西的鞋）时，的确可能导致生产这些商品的美国工人失业。这一现象可归因于贸易竞争的影响，其中低成本进口产品可能在价格上具有竞争优势。这导致国内生产受到冲击，工人失去就业机会，从而可能面临经济困境，加剧社会福利负担。工人失去收入后，其消费能力减弱，从而对其他行业产生负面影响，可能引发更严重的失业问题。在美国，有些人主张通过限制进口低价外国商品保护美国的就业市场。然而，这一提议可能存在一些弊端，理由如下。

首先，确实可以认定自由贸易的实施减少了一些就业机会，但同时创造了其他领域的工作岗位。自由贸易在全球范围内实现了更合理的劳动力配置，使劳动力能够投入产值高的领域。以纺织品贸易为例，随着制鞋和纺织业的全球化，美国不少制鞋厂和纺织厂关闭，导致大量工人失去工作。然而，在其他国家重新开设的制鞋厂和纺织厂为成千上万的工人提供了就

美国的鞋厂所剩无几，制造业工作岗位也开始消失。

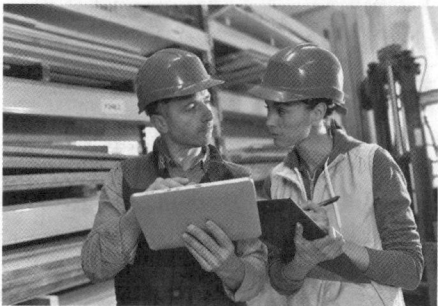

但高薪的专业岗位和服务工作已经出现，以取代消失的制造业工作岗位。

业机会。此外，随着其他出口行业的拓展，如今美国的工人可以获得比从事制鞋或纺织业的工人更高的工资，因为新产业的兴起创造了更多的工作机会，总数超过了被淘汰的岗位数量。

其次，值得注意的是，进口也能够创造工作岗位。贸易保护论主张，从销售进口产品的零售商到为这些商品提供服务的公司，都能够因此而创造工作机会。此外，这一理论还强调，通过促进对进口产品的需求，还能在国际市场上创造额外的收入，其中一部分收入会被用于购买美国制造的商品和服务。

贸易保护虽然可能在某些特定情况下挽救一些就业机会，但是这样做的代价往往是相当高昂的。以美国纺织业为例，直到 2005 年，其受国际协议所规定的进口配额，即"多种纤维协定"（MFA）的保护。据美国国际贸易委员会（ITC）估计，进口配额的实施维护了纺织品行业的大约 72 000 个工作岗位。然而，一旦进口配额取消，这些工作岗位将不复存在。同时，由于受到保护政策的影响，美国消费者每年在服装支出上比自由贸易情况下多支出了约 159 亿美元（每个家庭平均 160 美元）。这些数据表明，每保留一个纺织业工作岗位，美国消费者每年将损失 221 000 美元。在 2005 年，"多种纤维协定"的终止导致美国和欧洲的纺织业大量的工作岗位消失。

贸易保护可以使美国能够与那些拥有廉价外国劳动力的国家进行竞争

随着取消美国与墨西哥之间的贸易保护性关税，有一些人担忧墨西哥将会吸引大量的就业机会，而美国将难以与其竞争。然而，这个观点存在一些问题需要加以考虑。

人工成本是由工资率和工人生产数量共同决定的。举例来说，假设美国汽车工人每小时获得 30 美元的工资，每小时生产 15 单位的产品，那么每单位产出的平均人工成本将为 2 美元。而在墨西哥，汽车工人每小时获得 3 美元的工资，每小时生产 1 单位的产品，导致每单位产出的平均人工成本为 3 美元。在其他条件相同的情况下，工人生产的数量越多，其工资率就越高。高工资率的工人能够生产更多的产品，而低工资率的工人生产的数量相对较少。

尽管从总体上看，高薪的美国工人在生产力方面超过低薪的墨西哥工人，但不同行业之间存在显著的生产力差异。美国劳动力在某些领域的生产力相对较高，这些领域与其他领域相比具有更高的生产效率。例如，在电影制作、金融服务和定制计算机芯片生产领域，美国人的生产力相对较高，而在金属生产和某些标准化机器零件制造领域的生产力相对较低。美国人在高生产力领域的表现正是美国在这些领域具有比较优势的体现。通过参与自由贸易，美国能够加强那些具有比较优势的商品和服务的生产与出口，同时降低生产那些不具备比较优势的商品和服务，还能够通过进口增加贸易伙伴国具有比较优势的商品和服务。这种方式有助于提升美国及其贸易伙伴国的生活水平。

贸易保护可以带来多样性和稳定性

多元化投资是一种降低风险的策略，相对于将全部投资集中在单一领域，分散投资可以有效减少风险。同理，经济体的生产结构也一样。多元化经济体在面对外部冲击时，相对于只专注于生产极少数产品的经济体而言，其波动性往往较小。

就多元化生产而言，大多数经济体，包括富裕的发达经济体（如美国、日本、欧洲国家），以及发展中经济体（如中国、巴西等），都在其产业结构中表现出一定的多样性。这些经济体在不同领域均有涉足，因此相对较少存在单一商品的生产依赖。然而，少数国家（如沙特阿拉伯等）拥有特定的比较优势，主要专注于一种商品的生产。尽管如此，这些相对单一产业的国家仍然可以通过在其他国家的投资平衡国内收入和消费，以降低单一产业波动所带来的风险。

贸易保护还可以用于对不符合环境标准的国家进行制裁

近年来，贸易保护的新论点中涌现一个关于环境标准的视角。在这一观点中，较为贫穷的国家（如墨西哥等）被认为可能拥有较低的环境标准，与相对环保的国家（如美国）存在差异。这种差异可能导致环保成本在不同国家之间的不对等。以墨西哥为例，其环境标准相对宽松，容许一定程度的环境污染，美国则对环境污染持较为严格的态度。在这种情况下，墨西哥可能因为不必承担严格的环保成本而在生产过程中获得一定的成本优势。这可能导致美国的生产商在自由贸易的条件下难以与墨西哥竞争，除非墨西哥提高自己的环境标准以接近美国的水平。因此，这一新论点认为，为了实现与更富裕、更注重环保的国家之间的自由贸易，较贫穷的国家可能需要提高自身的环境标准，以缩小国际贸易中的环境成本差异，促进公平竞争。

这一关于贸易限制的观点存在一些值得探讨的方面。虽然提高环境标准对贫穷国家可能构成一定的挑战，因为它们的资源和能力相对有限，但通过自由贸易，贫穷国家有机会实现经济增长，提升其自身的富裕程度，从而有更多的资源投入改善环境的举措之中。事实上，自由贸易可以为贫穷国家提供更多的经济机会，帮助它们发展技术、引进环保设施，以及实施更高的环境标准。然而，在考虑国际贸易协定时，确实可以考虑要求成员遵守更高的环境标准。例如，北美自由贸易协定和中亚自由贸易协定等协定的谈判过程可以视为促使成员提高环境标准的机会。通过这些谈判，国际社会可以合作制定环境保护措施，以避免对诸如热带雨林等重要资源造成不可逆转的损害。这不仅有助于维护全球生态平衡，还可能在未来带来丰厚的回报，因为环境的可持续性和生态平衡对于各国的长期经济繁荣具有重要影响。

因此，上述所探讨的四个常见论点并未充分支持贸易保护主义的论断。尽管这些论点在特定情境下或从某些角度看可能存在一定的合理性，但它们的弊端和局限性也是不容忽视的。这进一步强化了自由国际贸易的理论和实践在推动全球经济繁荣方面的重要性，以及在避免保护主义措施可能带来的负面影响方面的意义。

● 为什么国际贸易会受到限制

尽管有很多反对贸易保护的理由，但是为什么国际贸易仍受到限制？有一种原因认为关税是政府收入的便捷来源，尤其对发展中国家而言，但是，这个解释不适用于美国，因为在美国，政府征收高额的所得税和销售税。

在美国及绝大多数其他发达国家，对国际贸易限制政策的政治支持往往在寻租活动中找到解释。寻租（rent seeking）是指通过游说和其他政治活动从贸易中获取收益的行为。尽管自由贸易在经济上有益于消费者，但它却减少了那些在市场上与进口产品竞争的生产者企业的生产者剩余。

一方面，自由贸易的效益主要源自其对数百万低成本进口产品消费者的影响，然而每位消费者从中获得的收益微不足道；另一方面，自由贸易的负面影响主要是对那些面临进口竞争的产品生产者造成损害。与数量众多的消费者相比，受到影响的商品生产者只有少数的几千人。

现在，让我们来看看对服装产品征收关税的情景。在这种情况下，数百万消费者将承担由此产生的成本，从而导致其消费者剩余减少。与此同时，数千家从事服装制造的公司以及这些公司的员工将受到影响，他们将在生产者剩余方面遭受损失。

由于关税带来的收益巨大，生产商表现出强烈的意愿，积极从事游说活动，以推动关税实施并反对自由贸易政策。与此相对应，由于每位消费者所承受的损失相对微小，消费者在支持自由贸易组织进行游说活动方面的动力有所减弱，他们不愿意负担游说所需的费用。自由贸易政策带来的个体收益相对较低，从而限制了个人愿意投入大量时间和金钱来创建政治组织并推动自由贸易游说的倾向。每个利益相关团体都会根据其面临的成本和收益进行权衡，并选择最适合自身利益的行动方式。

然而，反对自由贸易的团体往往会更积极地参与政治游说活动，因为他们面临的损失更明显和更严重，从而增强了他们投入游说活动的意愿和能力。

聚焦生活

国际贸易

国际贸易通过以下三个方面在人们的生活中发挥着极其重要的作用。国际贸易对以下三类人均会产生很大影响：

* 消费者；
* 生产商；
* 选民。

消费者有机会从其他国家生产的多种低成本且高质量的商品和服务中获益。

你可以仔细查看一下你购买的商品的标签，看看计算机是哪里制造的，衬衫和鞋是哪里造的，水果和蔬菜（尤其是冬季）是在哪里生产的。

可能大多数商品的制造地都是亚洲、墨西哥或南美洲，只有少量商品是在欧洲、加拿大和美国生产的。

美国的生产商或潜在生产商能够通过将美国产品纳入巨大的全球市场中获得利益。如果某家公司未能在全球市场中建立产品销售渠道，其发展前景可能会受到严重的挑战。

举例来说，飞机行业的从业人员因全球范围内庞大的大型客机市场而获益。

无论加拿大还是一些发展中国家的航空公司，都在积极购买波音 737 飞机和 787 飞机。

作为一名大学教授，当学校开始招收外国学生时，你也有可能从教育服务的国际贸易中受益。

作为一名选民，自由贸易与保护主义之间的政治关系具有重要意义。从消费者的角度看，自由贸易政策的实施对其个人利益有着重要影响。进口产品的关税和配额可能对购买者的利益造成损害，因为这些措施会使进口产品的价格上升。以购买一件价值 20 美元的毛衣为例，消费者支付给政府的 5 美元关税成为其购买成本的一部分。然而，作为工人，其自身利益在自由贸易政策中可能会受到不同程度的影响。自由贸易可能导致外国生产商更加自由地进入本国市场，从而对本国制造业产生竞争压力。

因此，当选民决定为哪位候选人投票时，他们需要深入了解哪种贸易政策最适合他们个人的利益，同时也需要考虑哪种政策能够更好地促进社会整体的利益。

第 9 章要点小结

1. **解释国际贸易中市场的运作方式。**
- 利用比较优势推动国际贸易。
- 当某种商品的国际市场价格低于国内供需平衡的价格时，该国可通过减少该商品的产量，同时进口该商品而获益。
- 当某种商品的国际市场价格高于国内供需平衡的价格时，该国可通过增加该商品的生产，以及出口该商品而获益。

2. **辨别国际贸易的收益是什么？谁是国际贸易的受益者？谁又是国际贸易的受损者？**
- 与没有贸易的情况相比，实施进口政策的市场中，在进行自由国际贸易时，消费者剩余更大，生产者剩余相对较小，总剩余更大。
- 与没有贸易的情况相比，实行出口政策的市场中，在进行自由国际贸易时，消费者剩余较小，生产者剩余较大，总剩余较大。

3. **解释国际贸易壁垒带来的影响。**
- 各国可以采用关税征收、进口配额、其他进口壁垒以及出口补贴等手段限制国际贸易。
- 贸易限制措施引发了进口产品在国内市场上的价格上升，导致了进口量的减少。这进而影响了消费者剩余，减少其在市场交易中所能获得的净利益。与此同时，贸易限制措施却提升了生产者剩余，即生产者在新的市场格局下所获得的额外收益。然而，这些限制也带来了无谓损失，即因市场效率下降而导致的整体社会福利损失。

4. **解释和评价那些支持限制国际贸易的论点。**
- 以国家安全、新兴产业培育和防范倾销为理由的贸易保护主张，在经济学角度缺乏坚实的基础。
- 有关贸易保护的论点，包括保护就业、提升国内竞争力、促进经济多样性与稳定，以及对宽松环境标准进行制裁等，均存在问题。
- 贸易受到限制的根本原因在于贸易保护机制所带来的效果，其中多数人面临相对较小的损失，少数人则获得显著的益处。

第四部分

市场失灵与公共政策

第 10 章

外部性

本章学习目标

» 解释为什么负外部性会导致低效的生产过剩，以及政府如何才能取得更高效的结果；

» 解释为什么正外部性会导致生产效率低下，以及政府如何才能取得更高效的结果。

日常生活中的外部性因素

气候变化被视为一种具有广泛影响力的重要外部性因素。本章将深入探讨经济学家对于调控外部性的不同观点。在此之前，我们有必要了解一些基础知识。首先，我们需要对日常生活中归属于外部性范畴的因素进行分类，并进行详细阐述。

外部性（externality）涉及在生产和消费过程中所产生的成本或收益，这些成本或收益并非由直接参与生产或消费的主体负担或获得，而是由其他未直接参与该活动的个体承担或获取。这种外部性现象可在生产和消费两个层面出现。其表现形式可分为负外部性（negative externality），即施加额外成本于其他人的情况，以及正外部性（positive externality），即为其他人提供额外利益的情况。由此可知，外部性可以分为四种类型：

» 生产的负外部性；
» 生产的正外部性；
» 消费的负外部性；
» 消费的正外部性。

● 生产的负外部性

生产的负外部性是当前全球面临的最严峻挑战之一。18 世纪工业革命以来，人类在生产过程中排放了数十亿吨污染物，这些污染物对空气、海洋、湖泊和河流等造成了影响。

发电厂和汽车是当前主要的污染源。燃煤发电厂排放的二氧化碳是导致全球气温上升的主要因素，此外，其他化学物质的排放也对大气造成污染。例如，位于美国亚利桑那州佩奇镇附近的纳瓦霍发电站在 2019 年关闭之前，每年向大气中排放大约 1600 万吨的二氧化碳，这相当于每年约 330 万辆客车的碳排放量。

美国加利福尼亚州、俄勒冈州和华盛顿州的森林砍伐行为对野生动物的栖息地造成了破坏，同时也对大气中的二氧化碳含量产生了影响。

生产领域存在另一种负外部性，即噪声。以纽约市的拉瓜迪亚机场为例，飞机的起降活动产生的噪声给居住在附近的居民带来了不适，降低了居民的日常生活质量。类似的情况在世界各大城市的机场附近普遍存在，从而凸显了生产活动噪声带来的负外部性问题。

上述列举的情况皆为生产活动带来的负外部性事例，这些活动产生的成本不仅由直接参与者承担，还由整个社会共同分担，甚至可能影响到子孙后代。

● 生产的正外部性

生产领域的正外部性是一种重要的福祉来源，对改善生活质量有着积极的影响。其中最显著的正外部性因素之一是教育，教育不仅为个体带来益处，还为整个社会创造了积极的外部效应。通过培养大量才华出众的研究人员，教育促进了创新与发明，推动新技术的产生、传播和应用。

以下列出了四个案例，在教育的影响下，人们通过创造先进技术，显著地改变了社会的多个方面：苹果公司的 iPhone 手机、3D 打印革命、石墨烯的发现，以及可再生和绿色能源的开发。

苹果公司的 iPhone 手机呈现显著

的正外部性，它的存在促使了数百家公司推出了数千种不同型号的智能手机。

美国工程师查克·赫尔（Chuck Hull）的发明，即 3D 打印技术，为个性化医疗植入物和假肢的制造创造了可能。这项技术的引入使得医疗领域能够更精确地定制植入物，患者能够获得更好的治疗手段。

两位英国物理学家的发明开创了石墨烯制备的方法。石墨烯是一种仅有一个原子厚度的材料，虽然质地坚固，但重量轻且富有柔韧性。此外，石墨烯膜能够用于水的过滤，从而为数百万发展中国家的居民提供清洁的饮用水。

若全球实施限制碳排放的举措，以减缓或遏制全球变暖和气候变化，生产领域的正外部性将越发显著。太阳能、风能和潮汐能等可再生能源的不断发展正产生积极的外部效应，其作用在一定程度上可以抵消碳燃料生产带来的负外部性。

● 消费的负外部性

消费领域的负外部性对许多人造成了不便。举例来说，喧闹的聚会、在公园或海滩留下的空酒瓶、宠物狗大声吠叫或弄脏邻居家的草坪，以及在听讲座时响起的手机铃声，均属于消费的负外部性活动。

消费领域最显著的负外部性产品

涉及水瓶、购物袋、酸奶容器以及其他包装的塑料废物。据估计，每年高达 1200 万吨的塑料废物最终进入海洋，严重污染了海洋环境。

● 消费的正外部性

接种流感疫苗能够显著降低感染风险。当一个人接种了流感疫苗并降低了感染风险时，未接种疫苗的邻居受感染的概率也减小了。在这种情况下，接种流感疫苗呈现积极的外部效应，因为个体的行为产生了正面影响，不仅对个体自身有益，还对邻近的他人产生了有利影响。

当一座历史建筑得以修复时，每个人在观赏这座建筑时都会体验到愉悦的情感。类似地，当有人兴建一座宏伟的住宅或其他令人激动的建筑（如洛杉矶的盖蒂博物馆）时，每位参观者都会从中获得外部消费利益。

在本章中，我们将对教育这一具备生产和消费正外部性的典型案例进行深入研究。

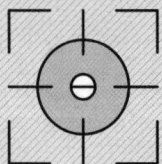

聚焦生活

生活中的外部性

回顾个人生活中扮演重要角色的正外部性和负外部性因素，同时思考可以采取哪些激励措施，将个人利益与社会利益紧密联系起来。

征收汽油税后，消费者对汽油的购买量会减少。正如在本章"聚焦气候变化"部分所指出的，与其他国家相比，这种激励措施的效果较为有限。然而，如果采取类似英国征收高额汽油税的措施，那么个体会最大限度地减少对汽油的购买量。当有更多的人做出这样的选择时，道路上的车流量将显著减少。

补贴学费的政策具备显著的激励效应，能够激发人们产生接受高等教育的意愿。若没有大学教育的补贴，上大学的人数可能会减少。如果高校毕业生数量减少，那么从生活在受过高等教育的社会中所获得的好处将减少。

作为一个公民或选民，对于以上两个外部性因素的观点持何种态度呢？是否应该考虑提高汽油税以减少汽车使用频率，或者是否应该继续降低学费以鼓励更多的人进入大学？此外，我们也需要思考这些激励措施与社会利益是否相符。

10.1

负外部性：污染

气候变化具有负外部性。碳排放和全球变暖并非生产和消费活动的直接意图。在本章中，我们将深入探讨应对气候变化挑战的议题。

尽管对人类活动引发气候变化的研究是一个相对较新的课题，但人们对污染和其他环境问题并不陌生。在工业化之前的欧洲城镇中，污水问题就已存在，其所带来的霍乱和瘟疫导致数百万人死于疫情。因此，人类社会早已存在寻求解决环境问题的意愿。14 世纪纯净水供应技术的发展，以及对垃圾和污水进行卫生处理的努力，成为早期改善环境质量的典型范例。

气候变化和污染的讨论主要集中在物理层面，而相对较少关注成本与收益的因素。人们普遍倾向于认为，有必要停止任何对环境造成损害的活动。然而，在这一问题上，经济学的研究强调要权衡成本与收益。经济学家主要探讨的焦点在于确定污染的最优数量，强调考虑成本和收益的重要性，而不是提供

绝对正确的答案。事实上，经济学提供的只是一组有助于解决问题的工具和原则，而非绝对解决方案。

这里以一家向河流排放污水的涂料厂为例，可以说明负外部性的经济学原理。在河边居住的居民可能会在河中钓鱼和划船，但会承担由污染产生的代价。然而，涂料厂在决定涂料产量时，并未考虑这些外部成本。工厂的生产决策基于其内部生产成本，而没有考虑其行为给他人带来的成本。因此，在存在外部成本的情况下，涂料厂的产出可能超过社会收益的有效数量，污染也可能超过社会收益的有效数量。

对负外部性进行经济分析是为了区分私人成本和社会成本。

● **私人成本和社会成本**

私人生产成本是指由商品或服务的生产者承担的成本。边际成本是生产

额外单位的商品或服务的单位成本。因此，边际私人成本（marginal private cost, MC）表示生产额外 1 单位商品或服务所产生的成本，这些成本由该商品或服务的生产者承担。

可以看到，外部成本是指生产商品或服务所产生的成本，但这些成本并非由生产者承担，而是由其他人承担。边际外部成本（marginal external cost）是指生产额外 1 单位商品或服务所带来的单位成本，这些成本由生产者之外的人承担。

边际社会成本（marginal social cost, MSC）是指整个社会（包括生产者和非生产者）为生产额外 1 单位商品或服务所承担的成本。它是以下各项的总和：

边际社会成本 = 边际私人成本 + 边际外部成本

以美元来计算成本，这里的成本是指机会成本，即为获得某一物品而放弃的最高价值。边际外部成本是指，在生产者生产额外 1 单位商品或服务时，除生产者之外的其他人必须放弃的收益或承担的成本。这种成本涵盖了人们所珍视的实体，例如在经济活动中，污染清洁的河流或空气所产生的影响。

评估外部成本

经济学家常以市场价格来估算污染成本。举例说明，假设存在两条相似的河流，沿岸都有类似的房屋。当其中一条河流受到污染，另一条仍保持清澈时，那么，清澈河流旁的房屋租金可能比受污染河流旁的房屋租金每月高出 1000 美元。如果区分两条河流之间的唯一差异是是否受到污染，那么由污染带来的社会成本将为每月 1000 美元的租金。这样，通过将 1000 美元乘以受污染河流上的房屋数量，我们就可以得出该污染的总外部成本。

外部成本和产出

图 10-1 展示了污染性涂料行业的产量与成本之间的关系。边际成本曲线（MC）表示生产涂料的公司所承担的边际私人成本。随着涂料产量的增加，边际成本逐渐上升。然而，如果这些公司将废物排放到河流中，就会施加外部成本，而这些成本将随着涂料产量的增加而增加。边际社会成本曲线（MSC）则是边际私人成本和边际外部成本的总和。举例来说，当公司每月生产 400 万加仑的涂料时，边际私人成本为 1 美元 / 加仑，边际外部成本为 1.25 美元 / 加仑，从而导致边际社会成本为 2.25 美元 / 加仑。

在图 10-1 中，随着涂料产量的增加，污染的程度也随之加重，进而导致污染的外部成本逐渐增加。涂料产量和所产生的污染水平受涂料市场运作方式的影响。现在，让我们先来探讨在该行业中存在随意污染时会出现的情况。

成本（美元／加仑）

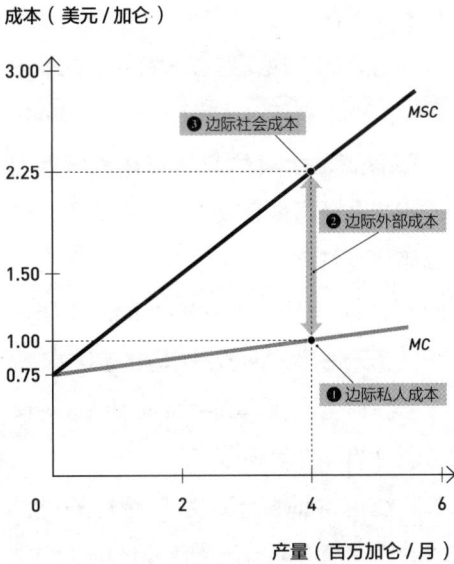

注: MC 曲线所示为生产涂料的工厂所承担的边际私人
成本。MSC 曲线所示为边际私人成本和边际外部成
本之和。
当公司每月生产 400 万加仑涂料时：
❶ 边际私人成本为 1 美元／加仑;
❷ 边际外部成本为 1.25 美元／加仑;
❸ 边际社会成本为 2.25 美元／加仑。

图 10-1　涂料行业的产量与成本之间的关系

● 生产和污染分别价值多少

　　在缺乏监管的情况下，污染型行业往往表现出市场产出低效和生产过剩的特点。由于企业受利润驱动，它们倾向于过度生产，从而导致过量的污染。图 10-2 呈现了一个由生产商污染引起的涂料市场情景，以及造成这种情况的原因。

　　如第 6 章所述，需求曲线和边际收益曲线可以表示为 $D = MB$。涂料生产

商的供给曲线和边际私人成本曲线可以表示为 $S = MC$。在企业做出供给决策时，他们从个人利益出发，仅考虑自身将要承担的成本，因此供给曲线等同于边际私人成本曲线。当边际收益等于边际私人成本时，市场达到均衡状态。在这种情况下，涂料的价格为 1 美元／加仑，每月的涂料产量为 400 万加仑。然而，由于边际社会成本超过了边际收益，这一结果表现出低效率。

成本（美元／加仑）

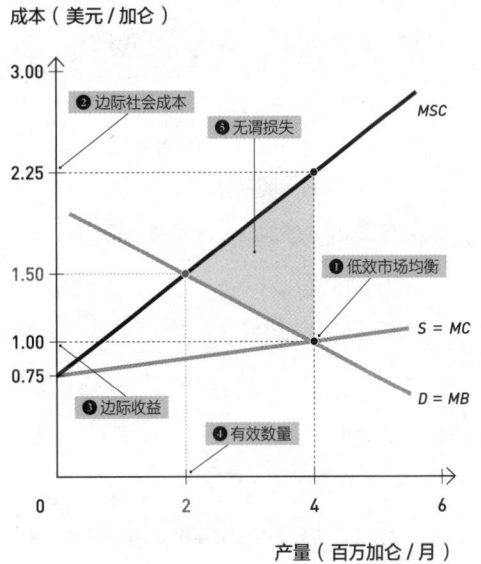

注: 市场供给曲线是边际私人成本曲线，即 $S = MC$。
需求曲线就是边际收益曲线，即 $D = MB$。边际社
会成本曲线为 MSC。
❶ 1 美元／加仑的价格和 400 万加仑／月涂料的市场
均衡是低效的，因为 ❷ 边际社会成本高于 ❸ 边际
收益。
❹ 涂料的有效用量为 200 万加仑／月，此时边际收益
等于边际社会成本。
❺ 灰色三角形为污染外部性造成的无谓损失。

图 10-2　涂料市场的低效率和外部成本情形

当边际收益等于边际社会成本时，产出达到高效水平。图 10-2 展示了涂料生产的情境，其中有效数量为 200 万加仑 / 月。在这一情境中，每加仑涂料的边际社会成本与边际收益均为 1.5 美元。

当市场结果呈现低效状态时，过剩的生产将被表示为代表无谓损失的灰色三角形。

如果能够寻找途径使涂料厂减少环境污染并消除无谓损失，那么每个人都可以受益。针对解决效率低下问题，可以考虑以下四种方法，我们将逐一对其进行深入研究。这些方法包括：

» 产权；

» 命令与控制监管；

» 污染税；

» 限额交易。

● 产权

产权（property rights）是法律所确认的对于生产要素、商品以及服务的所有权、使用权和处置权。这种法定权利不仅能够被确立，还能够受到法庭的强制执行。在缺乏明确产权制度的环境中，确立产权归属有助于使生产者对其行为产生的成本负担负责，从而激发他们更有效地进行资源配置。

为了深入了解产权的运作方式，

我们假设涂料生产商持有一条河流及其沿岸房屋的产权，这意味着他们拥有这些资源的所有权。作为河流及房屋的产权持有者，涂料生产商将在其所拥有的房屋上获得租金收入，而这些收入的数额将受其产生的污染量影响。假设人们愿意每月额外支付 1000 美元来居住在一条无污染的河流沿岸，在这种情况下，涂料生产商有机会通过不造成污染赚取这笔额外的租金。

在这种情况下，生产涂料的机会成本即为放弃获得因受污染的河流沿岸房屋而产生的租金收入。这一机会成本构成了涂料生产商的边际私人成本的一部分，因此在生产过程中，涂料生产商必须充分考虑这一成本。在面对这一情况时，涂料生产商可能会采取以下两种行动：

» 使用减排技术；

» 减少生产、降低污染。

使用减排技术

减排技术（abatement technology）是一类生产技术，其主要目标在于减少或预防污染的产生。以美国汽车行业中的催化转化器为例，这一装置便是应用减排技术的典型代表。该催化转化器与广泛采用的无铅汽油相结合，显著降低了公路车辆排放的污染物数量。这一技术的应用极大地削减了道路交通对环境的不良影响，对于改善美国空气质量具有积极作用。

使用减排技术可降低发电碳排放以及工业流程和涂料制造产生的污染。

减少生产、降低污染

如果企业不愿意承担因引入减排技术而导致的成本增加，一种替代的方法是在保持原有生产技术不变的前提下减少产量，从而降低污染程度，以确保沿河房屋的租金收入。在这种情况下，企业会选择成本最低的替代方法，以实现降低污染的目的。

科斯定理

科斯定理（Coase theorem）指出，在存在明确产权制度且产权执行成本较低的情况下，市场结果将趋于有效，而产权的实际归属并不会对市场效果产生显著影响。

英国经济学家罗纳德·科斯（Ronald Coase）提出了一个观点，即污染者与污染受害者之间，产权的归属对可能受到污染的资源并不构成关键影响因素。他的这一观点为后来的经济学理论带来了重要启示，这一理论后来因其贡献而被命名为"科斯定理"。

科斯定理的应用

假设居民拥有各自的房屋和河流资源。目前，工厂必须支付费用以获取将废弃物排放到河流中的权利。废弃物的排放量越多，工厂支付的费用就越高。因此，工厂面临一个机会成本，需要重新评估决策，这种机会成本是其边际私人成本的组成部分。无论房屋和河流的所有权归属于谁，涂料的产量和排放的废弃物数量都是相同的。如果工厂拥有这些房屋和河流的所有权，那么他们将需要承担污染成本，因为这会降低他们的房屋租金收入。如果居民拥有房屋和河流的所有权，那么工厂就必须通过支付费用进行废弃物排放，以此获取这一权利。在这两种情况下，工厂都会承担污染成本，并且会将有效数量的废弃物排放到河流中。

具有产权的有效市场均衡

如图 10-3 所示，当产权明确时，市场达到高度的效率均衡。涂料生产商要在污染成本和减排成本之间做出决策，选择较低的成本路径。边际社会成本（MSC）曲线考虑了生产涂料的生产成本和减排成本或污染成本（可能会放弃的租金收入），以选择较低者为准。这一曲线被标记为 $S = MC = MSC$，代表当前市场的供给曲线。

在市场均衡的情况下，涂料的价格为 1.50 美元 / 加仑，涂料产量为 200 万加仑 / 月，这种产出水平表现出高度的效率。

如果租金损失低于减排所带来的成本，工厂仍然会继续进行污染，尽管这个行为仍然保持在有效的范围内。然而，如果减排成本低于租金损失，工厂

价格（美元/加仑）

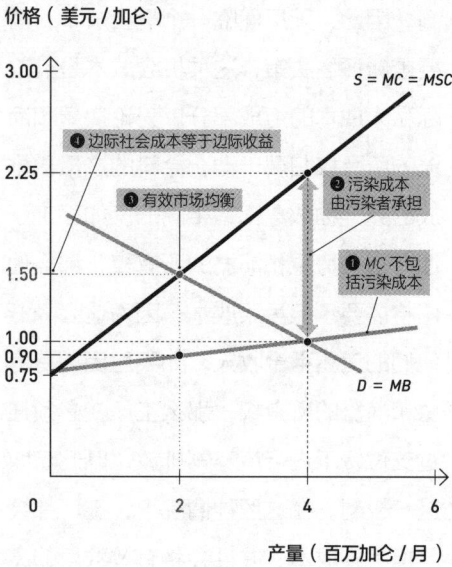

❶ 对于产权，排除污染成本的边际成本曲线仅显示生产者边际成本的一部分。
边际私人成本曲线包括 ❷ 污染成本，因此涂料的供给曲线为 $S = MC = MSC$。
❸ 市场均衡价格为 1.5 美元/加仑，涂料产量为 200 万加仑/月。市场结果是有效的，因为 ❹ 边际社会成本等于边际收益。

图 10-3　产权明确时的有效市场均衡

将停止污染，因为在边际成本的计算中包括了减排费用，这会导致涂料厂涂料产量的降低。

只有在产权所有者之间达成协议的成本较低时，科斯产权解决方案才能够有效实施。然而，在许多情况下，这些协商成本可能很高，因此科斯产权解决方案并不适用，需要政府采取干预措施。其中包括强制性地采用清洁的减排技术。

● **命令与控制监管**

命令与控制监管（command-and-control regulation）是一种通过制定标准界定法律所允许或不允许的行为，并通过直接监督以确保其符合标准的方式。许多国家政府采用命令与控制监管的手段，促进改善空气和水资源的质量。

美国于 1970 年通过的《清洁空气法》和 1972 年通过的《联邦水污染控制法案》规定，美国对企业实行命令与控制监管。这些法律授权美国国家环境保护局（Environmental Protection Agency，EPA）相应的权力，以制定法规限制排放，确保达到规定的空气和水资源质量标准。

EPA 已发布了数千项法规，要求化工厂、公用事业单位和钢铁厂采用最有效的污染减排技术，同时消除或限制特定污染物的排放。美国政府还颁布了其他规定，规定道路车辆的排放标准，汽车制造商必须遵守这些规定。

尽管命令与控制监管在改善水资源清洁度和提升空气质量方面取得了一些成果，然而并非总能实现预期效果。有时候，这种监管方法可能会导致违反安全标准的事情发生，从而引发灾难性后果。举例来说，美国密歇根州的弗林特市改变了供水源，将供水源从干净的休伦湖转为受到污染的弗林特河，导致了不良后果。

许多气候变化倡导者希望通过采用命令与控制监管确立标准，终结对煤炭和天然气发电的历史性依赖。其中，纽约众议员亚历山大·奥卡西奥 - 科尔特斯（Alexandria Ocasio-Cortez）支持的"绿色新政"运动提出了一项倡议，旨在通过设定标准，结束能源生产中的碳排放，从而彻底转向使用 100% 可再生、零排放的能源，采用电动汽车和高速列车。

在能源市场甚至更广泛的领域，经济学家认为，采用命令与控制监管存在三个问题：第一，这种方法往往是一种过于一刀切的解决方案，通常不是解决污染问题成本最低的途径；第二，这种方式并未激励个体生产者去寻求实现预定污染目标最为有效的方法；第三，立法者受到污染者的游说影响，这可能导致他们试图控制污染者的行为。与此相反，另外两种处理污染的方法能够直接解决这三个问题。

美国最高法院的一项裁决认为，温室气体排放也是污染，EPA 必须对其进行监管。

● 污染税

污染税（pollution taxes）是指针对污染性生产活动征收的税收，其设定水平被设定为与生产者所造成的外部成本相匹配。污染税也被称为庇古税，这一概念是英国经济学家阿瑟·塞西尔·庇古（Arthur Cecil Pigou）在 20 世纪 20 年代首次提出的一种处理外部成本的方法。

通过征收与边际外部成本相等的税收，企业可以按照直接承担外部性成本的方式进行决策。

为了深入了解政府行为如何影响具有外部成本的市场结果，我们可以继续以涂料厂和河流的情况为例。假设政府能够准确地评估污染的边际外部成本，并通过对工厂征收税收反映这一成本。在这种情况下，征收的税额恰好等于外部成本。由此，生产者现在面临其行为所产生的社会成本。在市场均衡下，价格等于边际社会成本，在这种情况下就实现了市场的有效结果。

图 10-4 阐明了污染税对涂料工厂污染的影响。其中，$D = MB$ 表示涂料的市场需求与边际收益曲线，MC 则代表生产涂料的边际私人成本曲线。在此情景中，税款等于污染的边际外部成本。我们将这一税款与边际私人成本相加，以得到市场供给曲线，该曲线标记为 $S = MC +$ 税款。这条曲线代表了市场供给，显示了在考虑了工厂的边

价格（美元 / 加仑）

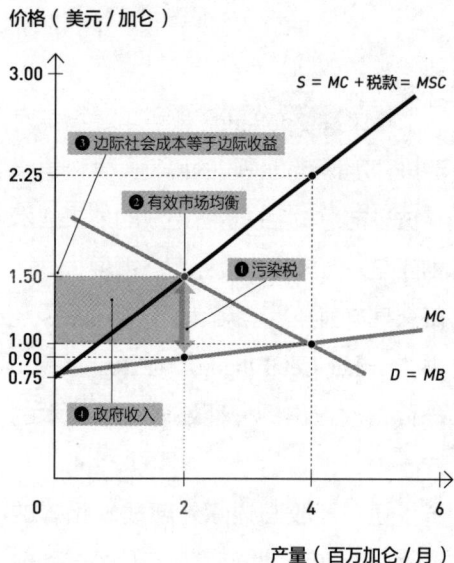

❶ 征收的污染税等于污染的边际外部成本。
因为污染税等于边际外部成本，所以供给曲线就是边际
社会成本曲线：$S = MC + 税款 = MSC$。
❷ 市场均衡是有效的，因为 ❸ 边际社会成本等于边际
收益。
❹ 政府征收的税收等于灰色矩形的面积。

图 10-4　污染税制下的有效市场均衡

际成本以及应缴纳的税款后，不同价格
范围内的涂料供应量。因为污染税被设
定为等于生产数量的边际外部成本，所
以这条曲线同时也是边际社会成本曲线
MSC。

目前，市场的需求和供给共同
决定了涂料的市场均衡价格为 1.5 美
元 / 加仑，涂料产量为 200 万加仑 / 月。
在这一产量水平下，边际社会成本和边
际收益均为 1.5 美元 / 加仑，从而表明

市场均衡是有效的。涂料工厂必须承担
0.9 美元 / 加仑的边际私人成本，并支
付 0.6 美元 / 加仑的污染税。政府每月
征收 120 万美元的税款。

污染税机制在污染问题上实现了
企业间的有效分配，考虑到在征税的情
况下，每个企业将会在其生产决策中权
衡产量与污染程度。在这种机制下，企
业的生产边际社会成本与市场价格保持
一致。由于所有企业都面对相同的市场
价格，它们同时也共同承担相等的边际
社会成本。

● 限额交易

限额交易（cap-and-trde）是一种
通过将可交易的排放权分配或出售给个
体生产者的方式限制总的污染排放量的
机制。在这个机制中，排放权成为在市
场上进行交易的商品，它们决定了排放
单位的价格。这种机制被视为一种工
具，旨在将政府对总排放量的限制与市
场对成本最小化和收益最大化的驱动力
相结合。

若政府欲采用限额交易制度，必
须首先评估有效的污染量，并设定总的
排放限额，以实现高效的结果。接着，
政府需将这一限额分配给各个企业（甚
至可能包括家庭）。在将排放配额有效
地分配给企业时，每个企业面临相同的
生产和减排的边际社会成本。因此，为

了在企业之间有效地进行限额分配，政府需要深入了解每家企业的生产成本和减排成本。

政府采用的方法是通过对企业进行初始的限额分配应对分配问题，然后允许这些企业在市场上进行排放许可证的交易。在这个机制下，边际减排成本较低的企业会选择出售许可证，从而大幅减少其污染排放。那些边际减排成本较高的企业则会购买许可证，以减少自身的污染排放，或者选择不减少污染。

许可证市场机制决定了排放的均衡价格。在面对许可证这一价格时，每家公司会根据其边际污染成本或边际减排成本（取较低者）设定自身的生产策略，以使其成本与许可证的市场价格相等，从而实现利润最大化。通过让污染者在交易中承担污染排放的成本，污染许可证交易机制实现了一种类似污染税的效果。

EPA 已通过限额交易解决二氧化硫和铅的排放问题，并在降低其大气浓度方面取得了非常显著的效果（详见下方的"聚焦美国经济"）。

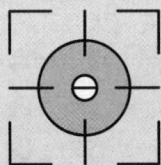

聚焦美国经济

美国空气污染趋势

图 10-5 呈现了 1980 年以来，由 EPA 监测的五种主要空气污染物，以及 1990 年以来开始监测的第六种污染物（悬浮颗粒物）的大气浓度趋势。我们从图 10-5 中可以看出，美国的空气质量已经有所改善。

通过综合运用监管、污染限制、经济激励和许可证交易，EPA 几乎消除了空气中铅的排放，并大幅减少了二氧化硫、一氧化碳、二氧化氮和悬浮颗粒物的排放。

与前面几种相比，臭氧更难消除，但它已经下降到不到 1980 年水平的 70%。

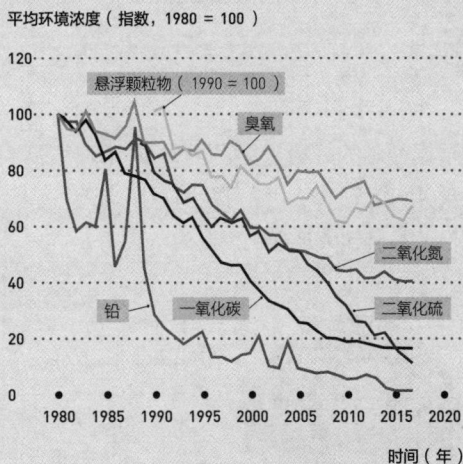

图 10-5　EPA 监测的大气浓度变化趋势图

资料来源：美国国家环境保护局。

聚焦气候变化

如何限制碳排放

问题

全球气温正在呈上升趋势，与此同时，大气中的二氧化碳含量也在逐渐上升，这一趋势在图 10-6 中得以展示。科学界已经达成共识：人类的经济活动是导致海平面上升的主要原因。

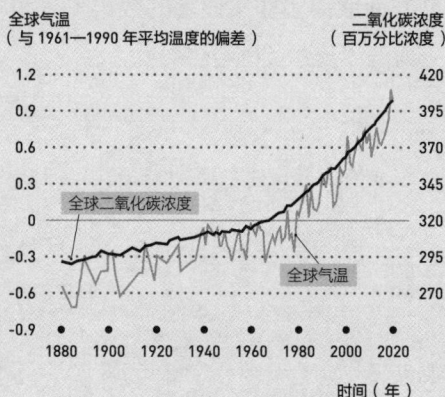

图 10-6 温度和二氧化碳

资料来源：NASA、美国国家环境信息中心、英国气象局哈德利中心、美国斯克利普斯海洋研究所。

根据当前的趋势预测，到 2100 年，气温预计将上升 3℃，这可能引发极端天气事件，并导致大规模的沿海洪水灾害。

温室气体排放是"有史以来最严重的市场失灵"。
为了避免灾难性气候变化的危机，降低二氧化碳排放量势不可当。

尼古拉斯·斯特恩（Nicholas Stern）

《斯特恩气候变化经济学评论》（*The Stern Review on the Economics of Climate Change*）的主要作者，经济学家尼古拉斯·斯特恩指出，碳排放问题构成了"有史以来最严重的市场失灵"。为了避免潜在的灾难性气候变化风险，必须阻止二氧化碳排放量不断上升的趋势。大多数经济学家都同意斯特恩的观点，并支持采取积极行动来应对这一问题。

问题应对

应对全球性问题需要采取全球范围的行动。2015 年，联合国气候变化大会在巴黎召开，标志着在这一方向上迈出的重要一步。该会议汇聚了 195 个国家及欧盟代表，《联合国气候变化框架公约》近 200 个缔约方达成共识一致同意通过《巴黎协定》。

1. 2050—2100 年期间，追求行动，以将人类活动所排放的温室气体限制在自然吸收能力的可持续范围内。
2. 旨在将全球气温维持在工业革命前水平"显著低于"2℃，并"致力于将其限制"在 2100 年之前不超过 1.5℃ 的水平。
3. 自 2020 年起，发达国家承诺每年提供至少 1000 亿美元的"气候融资"，到 2025 年将进一步增加资金，以协助较为贫困的国家在不经历化石燃料阶段的情况下，直接转向可再生能源。
4. 对各国自愿减排承诺进行每五年一次的

审查。为了降低碳排放，必须调整激励措施。碳排放活动的成本必须增加，而清洁能源技术的成本必须降低。国际社会在如何调整激励机制方面存在分歧。

各国是该征收碳税还是该限制排放并引入碳交易？清洁能源和开发新绿色技术的研究是否应该得到补贴？

* 碳税：加拿大不列颠哥伦比亚省、爱尔兰和英国都通过对碳排放活动征税的方式削减碳足迹。不列颠哥伦比亚省每排放一吨碳征收 30 美元的税费。爱尔兰和英国则实施较高水平的汽油税。图 10-7 对比了英国高水平的汽油税与美国较低水平的汽油税。

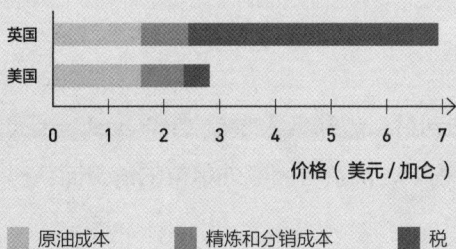

英国
美国

0　1　2　3　4　5　6　7

价格（美元 / 加仑）

■ 原油成本　　■ 精炼和分销成本　　■ 税

图 10-7　汽油税

资料来源：美国能源信息署、美国汽车协会和作者假设。

* 限额交易：美国国家环境保护局通过采用限额交易制度（即限制排放并发放可交易的排污许可证）成功地减少了当地的空气污染物，尤其是铅。欧洲也在采取这种方法，但由于限额规模较大且价格较低，其收效甚微。

* 补贴绿色替代品：许多国家会为采用风力发电场或太阳能电池板的电力公司提供补贴。这些技术的成本逐渐下降，同时其在总能源供应中所占比例不断增加。

为什么没有采取更多的措施

为什么我们不采取更严格的限额和强有力的激励措施，来鼓励大规模碳减排？有以下四个原因。

1. 发展中经济体在追求发展和获得低成本能源方面面临挑战。在现有技术条件下，煤炭对其构成一种具有吸引力的选择。
2. 在全球范围内达成减排共识是一项极具挑战性的任务。2015 年，在巴黎举行的联合国气候变化大会上，近 200 个缔约方首次共同签署了一份国际协议。
3. 减排所需的成本具有确定性，然而由此带来的利益回报却是一个长期的过程。《持怀疑论的环保主义者》一书的作者比约恩·隆伯格指出："为了获得一些环境效益，我们最终可能会牺牲大多数人的个人发展、就业机会和机遇，尤其是对发展中国家而言。"
4. 随着技术的不断进步，清洁能源的成本逐渐下降，这一趋势有望持续延续。以天然气取代煤炭作为能源的案例可以说明这一点，这种替代能源可以将发电过程中的碳排放减少一半，而且水力压裂技术的应用使其成为一种具有成本收益的选择。

为了获得一些环境效益，我们最终可能会牺牲大多数人的个人发展、就业机会和机遇，尤其是对发展中国家而言。

比约恩·隆伯格（Bjørn Lomborg）

10.2

正外部性：教育

良好的教育能对接受教育的学生产生积极的影响，同时也为与这些学生互动的个体带来正面影响。然而，在研究教育经济学的过程中，必须明确区分教育带来的私人收益和社会收益。

● 私人收益和社会收益

私人收益是商品或服务的消费者获得的利益。边际私人收益（marginal private benefit，MB）是在消费某一商品或服务的过程中，消费者因额外单位的消费而获得的附加个人利益。

外部收益是指在某一商品或服务的消费过程中，除了直接参与消费的消费者的其他个体所获得的附加收益。边际外部收益（marginal external benefit）则是指在逐渐增加的商品或服务消费量下，除了直接参与消费的消费者的其他个体所获得的额外单位消费所带来的附加收益。

边际社会收益（marginal social benefit，MSB）是指在某一商品或服务的消费过程中，包括消费者（边际私人收益）和所有其他受益个体（边际外部收益）在内，所享有的额外单位消费所带来的总的收益，即

边际社会收益＝边际私人收益＋边际外部收益

图 10-8 以大学教育为例，展示了前述收益概念的应用。同样的分析适用于不同教育层次。图 10-8 中的边际收益曲线（*MB*）描述了大学毕业生所享有的边际私人收

学费（千美元/年）

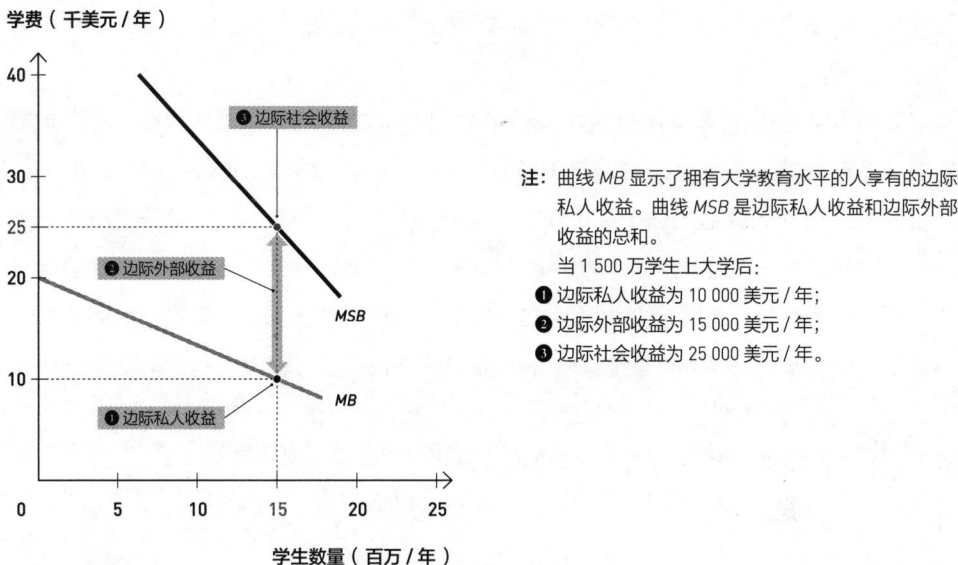

注：曲线 *MB* 显示了拥有大学教育水平的人享有的边际私人收益。曲线 *MSB* 是边际私人收益和边际外部收益的总和。
当 1 500 万学生上大学后：
❶ 边际私人收益为 10 000 美元/年；
❷ 边际外部收益为 15 000 美元/年；
❸ 边际社会收益为 25 000 美元/年。

学生数量（百万/年）

图 10-8 以大学毕业生为例的外部收益

益，其中包括扩大的就业机会和增加的收入等。随着接受的教育数量增加，边际私人收益呈递减趋势。

然而，大学毕业生所带来的外部收益在这一背景下也应予以考虑。通常情况下，大学毕业生在社会中发挥更积极的作用，这表现在他们能够更有效地与他人沟通，并往往具备较高素质的公民素养。此外，大学毕业生的社会影响还表现在其较低的犯罪率以及对不同观点的更高包容性。大量的大学毕业生能给社会带来重要的外部收益。他们不仅能欣赏高质量的音乐、戏剧等文化活动，还能积极支持各种有组织的社会活动。

如图 10-8 所示，当大学的入学人数达到 1500 万时，每年的边际外部收益为 15 000 美元。边际社会收益是边际私人收益和边际外部收益的总和。以具体数值为例，假设每年有 1500 万名学生入学，边际私人收益为 10 000 美元/年，而边际外部收益为 15 000 美元/年，在这种情况下，边际社会收益将是 25 000 美元/年。

边际社会收益曲线比边际私人收益曲线更为陡峭，这是因为边际外部收益的减少原因与边际私人收益的减少原因相同。在考虑受教育程度时，个体通常只会考虑到私人收益。举例来说，如果一个人考虑在私立学校就读，需要支付全额学费，这可能导致更多的大学毕业生选择放弃受教育机会，从而在边际社会收益曲线上产生明显的下降。

如图 10-9 所示，如果所有大学教育都由民办学校提供，可能会导致供不应求的局面。在这种情况下，供给曲线等于私立学校的边际成本曲线（$S = MC$），而需求曲线等于边际私人收益曲线（$D = MB$）。当市场达到均衡状态时，学费为 1.5 万美元/年，大学的入学人数为 750 万/年。然而，这种情况下的均衡并不是社会最优状态。在这种情况下，边际社会收益为 38 000 美元/年，高于边际成本 23 000 美元/年。尽管如此，大学入学人数仍然较少。在更有效的情况下，每年的入学人数应为 1500 万，此时边际社会收益等于边际成本。值得注意的是，供不应求的情况造成了无谓损失，这在图中的灰色三角形区域中得以体现。

注：1. 市场需求曲线等于边际私人收益曲线，$D = MB$。供给曲线等于边际成本曲线，$S = MC$。
❶ 市场均衡时，学费为 1.5 万美元/年，入学人数为 750 万/年。
2. 边际社会收益曲线为 MSB，此时，市场是低效的，因为 ❷ 边际社会收益大于 ❸ 边际成本。
❹ 有效的入学人数为 1500 万/年。
❺ 灰色三角形区域表示大学入学人数太少而造成的无谓损失。

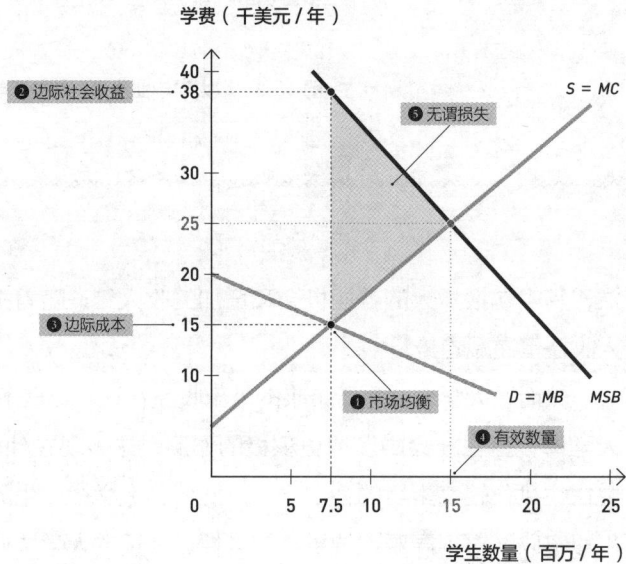

图 10-9　大学教育供不应求时的外部收益

● 政府针对外部收益采取的措施

为了确保生产能够达到产生外部收益的商品或服务的适当数量，政府可能会采取一系列公共选择，以改善市场的结果。在外部收益存在（如教育带来的收益）的情况下，为实现有效的资源配置，政府可以采取以下三种方法：

» 公共供给；

» 私人补贴；

» 优惠券。

公共供给

公共供给（public provision）是指由政府机构或公共部门提供的商品或服务，其主要资金来自政府预算或税收收入。公立大学、学院和学校提供的教育服务就是典型的公共供给。

图 10-10 展示了公共供给是如何应对图 10-9 中所呈现的供不应求问题的。在公共供给的情境下，生产成本无法降低，因此边际成本保持不变。与此同时，边际私人收益、边际外部收益和边际社会收益与图 10-9 中所示的情形保持一致。

当边际社会收益与边际成本相等时，表示达到有效数量的状态。在如图 10-10 所示的情境下，有效的大学生入学人数为 1500 万 / 年。为了确保实现这一有效数量，学费被设定在确保边际私人收益等于有效数量下的边际社会收益的水平。在图 10-10 的例子中，学费为 10 000 美元 / 年。此外，公立大学的其余费用由纳税人分摊。在这个具体例子中，每位学生的费用为 15 000 美元 / 年。

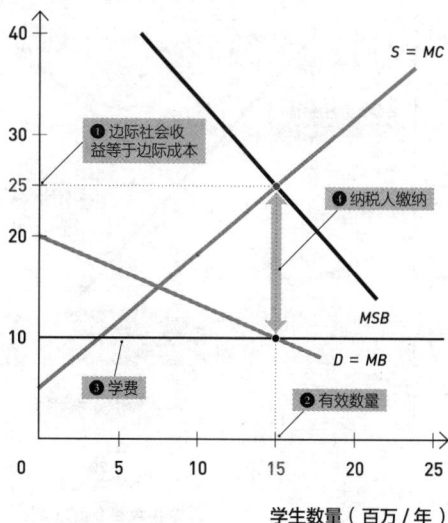

❶ 当有 1500 万名大学生时，边际社会收益等于边际成本。

❷ 有效数量为每年 1500 万名大学生入学。

❸ 学费为 10 000 美元 / 年。

❹ 纳税人承担每位学生每年剩余的 15 000 美元的边际成本。

图 10-10　公共供给实现大学教育供不应求情况下的有效配置

私人补贴

补贴（subsidy）是政府向生产者支付的资金，以部分支付生产过程中的成本。通过补贴生产者，政府可以促使私人决策者在做选择时考虑外部收益。

在图 10-11 所示的情境中，我们探讨了私立大学受补贴的模式。在无补贴的情况下，私立大学教育的市场供给曲线可由边际成本曲线表示，即 $S = MC$。需求曲线等于边际收益曲线，即 $D = MB$。本例中，政府每年向每

学费（千美元／年）

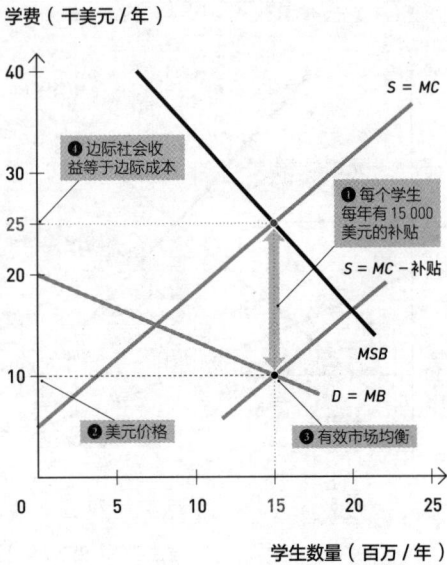

❶ 每个学生的补贴为 1500 美元／年，供给曲线为 S = MC − 补贴。

❷ 均衡学费为 10 000 美元／年，每年有 1500 万名大学生入学。

❸ 市场均衡是有效的，因为有 1500 万名大学生入学，

❹ 边际社会收益等于边际成本。

图 10-11　私立大学受补贴情况下的有效配置

名大学生提供 15 000 美元的补贴。因此，考虑到补贴，大学的供给曲线应为 S = MC − 补贴。均衡学费（市场价格）为 10 000 美元／年，对应的均衡入学人数为 1500 万／年。为确保实现这一入学人数，大学需要支付 25 000 美元／年的边际成本，同时每位学生边际社会收益也为 25 000 美元／年。由此可知，边际成本与边际社会收益相等，呈现效率的特征。这说明补贴措施是有效的，因

为学费和补贴的总额正好等于大学在每位学生身上承担的边际成本。

公共供给与私人补贴：上述研究中探讨的两种方法，在入学人数和学费方面呈现一致性。然而，是否可以同等地将这两种教育服务提供方式视为同样有效的，则是一个相当难以评估的问题。这一判定涉及多个复杂的因素。公立学校的管理者在追求成本降低和质量提升方面，并不像私立学校的管理者那样受到强烈的动机驱动。因此，两种方法可能存在一些重要差异。对中小学教育而言，特许学校或许能够成为传统公立学校与补贴私立学校之间一种有效的妥协方案。

优惠券

优惠券（voucher）是指政府向家庭分发的代币，可以用来购买指定的商品或服务。优惠券作为政府发放的一种交易媒介，通过赋予家庭一定数量的代币，构成了经济中的一种非货币交换机制。典型案例如美国农业部的 SNAP（食品援助计划）食品券，旨在直接援助低收入家庭，以满足其基本生活需求。在类似的概念下，大学教育券（以下简称"学券"）也被引入，为大学生提供了一种以券为媒介的资助方式。

设想政府向每位学生分发一张学券，学生可以基于自己的选择就读大学，并在学券金额的基础上追加款项，以支付所选大学的学费。同时，大学有

权将所收取的学券兑换为美元。在这一情境中，若政府将学券的面额设定为大学每年在有效学生数量下所创造的边际外部收益，那么将实现一种有效的结果。

　　图 10-12 体现的是一个高效的学券发放方案，该方案展示了政府如何有效地分配学券。具体而言，政府每年向每位学生发放价值 15 000 美元的学券，而这个数额正好等于在有效学生数量下所产生的边际外部收益。在此设置下，每名学生每年支付 10 000 美元的学费。因此，政府每张学券的价值为 15 000 美元，而学校每年可以从每名学生那里收取 25 000 美元（学费＋学券价值）。通过这一高效方案，学券的发放可以确保每年有 1500 万名学生进入大学。这个数额正好可以保持边际成本等于边际社会收益，达到了资源配置的有效性。

注：有了学券，学生愿意支付 MB 加上学券的价值。
❶ 政府每年向每位学生发放价值 15 000 美元的学券，15 000 美元相当于在有效学生数量下，大学一年的边际外部收益。
❷ 市场均衡是有效的，因为有 1500 万名学生入学，
❸ 边际社会收益等于边际成本。
❹ 每个学生缴纳 10 000 美元 / 年的学费，政府向学校支付 15 000 美元（学券面值 15 000 美元）。

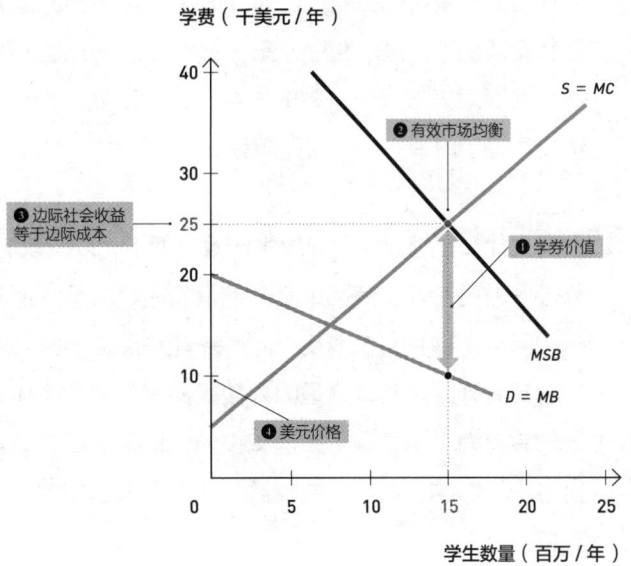

图 10-12　高效的学券发放方案

　　发学券是否就比公共供应和补贴好处多呢？ 学券机制将公共财政资源直接提供给消费者，而非生产者。在经济学领域，普遍认为这一方式相对于公共供给和补贴具有更高的效率，因为它将私立大学之间的积极竞争与公共资源的配置紧密结合，以实现有效的学生数量。此外，学生和学生家长相较于政府，更有能力有效地评估学校的表现。

第 10 章要点小结

1. 解释为什么负外部性会导致低效的生产过剩，以及政府如何才能取得更高效的结果。

- 外部成本是指生产商品或服务所产生的成本，但这些成本并非由生产者承担，而是由其他人承担。边际社会成本等于边际私人成本加上边际外部成本。

- 在生产者的决策中，通常只考虑边际私人成本，即生产单位附带的个体成本。然而，当存在边际外部成本时，即生产活动对于非参与者造成的外部成本或影响时，生产者的产量可能会超过达到最优水平的有效数量。

- 在特定情况下，可以通过分配产权解决负外部性问题。

- 政府在面对无法分配产权的情况下，可以借助命令与控制监管、征收污染税和限额交易等手段解决负外部性问题。

2. 解释为什么正外部性会导致生产效率低下，以及政府如何才能取得更高效的结果。

- 外部收益是指除了商品或服务的消费者，其他人所获得的利益。边际社会收益等于边际私人收益（仅涉及个体消费者的收益）加上边际外部收益。

- 教育具有外部收益，这是因为接受良好教育的个体对社会产生了正面影响。高素质的教育为个体提供了知识和技能，使他们成为高素质的公民，这对整个社会产生了积极影响。这些外部收益包括但不限于犯罪率的降低以及对积极社会活动的支持。

- 通过向私立大学提供学券或补贴，或者以低于成本的价格提供公共教育，可以促使教育供给更加高效。

第 11 章

公共产品与公共资源

本章学习目标

» 区分私有产品、公共产品和公共资源；

» 解释搭便车问题及公共供给如何克服这一问题，并提供有效数量的公共产品；

» 解释公地悲剧并探讨可行的解决方案。

11.1

产品和资源分类

政府为什么用税收收入修建高速公路、桥梁和隧道？为什么追求利润的私营企业不能建造交通基础设施或销售其服务？太平洋里的鱼和东点海鲜公司西雅图渔场里的鱼有什么区别？泰勒·斯威夫特（Taylor Swift）的现场演唱会和网络电视线上演唱会有何不同？教育和快餐又有何差异？上述每一组对比在很多方面都有所不同，但关键在于，人们在多大程度上可能被排除在消费者之外，以至于无法享有该商品或服务；以及在多大程度上一个人对该商品及服务的使用会影响其他人的使用。

● 排他性

如果一种产品、服务或资源有可能排除某些人享有，那么我们就认为该产品、服务或资源具备排他性（excludable），如布林克武装押运集团的安全服务、东点海鲜公司的鱼，以及泰勒·斯威夫特的演唱会。如果你要使用上述产品或服务，那么你就必须付钱。

如果一种产品、服务或资源不可能（或需花费极大的成本才可能）排除他人享有，那么我们就认为该产品、服务或资源不具备排他性（nonexcludable），如市警察局的服务、太平洋的鱼，以及（网络电视）线上演唱会。当警车将高速公路上的交通控制在限速内时，就能降低所有道路使用者发生交通事故的风险。你是不可能将某些道路使用者排除在外的。同样地，任何人只要有船，都可以在海里捕鱼。任何人只要有电视，就能看网络直播。

● 竞争性

如果一个人对产品、服务或资源的使用会减少其他人可使用的数量，那么我们就认为该产品、服务或资源具备竞争性（rival）。例如，布林克武装押运集团也许可以为两家银行提供服务，但一辆卡车是无法同时为两家银行运送钞票的。一条鱼，无论它来自太平洋还是养鱼场，都只能被吃一次。演唱会现场的一个座位一次只能坐一个人。所以，这些事物是具备竞争性的。

如果一个人对产品、服务或资源的使用不会减少其他人可使用的数量，那么我们就认为该产品、服务或资源不具备竞争性（nonrival）。例如，市警察局的服务、网络电视线上演唱会都是不具备竞争性的。社区多一个人并不会降低警察对社区的保护水平。同样，多一个人看电视，对其他电视观众也不会产生影响。

四重分类

图 11-1 将用上述分类标准将产品、服务和资源分为四种类型。

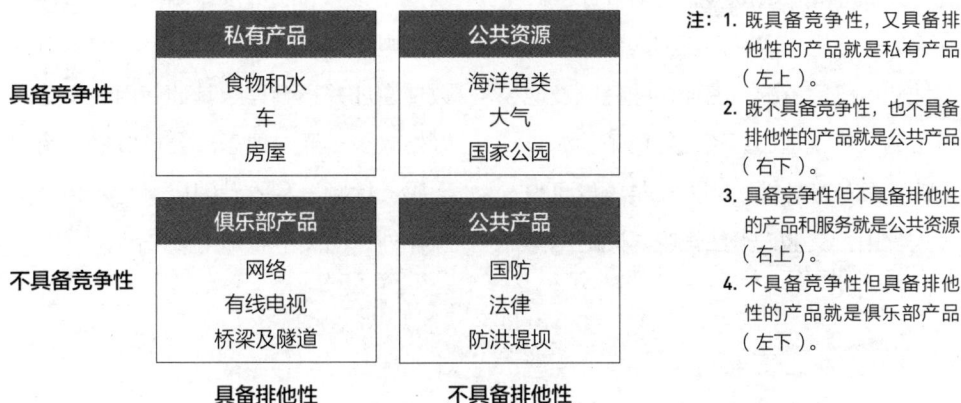

	具备排他性	不具备排他性
具备竞争性	私有产品 食物和水 车 房屋	公共资源 海洋鱼类 大气 国家公园
不具备竞争性	俱乐部产品 网络 有线电视 桥梁及隧道	公共产品 国防 法律 防洪堤坝

注：1. 既具备竞争性，又具备排他性的产品就是私有产品（左上）。
2. 既不具备竞争性，也不具备排他性的产品就是公共产品（右下）。
3. 具备竞争性但不具备排他性的产品和服务就是公共资源（右上）。
4. 不具备竞争性但具备排他性的产品就是俱乐部产品（左下）。

图 11-1 产品、服务和资源的四重分类

资料来源： Adapted from and inspired by E. S. Savas, *Privatizing the Public Sector*, Chatham House Publishers, Inc., Chatham, NJ, 1982, p. 34.

私有产品

同时具备竞争性和排他性的产品及服务（见图 11-1 左上部分）就是私有产品（private good），即一次仅可被一个人使用，且仅能被购买或拥有它的人使用。东点海鲜公司养鱼场的鱼就是私有产品的典型例子。如果一个人吃了这条鱼，那么其他人就无法再吃了，有且仅有买了这条鱼的人可以吃它。

公共产品

同时不具备竞争性和排他性的产品及服务（见图 11-1 右下部分）就是公共产品（public good），即可同时被所有人使用，且无人会被排除在外，从而无法享受产品及服务带来的好处。防洪堤坝就是其中一个很好的例子。所有住在被堤坝保护的洪水泛滥地区的人都能享受其好处，且无人会被排除在外，以至于无法享受其好处。法院及法律体系提供的法律和规则也是一个公共产品的例子。

公共资源

具备竞争性且不具备排他性的资源（见图 11-1 右上部分）就是公共资源（common resource）。这样的资源，一组只能使用一次，但任何人都能无限制地使用可用资源。海洋中的鱼以及地球上的大气就是公共资源的例子。海洋中的鱼具备竞争性，因为一条鱼仅可被一人食用，其他人无法再吃。同时海洋中的鱼也不具备排他性，因为我们无法阻拦人们去捕鱼。同样，地球上的大气也具备竞争性，因为当一个人吸入一定量的氧气时，其他人就无法再吸入这些氧气。同时地球上的大气也不具备排他性，因为我们无法阻止人们呼吸。

俱乐部产品

不具备竞争性但具备排他性的产品（见图 11-1 左下部分）就是俱乐部产品（club good）。俱乐部里的任何人都可以使用该产品，但不属于俱乐部的人不可以使用该产品。比如，奈飞、互联网、有线电视及桥梁或隧道。产品使用者的数量增加并不会导致其他使用者享受的好处减少。通过俱乐部会员资格、用户代码、扰频器和收费门槛可将非会员排除在外，使其不可享用该产品。

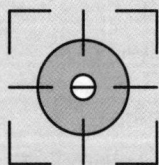

聚焦历史

灯塔属于公共产品吗

灯塔似乎是公共产品：既不具备排他性，同时也不具备竞争性。但在 18 世纪，英国的灯塔是由私有企业建造和运营的，这些私有企业通过向附近港口停靠的船只收费获利。拒绝向灯塔拥有者交费的船只将无法使用港口。这时，即便船只在港口附近，也享受不了灯塔的服务。这种类型的灯塔其实是自然垄断产品，而非公共产品。

11.2

公共产品和搭便车问题

为什么国防及地区法院系统要由美国政府提供？为什么防洪堤坝要由国家政府建造？为什么消防及**警察**服务要由市政府提供？为什么人们不向北极安防公司（一家私营企业，其抢占市场份额的方式和麦当劳如出一辙）购买国防服务？为什么堤坝不能由私营工程企业建造？为什么人们不向布林克武装押运集团及其他私营企业购买消防和警察服务？答案就在于，以上这些产品都是公共产品（不具备排他性，也不具备竞争性），且此类产品通常容易造成搭便车问题。

● 搭便车问题

搭便车（free rider）是指个人无偿享有产品及服务。由于每个人都会消耗同等数量的公共产品且无法阻止其他人享有公共产品，因此也就无人愿意主动付钱。每个人都有搭便车的意愿。搭便车问题在于，如果私有市场自由交易，则提供的公共产品过少。为生产有效数量的公共产品，政府必须采取行动。

为了解私有市场为何提供的公共产品过少以及政府如何提供有效数量的公共产品，我们需要考虑公共产品的边际收益和边际成本。公共产品的边际收益与私有产品略有不同，让我们首先来看一下收益的计算。

● 公共产品的边际收益

丽莎（Lisa）和麦克斯（Max）（假设社会中仅有这二人）共享一个没有安全照明灯的公共停车场，安全照明灯就是公共产品。二人都希望安装安全照明灯，但安装几盏呢？这个问题的答案需要由安装安全照明灯的边际收益和边际成本来决定。

丽莎和麦克斯都很清楚不同数量的安全照明灯能给自身带来的边际收益

聚焦生活

学生搭便车问题及其市场解决方案

音乐文件是不具备竞争性的产品，因为我们只需点击鼠标就能复制该文件。复制文件的边际成本为零。音乐文件同样具备非排他性，因为想要避免其他人非法复制文件，需要付出极大的代价。

由于音乐文件既不具备竞争性，又不具备排他性，因此它是一种公共产品，可能产生搭便车问题。

假设所有人都通过复制朋友的文件获取音乐资源，你会发现，要不了多久，歌曲的供给就会中断。专业作曲家及歌手将无法从中获得收入，音乐行业里将只剩下那些把写歌、表演及录制当作兴趣的业余爱好者。

这类搭便车问题可以通过版权法（未经授权，不可自行复制音乐文件）得到解决。但此方法的问题在于，如果针对某些违法行为我们很难查明或惩处，那么仅仅将其定为违法行为本身其实是无效的。随着智能手机、笔记本电脑及网络快捷服务的普及，搭便车已成为一个严峻的问题。

但是，正如最终一定会发生的那样，市场终究会给出解决方案。这一解决方案即流媒体。

声田（Spotify）、苹果音乐以及其他类似网站开始创建仅提供音乐但不提供文件的订阅服务。流媒体服务的订阅量每年都会翻一番，而单曲下载量已渐渐下降。

非法共享文件造成了搭便车问题，但流媒体服务解决了这一问题。

是多少。图 11-2a 和图 11-2b 展示了不同边际收益的情况。MB_L 及 MB_M 分别代表丽莎和麦克斯的边际收益曲线。随着公共产品数量的增加，个人的边际收益呈递减趋势——这个结果与私有产品类似。

图 11-2c 则展示了整个经济体的边际收益情况。我们通过加总不同产品数量下的个体边际收益得到了该曲线。比如，在安装 3 盏灯的情况下，边际收益为 70 美元（等于丽莎的边际收益 30 美元加麦克斯的边际收益 40 美元）。

边际收益（美元／盏）

100
80
60
40
20

MB_L

0 1 2 3 4 5

数量（盏）

a）丽莎的边际收益

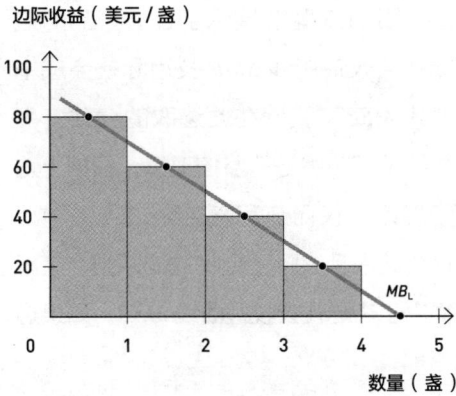

注：该公共产品的边际收益曲线可分为丽莎的边际收益曲线 MB_L 和麦克斯的边际收益曲线 MB_M。已知公共产品的边际收益为不同公共产品数量下所有个体边际收益的总和。整个经济体的边际社会收益曲线，即 MSB。

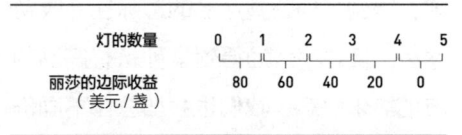

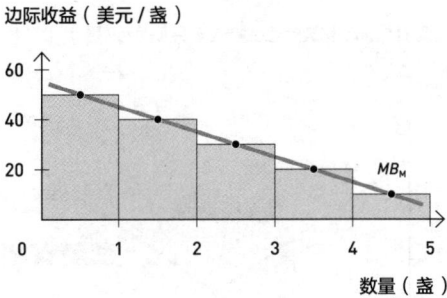

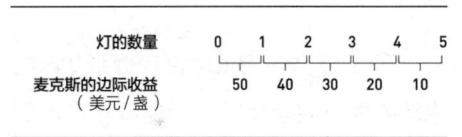

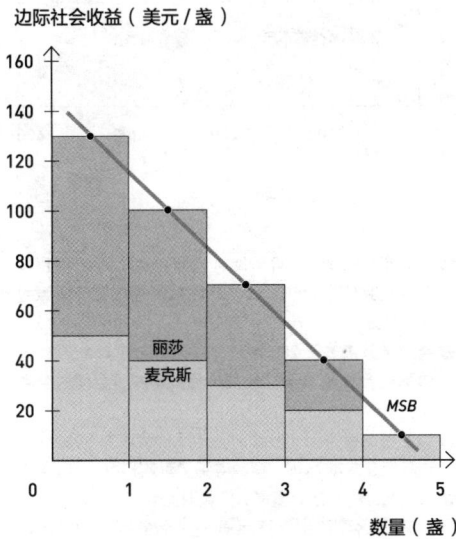

灯的数量	0	1	2	3	4	5
丽莎的边际收益（美元／盏）		80	60	40	20	0

边际收益（美元／盏）

60
40
20

MB_M

0 1 2 3 4 5

数量（盏）

b）麦克斯的边际收益

灯的数量	0	1	2	3	4	5
麦克斯的边际收益（美元／盏）		50	40	30	20	10

边际社会收益（美元／盏）

160
140
120
100
80
60
40
20

丽莎
麦克斯

MSB

0 1 2 3 4 5

数量（盏）

c）整个经济体的边际社会收益

灯的数量	0	1	2	3	4	5
丽莎的边际收益（美元／盏）		80	60	40	20	0
麦克斯的边际收益（美元／盏）		50	40	30	20	10
整个经济体的边际社会收益（MSB）（美元／盏）		130	100	70	40	10

图 11-2 公共产品的边际收益

MSB 则是边际社会收益曲线。

由于我们是通过加总不同产品数量下所有个体的边际收益，得到某种公共产品的边际收益的，因此我们同样可以通过垂直加总个体的边际收益曲线的方式，得到某种公共产品的边际社会收益曲线。反过来，为得到某种私有产品的市场需求曲线，我们也会加总在不同价格下所有个体的需求量，因此我们会水平加总个体需求曲线（见第 4 章）。

● 公共产品的边际成本

确定公共产品和私有产品边际成本的方法是完全相同的。在第 6 章已提到过的边际成本递增原理同样适用于公共产品的边际成本。因此，公共产品的边际成本曲线呈向上倾斜趋势。且由于公共产品不产生外部性，所以其边际成本同时也是其边际社会成本。

通过加总法庭、防洪堤坝、警察保护及消防服务的个体边际收益曲线，我们就能得到这些公共产品的边际社会收益曲线。

● 公共产品的有效数量

通常我们会用在第 10 章学到的准则来确定公共产品的有效数量，即边际社会收益等于边际社会成本时的数量。

图 11-3 同时展示了公共产品的边际社会收益曲线 *MSB* 及边际社会成本曲线 *MSC*，我们在此选取的公共产品是提供国防服务的监控卫星。根据上述经济体（仅丽莎和麦克斯二人）中计算公共产品边际社会收益的原则，这里得出了边际社会收益曲线 *MSB*。如果边

边际社会成本和边际社会收益（百万美元／颗）

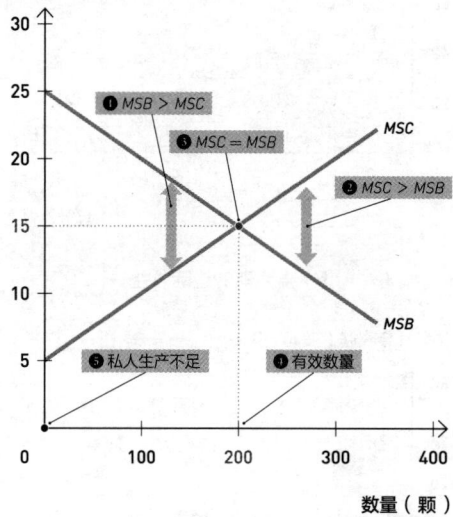

❶ 当卫星数量少于 200 颗时，边际社会收益 *MSB* 超过边际社会成本 *MSC*。公共产品数量增加会使资源利用更有效。

❷ 当卫星数量多于 200 颗时，边际社会成本 *MSC* 超过边际社会收益 *MSB*。公共产品数量减少会使资源利用更有效。

❸ 当卫星数量等于 200 颗时，边际社会收益 *MSB* 等于边际社会成本 *MSB*。资源得到了有效利用。

❹ 公共产品的有效数量是 200 颗卫星。

❺ 私有供给导致生产不足——极端情况下，生产将为零。

图 11-3　公共产品的有效数量和私有供给生产不足

际社会收益超过边际社会成本，通过增加公共产品的数量就可以更有效率地利用资源。而如果边际社会收益等于边际社会成本，在此示例中，当卫星数量为200颗时，资源得到了有效利用。

私有供给：生产不足

类似北极安防公司这样的私有企业，可以提供有效数量的卫星吗？大概率是不能的。因为此时没有人愿意支付他的这部分卫星成本。所有人都会给出如下理由："北极安防公司提供的卫星数量，不会受我所支付的部分成本影响。如果我能搭便车，我的个人消费可以更自由。因为如果我不支付这部分成本，我也能享受到同等水平的安全保护，同时用省下来的钱购买更多的私有产品。因此在公共产品上，我会选择搭便车。"正是诸如此类的推理导致了搭便车问题。如果所有人都这样想，那么北极安防公司就无法获得任何收入，因此它也不会再提供卫星产品。

公共供给：有效生产

政治结果既可能有效也可能无效。让我们先来看一看有效的情况。假设有鹰派和鸽派两个政党，二者仅在国防监控卫星数量这一问题上政见不一致。鹰派希望发射300颗卫星，而鸽派仅想发射100颗。二者都希望自己能在选举中获胜，因此他们进行了一轮选民调研并得到了如图11-4所示的 *MSB*。他们还咨询了卫星制造商，确定了卫星的边际成本曲线。在此基础上，二者进行了假设分析。如果鹰派提出需要300颗卫星而鸽派提出仅需100颗，那么选民对两党的不满意程度是相当的。相比有效数量的卫星，鸽派提出的数量供给不足，比有效数量少100颗；鹰派提出的数量则过度供给，比有效数量多100颗。在此情况下无谓损失一致，因此二者在选举中可能处于旗鼓相当的状态。

有效公共供给的障碍

实现有效政治产出并不像描述得那么简单。在达成目标前，至少需要面对三大障碍：

» 确定效益和成本；
» 目标官僚性和选民理性无知；
» 有限资金。

确定效益和成本

选举常常不是一个单一议题。卫星需要与核磁共振扫描仪、教育和无数其他公共产品共同竞争，以获得纳税人的投资资金。政府部门会为政治家的一系列事项制订详细的建议方案。

边际社会成本和边际社会收益（百万美元/颗）

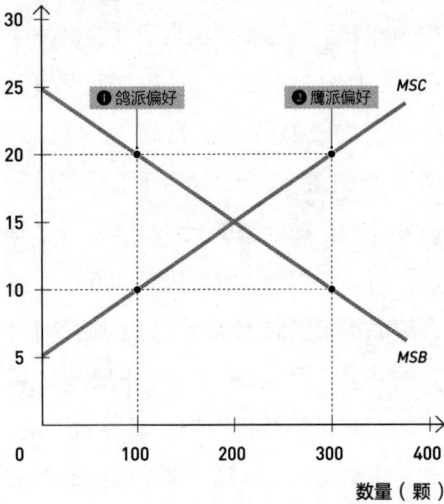

a）党派差异偏好

❶ 鸽派希望提供 100 颗卫星。❷ 鹰派希望提供 300 颗卫星。

边际社会成本和边际社会收益（百万美元/颗）

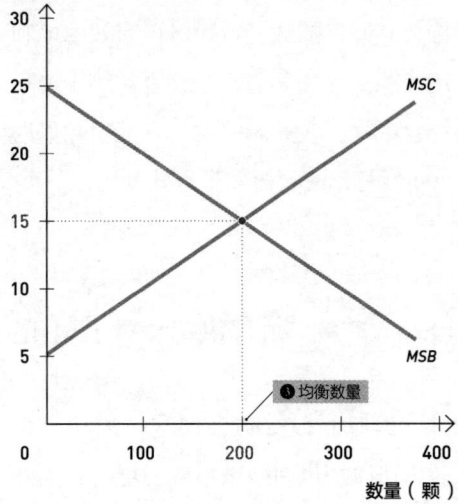

b）政治结果

❸ 政治结果是 200 颗卫星：除非两党提出的方案都是提供 200 颗卫星，否则另一个党派将赢得选举。

图 11-4 有效政治结果

在此过程中，他们使用的工具被称为收益 – 成本分析（benefit-cost analysis），即一种用于确定项目提案总收益、总成本和净收益的会计操作。通过追求最高净收益的项目，政治家希望赢得选举并保住他们的地位及权力。

总收益和总成本与边际收益和边际成本相关。图 11-5a 中，曲线 MSC 展示了每颗卫星的成本（或按小时租赁卫星的部分成本），总成本为 20 亿美元，曲线 MSC 下方灰色区域即 200 颗卫星的成本总和。在图 11-5b 中，曲线 MSB 则展示了每颗卫星的收益，总收益为 40 亿美元，曲线 MSB 下方灰色部分即 200 颗卫星的收益总和。净收益等于收益与成本的差额，为 20 亿美元，正如深灰色三角形部分所示。

官方通常会通过咨询工程师或其他技术人员估算成本。本案例中涉及国防监控卫星，因此政府通常会向如洛克希德·马丁空间系统公司这类制造商询价。

一般来说，收益难以衡量。当人

边际社会成本和边际社会收益（百万美元 / 颗）

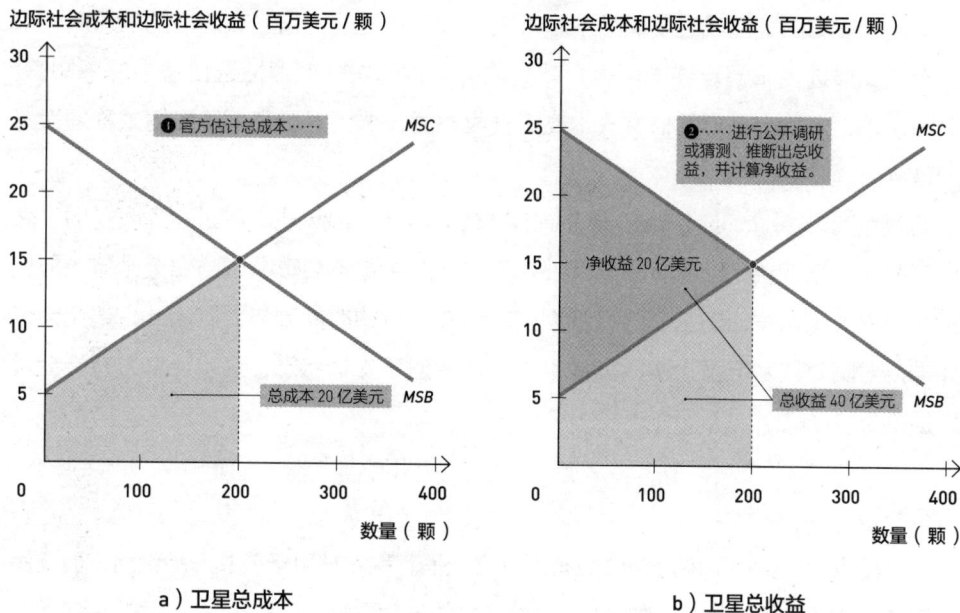

边际社会成本和边际社会收益（百万美元 / 颗）

❶ 官方估计总成本……

MSC

总成本 20 亿美元 MSB

❷……进行公开调研或猜测、推断出总收益，并计算净收益。

MSC

净收益 20 亿美元

总收益 40 亿美元 MSB

a）卫星总成本

b）卫星总收益

❶ 总成本即 200 颗卫星边际成本相加的总和。据灰色区域所示，总成本为 20 亿美元。

❷ 总收益即 200 颗卫星边际收益相加的总和。净收益为总收益与总成本的差额。

图 11-5　总成本、总收益和净收益

们购买私有产品时，通过其选择，能彰显其支付意愿及边际收益。但为包含数百个项目的大型计划投票，并不能反映选民为任何单个项目买单的意愿。公共政策规划人员有时可以通过调研了解民众对项目的估值或做出推断。例如，如果一个公共交通项目能缩短通勤时间，就可以通过通勤者的工资率推断出项目所省下时间的价值。但在一些情况下，我们无法获取信息，那么必须做出有根据的猜测。

由于收益难以衡量，单个公共产品有可能既供给不足，又供给过度。

目标官僚性和选民理性无知

一般来说，官方都有自己的目标，其中之一就是最大化预算以提高其地位、增加其权力。对五角大楼的高层官员来说，他们的目标是实现国防预算的最大化。为实现这一目标，他们会试图说服政治家，他们需要更多的卫星或者更贵的卫星。

但超支购买卫星或过度供给卫星难道不会失去选票并遭到政治家的反对吗？事实上，如果选民掌握足够的信息，就会发生这种情况。但理性选民通常并不知情。原因在于，当某个事项的信息成本高于其收益时，选民对该事项不知情或称理性无知是普遍情形。

理性无知（rational ignorance）是指当获取信息的边际成本超过边际收益时，做出不获取信息的决定。所有的选民都知道自己的决定不会影响国防安全政策，但只是获得有关国防技术的基础信息就需要耗费其巨大的时间和努力。因此，选民会选择维持对国防技术（及大多数其他事项）的相对不知情状态，这也让官方有机会过度供给公共产品。

有限资金

过度供给公共产品的趋势会被有限资金抵消。税收被用于公共产品供给，而选民虽然喜欢公共产品，但不喜欢纳税。公共产品的过度供给，就意味着选民被过度征税。

由于政治家往往并不会通过承诺征收更高的税赋而当选，因此供给公共产品的可用资金很可能会低于提供有效数量公共产品的所需水平。

"聚焦美国基础设施"专栏描述了这样一种情形，由于资金有限，供给明显不足。如果交通基础设施真的供给不足，政党通过提出加大供给、提高税收不是应该能确保获得更多的选票吗？如果税收及支出方案保证能被实施，那么该结果就是可行的。但国会和州立法机构在提高税收和改善公共产品之间存在脱节。在公共产品供给不足的问题改善以前，税收就已被立法制定，所以政治家无法保证他们能用既有的税收金额来提供所承诺的公共产品数量。

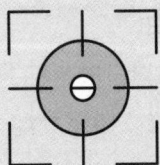

聚焦美国基础设施

美国应该在交通基础设施上投入更多吗

问题

美国的道路交通基础设施中包含 400 万英里一般公路、47 000 英里洲际高速公路和 607 000 座桥梁。

燃油税是维护现有基础设施最主要的资金来源。联邦燃油税自 1997 年起就一直保持在 18.4 美分 / 加仑，且上一次各州调整燃油税也可追溯到 2000 年以前。

固定税率、由于更省油车辆的推广而不断降低的燃油消耗，以及路桥维护费用的不断升高，意味着基础设施所需的修理费已超过现有的可用资金。燃油税收入随着价格的上涨而有所调整，但实际上燃油税有所下降。

随着实际税收收入的下降，维护交通基础设施的支出也随之下降。图 11-6 展示了支出和税收的变化趋势，二者都根据通货膨胀成本进行了调整。

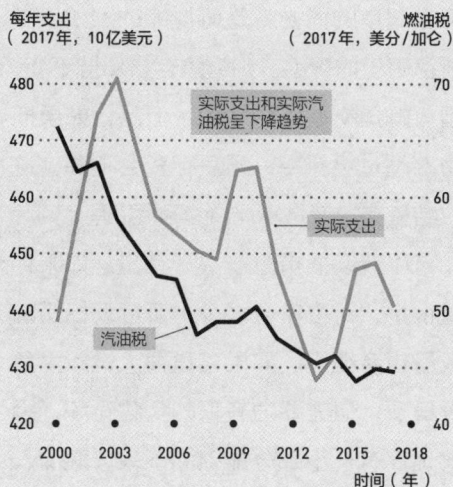

图 11-6　公共支出及燃油税

美国土木工程师协会（The American Society of Civil Engineers）认为目前已有 67 500 座桥梁存在结构不良问题，每年需再增加 80 亿美元的支出，方能在 2028 年之前让美国的所有桥梁达到安全标准。

经济分析

图 11-7 展示了该问题模型。x 轴代表每年修缮的桥梁数量，y 轴代表修缮桥梁的边际社会收益及边际社会成本，结果如曲线 MSB 和 MSC 所示。

在模型所示的经济体中，当每座桥梁的花费为 300 万美元时，每年修缮 6000 座桥梁是有效的，此时每年的总支出为 180 亿美元。

但有限的资金限制了该有效产出。每座桥梁只能花费 250 万美元，每年只能修缮 4000 座桥梁，年度总支出被控制在 100 亿美元。

由于每年修缮的桥梁数量低于有效数量，因此产生了无谓损失。

在图 11-7 中，曲线 MSB 超过了曲线 MSC，因此选民会支持提高税负，加大桥梁修缮项目的投入。但在美国经济中，政治家还未发现这样的有效结果。

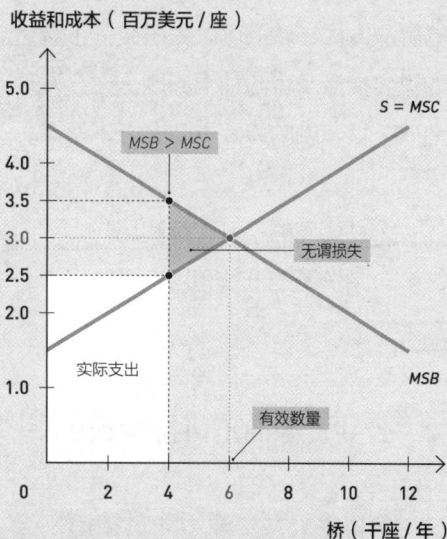

图 11-7　基础设施供给不足

11.3

公地悲剧

中世纪英国某个村子的过度放牧，以及近几十年来对北大西洋鳕鱼的过度捕捞，都是公地悲剧。**公地悲剧（tragedy of the commons）**是指对公共资源的过度利用。公共资源兼具竞争性和非排他性，公地悲剧的产生是因为其使用者无意保护该资源且无意可持续利用该资源。

要了解公地悲剧及其成因和可能的解决方法，我们可以先研究一下鳕鱼的过度捕捞及资源枯竭问题。你会发现造成公地悲剧的原因主要有以下两点：

» 公共资源的不可持续利用；
» 公共资源的低效利用。

● 公共资源的不可持续利用

可再生公共资源（如鱼和树）会通过新生补充数量。

想想北大西洋的鳕鱼。在任何给定的时间点，我们都能观测到鳕鱼的存量、更新率和使用率——捕捞率。如果更新率超过捕捞率，则鳕鱼存量会增长，那么鳕鱼的捕捞就是可持续的。如果更新率等于捕捞率，则鳕鱼存量保持不变，鳕鱼的捕捞是可持续的。但是，如果捕捞率超过更新率，鳕鱼存量会下降，这时鳕鱼存量就是不可持续利用的。

可持续捕捞量取决于存量。如果存量很小，新生鱼群很少，可持续捕捞的数量也会很少。如果存量很大，新生鱼群虽多，但需要为有限的食物竞争，因此也仅有一小部分能存活下来，继而长大、繁殖，以及被捕捞。同样地，可持续捕捞的数量仍然很少。在小存量和大存量之间还有一个存量水平，即考虑到食物供给，更新率达到最大值时的存量。在此存量下，可持续捕捞率也会达到最大值。

图 11-8 展示了存量及可持续捕捞量之间的关系。可持续捕捞曲线 *SCC* 显示了不同存量规模下的可持续捕捞率。随

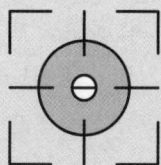

聚焦历史

中世纪英国公地

"公地悲剧"这一概念来源于 14 世纪的英国，那时的英格兰村庄草地丛生。公地对所有人都开放，所有村民都可以在此放牧自家饲养的牛羊。

由于公地对所有人都开放，无人愿意去关注土地是否存在过度放牧的问题。结果造成了过度放牧的情况，这与今天海洋渔业的过度捕捞类似。

16 世纪，羊毛价格上涨，英国成为全世界的羊毛出口国。牧羊业变得有利可图，羊主人希望获得对土地更大的控制权，因而公地渐渐变得封闭而私有化。至此，过度放牧现象得以结束，对土地的利用也变得更有效。

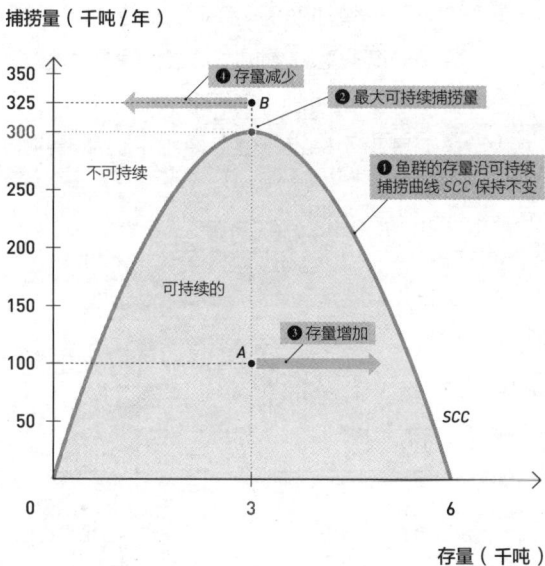

❶ 沿着可持续捕捞曲线 SCC，鱼群存量保持不变。
❷ 随着鱼群存量的增长（x 轴），可持续捕捞量也会增长，直到达到最大水平。鱼群存量进一步增长，鱼群将为有限的食物而竞争，继而可持续捕捞量下降。
❸ 如果捕捞量低于可持续捕捞量，如 A 点，则鱼群存量会增加。
❹ 如果捕捞量超过可持续捕捞量，如 B 点，则鱼群存量会减少。

图 11-8　可持续捕捞量

着存量的增长，可持续捕捞量也会增长，直到达到最大水平，之后便会开始下降。

如果现有捕捞率低于可持续捕捞率，如 A 点，则鳕鱼存量会增长。如果捕捞量等于可持续捕捞量，即可持续捕捞曲线 SCC 上的任意一点，则鱼群存量会保持不变，且我们的子孙后代可捕捞的数量与今天我们可捕捞的数量一致。但是，如果捕捞量超过可持续捕捞量，如 B 点，则鳕鱼存量会下降，且若不加限制，鳕鱼存量最终会降至零。

现在的你已经理解了对资源的可持续利用，但还需要关注另一个问题：有效利用。

● 公共资源的低效利用

即使捕捞量处于可持续水平，但依然有可能超过有效捕捞量，这时会出现过度捕捞。为什么会出现过度捕捞呢？答案在于，渔民通常只考虑自身的私有成本，而无须考虑施加在他人身上的成本，即外部成本。为追求自身利益，渔民会无视外部成本。现在我们从捕捞鱼类的边际社会成本开始，更详细地探讨过度捕捞问题。

边际社会成本

捕鱼的边际社会成本等于其边际

聚焦全球经济

北大西洋鳕鱼公地悲剧

1970 年以前，北大西洋地区的鳕鱼资源非常丰富。人们捕捞北大西洋鳕鱼的历史已有好几个世纪，且这里的鳕鱼是第一批移民——到北美洲的欧洲人最主要的食物来源。到 1812 年，整个新英格兰及加拿大纽芬兰已有 1 600 多条渔船。那时的鳕鱼还属于一种大型鱼类，重达 220 磅，长达 6 英尺 [①]。

当时的人们还在使用鱼线捕鱼，因此产量较低。产量较低的同时也限制了捕捞量，使人们在几百年间可持续性地捕捞鳕鱼。

随着高效渔网（即拖网、围网和刺网），可发现鱼群聚集的声呐技术，以及装备有高效加工和储存设施的大型渔船的引入，情况在 20 世纪 60 年代发生了急剧转变。这些技术进步使得鳕鱼产量急速攀升。在不到 10 年的时间里，鳕鱼产量就从每年不到 300 000 吨，增加到每年 800 000 吨。

巨大的产量意味着鳕鱼存量受到了严重影响。1992 年，全面禁止捕捞北大西洋鳕鱼终于让鳕鱼数量趋于稳定，但存量水平仍然非常低（见图 11-9）。

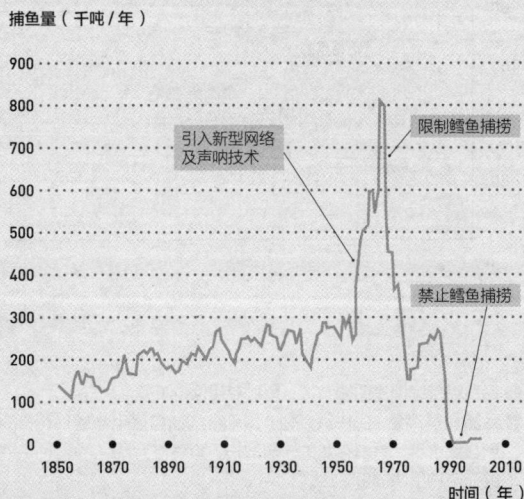

图 11-9 北大西洋鳕鱼公地悲剧

数据来源：千年生态系统评估。
信息来源：鳕鱼——大西洋鳕鱼及其渔业。

① 1 英尺 = 0.3048 米。

私人成本加上边际外部成本。

捕鱼的边际私人成本是指当捕捞量增加 1 吨时，渔民保有船只、船员在海上停留时长的成本。捕鱼的边际成本增加的原理与其他生产活动边际成本增加的原理相同。船员疲劳、储藏设备过满以及低速航行以节省燃料，都会降低每小时的捕捞量，因此捕鱼的边际私人成本会随着捕捞量的增加而增加。

捕鱼的边际外部成本是指当一名渔民的产量每增加 1 吨时，在其他渔民身上会增加的成本。额外成本的增加是由于一名渔民的捕捞量增加，会减少鱼的存量，也会相应地降低存量更新率，使得其他人更难找到并捕捞鱼群。

由于边际社会成本的两个组成部分都会随着捕捞量的增加而增加，因此边际社会成本也会随着捕捞量的增加而增加。

边际社会收益及需求

鱼肉的边际社会收益是指消费者愿意为每多购买 1 磅鱼肉所支付的价格。边际社会收益会随着鱼肉消费量的增加而降低，因此市场需求曲线（即边际社会收益曲线）呈向下倾斜的趋势。

过度捕捞均衡

图 11-10 展示了过度捕鱼的情况及其产生原因。鱼肉的市场需求曲线，即其边际社会收益曲线 *MSB*。市场供给曲线，即其边际私人成本曲线 *MC*。市场

均衡出现在两条曲线的交会点。鱼肉的均衡数量为 800 000 吨[①] / 年，均衡价格为 10 美元 / 磅。当处于市场均衡数量时，边际社会成本会超过边际社会收益。

有效均衡

有效数量是指边际社会收益等于边际社会成本时的产量。在图 11-10 中，鱼肉的有效数量为 300 000 吨 / 年。在此数量下，边际社会成本与边际社会收益相等。

---

① 此处指短吨，1 短吨 =2000 磅，本章下同。——编者注

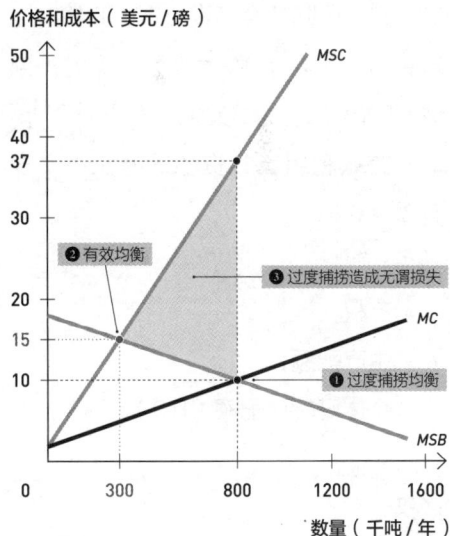

注：市场供给曲线，即边际私人成本曲线 *MC*，市场需求曲线，即边际社会收益曲线 *MCB*。
❶ 市场均衡数量为 800 000 吨 / 年，价格为 10 美元 / 磅。这是一种过度捕捞均衡。
❷ 边际社会成本曲线即 *MCS*，有效均衡数量为 300 000 吨 / 年。
❸ 市场均衡数量超过有效数量，过度捕捞带来无谓损失。

图 11-10 过度捕捞的情况及其产生原因

过度捕捞造成的无谓损失

无谓损失是用来衡量过度捕捞成本的。图 11-10 中的灰色三角形体现了这一成本。无谓损失，即超过有效数量的捕鱼量的边际社会成本与边际社会收益的差额。

● 有效利用公地

只是定义有效利用公共资源所需的条件比达到这些条件要容易得多。为有效利用公共资源，有必要设计一种针对资源使用者的激励机制，使其对行为所带来的边际社会后果负责。同样的原理也适用于在第 10 章学习污染的外部成本时出现的公共资源。

有效利用公共资源的方法，主要有以下 3 种：

» 产权；
» 生产配额；
» 个体可转让配额（ITQ）。

产权

无人能持有公共资源，但任何人都可以免费使用公共资源，这与私有财产正好相反，私有财产是一种私人所有的资源，且所有人有意愿实现价值的最大化，对该资源物尽其用，即该资源能被有效利用。一种避免公地悲剧的方式就是，将公共资源转换为私有财产。具

有私有产权后，资源的所有人需要面对的情况与社会面对的情况一样。资源的所有人是谁并不重要。这些持有资源的人及使用者都将面临使用该资源的机会成本。如果使用者就是所有人，使用资源的机会成本就是放弃的租金收入。如果资源的使用者需要从所有人那里租赁，则使用资源的机会成本就成了付给所有人的租金。

图 11-11 展示了当资源变为私有产权并行使产权后的有效产出。边际私人成本曲线 MC 及市场供给曲线 S，与边际社会成本曲线 MSC 相同，标记为"$S = MC = MSC$"曲线。需求曲线，即边际社会收益曲线 MSB。供给和需求决定了市场价格及均衡数量分别为 15 美元 / 磅、年捕捞量 300 000 吨。在此数量下，边际社会收益等于边际社会成本，因此该产量为有效数量。

针对公地悲剧的私有财产解决方案在某些情况下是可用的。这也是中世纪英国针对公地悲剧最初的解决方案。在防止智能手机服务滥用无线电波的案例中，也用到了该方法。使用该空间的权利（被称为频谱）被政府拍卖给了出价最高者。频谱每一部分的所有人是唯一被允许的使用者（所有人也可以允许他人使用）。

但转换私有产权并不总是可行的，因此它也不是解决过度捕捞问题的实际方案。管理数百万平方英里海洋产生的成本将会远远大于由此产生的收益。此

价格和成本（美元/磅）

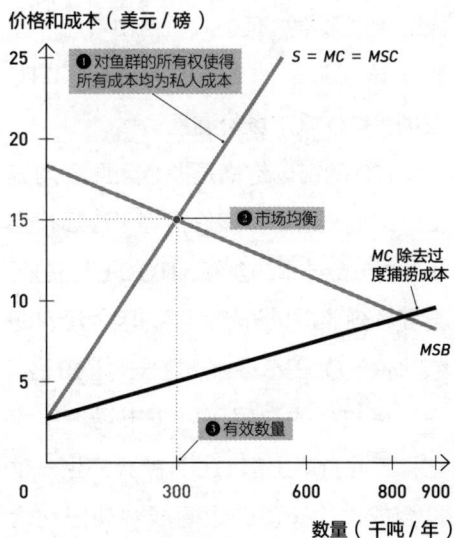

注： 对分配的鱼群存量拥有产权，则意味着渔民需要支付给鱼群存量的所有人一定金额，以获得捕捞许可，同时也将面对由他们的决定带来的边际社会成本。

❶ 边际成本曲线，即市场供给曲线，包含捕捞的所有成本，因此它同时也是边际社会成本曲线，即 $S = MC = MSC$。

❷ 市场均衡出现在曲线 MSC 和 MSB 的交会点，此时资源得到有效利用。

❸ 捕捞量 300 000 吨/年，为有效数量。

图 11-11　产权实现公共资源有效利用

外，关于到底哪个国家有权行使产权也可能引起国际争端。更有甚者，在某些情况下（海洋鱼群存量即其中之一），人们容易对私有产权的转让存在反感心理。私有产权的批评家指出，个人持有公共资源是不道德的。然而，如果产权归属不清，则某种形态的政府干预会被启用，其中之一就是生产配额。

生产配额

生产配额是指特定时期内可生产产品的总量上限。这些配额会被分配给个体生产商，因此每个生产商都会拥有自己的配额。

图 11-12 展示了达到有效产出时的生产配额情况。生产配额将捕捞量（产出）限制在 300 000 吨/年，即有效数量，此时边际社会收益 MSB 等于边际社会成本 MSC。如果所有人都按其配

价格和成本（美元/磅）

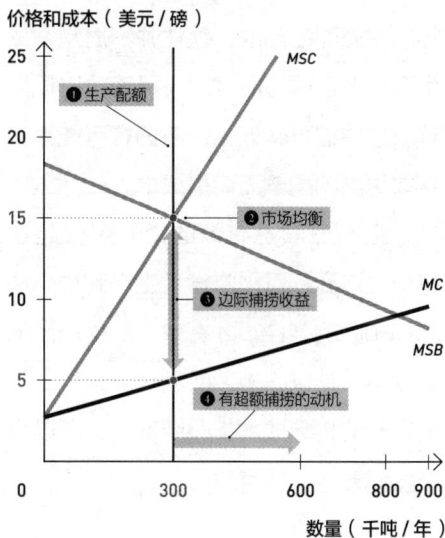

❶ 生产配额以有效数量确定，每个渔民都将被分配到一部分配额。

❷ 市场均衡有效，但价格 15 美元/磅超过了渔民的边际成本 5 美元/磅。

❸ 渔民边际捕捞可获利。

❹ 当价格超过边际成本时，渔民有意去超额捕捞（过度捕捞）。

图 11-12　使用生产配额有效利用公共资源

额捕捞，那么产出便是有效的。但实施生产配额存在以下两个问题。

第一，对个体渔民来说，为了其自身利益，他们通常捕捞的数量会超过分配给他们的配额。原因是市场价格超过了边际私人成本，捕捞得越多，渔民的收益越大。如果多数渔民都超额捕捞，就会发生过度捕捞，那么公地悲剧仍然存在。

第二，边际成本对个体生产商来说一般都不尽相同，我们在此也是这样假设的。一些生产商在使用资源时具有比较优势。有效性的通常要求是将配额分配给边际成本最低的生产商。但政府部门在分配配额时，往往并不清楚个体生产商各自的边际成本。尽管政府试图获取这些信息，但生产商仍有可能为了获取更高的配额而谎报成本。

生产配额是有效的，但仅仅是在每个生产商都可被监管且生产商边际成本都相同的条件下才有效。对生产商的监管不仅难以实施，而且代价高昂，且生产商的边际成本都有所不同，所以生产配额无法实现有效配置。

个体可转让配额

鉴于生产商难以监管，或需要付出高昂的代价才可被监管，以及生产商的边际成本有所不同，可以采用一种更为复杂的配额体系，即个体可转让配额使其有效。个体可转让配额（individual transferable quota，ITQ）是指分配给个

人的生产限额，且个人可自由转让（出售）该配额给他人。因而出现了ITQ市场，ITQ以市场价交易。

ITQ的市场价格是指个人愿意为其支付的最高价格。该价格等于边际社会收益与边际成本的差额。ITQ的价格总是会提升到该市场价格水平，因为没有配额的渔民为获取配额将愿意支付该价格。

有ITQ的渔民可以按市场价出售它，因此若不出售ITQ，就会产生一项机会成本。捕鱼的边际成本现已包含ITQ机会成本，等于有效数量下的边际社会收益。

图11-13展示了ITQ的作用原理。每个渔民都会收到ITQ，ITQ下总的可

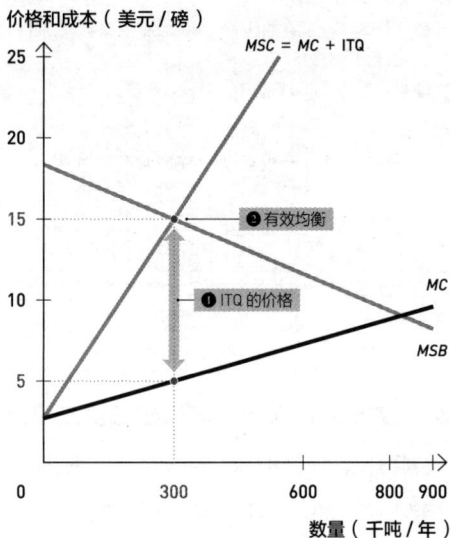

价格和成本（美元/磅）

注：发布的ITQ要求：捕捞量等于有效数量。

❶ ITQ的市场价格等于捕鱼的边际外部成本，且让渔民面对其决策的边际社会成本。

❷ 市场均衡在捕捞量为300 000吨/年时有效，此时边际社会成本及市场价为15美元/磅。

图11-13 使用个体可转让配额有效利用公共资源

捕捞量为 300 000 吨 / 年。渔民交易 ITQ，即边际成本较低的渔民会从边际成本较高的渔民手中买入 ITQ，ITQ 的市场价格稳定在 10 美元 / 磅。而现在捕鱼的边际私人成本就变成原有边际私人成本 MC 加上 ITQ 的价格。边际私人成本曲线也将从 MC 向上移动至 MC + ITQ 价格，且每个渔民都需要负担捕鱼的边际社会成本。

在此前提下，将无人再去谎报成本和超配额捕捞，因为这样会使其边际成本超过市场价格，导致边际捕捞出现亏损。因此，整体结果也就有效了。

聚焦全球经济

ITQ 的作用

ITQ 为实现海洋鱼群存量的有效利用提供了有效工具，这已获得了经济学家的认同。

冰岛、荷兰及加拿大是 20 世纪 70 年代首批采用 ITQ 的国家。新西兰则于 1986 年成为首个将其作为国家政策的国家。

今天，28 家美国渔场、全球最主要的 150 家渔场和 100 家较小渔场——它们占据了全球 10% 的海洋生物捕捞量，都采用 ITQ 进行管理。

海洋生物学家和经济学家认为 ITQ 防止了鱼群存量崩盘，让濒临衰退的捕鱼业得以恢复。

大数据记录了 1 万余家渔场长达半个多世纪的数据，结果显示，如果没有 ITQ，全球鱼群存量将出现重大崩盘，ITQ 避免了捕鱼业的危机。

一项研究发现，ITQ 甚至扭转了捕鱼业的下降趋势，将其转变为恢复趋势。

采用 ITQ 管理的渔场比之未采用的渔场，其崩盘的机会下降了一半。

ITQ 有助于稳定鱼群存量，但也降低了捕鱼业的规模。采用 ITQ 以恢复鱼群存量的后果是对 ITQ 的使用与渔民自身利益产生了冲突。

在所有国家中，捕鱼业都反对对其活动进行限制，但在率先采用 ITQ 的国家，反对力量却不足以阻止采用 ITQ。

在美国，反对 ITQ 的声音极大，捕鱼业甚至说服国会将其判定为非法行为。1996 年，美国国会通过了《可持续渔业法》，暂停 ITQ，该法案持续生效，直到 2004 年才重新启用 ITQ。从 2008 年起，美国 28 家渔场开始采用 ITQ 进行管理，且充分发挥了其优势。ITQ 成功了。

第 11 章要点小结

1. 区分私有产品、公共产品和公共资源。

- 同时具备竞争性和排他性的产品及服务（见图 11-1 左上部分），就是私有产品。
- 既不具备竞争性，也不具备排他性的产品及服务（见图 11-1 右下部分），就是公共产品。
- 具备竞争性，但不具备排他性的资源（见图 11-1 右上部分），就是公共资源。

2. 解释搭便车问题及公共供给如何克服这一问题，并提供有效数量的公共产品。

- 公共产品会导致搭便车问题——对于公共产品所产生的成本，无人愿意支付自己应付的那部分。
- 边际社会收益等于边际社会成本时，公共产品供给处于有效水平。
- 由于政党都试图吸引最大数量的选民，因此党派之争可能促使公共产品供给的有效规模产生，并导致两党提出的政策一致。
- 有效政治产出的障碍是难以估计的社会收益、目标官僚性及选民理性无知。
- 当官方试图最大化其预算且选民理性无知时，公共产品有可能被过量供给。

3. 解释公地悲剧并探讨可能的解决方案。

- 公共资源造成公地悲剧——无人愿意节约资源，有效利用资源。
- 边际私人成本等于边际社会收益时，公共资源被充分利用。
- 边际社会收益等于边际社会成本时，公共资源被有效利用。
- 建立私有产权、确定配额，或是发放个体可转让配额可使公共资源被有效利用。

第 12 章

私有信息与医疗保健市场

本章学习目标

» 描述次品问题并解释二手车市场是如何解决该问题的;

» 描述保险市场的信息不对称问题并解释如何解决该问题;

» 解释医疗保健市场的信息问题和其他经济问题。

12.1

次品问题及其解决方案

在我们目前所研究的市场中，买方和卖方都对交易物品的特征和价值了如指掌。买方明确知道自己获得的收益，卖方也清楚地知道所产生的成本。买方边际收益决定需求，卖方边际成本决定供给，需求和供给共同决定均衡价格及数量。如果第 6 章中提到的任何效率障碍都不存在，那么市场将能有效地分配资源。

在一些市场中，买方或卖方具备某些与交易相关但对方缺乏的信息，即私有信息（private information）。例如，在二手车市场中，每个卖方都拥有待售车辆质量这一私有信息。当你购买一辆二手车时，你肯定不希望它是个"次品"，但是如果你不把它买下来，你就无法确定。当市场的一方拥有私有信息时，我们就称这样的情形为信息不对称（asymmetric information）——买方或卖方拥有私有信息。存在信息不对称的市场是如何运作的？是什么决定了均衡价格和数量？这个市场是有效的还是无效的？

我们现在一一来回答这些问题。

● 二手车市场的次品问题

如果一辆车是次品，那么对买方来说，其价值就要比无缺陷的车辆低。二手车市场的不同价格是否反映了不同质量，即"次品"车

2001 年诺贝尔奖得主、加州大学伯克利分校的乔治·阿克洛夫（George Akerlof）是第一个提出次品问题及其对市场有效资源配置带来挑战的人。

辆卖价低，而无缺陷车辆卖价较高呢？结论是肯定的，但市场需要一些协助以克服所谓的次品问题。次品问题（lemons problem）是指无法从次品中区分可靠产品，次品太多，市场中可能只有次品；以及可靠产品太少，市场中可能不存在可靠产品的问题。

为理解二手车市场是如何克服次品问题的，我们先来看一看这个确实存在次品问题的市场。

为了清晰解释次品问题，我们假设市场中仅有两种车：缺陷车辆，即次品；无缺陷车辆，我们将它称为好车。车辆是否为次品是一项私有信息，仅现有车主知道。买方无法区分待售车辆是不是次品，只有买下它，开几周，对该车辆像现有车主一样熟悉，方可确定。

买方决策及需求

尽管二手车的买方不确定购买的车辆是好车还是次品，但需求法则仍然适用。价格降低，需求量就会增加。但在二手车市场，决定需求及支付意愿的因素略有不同。要了解其原因，我们可以试着想一想一位名叫克雷格（Grey）的二手车买主可能会做出的选择。

克雷格想买一辆二手车，且希望避免买到次品。他知道好车对自己而言的价值，即其边际收益为 20 000 美元。但克雷格收入较低，有一些空余时间，且懂得修车，因此如果价格低到一定程度，他愿意购买一辆次品。这个价格就等于其购买次品的边际收益，他认为是 10 000 美元。

现在请考虑一下克雷格的两难之境。他找到了一辆标价为 15 990 美元的车。他很喜欢该车的外观，但这辆车到底是好车还是次品呢？如果这是一辆好车，他的边际收益即支付意愿为 20 000 美元。那么以 15 990 美元的价格买下这辆车就会为他带来 4010 美元（= 20 000 − 15 990）的消费者剩余。如果这辆车是次品，他的边际收益仅有 10 000 美元，那么为其支付 15 990 美元会给他带来负消费者剩余（消费者损失），即 -5990 美元。

克雷格会支付 15 990 美元买下这辆车吗？答案取决于避免买到次品的概率及克雷格对风险的看法。尽管他不知道这辆车的质量如何，但他很清楚他的朋友从同一家经销商购买二手车的情况。

如果他的朋友买到了好车，他会倾向于认为这辆车很可能是好车。在这样的情况下，他愿意支付 20 000 美元，因此售价为 15 990 美元时，他会买下这辆车。如果克雷格的朋友买到的都是次品，那么他会倾向于认为这辆车很可能是次品。在这样的情况下，他只愿意支付 10 000 美元，因此 15 990 美元的售价大大超过了他愿意支付的价格。

其他买家也会像克雷格一样做决策，确定自己愿意为一辆质量不明的车支付的对价。某些买方愿意支付比克雷格更高的价格，其他人愿意支付的对价则更低。当价格更高时，买方更少，当价格更低时，买方则更多。二手车的需求曲线是向下倾斜的。

卖方决策及供给

现在请想一想二手车的卖方行为，他们是清楚车辆质量的。因此，供给并不存在什么特殊情况：卖方知道自身边际成本，也知道在给定价格下他们愿意提供的车辆数量。次品的边际成本低于好车，因此在一定的低价范围内，他们只愿意提供次品。当价格更高时，卖方供给的次品数量会降低，且会开始供给好车。

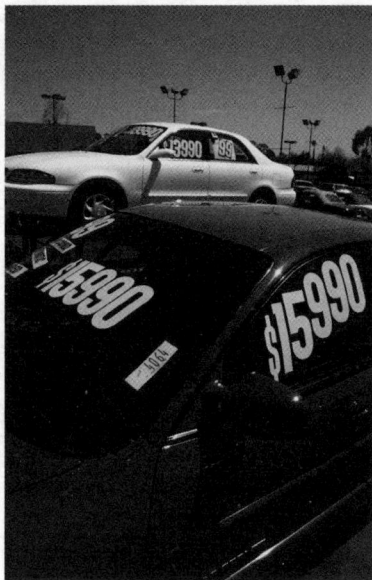

这辆车是一辆边际收益为 20 000 美元的好车，能带来 4010 美元的消费者剩余，还是一辆次品车，边际收益为 10 000 美元，且会带来 -5990 美元的消费者损失？克雷格会买这辆车吗？

市场结果

需求和供给决定二手车交易的价格及数量，但这个市场运行得并不顺畅。为进一步解释该问题，我们将关注一个极端结果，即仅有次品被交易。

假设买方从朋友那里得知所有人买到的都是次品，那么买方就将假设自己也会买到次品。因此，二手车的需求是基于次品的支付意愿确定的，提供的市场价格较低。在市场价格较低的情况下，对车主来说，持有好车比卖掉它们的收益更大，那么市场就不会有好车可供出售，仅有次品可售。因此，市场中也仅有次品被交易。

逆向选择

逆向选择（adverse selection）是指人们进行交易的一种倾向，在这类交易中，私有信息为他们带来了收益，并为不知情的一方带来了成本。二手车市场就遭遇了逆向选择。

例如，杰基（Jackie）雇用了一些销售人员，并与他们签订了固定薪资的合约。

但他吸引的都是懒惰的员工。因为比起为杰基打工，努力工作的销售人员通过提成能挣得更多。也就是说，杰基提供的固定薪资合约逆向选择了那些拥有私有信息的人，即知道自己很懒的人，私有信息为他们带来了收益并给杰基带来了成本。

二手车市场也是如此，低价逆向选择了次品。次品车主更倾向于卖掉自己的车，而在极端情形中（以上事例中），好车就从市场上消失了。好车的车主没有卖掉所持车辆的意愿，因为市场价格已经低于车主的最小供给价格。

● 具有经销商保修服务的二手车市场

二手车经销商如何让买方相信一辆车不是次品，它的价值比次品更高呢？答案就是：通过保修服务为客户提供担保，经销商会声称哪些车是好车，哪些车是次品。

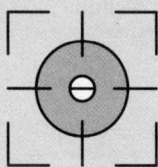

聚焦二手车市场

如何避免买到次品

美国的二手车市场也许存在次品问题，但该市场运行良好，是一个非常活跃且成功的市场。

相关数据显示，2008 年，共有 50 000 家二手车经销商以 8000 美元的平均价格出售了 3700 万辆车。

与二手车的经营规模相反，在新车市场中，40 家国产及海外厂商以 26 500 美元的平均价格出售了 1300 万辆车。

美国公路的汽车保有量为 2.5 亿辆，因此 3700 万辆车的交易量，代表了每年每 7 辆车中就有一辆经过转手。

是什么让这个市场运行顺利且克服了次品问题？答案应该是经销商保修及第三方检测服务。

通过保修服务，经销商声称他们出售的车辆是没有缺陷的，如果该车最后被证明是次品，经销商也会承担修理车辆的费用。

当知情方采取行动，将信息传递给不知情方时，信号传递（signaling）就发生了。大学授予学生的分数和学位就是一种信号，能告知潜在（不知情的）雇主，他们正在考虑雇用的人的能力如何。详见后面的"聚焦生活"。

在二手车市场中，经销商通过为待售二手车提供保修服务传递信号。传递的信息为，如果车辆最终的确存在质量问题，则经销商会负责支付修理车辆的费用。

买方之所以相信信号传递的信息，是因为传递虚假信息的成本太高。如果经销商为次品提供保修服务，那么他最终必然需要支付高昂的修理费用，且名声也会受损。如果经销商仅为好车提供保修服务，那么他需要支付的修理成本则较低，且名声也会越来越好。基于此，经销商通常会传递准确的信号，而买方相信该信号传递的信息也就在情理之中。

所以保修的车就是好车，不保修的车就是次品。买方现在同卖方一样拥有有效信息，因此对车辆的需求就取决于车辆究竟是好车还是次品。由于对好车的支付意愿大于次品，对好车的需求也比对次品的需求要高。但仍有收入较低且具备修车技术的人需要买入次品。

因此，二手车其实存在两个市场：好车市场和次品市场，且每个市场都有一个市场价格。保修服务解决了次品问题并让二手车市场运行得更加有效。

图 12-1 展示了这一市场结果。在图 12-1a 中，次品的需求和供给决定了次品的价格。在图 12-1b 中，好车的需求和供给决定了好车的价格。两个市场同时有效运行。

混合均衡与分离均衡

我们已经看到二手车市场的两种结果。如果无保修服务，那么买方仅拥有一种可见信息：所有车辆看起来都一样。因此，无论车辆是好车还是次品，都只有一个价格。就像所有的车，好车和次品都在一个大池子里。这样仅有一种信息可见，且不知情方无法确定产品质量的市场结果，我们将其称为混合均衡（pooling equilibrium）。在上述示例中，仅有次品在市场中交易。但在这样的交易市场中，也可能存在少量好车，尽管其数量还无法让买方相信自己足够幸运可以买到好车。

在有保修服务的二手车市场中，传递了两种信息。好车有保修服务，次品则没有。因此，对两种不同的车来说，也存在两种不同的价格。保修相关信息可以将好车与次品区分开来。因此，当信息传递为不知情方提供具有充分信息的市场结果时，我们将其称为分离均衡（separating equilibrium）。

请注意在这里，并不需要介入市场行为来使二手车市场顺畅运行。经销商主动

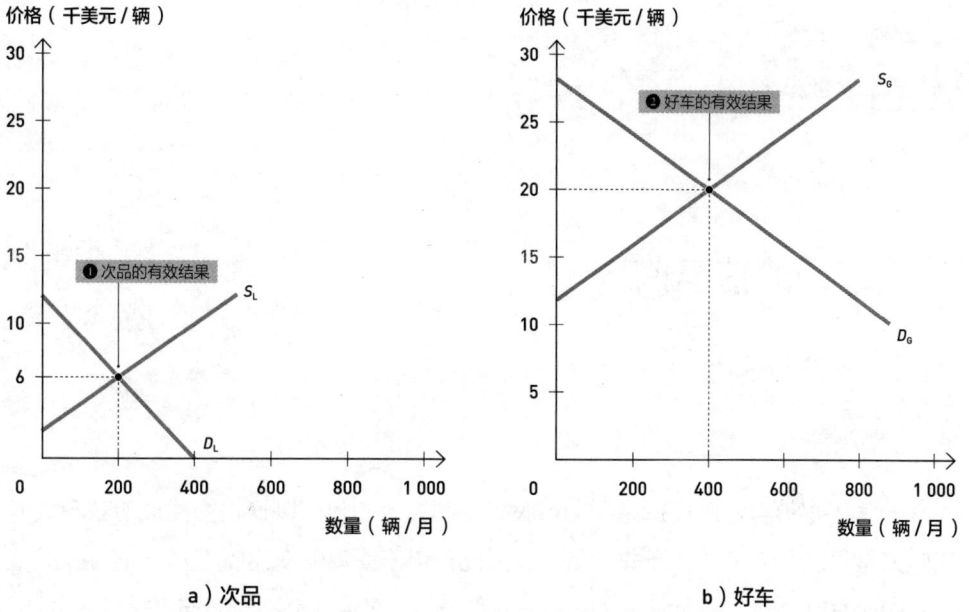

价格（千美元／辆）

● 次品的有效结果

S_L

D_L

数量（辆／月）

a）次品

价格（千美元／辆）

S_G

❷ 好车的有效结果

D_G

数量（辆／月）

b）好车

❶ 次品的需求和供给决定了其均衡价格和数量。保修服务消除了次品的过度供给，因此次品市场是有效的。

❷ 好车的需求和供给决定了其均衡价格和数量。保修消除了好车的供给不足，因此好车市场是有效的。

图 12-1 保修服务使二手车市场有效

提供的保修服务就可以完成这项工作。尽管如此，在多数州的消费者保护法案中都包含"次品法案"，一项联邦"次品法案"还规定了在经销商未能履行其保修义务的情况下，针对二手车买方的法定补偿措施。

12.2

保险市场的信息问题

如同买方和卖方通过交易商品和服务获利，他们也可以通过交易风险获利。但风险通常代表"不好"，而非"好"。因此，用于交易的商品就是风险规避。风险规避的买方可获利，因为规避风险的价值高于为让其他人分担风险而需支付的价格。风险规避的卖方所面临的风险成本，也会低于人们规避风险时的支付意愿。

风险交易通常在金融市场及保险市场中进行。在这里，我们仅关注保险市场。

● 保险市场

在"聚焦美国经济"中，可以看出保险在我们的经济生活中扮演了重要角色。

保险通过分担或共担风险降低了每个人可能面临的风险。当你为不期望发生的事件购买保险时，你会向保险公司支付保费。如果不期望发生的事件发生了，那么保险公司则会向你赔偿保险损失。

试想一下车祸保险。你知道自己有可能被卷入车祸。概率很小，但并不代表不存在。如果你真的遭遇车祸且车辆严重损毁，那么你将面临高昂的修车成本及其带来的不便。更糟糕的是，如果你在车祸中还遭遇了严重的人身伤害，那么你还将面临收入损失及医疗费用。对你来说，如果你必须靠自己承担这些损失，那么车祸产生的成本就很高，你自然会为此寻求帮助。

由于你遭遇严重且损失惨重车祸的概率确实较小，你可以通过与汽车保险公司达成一项对你和保险公司双方都有利的协议得到帮助：你向保险公司支付年度保费，如果你出了车祸并遭受损失，那么保险公司会基于双方商定的公式向你赔付一大笔钱。

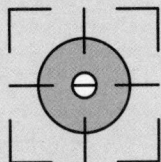

聚焦美国经济

美国的保险业

2017 年，美国人将 13% 的收入用于购买保险。这比人们用来购买车辆或食物的金额还要高。这个金额中甚至还不包括通过纳税购买的社保、医保、医疗补助及失业保险。

汽车保险降低了发生车祸或车辆被盗时产生经济损失的风险。2017 年，美国人在汽车保险上总共花费了 1340 亿美元（见图 12-2）。

财产及意外险则降低了发生财产受损及人身伤害事件时产生经济损失的风险，包括工伤补贴及火灾保险。2017 年，美国人在这类保险上总共花费了 5530 亿美元。

人寿保险降低了发生致死事件时产生经济损失的风险。约有 80% 的美国家庭都投保了人寿保险，2017 年美国人为此支付的总保费达 6900 亿美元。

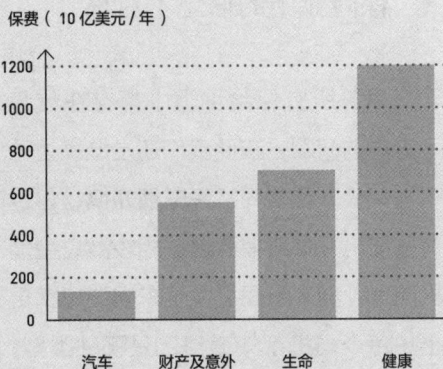

图 12-2　美国的保险业

资料来源：保险信息研究所及医疗保险和医疗补助服务中心。

健康保险降低了发生疾病时产生经济损失的风险。该类保险可为收入损失和医疗费用提供资金补偿。2017 年，美国人在健康保险上总共花费了 11 840 亿美元。

保险公司人员会从统计数据中获取有关历史车祸及成本相关的信息，这有助于他们确定保费及保险支付条件，且在此基础上他们仍能获利。没有哪个保险公司的投保人会事先知道他将遭遇车祸，保险公司也不知道谁会出车祸，但保险公司却知道会出现多少起车祸及需要花费多少成本。保险公司可让众多人共担风险，并让每个人来分担成本。

人的本能是趋利避害、厌恶风险的，因此人们乐于以某个价格购买保险，让保险公司获利。通过分散风险，保险公司降低了所有人的风险。

但保险公司也存在问题，且这是一个会对各类保险均产生影响的普遍性问题：客户也拥有私有信息——自身行为的影响及向保险公司提出索赔的可能性。也就是说，在保险市场中存在信息不对称的问题。

● 保险业中的信息不对称

尽管所有保险种类中都存在信息不对称的问题，在此我们还是继续讨论车祸保险。某些司机开车很谨慎，但也有些司机开车时很激进。相较激进型司机而言，谨慎型司机发生车祸的概率更小。每个司机都知道自己是哪种类型，但保险公司对此一无所知。然而知道这一点会对保险公司有利，因为它们可以针对高风险的激进型司机收取更高的保费，针对低风险的谨慎型司机收取更低的保费。

如果不知道司机的类型，那么所有投保的司机都会得到相同的待遇。这里就会存在与无保修服务的二手车市场类似的混合均衡。谨慎型司机和激进型司机支付相同的保费，但保险公司在激进型司机身上会产生损失，在谨慎型司机身上则可获利。

图 12-3 展示了这一混合均衡结果。谨慎型司机对车祸保险的需求为 D_C，所有司机的需求为 D。曲线 D_C 和 D 之间的水平距离就是在不同价格下激进型司机的车险需求量。

保险公司无法知道司机属于哪种类型，因此供给曲线 S 对所有司机来说都一致，取决于承保一个激进型司机的

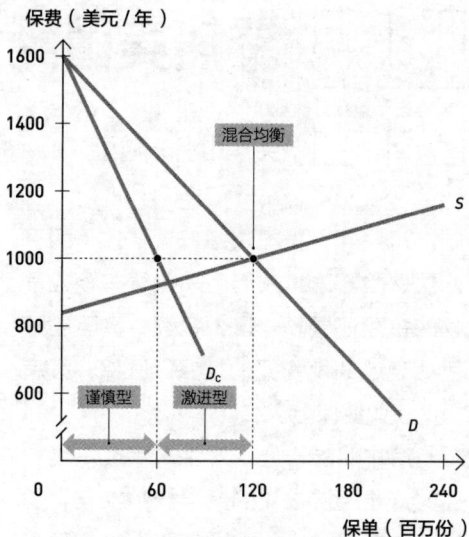

注：1. 当不清楚司机是哪种类型时，保险公司为所有司机提供的条件都是一样的。保险供给曲线为 S。
2. 需求曲线 D_C 代表谨慎型司机对汽车保险的需求。需求曲线 D 代表所有司机对汽车保险的需求。两条需求曲线之间的水平距离就是在不同保费水平下激进型司机的需求。
3. 曲线 S 和 D 的相交点代表发生了混合均衡，这时保费为 1000 美元 / 年，约有 1200 名司机投保，其中谨慎型和激进型各占一半。
4. 在此均衡中，道德风险和逆向选择让保险公司希望能找到一种方式，来区分两种类型的司机。

图 12-3　汽车保险市场的无效混合均衡

边际成本和承保一个谨慎型司机的边际成本的平均值。

在此示例中，均衡保费为 1000 美元 / 年，有 6000 万谨慎型司机和 6000 万激进型司机投保了。

现在你可以看到结果是无效的，主要原因有两个：它造成了道德风险和逆向选择。

道德风险

道德风险（moral hazard）是指（拥有私有信息的）知情方倾向于将成本加在已达成协议且不知情的（未拥有私有信息）一方身上。

在很多情况下都会产生道德风险。例如，大型银行就容易面临道德风险。因为它们通常很清楚自身规模巨大，政府不允许它们倒闭，所以会发放高风险贷款。保险公司也会面临道德风险，因为相较未投保人而言，投保人更难老老实实地去规避风险。例如，有了火灾保险，就不太会安装烟雾报警器、火灾警报及自动喷水灭火系统。

在上述汽车保险的案例中，较少或未投保车祸保险的司机会比全险的司机开车更小心。一旦一个人购买了保险，他的动机就会发生变化，其常常会损害保险公司的利益。

逆向选择

逆向选择的产生源于暴露于较高风险下的人比暴露于较低风险下的人更有可能购买保险。比如，具有严重家族病史的人比健康家族的人更有可能购买健康保险。类似地，激进型司机也比谨慎型司机更有可能购买全险。因此，风险最高的人群的活动会带来更高的保险风险。

保险公司更倾向于找到能解决道德风险和逆向选择问题的方法。由此，其可以降低低风险人群的保费，同时提高高风险人群的保费。

● 保险市场的甄别

当不知情方通过激励促使知情方透露相关私有信息时，甄别（screening）就发生了。保险公司使用"免索赔金"及免赔额来甄别高风险的激进型司机和低风险的谨慎型司机，之后再参照两种类型的司机产生风险的差异分别设置保费。

免索赔金

免索赔金是指司机如果不索赔，保费就会打折。司机可以通过安全驾驶避免事故累积免索赔金。不索赔的时间越长，免索赔金就越高。奖金越高，则司机小心驾驶的意愿也就越高。

免索赔金使得拥有信息的司机向未拥有信息的保险公司透露了他所属的司机类

型，由此可以以更低的价格来购买保险，这对应了司机的低风险属性。发生索赔的司机实际也向保险公司暴露了其类型，由此他们购买保险的价格会更高，这对应了司机的高风险属性。

免索赔金有助于减少道德风险问题。不索赔就有奖金，这会让司机更愿意小心驾驶，努力避免事故的发生。

免赔额

保险公司还会使用免赔额这一方法。免赔额是指投保人同意由其个人承担的损失金额。免赔额越高，保费就越低，且保费的降低比例通常高于免赔额的增加比例。通过提供全险，即无免赔额的条款及带有免赔额的更优惠条款，保险公司在每笔交易中都可获利。无免赔额的条款仅能吸引高风险的激进型司机，带免赔额的条款则对低风险的谨慎型司机更有吸引力。高风险的激进型司机会选择低免赔额高保费的保单；低风险的谨慎型司机则会选择高免赔额低保费的条款。

所选免赔额的大小向保险公司揭示了司机是激进型还是谨慎型。

● 带甄别的分离均衡

甄别能表明司机的类型，这样保险公司就可以为不同的人群提供不同条款的保险。如果仅有激进型和谨慎型这两组人群，则保险公司可提供两种不同水平的保费：为激进型司机提供高保费，为谨慎型司机提供低保费。高保费可激励激进型司机驾车时更小心一些，由此激进型司机的数量会减少，谨慎型司机的数量会增加。这样的结果就是分离均衡。

图 12-4 展示了这一结果，并与无甄别情况下的混合均衡进行了比较。

图 12-4a 展示了谨慎型司机的情况，图 12-4b 则展示了激进型司机的情况。我们假设这两个人群体量相等，因为从某种程度上讲，他们具有相同的需求（见图 12-3）。但你会看到，当这两个人群面对激励做出反应时，最终的体量就不一样了。

如果没有通过免索赔金及免赔额进行甄别，那么保险公司会对所有司机提供同样的保险服务。无甄别时的均衡与图 12-3 中一致：所有人每年支付 1000 美元的保费，每种类型的司机均为 6000 万名。

通过甄别，保险公司会基于服务不同人群的边际成本（MC）确定保险供给。针对图 12-4a 中的谨慎型司机，供给曲线是 MC_C。均衡保费为 800 美元 / 年，行为如谨

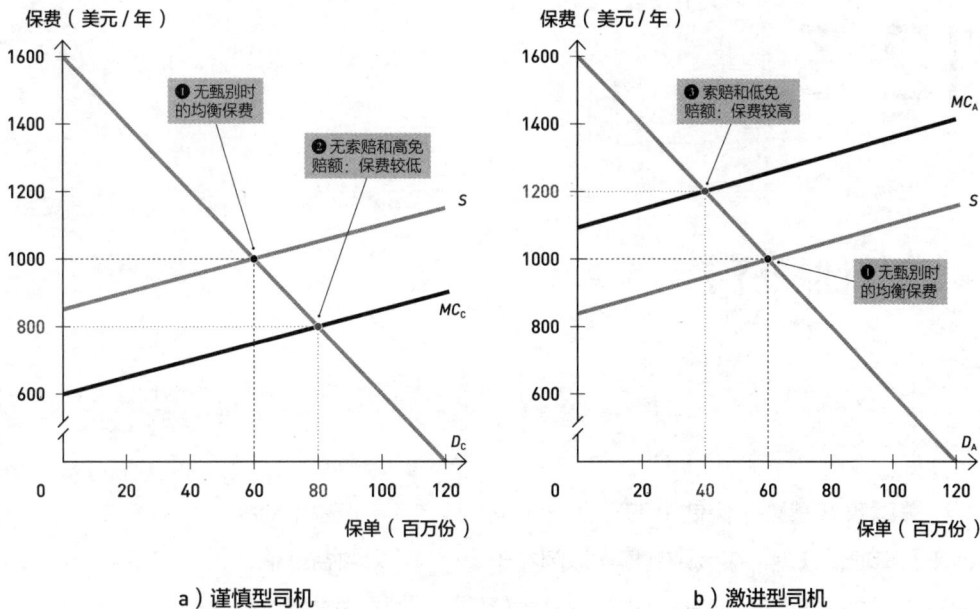

a）谨慎型司机　　　　　　　　　　　b）激进型司机

注：1. 图 12-4a 中谨慎型司机的需求曲线为 D_C，图 12-4b 中激进型司机的需求曲线为 D_A。如无甄别，这两幅图中保险供给曲线都为 S。

2. ❶无甄别时，均衡保费为 1000 美元 / 年，共有 6000 万名谨慎型司机及 6000 万名粗心的激进型司机。

3. 有甄别时，谨慎型司机的保险供给如图 12-4a 中 MC_C 所示，粗心的激进型司机的保险供给如图 12-4b 中 MC_A 所示。

4. 图 12-4a 中，❷保费为 800 美元 / 年，8000 万名司机被认定为谨慎型司机。

5. 图 12-4b 中，❸保费为 1200 美元 / 年，4000 万名司机被认定为粗心的激进型司机。

6. 在分离均衡时，有 2000 万名司机由激进型司机转为谨慎型司机。

图 12-4　汽车保险市场的两种结果比较

慎型司机的人数会增加到 8000 万名。无甄别时，市场对这组人群的保险供给不足且无效。带甄别时，市场则是有效的。

针对图 12-4b 中的激进型司机，服务他们的边际成本是 MC_A，且该边际成本决定了这组人群的保险供给。此时均衡保费为 1200 美元 / 年，仍然保持激进的司机人数降低至 4000 万名。当无甄别时，市场针对这组人群的保险供给过度且无效。但同样地，带甄别时，市场就有效了。

我们现在已经了解了存在信息不对称的两个市场案例，通过创造性信号传递及甄别，均克服了市场失灵并实现了有效结果。

12.3

医疗保健经济学

美国政府在医疗保健上的花费高于其他所有事项，且差距很大。其根本原因在于如果仅让市场起作用，那么医疗保健必定供给不足且分配不公。

我们现在就来看看政府是如何影响医疗保健供给的，美国的医疗保健市场与其他国家的有何不同，以及如何才能改进目前的医疗保健计划。

首先，让我们来看一看为什么无政府干预的非监管市场，医疗保健会供给不足且分配不公，即为什么医疗保健市场会失灵。

● 医疗保健市场失灵

医疗保健包含医疗保健服务，即医生、医疗专家、护士、其他专业人员和医院服务，以及健康保险。如无政府行为，则医疗保健的这两个组成部分都将供给不足且分配不公。

医疗保健的 4 个特征让它成了一种特殊产品：

- » 信息不对称；
- » 收益低估；
- » 未来需求低估；
- » 支付能力不平等。

信息不对称

健康保险市场和医疗保健服务市场中均存在信息不对称之处。在保险市场中，买家（即潜在患者）拥有私有信息，而在保健市场中，则是卖方（即医生和医院）拥有私有信息。这些信息不对称滋生了逆向选择和道德风险。

一些人会锻炼身体、健康饮食、关注体重，因此很少生病。但那些像电视迷一样的人根本不运动、饮食高脂肪高糖、体重超重，他们不仅容易生病，且在很长一段时间内更易患上糖尿病及心脏病。

一个人的生活方式是健康的还是不健康的，就是保险公司无从得知的私有信息。

逆向选择增多是因为部分生活方式相当健康的人选择不买保险。道德风险出现是因为一旦投保，人们健康生活的意愿就会降低，部分人甚至会屈服于诱惑，不知不觉陷入不健康的习惯里。

当缺乏有关个体生活方式的信息时，健康保险的提供商（与汽车保险供应商类似）会提供低保费高免赔额的选择，这样买家就会公开他们与生活方式有关的信息。身材苗条、身体健康的人会选择高免赔额低保费，而身材不苗条、身体不健康的人会选择低免赔额高保费。市场试图找到分离均衡点。但我们接下来要讨论的另一个问题会让市场结果很难奏效。

高质量的医疗保健服务提供商会以尽可能低的成本提供可靠的诊断和治疗。低质量的提供商则会误诊、过度开处方、给患者开昂贵的药及采取更贵的治疗方案。但有关医疗保健提供商质量和可靠性的信息是私有的。买方（即患者和保险公司）不会知道服务提供方的质量。就这一点而言，医疗保健服务市场与二手车市场相似。

道德风险的出现增加了医疗保健服务的成本。提供商倾向于谨慎行事，进而过度治疗患者。患者和保险公司都缺乏避免此无效性的信息。

健康维护组织（Health Maintenance Organization，HMO）在一定程度上解决了道德风险问题。通过与有限数量的服务提供商合作，保险公司可监测服务的质量并控制其成本。尽管有这样的协议存在，但服务提供商也比保险公司拥有更多的信息，因此该问题仅被减轻了，未被完全解决。

收益低估

人们通常缺乏足够的信息来正确评估医疗保健带来的好处的价值。大多数人也缺乏医学知识，无法确定自己的治疗需求。大多数人（特别是健康的年轻人）则低估了他们所面临的健康风险。因此，他们就低估了能帮助他们支付医疗保健服务的保单的价值，也低估了随时准备在他们需要时为他们提供帮助的医疗保健资源的价值。

未来需求低估

人们看待医疗保健好处的目光往往过于短浅。健康的年轻人知道他们会变老，随着年龄的增长，身体会变得没那么健康，也知道他们很可能会在医疗保健上花费不菲，但他们还未考虑得那么长远。最终结果就是，很多人所能感知到的医疗保健边际收益太小，让他们不愿意为真正有价值的东西付费。

支付能力不平等

对很多人来说，健康保险的价格已经超过了他们的支付能力。无力承担足够医疗保险的人主要有两类：有长期健康问题的人和老人。但实际上这些人对医疗保健的需求是最大的。

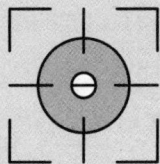

聚焦美国经济

美国的医疗保健速览

医疗保健花销占美国总收入的17.9%。而该支出的40%是私人购买的健康保险，12%是医疗保健服务的自付费用。剩余部分的支出由税收承担，即联邦及州政府在医疗保险、医疗补助及其他公共项目上的花销。

图12-5展示了医疗保健支出的构成。

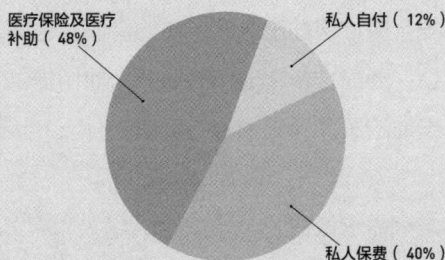

医疗保险及医疗补助（48%）　私人自付（12%）　私人保费（40%）

图12-5　医疗保健支出的构成

资料来源：医疗保险与医疗补助服务中心，数据表1、2和22。

2017年全美国3.25亿人中，有2.18亿人购买了私人健康保险。其中约有1.82亿人是通过雇主购买的健康保险。

健康保险支出可享受税收优惠，其中针对自由职业者的力度最大，可全额抵扣。

约有7500万人通过使用健康维护组织控制其医疗保健成本。

联邦及各州的医疗保险及医疗补助计划覆盖了几乎1.23亿人。

据估计，仍有2900万人尚未购买健康保险，另有2500万人应该是处于保险不足的状态——购买了部分保险但其保额不足以应对重大事故。

没有购买健康保险的人，一部分人是身体很健康因此选择不买保险，另一部分人则是因为无力支付保费，且不符合医疗保险及医疗补助计划的条件。

就购买保险的人均成本而言，政府项目比私人保险更昂贵，因为其主要服务的对象为老人、残疾人和慢性病患者。

图12-6展示了人均健康保险支出的构成。现有医疗保险及医疗补助计划覆盖1.23亿人，总成本为14 200亿美元，也就是说，政府公共项目人均需花费11 592美元/年。

私人保险的人均成本仅为5421美元/年，大约是政府项目成本的47%。

自付费用支出，包含未购买保险人的医疗保健支出，每人为1124美元/年。

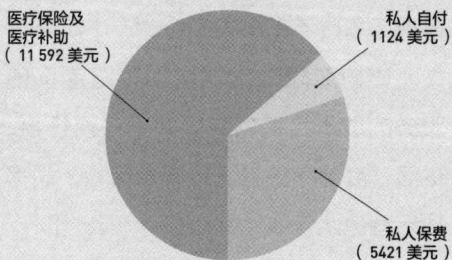

医疗保险及医疗补助（11 592美元）　私人自付（1124美元）　私人保费（5421美元）

图12-6　人均健康保险支出

资料来源：医疗保险与医疗补助服务中心，数据表1、2和22。

大多数人都希望生活在一个能对不健康、年老及贫穷的人给予同情，并能确保他们获得可负担医疗保健服务的社会。因此，这类人的医疗保健会带来额外的社会收益。

由于信息不对称会造成逆向选择及道德风险，且医疗保健的边际社会收益超过其客户可感知到的社会收益，因此竞争激烈的医疗保健市场通常供给不足。竞争市场的供给不足体现在两方面：市场无效，且不公平。

由于市场结果无效且不公平，医疗保健服务一般由政府选定的公共机构提供。但公共供给的方式和规模是可选择的，因此，政府必须考虑不同选择的影响。

● 其他公共选择解决方案

现在让我们来研究一下提供医疗保健服务的公共选择。我们在"聚焦全球经济"中可以看出，医疗保健的支出水平相差很大。公共支出承担了英国医疗保健支出的 80%，在加拿大这个数字是 73%，而在美国是 56%。但在这 3 个国家中，人均公共支出最高的却是美国。

导致医疗保健支出差异的主要原因是政治优先级的不同。并且，这样的不同对医疗保健的效率和成本也都会产生影响。

我们接下来会看到 3 种用于补充或替代市场的方式：一种用于加拿大和英国，另外两种用于美国。这 3 种方式为：

» 全民医保、单一支付；
» 私人及政府保险；
» 补贴私人保险——奥巴马医改。

全民医保、单一支付

在加拿大和英国，医疗保健服务系统具有两项关键特征：全民医保和单一支付。

全民医保意味着所有人都有医保，无人例外。

单一支付则意味着仅由政府向医生、护士及医院付款。虽然在加拿大并非如此，但在英国，处方药的药费也是由政府支付的。

在英国，大多数医生都由政府聘用，大多数医院都是国有公立的。在加拿大，医生和医院是独立的私人代理，但他们仅能向政府出售其服务。

患者免费（或低价）获得医疗保健服务，因此需求量就是边际收益为零（或较低）时的需求量。但医疗保健服务需求对实际可用数量没有直接影响，该数量由政府供给政策决定。

这一系统的维护者认为，该系统的无效性很低，且该系统值得被接受，因为结果是公平的，每个人都有平等的机会获得服务。但事实上，并不

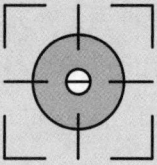

聚焦全球经济

医疗保健支出与健康结果

美国最好的医疗保健服务在世界上也是名列前茅的，但它很昂贵。同时，随着"婴儿潮"一代渐渐老去，美国的医疗保健支出预计也将上升。

图 12-7 中将美国的医疗保健支出与其他 7 个富裕国家进行了对比。数据显示了每个国家的人均医疗保健支出（这里的数据衡量基础与前文有所不同）。数据显示，美国的人均支出为德国的 2 倍，比法国、加拿大、日本及澳大利亚的 2 倍还多，是英国人均支出的 2.5 倍，是意大利的 3 倍。

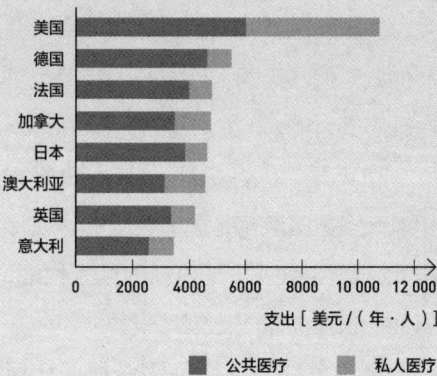

图 12-7　医疗保健支出

资料来源：世界发展指标数据库、世界银行及世界卫生组织。

在图 12-7 中，你还能看到另一个美国医疗保健支出的特征，即公共支出金额很大（见条形图的深灰色部分）。美国的医疗保健政府人均支出高于图中其他所有国家，甚至超过了加拿大、德国

和法国。在加拿大，出售私人健康保险是非法的，而在德国和法国，人们对高税收和大政府的接受度也比美国高得多。

美国医疗保健支出的另一个特征是，如果以预期寿命及健康质量来衡量健康结果，那么其他富裕国家的结果与美国同样好，甚至更好。

世界卫生组织根据预期寿命、健康质量及医疗融资的公平性构建了一个医疗效率指数。图 12-8 展示了图 12-7 所列国家的医疗效率指数情况。尽管医疗保健支出很高，但美国的效率指数却是垫底的。

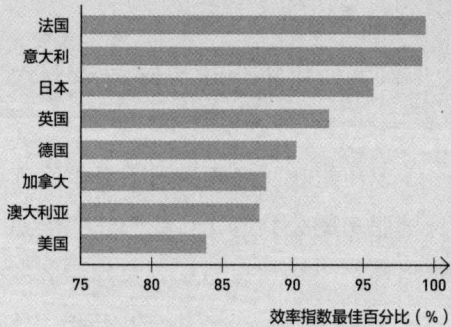

图 12-8　医疗保健效率

资料来源：世界发展指标数据库、世界银行及世界卫生组织。

比较两张图中的数据，美国的医疗保健成本最高，效率最低，但这样的比较忽略了医疗保健服务国际贸易的影响。成千上万的外国人来到美国寻求高质量的医疗保健服务。这些外国人身上产生

的支出拉高了图 12-7 中美国的医疗保健支出，然而这些外国人在接受服务后，更好的健康状况却转而提升了图 12-8 中其他国家的效率指数。外国人涌入还拉低了对等待治疗时间的评分，使得美国在这方面的得分低于其他国家。

是每个人都能有平等的机会。一些人比其他人更擅长利用体制规则，因此他们能够"插队"。

私人及政府保险

在美国，大多数医疗保健服务由私人医生及医院提供，他们的收入来源主要有 3 个：个人健康保险、政府和患者。个人健康保险覆盖了 40% 的费用；政府医疗保险、医疗补助及其他项目支付了 48%；剩下的 12% 则由患者承担。患者自付费用有所增加，因为有些人是不买保险的，而买了保险的人也会面临个人保单中的免赔额条款或是与医疗保险及医疗补助共同支付。

自付成本规模结合保险计划条件，与医疗保健服务需求一起共同决定了医疗保健服务的供给量。如果按就诊的数量计量，该数量可达每年 10 亿名患者（平均每人每年就诊 3 次）。

无效过度供给？我们无法得知私人保险与医疗保险及医疗补助是否共同提供了有效数量医疗的保健服务。但与其他富裕国家相比，这些项目的支出规模证实了的确存在过度供给的现象。

政府医疗保健支出是由医疗需求的数量而非固定预算决定的。如果医疗保险及医疗补助计划不变，那么随着高龄人群的增加，支出也会上涨。

医疗保险与医疗补助服务中心预计，在现有法规下，到 2027 年，总医疗保健支出将每年增长 5.5%，达 6 万亿美元。该预计增长率已经超过经济增长率，医疗保健支出也将从 2018 年占总支出的 17.9% 增加到 2027 年的 19.4%。

补贴私人保险——奥巴马医改

2010 年的《患者保护与平价医疗法案》（又称"奥巴马医改"）创造了一个提供补贴保险，并对不参保者进行罚款的健康保险市场。

奥巴马医改一直备受争议，到 2018 年，其中对不投保的处罚条款被删除了，且该法案的其他方面也被削弱了。

奥巴马医改市场的供给方为私营保险公司，需求方则为未购买保险的人和希望找到更好保险计划的人。

要想获得补贴，该市场提供的保险计划必须涵盖已有疾病、预防性服务及 10 项基本健康福利。

这些保险计划的保费取决于投保人的家庭规模和收入水平。为确定奥巴马医改补贴是否实现了有效结果，我们需要预估受影响家庭医疗保险的边际社会收益超过其支付能力及意愿的程度。补助可能过高、过低，也可能不高不低。

● 改革想法

市场的力量促使经济学家不断寻求解决方案去解决所有的资源分配问题，医疗保健也不例外。

医疗保险及医疗补助计划实际上是无限制的公共资金承诺，针对老人及无力支付医疗保健服务的个人。美国的医疗保健面临两个问题：一是有太多人未购买保险；二是医疗保健成本过高。如果不采取重大措施扭转该趋势，那么这些问题就会越来越严重。

《患者保护与平价医疗法案》要求所有人都投保，并在现有保险条件下创建一个新的计划（部分资金由政府提供），从而解决了第一个问题。但该法案对过度开支的问题效果甚微，且这个问题已相当严重。因此，如无重大改变，这种医疗保健计划足以让美国破产。

波士顿大学经济学教授劳伦斯·考利考夫（Laurence Kotlikoff）提出了一个既能解决医保覆盖面问题，又能解决超支问题的解决方案。

他提出了一个全民个人健康保险基本计划，由此既能改善健康状况，又能有效提供医疗保健服务。每个美国人每年都能获得一张代金券，用于从保险公司那里购

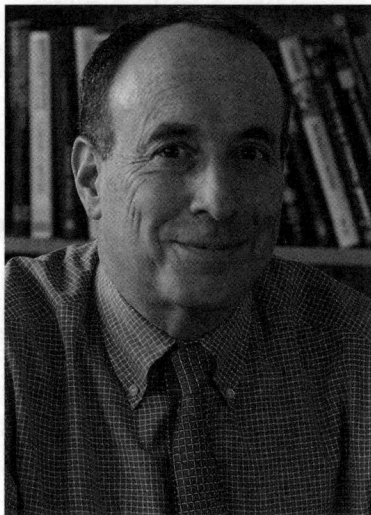

波士顿大学劳伦斯·考利考夫教授
《医疗保健修复方案》的作者
《全民医疗保险》C 部分的创建者

买健康保险。代金券的价值等于保险的预期费用，由其健康指标决定（例如，一位 80 岁的糖尿病患者可获得价值 70 000 美元的代金券，而一个 14 岁的女孩仅能获得价值 3000 美元的代金券）。代金券的总价值不会超过美国总收入的 10%。随着收入的增加，医疗保健支出也会增加，同时由一个独立的小组负责基本计划涵盖的程序和技术，但它比现行制度的见效要慢。

医疗保健代金券的作用与我们在第 10 章解释过的学券相同。它参照了英国及加拿大体系的成本原则，并将得到美国人的重视与认可。

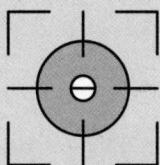

聚焦生活

展示你的能力

我们已经看过二手车经销商是如何通过提供保修服务传递信号的。你也一样，也传递了信号。

你知道你有多聪明，也知道自己打算多努力地工作。但这些信息都是私有的。只有你知道，你的潜在雇主并不知道。

你如何将你的能力传递给潜在雇主？答案就在于你对教育的选择。

斯坦福大学经济学家、与乔治·阿克洛夫（George Akerlof）和约瑟夫·斯蒂格利茨（Joseph Stiglitz）共同获得 2001 年诺贝尔经济学奖的迈克尔·斯宾塞（Michael Spence）解释了教育选择是如何传递信号的。

试想人们只有两种能力水平：要么高，要么低。每个人都知道自己的能力，但潜在雇主却不拥有这项信息。

人们会通过教育选择向潜在雇主传递信号。对能力低的人来说，选择大学教育的机会成本会较高——不仅仅是学费和书本费，还有时间成本以及为通过考试所付出的努力。

对能力高的人来说，选择专科或大学教育的机会成本则较低。这些人要获得好成绩也需要努力学习，但通过一定程度的努力是可以实现的。因此，只有能力高的人会选择专科或大学教育。

雇主知道每个人的教育水平及成绩，因此他们可以为能力高的人提供高薪资，给能力低的人提供低薪资。也就是说，对不同能力的雇员，市场形成了分离均衡。

即使你的教育背景对提高能力没有任何贡献，你的教育选择仍然能预示你的能力水平。

第 12 章要点小结

1. 描述次品问题并解释二手车市场是如何解决该问题的。

- 在一些市场中，一方拥有私有信息——信息不对称。
- 在二手车市场中，卖方知道哪辆车是次品，但买方不知道。
- 逆向选择会导致混合均衡，交易中次品太多而好车太少。
- 经销商提供保修服务的行为作为一种信号，能推动市场达到分离均衡且有效。

2. 描述保险市场的信息不对称问题并解释如何解决该问题。

- 在保险市场中，买方比卖方拥有更多关于投保风险的信息。
- 如无甄别，投保的低风险者的数量会过低。
- 保险市场中存在道德风险：投保的人相比未投保的人更不会去避免保险损失。
- 免索赔金及免赔额会揭示风险，并推动保险市场达到有效分离均衡。

3. 解释医疗保健市场的信息问题和其他经济问题。

- 通常由政府提供医疗保健服务的原因在于，信息不对称、对其价值的低估、缺乏远见，以及多数人无力支付。这些都会造成医疗保健市场失灵。
- 自由市场医疗保健往往供给不足且分配不公。
- 在一些国家，政府免费或低价提供医疗保健服务，并在等待时间内按一定量配给。
- 美国的私人保险、医疗保险及医疗补助可能对投保人来说供给过度。
- 奥巴马医改提供了补贴保险，并敦促所有人在投保健康保险时支付最低限度的费用。
- 医疗保健代金券可节约成本、扩大医保覆盖面，并保证选择度。

第五部分

仔细观察决策者

第 13 章

消费者的选择与需求

本章学习目标

» 计算并绘制预算线，以此反映个人消费可能性的上限；

» 解释边际效用理论，并运用它推导消费者需求曲线；

» 利用边际效用理论解释价值悖论：为什么水至关重要却便宜，钻石相对无效用却
  昂贵。

13.1

消费可能性

你会愿意为一首歌花多少钱取决于你的收入，以及你有多想拥有这首歌。要学习消费选择，首先就要看一看个人支付可能性是如何受制于收入及价格的。我们用预算线来描述这种限制。首先让我们来看看蒂娜—— 一个像你一样的学生的预算线。

● 预算线

预算线（budget line）描述了消费可能性的上限。蒂娜租赁公寓、购买教材、支付日常开销已经花掉了大部分收入，她每月还要攒下一点钱。除去这些固定花销，蒂娜每天剩下的预算为 4 美元，主要用来购买两种商品：瓶装水和口香糖。瓶装水的价格是 1 美元 / 瓶，口香糖的价格为 0.5 美元 / 盒。如果蒂娜将所有可支配预算都花完，那么她就会达到可购买瓶装水和口香糖的上限。

图 13-1 展示了蒂娜的预算线。表格中的 A 行到 E 行展示了花费 4 美元购买两种商品的 5 种可能组合。如果蒂娜把 4 美元都花在口香糖上，则她每天可以购买 8 盒。在此情况下，她再无余钱购买瓶装水。A 行展示了这种可能性。另一个极端则是，如果蒂娜将 4 美元都花在瓶装水上，那么她每天能购买 4 瓶水，但不能买口香糖。E 行展示的就是这种可能性。B、C、D 行展示了其他 3 种蒂娜可支付的消费组合。

图 13-1 中的 A 点到 B 点描绘了表格中的消费可能性。穿过这些点的直线就是蒂娜的预算线，标识了她可支付和不可支付的消费边界。她可支付的消费组合即预算线上及线内的组合（灰色区域）。她不可支付的消费组合即预算线外的组合（白色区域）。

图 13-1 中的预算线与第 3 章提到的生产可能性边界（PPF）类似。两条曲线都

可能性	水（瓶/天）	口香糖（盒/天）
A	0	8
B	1	6
C	2	4
D	3	2
E	4	0

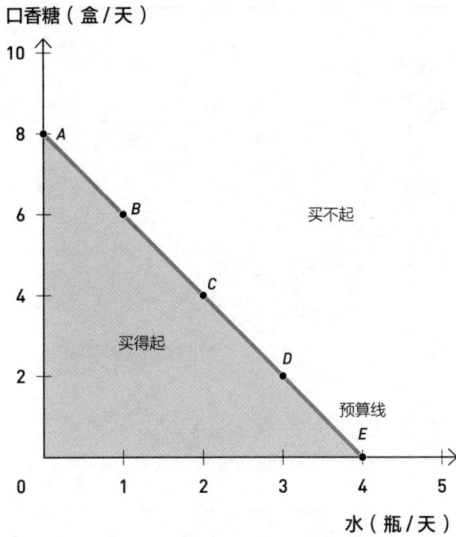

注：1. 蒂娜的预算线展示了她可支付和不可支付的消费边界。表格中的行项目列示了蒂娜购买瓶装水和口香糖的消费组合。此时她的预算是 4 美元/天，瓶装水的价格是 1 美元/瓶，口香糖的价格为 0.5美元/盒。例如，A 行展示了蒂娜花完 4 美元，购买了 8 盒口香糖且未买水的情况。

2. 图中绘制了蒂娜的预算线。图中的 A 点到 E 点代表了表格中的 A 到 E 行。

图 13-1　消费可能性（消费者预算线）

显示了可实现的界限。PPF 是技术边界，因此只会随着技术的变化而变化。预算线则取决于消费者的预算及商品价格，因此会随着预算或商品价格的变化而变化。

● 预算变化

图 13-2 展示了蒂娜的预算变化对其消费可能性的影响。当蒂娜的预算增加时，她的消费可能性就发生了扩展，预算线也会向外移动。而当她的预算减少时，其消费可能性就会收缩，预算线会向内移动。

在最初的预算线上（见图 13-1），蒂娜的预算为 4 美元。某天也许她遗失了钱包，丢了 2 美元，因此只剩 2 美元可用于消费。在图 13-2 中，她的新预算线展示了她在每天预算为 2 美元时的消费可能性。她可支付 2 美元预算线上的所有消费组合。

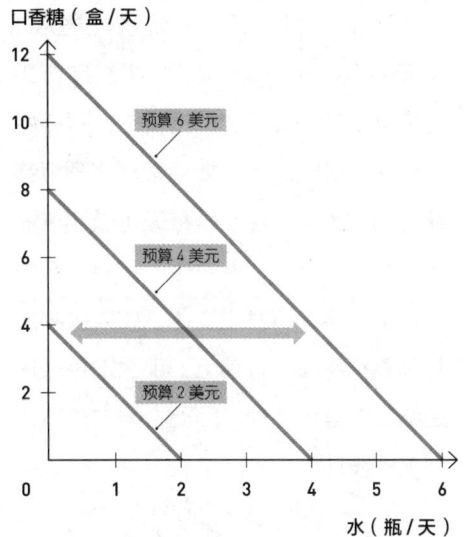

注：预算降低，预算线左移；预算增加，预算线右移。

图 13-2　消费者预算变化

而在另一天，当她卖出一张旧 CD，收回 2 美元时，她此时就有 6 美元可供支配，预算线向右移动。她可支付 6 美元预算线上的所有消费组合。

价格变化

如果一种商品价格上升，另一种商品价格及预算保持不变，那么消费可能性会收缩。如果一种商品价格下降，另一种商品价格及预算保持不变，那么消费可能性会扩展。为了观察这些变化如何影响消费可能性，我们来看看如果瓶装水的价格发生变化，那么蒂娜的预算线会如何变化。

水价下降

图 13-3 展示了在瓶装水价格从 1 美元 / 瓶下降到 0.5 美元 / 瓶，且口香糖价格及其预算不变的情况下，对蒂娜预算线的影响。此时如果蒂娜将预算都花在瓶装水上，那么她每天可以买 8 瓶水。她的消费可能性发生了扩展。因为口香糖价格没有发生变化，如果她将所有预算都花在口香糖上，那么她每天还是能买 8 盒口香糖。因此，她的预算线会向外移动。

水价上升

图 13-4 展示了在瓶装水价格从 1 美元 / 瓶上升到 2 美元 / 瓶，且口香糖

可能性	水（瓶/天）		口香糖（盒/天）
	1 美元 / 瓶	0.5 美元 / 瓶	
A	0	0	8
B	1	2	6
C	2	4	4
D	3	6	2
E	4	8	0

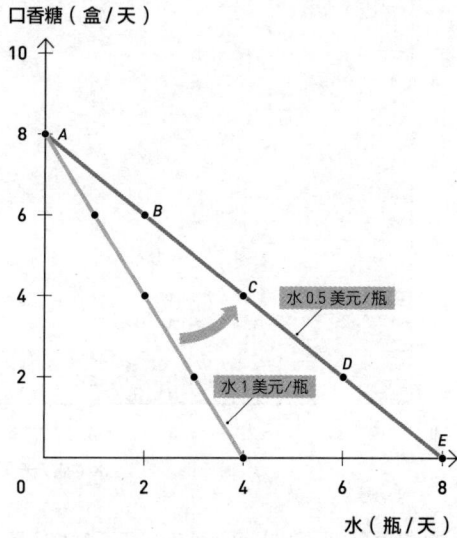

注：当瓶装水价格从 1 美元 / 瓶降至 0.5 美元 / 瓶，预算线向外移动，斜率减少。

图 13-3　水价下降

价格及其预算不变的情况下，对蒂娜预算线的影响。此时如果蒂娜将预算都花在瓶装水上，那么她每天仅能买 2 瓶水。她的消费可能性降低了。同样，因为口香糖价格没有发生变化。如果她将所有预算都花在口香糖上，那么她每天还是能买 8 盒口香糖。因此，她的预算线向内移动。

可能性	水（瓶/天）		口香糖（盒/天）
	2 美元/瓶	1 美元/瓶	
A	0	0	8
		1	6
B	1	2	4
		3	2
C	2	4	0

口香糖（盒/天）

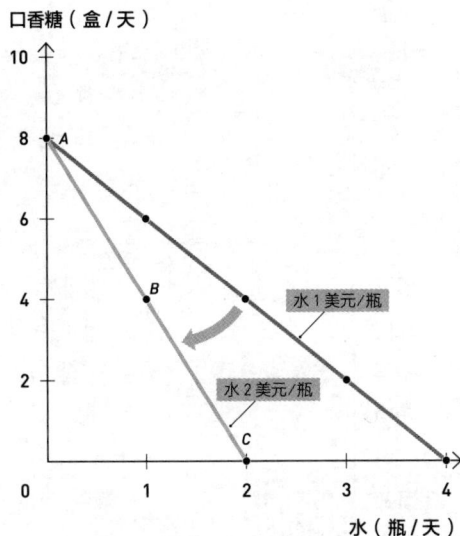

注： 当水价从 1 美元/瓶上升至 2 美元/瓶，预算线向内移动，斜率增加。

图 13-4 水价上升

● 价格及预算线斜率

请注意，当瓶装水价格变化但口香糖价格不变时，预算线的斜率会发生变化。在图 13-3 中，瓶装水价格下降，预算线斜率减少。在图 13-4 中，瓶装水价格上升，预算线斜率增加。

回忆一下，"斜率等于高度与长度之比"。高度是指口香糖数量的增加，长度是指瓶装水数量的减少。预算线的斜率为负数，这意味着我们需要在两种商品中进行权衡。沿着预算线，一种产品的消费量增加意味着另一种产品的消费量减少。预算线的斜率体现的是机会成本。这表明如果消费者想多购买 1 单位某种产品，他必须放弃些什么。

让我们来计算一下图 13-3 和图 13-4 中三条预算线的斜率：

» 当瓶装水价格为 1 美元/瓶时，预算线的斜率为 8 盒口香糖除以 4 瓶水，等于 2 盒/瓶；

» 当瓶装水价格为 0.5 美元/瓶时，预算线的斜率为 8 盒口香糖除以 8 瓶水，等于 1 盒/瓶；

» 当瓶装水价格为 2 美元/瓶时，预算线的斜率为 8 盒口香糖除以 2 瓶水，等于 4 盒/瓶。

让我们从斜率来看机会成本。当瓶装水价格为 1 美元/瓶，口香糖价格为 0.5 美元/盒时，需要花费 2 盒口香糖的钱才能买 1 瓶水。当瓶装水价格为 0.5 美元/瓶，口香糖价格为 0.5 美元/盒时，花费 1 盒口香糖的钱就能买 1 瓶水。当瓶装水价格为 2 美元/瓶，口香糖价格为 0.5 美元/盒时，需要花费 4 盒口香糖的钱才能买 1 瓶水。

机会成本的别名为相对价格，是

指一种商品相对另一种商品的价格。如果口香糖价格是 0.5 美元 / 盒,而瓶装水价格是 1 美元 / 瓶,则瓶装水的相对价格为 2 盒 / 瓶。计算方法为瓶装水价格除以口香糖价格(1 美元 / 瓶 ÷ 0.5 美元 / 盒 = 2 盒 / 瓶)。

当 x 轴的商品价格下降,而其他数据保持不变时,预算线斜率降低,x 轴商品的机会成本及相对价格下降。

聚焦美国经济

变动中的相对价格

多年来,相对价格发生了很大的变化。图 13-5 展示了 2009—2019 年大多数学生预算中会出现的 16 类产品变化。

这些相对价格统一用该商品相对于其他商品的价格来衡量,即该商品价格除以其他所有商品和服务的平均价格。

教材、牛肉和机票的相对价格上升幅度最大。鸡肉的相对价格也上升了。

当然,也有很多学生预算中的物品相对价格在降低。

相对价格降幅最大的当属计算机,降幅达 61%。此外,智能手机套餐、鸡蛋、面包及香蕉的相对价格也下降了。

相对价格的变化改变了消费可能性,也改变了人们的选择。较低的相对价格会促使人们购买更多数量的商品;较高的相对价格则会促使人们寻找替代品,且购买更少数量的商品。

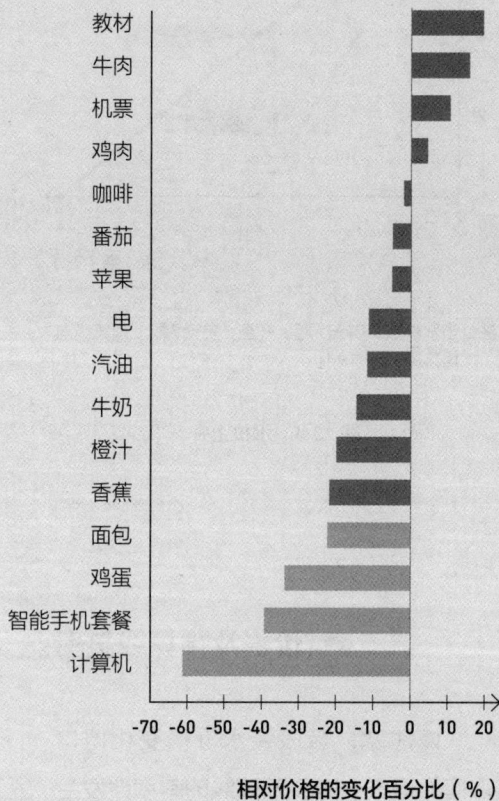

相对价格的变化百分比(%)

图 13-5 相对价格的变化比例(2009—2019 年)

资料来源:美国劳工统计局。

13.2

边际效用理论

预算线能让我们了解消费可能性，但无法让我们了解消费选择。选择取决于可能性及偏好。经济学家运用效用的概念来描述偏好[①]。效用（utility）是指一人消费商品或服务时，获得的快乐或满足。为了明确如何运用效用来解释人们的选择，我们需要先分辨以下两个概念：

» 总效用；
» 边际效用。

● 总效用

总效用（total utility）是指一个人从其消费的商品或服务的总数量中所获得的效用。总效用取决于给定时期内消费商品的数量——更多的消费一般会带来更高的总效用。表 13-1 展示了蒂娜通过购买瓶装水和口香糖获得的总效用。如果她什么都不买，则总效用为零。如果她每天购买 1 瓶水，总效用为 15 单位。如果她每天购买 1 盒口香糖，则总效用为 32 单位。随着蒂娜购买的瓶装水和口香糖数量的增加，总效用也会增加。

● 边际效用

边际效用（marginal utility）是指当消费商品数量每增加 1 单位时，总效用发生的变化。表 13-1 展示了蒂娜通过购买瓶装水和口香糖获得边际效用的计算过程。我们来看看蒂娜每天购买的第 3 瓶水（表中加粗部分）给她带来的边际效用。3 瓶水给她带来的总效用为 36 单位，而 2 瓶水的总效用为 27 单位。因此，对蒂娜来说，每天的第 3 瓶水边际效用为：

[①] 经济学家还会选用另一种方法来描述偏好，即无差异曲线，可参见本章附录来了解其具体内涵。

第 3 瓶水的边际效用 = 36 单位 − 27 单位 = 9 单位

在表 13-1 中，边际效用列示在数量之间，这是因为消费数量的变化产生了边际效用。表中展示了在增加的瓶装水和口香糖消费量下的边际效用。

请注意：蒂娜的边际效用是随着其对瓶装水和口香糖日均消费量的增加而降低的。比如，瓶装水的边际效用从每天第 1 瓶的 15 单位降低到第 2 瓶的 12 单位，再降低到第 3 瓶的 9 单位。同样地，口香糖的边际效用也从每天第 1 盒的 32 单位降低到第 2 盒的 16 单位，再降低到第 3 盒的 8 单位。边际效用随着消费商品数量的增加而减少，我们将其称为边际效用递减（diminishing marginal utility）原理。

为了解边际效用递减的原因，请思考一下下列情境：某天，你一整天都在学习，完全没有喝水。这时有人给了你一瓶水。那么你从这瓶水获得的边际效用就是巨大的。另一天，你一整天都

在喝水，已经喝了 7 瓶。当时如果有人再给你一瓶水，估计你会说声"谢谢"，然后小口小口慢慢喝。你会享受这一天的第 8 瓶水，但它能带给你的边际效用很低。

类似地，假设你一天都没吃口香糖。这时，一个朋友给了你一盒口香糖。你嚼着口香糖，从中获得了巨大的效用。但另一天，你已经吃了 7 盒口香糖，嚼得下巴都酸了。有人给了你第 8 盒，这次你会说"谢谢，不用了，谢谢"，第 8 盒口香糖不会给你带来任何边际效用。

● 绘制蒂娜的效用趋势

我们通常用与图 13-6 中相似的总效用曲线和边际效用曲线来展示消费者偏好。图 13-6a 展示了当蒂娜消费的

表 13-1　蒂娜的总效用及边际效用

瓶装水			口香糖		
数量（瓶/天）	总效用	边际效用	数量（盒/天）	总效用	边际效用
0	0		0	0	
1	15	15	1	32	32
2	27	12	2	48	16
3	36	9	3	56	8
4	42	6	4	62	6
5	47	5	5	66	4
6	51	4	6	68	2
7	54	3	7	69	1
8	56	2	8	69	0

注：1. 表中展示了瓶装水及口香糖对蒂娜而言的总效用及边际效用。

2. 边际效用是指当消费商品数量每增加 1 单位时，总效用发生的变化。当蒂娜购买的瓶装水从每天 2 瓶增加到每天 3 瓶时，瓶装水对她来说的总效用就从 27 单位增加到 36 单位。因此，第 3 瓶水为她带来的边际效用为 9 单位。

3. 随着消费数量的增加，总效用会上升，但边际效用会下降。

聚焦历史

杰里米·边沁、威廉·斯坦利·杰文斯，以及效用的诞生

效用的概念由杰里米·边沁（Jeremy Bentham，1748—1832）于 19 世纪初提出，具有革命性的意义。他用这一理念去支持其当时对免费教育、免费医疗及社保的观点。50 年之后，威廉·斯坦利·杰文斯（William Stanley Jevons，1835—1882）发展出边际效用的概念，并用它来预测人们的消费选择。这是第一次，经济学家可以区分成本和价值，一个关于需求的基本理论诞生了。

杰里米·边沁

威廉·斯坦利·杰文斯

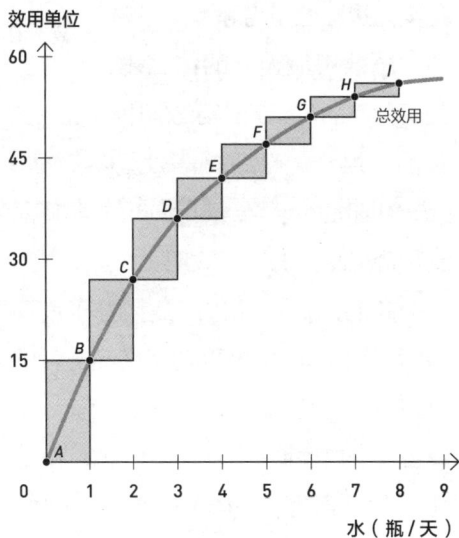

a）总效用

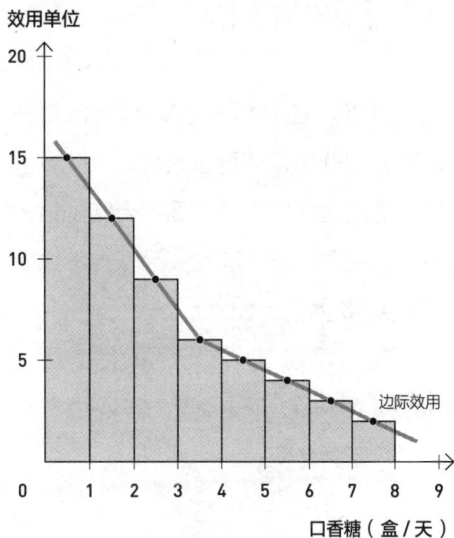

b）边际效用

水（瓶/天）	0	1	2	3	4	5	6	7	8
总效用	0	15	27	36	42	47	51	54	56
边际效用		15	12	9	6	5	4	3	2
	A	B	C	D	E	F	G	H	I

注：1. 该图展示了瓶装水为蒂娜带来的总效用，并计算了其边际效用。

2. 图 13-6a 描绘了瓶装水为蒂娜带来的总效用，同时指明了她每多买一瓶水获得的额外总效用，即边际效用。边际效用体现为总效用曲线的每一步。

3. 图 13-6b 通过将图 13-6a 中的柱状图平行排列，展示瓶装水为蒂娜带来的边际效用变化趋势。图示结果，边际效用逐级递减。

图 13-6　总效用及边际效用

瓶装水数量增加时，水给她带来的总效用增加。图中也展示了当总效用增加时，增幅在降低——边际效用递减。图 13-6b 中则描绘了水给蒂娜带来的边际效用。图 13-6a 中的每一步都在图 13-6b 中连续列示。在图 13-6b 的柱状图中，穿过所有点的曲线就是蒂娜的边际效用曲线。

表 13-1 中的数字及图 13-6 中的图表描绘了蒂娜的偏好，并与她的预算线一起，帮助我们去预测她做出的选择。这就是我们的下一项任务。

● 总效用最大化

消费者的目标在于将所用预算按一种方式分配，使得总效用最大化。消费者通过选择可支付商品组合实现这一目标，此时从所有消费商品获得的效用总和越大越好。

我们可以通过 效用最大化法则 （utility-maximizing rule），实现消费者的最优预算分配：

» 将所有可用预算进行分配；
» 使得所有商品的每美元边际效用相等。

可用预算分配

如果一名消费者在多买 1 单位某种商品时，无须减少另一种商品的购买，那么总效用就会增加。而当总效用最大化时，就说明：多买 1 单位某种商品时，就必将减少另一种商品的购买。此时，消费者就需要将整体可用预算在商品间进行分配。

当预算为 4 美元，瓶装水价格为 1 美元 / 瓶，口香糖价格为 0.5 美元 / 盒时，蒂娜就需要沿着图 13-1 的预算线，将其预算在瓶装水和口香糖之间进行分配。如果她的预算分配处于预算线内，就说明她还可以买更多的瓶装水或口香糖，而无须放弃另一种商品，而此时，总效用也并未实现最大化。

每美元边际效用均等

总效用最大化的第二步，即找到使两种商品每美元边际效用相等的可支付消费组合。商品的每美元边际效用 （marginal utility per dollar）是指与商品支付价格相关的边际效用。

商品的每美元边际效用等于商品边际效用（MU）除以购买商品支付的价格（P）。例如，如果蒂娜购买 2 盒口香糖，口香糖的边际效用（MU_G）为 16 单位，当售价（P_G）为 0.5 美元 / 盒时，口香糖的每美元边际效用（MU_G / P_G）为 16 单位 ÷ 0.5 美元，等于 32 单位 / 美元。

如果蒂娜多花 1 美元买瓶装水，少花 1 美元买口香糖，则瓶装水的总效用增加，口香糖的总效用减少，而两种商品为她带来的总效用可能增加或减少，也可能不变。两种商品为她带来的总效用的变化取决于每种商品的每美元边际效用。

> » 如果瓶装水的每美元边际效用超过口香糖，那么总效用会增加。
> » 如果瓶装水的每美元边际效用低于口香糖，那么总效用会减少。
> » 如果瓶装水的每美元边际效用等于口香糖，那么总效用会不变。

多花 1 美元买瓶装水，少花 1 美元买口香糖，只有当瓶装水的每美元边际效用超过口香糖时，总效用才会增加。由于她多买了瓶装水，瓶装水的边际效用减少，又由于她少买了口香糖，口香糖的边际效用增加。因此，当蒂娜将她的预算分配至两种商品，使其每美元边际效用相等时，总效用无法再进一步增加：此时，总效用达到最大化。

表 13-2 展示了蒂娜总效用最大化时的选择。如果蒂娜选择 B 行（1 瓶水和 6 盒口香糖），瓶装水的每美元边际效用（15 单位 / 美元）就超过了口香糖的每美元边际效用（4 单位 / 美元）。她还可以通过多买瓶装水、少买口香糖增加其总效用。

如果蒂娜选择 D 行（3 瓶水和 2 盒口香糖），瓶装水的每美元边际效用（9 单位 / 美元）就低于口香糖的每美元边际效用（32 单位 / 美元）。她还可以通过少买瓶装水、多买口香糖增加其总效用。

如果蒂娜选择 C 行（2 瓶水和 4 盒口香糖），瓶装水的每美元边际效用（12 单位 / 美元）就等于口香糖的每美元边际效用。此消费选择可让蒂娜的总效用最大化。

表 13-2　**蒂娜的每美元边际效用：瓶装水 1 美元 / 瓶，口香糖 0.5 美元 / 盒**

	瓶装水			口香糖		
	数量（瓶 / 天）	边际效用	每美元边际效用	数量（盒 / 天）	边际效用	每美元边际效用
A	0			8	0	0
				7	1	2
B	1	15	15	6	2	4
				5	4	8
C	**2**	**12**	**12**	**4**	**6**	**12**
				3	8	16
D	3	9	9	2	16	32
				1	32	64

注：1. 表中的各行展示了瓶装水和口香糖的消费组合为蒂娜带来的每美元边际效用。瓶装水价格为 1 美元 / 瓶，口香糖价格为 0.5 美元 / 盒，蒂娜的预算为 4 美元 / 天。

2. 通过让瓶装水和口香糖的每美元边际效用均等，蒂娜就能使其总效用最大化。总效用最大化时的选择为购买 2 瓶水和 4 盒口香糖。

绘制个人需求曲线

我们可以使用边际效用利率，发现个人的需求趋势及需求曲线。事实上，我们刚刚已经大致看到了蒂娜的需求计划，及其瓶装水需求曲线上的一个点：当瓶装水价格为 1 美元 / 瓶，其他数据保持不变时（口香糖价格为 0.5 美元 / 盒，预算为 4 美元 / 天），蒂娜每天购买的瓶装水数量为 2 瓶（表 13-2 中的 C 行）。

为找到蒂娜对瓶装水需求曲线上的其他点位，我们来看一看当瓶装水价格降至 0.5 美元 / 瓶时，蒂娜的购买情况。如果蒂娜仍然继续购买 2 瓶水和 4 盒口香糖，瓶装水的每美元边际效用会从 12 增加到 24，为口香糖每美元边际效用的 2 倍（表 13-2 中 C 行）。此时，蒂娜只花了 3 美元，因此，她还有 1 美元的预算可用。

表 13-3 中的 E 行展示了蒂娜效用最大化的新选择，这个选择就是其对瓶装水需求曲线上的第二个点：当瓶装水价格为 0.5 美元 / 瓶（其他数据保持不变）时，蒂娜每天会买 4 瓶水。图 13-7 展示了我们刚刚推导的蒂娜的需求曲线。

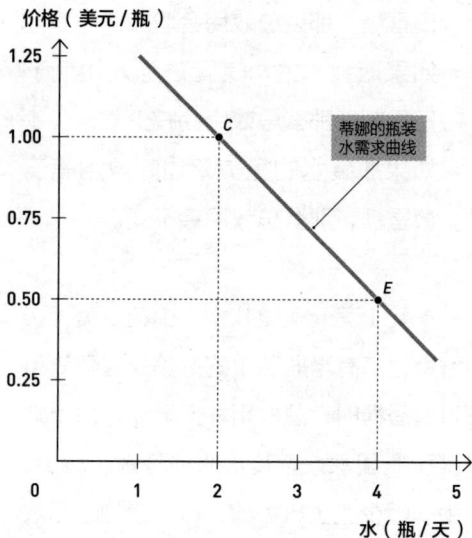

图 13-7 蒂娜对瓶装水的需求

注: 1. 当瓶装水价格为 1 美元 / 瓶（蒂娜的预算为 4 美元 / 天，口香糖价格为 0.5 美元 / 盒）时，她每天会买 2 瓶水和 4 盒口香糖，即她对瓶装水的需求如曲线上的 C 点所示。
2. 当瓶装水价格为 0.5 美元 / 瓶，其他数据保持不变时，她每天会买 4 瓶水和 4 盒口香糖，即她对瓶装水的需求如曲线上的 E 点所示。

表 13-3 蒂娜的每美元边际效用：瓶装水 0.5 美元 / 瓶，口香糖 0.5 美元 / 盒

	瓶装水			口香糖		
	数量（瓶 / 天）	边际效用	每美元边际效用	数量（盒 / 天）	边际效用	每美元边际效用
D	3	9	18	5	4	8
E	**4**	**6**	**12**	**4**	**6**	**12**
F	5	5	10	3	8	16

注: 表中的行展示了瓶装水和口香糖的可支付消费组合为蒂娜带来的每美元边际效用。瓶装水价格为 0.5 美元 / 瓶，口香糖价格为 0.5 美元 / 盒，蒂娜的预算为 4 美元 / 天。通过让瓶装水和口香糖的每美元边际效用均等，蒂娜就能使其总效用最大化。总效用最大化时的选择为购买 4 瓶水和 4 盒口香糖。

13.3

效率、价格和价值

边际效用理论能帮助我们加深对效率这一概念的理解，为更清晰地区分价值和价格，让我们一起来看看边际效用理论是如何起作用的。

● 消费者效率

当蒂娜将她有限的预算分配在不同的商品上，以实现总效用最大化时，我们就认为她对资源的利用是有效的。与此同时，其他所有的预算分配方式都无法使其获得更高的总效用水平。

但当蒂娜的预算分配实现总效用最大化时，其实她的方案就处于她的需求曲线上。因此需求曲线描述了在不同价格下，总效用达到最大化时的需求量。在第 6 章学习有效性相关知识时，我们学到了需求曲线也是支付意愿曲线。它能让我们了解消费者的边际收益，即每增加 1 单位商品所带来的收益。现在你对边际收益的理解应该更深一个层次了。

边际收益是指总收益最大化时，消费者愿意为额外 1 单位商品或服务支付的价格。

● 价值悖论

几个世纪以来，哲学家一直被价值悖论困扰。水比钻石更有价值，因为水对生命来说很重要。但水的价格比钻石低很多。这是为什么呢？亚当·斯密试图解决这一悖论，但直到边际效用理论发展起来，人们才得到了满意的答案。

你可以通过区分总效用及边际效用解开这个谜题。总效用体现的是相对价值；边际效用体现的是相对价格。水的总效用是巨大的，但请记住，消费某种商品越多，边际效用就越低。我们因为喝的水过多，因此其边际效用（即每多喝一杯水带来的乐趣）会降得非常低。而钻石正相反，与水相比总效用小得多，但由于我们购买的钻石很少，因此其边际效用很高。当一个家庭最大化其总效用时，会将其预算分配给所有商品，使得每种商品每美元边际效用相等。钻石价格和边际效用都很高。水的价格和边际效用都很低。因此，当钻石的高边际效用除以其高价格时，其结果实际上是钻石的每美元边际效用等于水的低边际效用除以其低价格。因此，钻石和水的每美元边际效用其实是相等的。

消费者剩余

消费者剩余衡量的是超过支付金额的价值。图 13-8a 中水的需求和供给决定了其价格 P_W 及消费量 Q_W。图 13-8b 中钻石的需求和供给决定了其价格 P_D 及消费量 Q_D。水的价格低，但提供了较大的消费者剩余，而钻石价格高昂，提供的消费者剩余却较小。

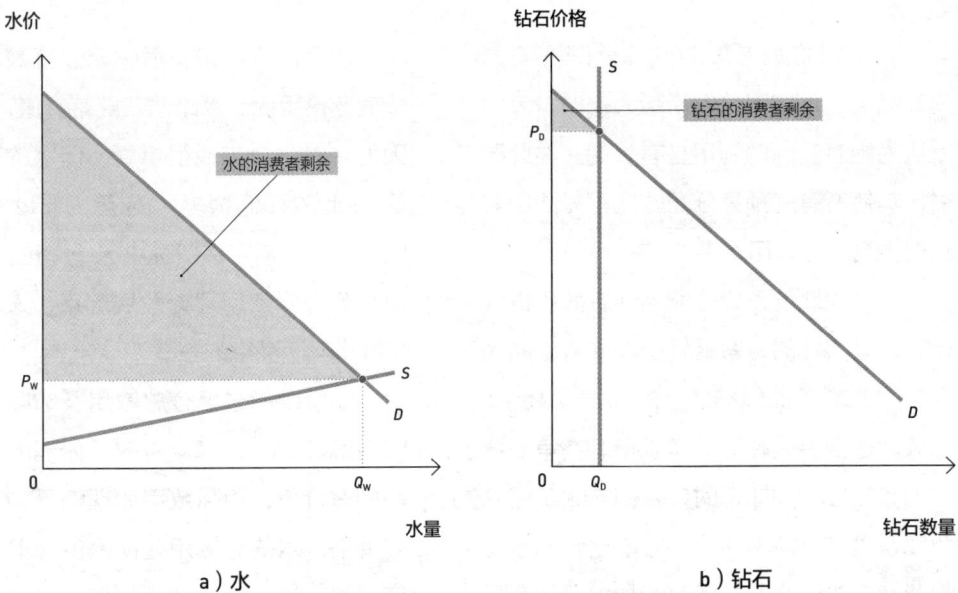

a）水

b）钻石

注：1. 图 13-8a 展示了水的需求曲线 D 及供给曲线 S。其需求和供给决定了水的价格 P_W 及消费量 Q_W。水的消费者剩余如图中灰色大三角形区域所示。

2. 图 13-8b 展示了钻石的需求曲线 D 及供给曲线 S。其需求和供给决定了钻石的价格 P_D 及消费量

Q_D。钻石的消费者剩余如图中灰色小三角形区域所示。

3. 水是有价值的——消费者剩余很高，但价格低。而钻石价值较小——消费者剩余较低，但价格高昂。

图 13-8　价值悖论

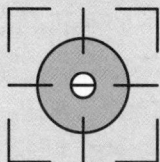

聚焦歌曲下载和流媒体

你会为一首歌花多少钱

我们可以通过找到歌曲的需求曲线确定人们愿意为一首歌花多少钱。为找到该需求曲线，我们需要先获取市场中歌曲的价格和数量。

我们可以获取的相关数据来自 2018 年。那一年，美国人为录制音乐总共花费了 98 亿美元，比 1999 年的峰值 146 亿美元有所降低。

但光盘、下载量及流媒体音乐播放总量并未下降，甚至 2018 年的总量比 1999 年还高。

录制音乐总消费金额下降的主要原因是消费形式结构的变化。图 13-9 展示了 1975 年以来音乐形式的变化。可以看到至 2000 年，唱片和磁带已经被光盘替代，到 2012 年之后，首次出现音乐下载形式，接着流媒体又替代了光盘。

尽管我们可以用很多不同的方式来购买录制音乐，但我们还是假设不论形式如何，歌曲的需求都是一样的。因此，对光盘、下载或流媒体音乐的需求都是一样的。

如果对歌曲的需求没有变化且呈线性发展，那么图 13-10 和图 13-11 则展示了该需求。

需求曲线上的其中一点是

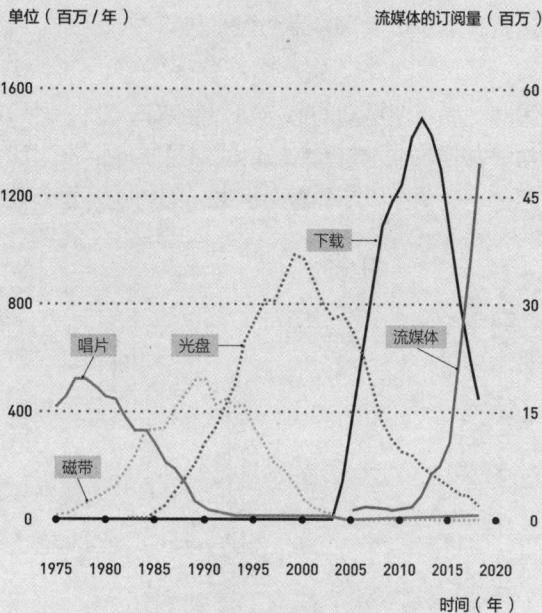

注：20 世纪 70 年代，录制音乐还是唱片形态。慢慢地，磁带替代了唱片，接着光盘替代了磁带。之后，下载到计算机上的电子文档替代了 CD，而现在下载量也在慢慢减少，被流媒体替代（我们并不知道流媒体文件的数量）。

图 13-9　录制音乐形式的变化

资料来源：美国唱片工业协会。

2001 年的价格及数量——总共购买了 1 亿首光盘歌曲，平均价格为 5 美元 / 首。

曲线上另一个点是 2012 年的价格及数量——15 亿首下载歌曲，单价为 1.2 美元 / 首。

图 13-10 展示了下载歌曲的总剩余及消费者剩余。消费者总花费为 18 亿美元 / 年（15 亿

首/年×1.2美元/首），如图中白色矩形区域所示。消费者剩余则如图中灰色三角形区域所示，为30亿美元/年（15亿首/年×4美元/首÷2）。

图13-11展示了流媒体的总剩余及消费者剩余。流媒体是通过预先订阅收费，所以额外的流媒体歌曲价格为零。因此，流媒体歌曲的需求量为需求曲线与x轴相交时的数量。流媒体歌曲的总剩余等于需求曲线下的整个区域，即约51

亿美元/年（19.6亿首/年×5.2美元/首÷2）。

流媒体服务供应商如苹果、声田，大家都知道它们创造了巨大的总剩余，且希望分到所能分得的最大部分。同时，我们也知道它们在流媒体订阅上挣了多少钱。2018年该金额为47亿美元，即流媒体提供者的消费者剩余为4亿美元。因此，流媒体留给消费者的部分仅为他们下载音乐时的13%。

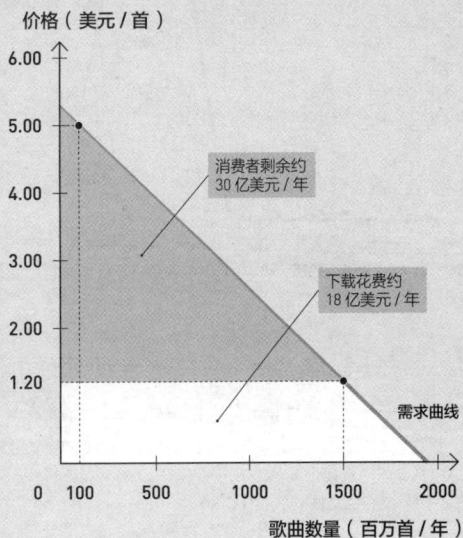

图13-10　下载的歌曲

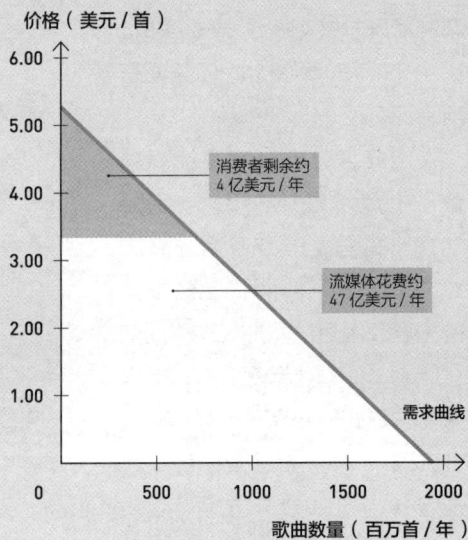

图13-11　歌曲流媒体

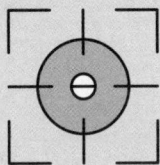

聚焦生活

你是否最大化了你的效用

你也许会想，这些边际效用之类的东西很不真实！你也通常不会拿着什么边际效用计算器去逛商场。你只买自己想买且买得起的东西，仅此而已。

好吧，边际效用理论其实并不是关于人们如何做选择，而是关于人们选择什么的理论。它是一种工具，能让经济学家解释人们做出的选择。

你会看到很多人为了平衡其每美元边际效用而改变购买行为的例子。下次你排队结账时，请注意一下那些人们需要再次考虑，并与广告夹页一起被塞进杂志架的东西。在付钱的关键时刻，这说明这些东西的每美元边际效用还不够高。

你甚至会发现你自己也在使用边际效用理论做决策。该理论能让可选项更清晰，并有助于明确备选方案的价值。

当杰里米·边沁及后来的威廉·斯坦利·杰文斯（见"聚焦历史"）最初开始发展效用理论时，他们曾推测在人们头上安装效用计数器并实际测量其效用的可能性。

现在，一个新的经济学分支，被称为神经经济学，正朝着达成这个 19 世纪的梦想而努力。

经济学家与神经科学家合作，利用核磁共振扫描仪，将研究对象置于决策情境，从而观察他们在做出选择及得知结果后大脑的行为。

这些研究仍处于早期阶段，但目前的结果已表明，虽然部分决策是理性的（由前额叶皮层负责计算），但仍有其他决策是由大脑的原始部分做出的，且大脑并未进行仔细计算就做出了快速选择。

随着神经经济学的发展，它将阐明选择方式，同时加强我们预测他人决策的能力。

第 13 章要点小结

1. **计算并绘制预算线，展示个人消费可能性上限。**
- 消费可能性受预算及价格的限制。因此，某些商品消费组合在支付范围内，但某些商品消费组合可能超出其支付能力。
- 在给定预算及价格的情况下，预算线是个人可支付与不可支付的边界。
- 预算线的斜率决定了相对价格，即 x 轴对应的商品价格除以 y 轴对应的商品价格。
- 一种商品的价格变化会改变预算线的斜率。预算的变化会导致预算线整体移动，但不会改变其斜率。

2. **解释边际效用理论，并运用它推导消费者需求曲线。**
- 消费可能性及偏好决定了消费选择。
- 当预算完全花光且所有商品的每美元边际效用相等时，总效用实现最大化。
- 如果商品 A 的每美元边际效用超过了商品 B，则购买更多商品 A 和更少商品 B 时，总效用会增加。
- 边际效用理论体现了需求法则。也就是说，如果其他条件保持不变，商品价格越高，该商品的需求量会越小。

3. **利用边际效用理论解释价值悖论：为什么水至关重要却便宜，钻石相对无效用却昂贵。**
- 当消费者最大化其总效用时，说明资源利用最有效。
- 边际效用理论解决了价值悖论。
- 当我们笼统地谈到价值时，其实我们想的是总效用或消费者剩余，但价格其实与边际效用相关。
- 我们对水的消费量很大，因此水的总效用及消费者剩余很高，但其价格及边际效用较低。

第 14 章

生产与成本

本章学习目标

» 解释并区分经济学家和会计师眼中的企业生产成本和利润;

» 解释企业产出与短期雇用劳动力之间的关系;

» 解释企业产出与短期成本之间的关系;

» 推导并解释企业的长期平均成本曲线。

14.1

经济成本和利润

一家沃尔玛的店铺比一家 7-11 的店铺大得多，且显然需要更多的运营成本。但哪家店铺的单位服务客户成本更低呢？现在看来答案并不明确。但在本章结束时，你会找到答案。

正如沃尔玛和 7-11，美国的 2000 万家企业大小规模都不同，且它们生产的产品也不同。但所有企业都具备相同的经济功能：使用生产要素，组织要素并生产，销售产品及服务。为了解企业行为，我们需要先知道其目标。

● 企业目标

如果你问一些企业家，他们试图达成的目标是什么，你会得到很多不同的答案。一些人会提到制造出高品质的产品，另一些人会谈及业务增长；有人会说是扩大市场份额，还有人会说是提高员工的工作满意度。这些目标虽会被提到，但它们并不是最根本的目标，而是达成更深层次目标的方式。

企业的终极目标是利润最大化。如果一家企业不追求利润最大化，它最终会被追求这一目标的企业淘汰或收购。为计算企业利润，我们必须确定其总收益和总成本。经济学家有其专门的办法来定义如何衡量成本和利润，让我们通过一家由萨姆（Sam）拥有和经营的萨姆冰沙公司的情况来解释和说明这一点。

● 会计成本和利润

2019 年，萨姆冰沙公司通过销售冰沙获得的总收益为 150 000 美元。公司支付 20 000 美元用于购买水果、酸奶和蜂蜜，为其员工发放 22 000 美元的工资，并偿还了银行 3000 美元的利息。这些事项总花费为 45 000 美元。

萨姆冰沙公司的会计师认为，公司的搅拌机、冰箱及门店在 2019 年全年折旧应为 10 000 美元。折旧体现了公司资本价值的降低，会计师使用美国国税局的规则计算折旧，而美国国税局的规则是基于财务会计准则委员会制定的标准设置的。因此，2019 年会计师报告公司总成本为 55 000 美元，公司利润为 95 000 美元——总收益 150 000 美元减去总成本 55 000 美元。

萨姆冰沙公司的会计师计量公司成本和利润，是为了确保公司支付准确金额的所得税，并向银行解释银行贷款的用途。经济学家则抱有不同的目的：为预测公司决策。这些决策与机会成本及经济利润相关。

● 机会成本

为生产产品，企业需要使用生产要素：土地、人工、资本和企业家精神。其他企业也能使用同样的资源去生产其他产品或服务。在第 3 章中，资源可以用来生产智能手机或自行车，因此生产智能手机的机会成本就是放弃生产的自行车数量。为西南航线驾驶飞机运送乘客的驾驶员无法同时为联邦快递公司驾驶飞机。正在建造高层办公楼的建筑工人无法同时建造公寓。为《纽约时报》供稿的记者不能同时为 CNN 撰写网络新闻报道。那么，萨姆也无法同时运营她的冰沙事业和花店。

企业生产的机会成本，即其放弃的最高价值的可选方案。从企业的角度讲，这项机会成本是企业为吸引生产要素所有者放弃其最佳可选用途而必须支付给他们的费用。因此，企业生产的机会成本就是其所使用生产要素的成本。

为确定这些成本，让我们回到萨姆冰沙公司，看看生产冰沙的机会成本。

显性成本和隐性成本

企业为吸引生产要素的所有者放弃其最佳可选用途而支付的金额，要么是显性成本，要么是隐性成本。用货币支付的成本为显性成本（explicit cost）。因为该支出所花费的货币本可以用在其他方面，显性成本是机会成本。比如，萨姆支付给员工的工资、银行的利息，以及购买水果、酸奶及蜂蜜的支出，就是显性成本。

当企业使用生产要素但并不直接使用货币支付时，就会出现隐性成本（implicit cost）。隐性成本的两大类别是经济折旧及企业所有人的资源成本。

经济折旧（economic depreciation）是指企业使用自有资本的机会成本。它以资本的市场价值变化来衡量——初期资本的市场价格减去末期资本的市场价格。假设萨姆本可以在 2018 年 12 月 31 日以 250 000 美元的价格出售其搅拌机、冰箱和门店。如果她在 2019 年 12 月 31 日出售同样的资产可获得 246 000 美元，则其 2019 年的经济折旧为 4000 美元。这就是她在 2019 年使用其资本的机会成本，而不是萨姆冰沙公司会计师计算的 10 000 美元折旧。

利息是另一项资本成本。当企业所有人提供资金用于购买资产时，这部分资金的机会成本就是放弃其最佳可选用途所产生的利息收入。如果萨姆给公司提供的资金本可为其赚取 1000 美元的利息，那么这一金额就是生产冰沙的一项隐性成本。

当企业所有者为企业提供劳动时，其机会成本就是企业所有者为花时间给企业工作，从而放弃了其他最佳可选工作所应得的工资。比如，萨姆放弃了另一份年收入为 34 000 美元的工作，转而投身于冰沙事业，则这 34 000 美元的隐性成本也是生产冰沙的一部分机会成本。

最后，企业所有者通常还会为企业提供企业家精神，这项生产要素用于组织业务并承受其经营风险。对企业家精神的回报是正常利润（normal profit）。正常利润也是企业机会成本的一部分，因为这是放弃另一项选择的成本，即经营另一家企业。如果不是为了经营萨姆冰沙公司，萨姆本可以通过运营花店每年挣 16 000 美元，那么这一金额也是生产冰沙的一项隐性成本。

经济利润

企业的经济利润（economic profit）等于总收益减去总成本的差额。总收益是企业销售产品获得的总金额。该金额等于产出的价格乘以出售的数量。总成本是显性成本和隐性成本的总和，也是生产的机会成本。

由于企业的一项隐性成本是其正常利润，因此对创业者的回报就等于正常利润加经济利润。如果企业产生了经济亏损，那么创业者的回报就低于正常利润。

表 14-1 总结了经济成本的概念，图 14-1 则比较了成本及利润的经济视角及会计视角。萨姆冰沙公司的总收入（价格乘以出售数量）为 150 000 美元，萨姆冰沙公司所使用资源的机会成本为 100 000 美元，因此萨姆冰沙公司的经济利润为 50 000 美元。

表 14-1   经济核算

（单位：美元）

项目		
总收益		150 000
显性成本		
水果酸奶及蜂蜜的成本	20 000	
工资	22 000	
利息	3000	
隐性成本		
萨姆放弃的工资	34 000	
萨姆放弃的利息	1000	
经济折旧	4000	
正常利润	16 000	
机会成本		100 000
经济利润		50 000

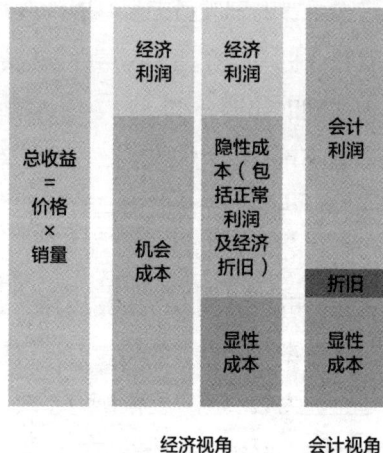

经济视角   会计视角

注：1. 经济学家及会计师对公司总收益的计量方式相同，都等于出售产品的单位价格乘以出售数量。
2. 经济学家将经济利润计量为总收益减去机会成本的差额。机会成本包含显性成本和隐性成本。正常利润是一项隐性成本。
3. 会计师则将利润计量为收益减去显性成本的差额——以货币支付的成本及折旧。

图 14-1   成本和利润的两种视角

短期和长期

本章的主要目标是探讨企业成本的影响因素。其中影响成本的关键因素是企业一定时期内产出的数量。产出率越大，总生产成本就越高。当生产发生变化时，对成本的影响则取决于企业预计的响应速度。当企业计划第二天就改变其产出率时，所面临的选择一定比 6 个月前就计划改变所面临的选择要少。

为研究企业产出决策与其成本之间的关系，我们必须首先区分两种决策的时间范围：

* 短期；
* 长期。

短期：固定厂房设备

短期（short run）是指一个时间范围，在这段时间内，部分资源的数量已固定不变。对大多数企业来说，其固定资源为企业的技术和资本，即机器设备和建筑物。管理组织在短期看也是固定不变的。企业使用的固定资源即其固定生产要素，可变资源则是可变生产要素。所有这些固定资源的集合就是企业的厂房设备。因此从短期看，企业的厂房设备是固定的。

萨姆冰沙公司的厂房设备就是其搅拌机、冰箱和门店。萨姆冰沙公司在短期内是无法改变这些投入的，就像发电厂短期内无法改变发电机数量，或是飞机场短期内无法改变跑道、航站楼和交通管制设施的数量。

若想在短期内增加产出，企业必须增加所使用的可变要素的数量。通常来说，劳动力是生产的可变要素。为生产更多的冰沙，萨姆冰沙公司必须雇用更多的工人。类似地，为增加发电量，发电厂必须雇用更多的工程师，并增加发电机的工作时长。而为了增加其控制交通的容量，机场也必须雇用更多的登记人员、货物搬运工及空中交通管制员。

短期决策是很容易调整的。企业短期内可通过增加或减少雇用工人的数量增加或减少其产出。

长期：可变厂房设备

长期（long run）是指所有资源数量都可变的时间范围。也就是说，长期是指在一个时期内，企业可改变其厂房设备。

为在长期内增加产出，企业可加大其厂房设备的体量。比如，萨姆冰沙公司可以购置更多的搅拌机和冰箱，或是扩大其门店规模；发电厂也可以安装更多的发电机；飞机场则可以建造更多的跑道、航站楼和交通管制设施。

长期决策则无法轻易调整。企业一旦购买了新的厂房设备，其转售价值通常会比企业支付的金额低很多。价值的降低就是经济折旧。这部分成本被称为沉没成本，用来强调其与企业决策的不相关性。仅短期成本中的改变劳动投入及长期成本中改变厂房设备的体量与企业决策相关。

现在我们要从短期和长期两个方面分别研究一下成本。首先我们从短期开始，描述一下企业生产可能性的上限。

14.2

短期生产

在厂房设备固定不变的前提下，为增加产出，企业必须增加其雇用的劳动力。我们将通过以下 3 个概念描述产出与雇用劳动力数量间的关系：

» 总产量；
» 边际产量；
» 平均产量。

● **总产量**

总产量（total product，TP）是指在特定时期内生产的产品总量。总产量是一个产出率——单位时间内（如每小时、每天或每周）生产的产品数量。当雇用劳动力数量增加，总产量也会改变。在图 14-2 中，我们通过总产量计划及总产量曲线描述这种关系。总产量计划（如图 14-2 下方表格）列出了萨姆冰沙公司在现有设备和厂房的条件下，雇用不同数量的劳动力时，最大单

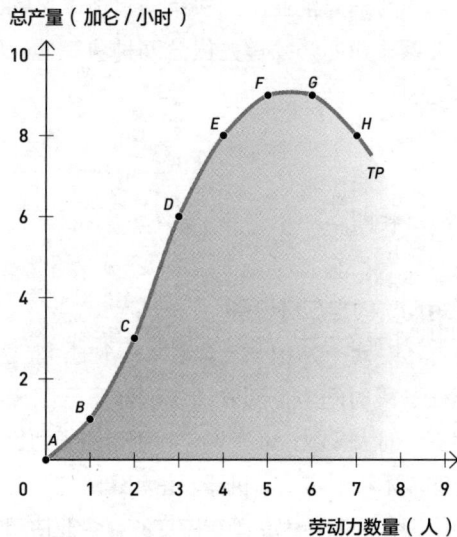

劳动力数量（人）	0	1	2	3	4	5	6	7
总产量（加仑/小时）	0	1	3	6	8	9	9	8
		A	B	C	D	E	F	G	H

注：1. 总产量计划展示了当雇员的数量发生变化时，萨姆冰沙公司可生产的冰沙数量将如何变化。如 C 列所示，萨姆冰沙公司雇用了 2 名员工，每小时可生产 3 加仑冰沙。

2. 总产量曲线 TP 描绘了表格中的数据。TP 上的 A 点到 H 点可与表格中的每列相对应。总产量曲线还将可实现产出与不可实现产出区分开来。TP 下方的点是无效的，TP 上的点是有效的。

图 14-2 总产量计划与总产量曲线

位小时冰沙产量。*TP* 上的 *A* 点到 *H* 点可与表格中的每列相对应。

如前文提到的生产可能性边界（见第 3 章），总产量曲线会对可实现产出及不可实现产出进行区分。曲线上方的点都是不可实现的。曲线下方的点，即灰色区域中的点，是可实现的，却是无效的：在这些情况下，公司使用了多于必要人工的劳动力生产既定产出。仅有位于总产量曲线上的点才是有效的。

● 边际产量

边际产量（marginal product，MP）是指当雇用的劳动力每增加 1 单位时，总产量会发生的变化。它让我们了解每额外增加 1 名工人对总产量的贡献。当劳动力的增加超过 1 人时，我们通过以下公式计算边际产量：

边际产量＝总产量变化 ÷ 劳动力数量变化

图 14-3 展示了萨姆冰沙公司的边际产量曲线 *MP*，以及其与总产量曲线的关系。你可以看到当劳动力数量从 1 人增加到 3 人时，边际产量增加了。但当雇用的工人超过 3 人时，边际产量就会降低。而当雇用工人数量增加到 7 人时，边际产量变为负数。

请注意：当图 14-3a 中所示总产量曲线斜率越陡，图 14-3b 中所示边际产量就会越大；而当图 14-3a 中总产量曲线开始向下变化时，图 14-3b 中边际产量就为负了。

图 14-3 中的总产量曲线及边际产量曲线包含了所有公司在生产过程中都会具备的一个特点，即使这些公司就像福特汽车、吉姆（Jim）理发店和萨姆冰沙公司这样完全不同：

» 初始边际收益递增；
» 最终边际收益递减。

边际收益递增

当新增工人的边际产量超过现有工人的边际产量时，边际收益递增（increasing marginal returns）。边际收益递增的来源是生产过程中专业程度的提高及劳动分工的扩大。

总产量（加仑／小时）

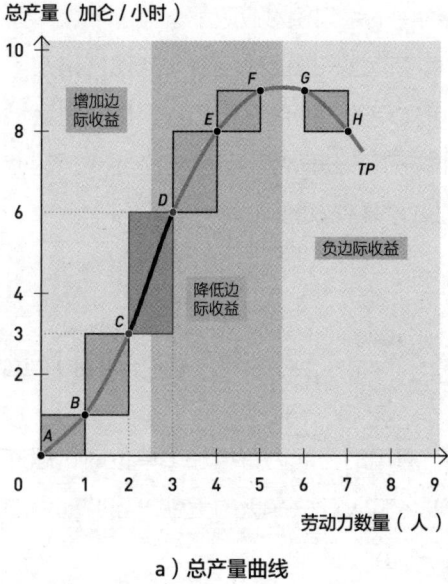

a）总产量曲线

边际产量（加仑／人）

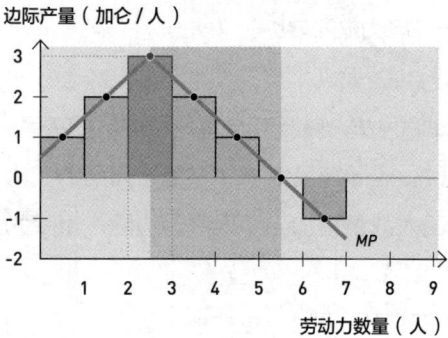

b）边际产量曲线

劳动力数量（人）	0	1	2	3	4	5	6	7
总产量（加仑／小时）	0	1	3	6	8	9	9	8
边际产量（加仑／人）		1	2	3	2	1	0	-1

注: 1. 表格中计算了边际产量，并用图中的灰色柱状图表示。

2. 当劳动力从 2 人增加到 3 人时，总产量从每小时生产 3 加仑冰沙增加为 6 加仑冰沙。因此，据灰色柱状图高度所示，边际产量为 3 加仑。

3. 图 14-3b 将边际产量与劳动力投入绘制在一起，强调劳动力投入的变化能带来边际产量的变化。边际产量递增到最大值（在本例中，为 3 人）后开始下降，即边际产量递减。

图 14-3 总产量及边际产量

比如，如果萨姆仅雇用 1 名工人，这名员工就必须学会制作冰沙的所有步骤：操作搅拌机，清洗机器，修理机器，采购和检查水果及服务客户。因为这名工人必须完成所有这些任务。

但如果萨姆雇用了第 2 名工人，这名工人就可以专门负责生产过程中的其他部分。由此带来的结果就是，2 名工人可生产的产品比 1 名工人的 2 倍产量还多。这说明第 2 名工人的边际产量大于第 1 名工人的边际产量。边际收益增加了。大多数生产过程在最初都会经历边际收益增加。

边际收益递减

所有生产过程最终都会达到一个边际收益递减的点。当新增工人的边际产量低于现有工人的边际产量时，边际收益递减（decreasing marginal returns）。越来越多的工人共用机器及空间，因而会导致边际收益递减。由于雇用的工人越来越多，新增工人可做的事越来越少。比如，如果萨姆雇用了 4 名工人，产出会增加，但不如她雇用第 3 名工人时增加得多。在此情况下，说明 3 名工人已经用尽了所有可能通过专业化及分工获得的收益。通过雇用第 4 名工人，萨姆冰沙公司每小时可生产更多的冰沙，但机器使用也接近极限。有时甚至第 4 名工人无事可做，因为机器运行已不再需要额外关注。

雇用更多的工人还会继续增加总

产量，但增幅逐渐减小，直到萨姆雇用了第 6 名工人，达到这一点后，总产量不再增加。如果增加第 7 名工人，工作空间就会过于拥挤，工人之间开始产生妨碍，总产量下降。

边际收益递减是一个普遍原理，因此出现了一条定律：收益递减定律（law of decreasing returns），该定律指出：

随着企业使用的可变生产要素增多，当固定生产要素数量一定时，可变要素的边际产量最终会递减。

● **平均产量**

平均产量（average product，AP）是指单位雇用工人的总产量。计算公式如下：

平均产量＝总产量 ÷ 劳动力数量

平均产量的另一个名字是生产力。

图 14-4 中展示了劳动力的平均产量 AP，以及平均产量与边际产量之间的关系。从 1 名工人增加到 3 名工人时，平均产量增加了（达到最大值），此后虽然雇用了更多的工人，平均产量却在减少。请注意，当平均产量等于边际产量时，平均产量达到最大值。也就是说，边际产量曲线与平均产量曲线相交于平均产量最大值的点。当边际产量超过平均产量时，平均产量曲线向上倾斜，此时随着雇员的增加，平均产量也会增加。而当边际产量低于平均产量

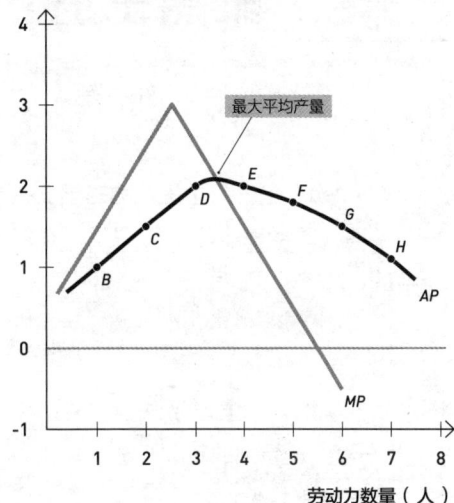

劳动力数量（人）	0	1	2	3	4	5	6	7
总产量（加仑/小时）	0	1	3	6	8	9	9	8
边际产量（加仑/人）		1	2	3	2	1	0	-1
平均产量（加仑/人）		1.0	1.5	2.0	2.0	1.8	1.5	1.1
		B	C	D	E	F	G	H

注：1. 表格中计算了平均产量。比如，当劳动力数量为 3 名工人时，总产量为每小时生产 6 加仑冰沙，则平均产量为 6 加仑 ÷3 名工人，等于 2 加仑/人。
2. 平均产量曲线，即 AP。
3. 当边际产量超过平均产量时，平均产量递增，曲线 AP 向上倾斜。
4. 当边际产量低于平均产量时，平均产量递减，曲线 AP 向下倾斜。

图 14-4 平均产量及边际产量

时，平均产量曲线向下倾斜，此时随着雇员的增加，平均产量反而会减少。

　　平均产量与边际产量之间的关系普遍反映了任何变量间平均值与边际值之间的关系。在接下来的"聚焦生活"中，我们可以看到类似的例子。

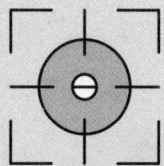

聚焦生活

你的平均成绩及边际成绩

　　珍（Jen）是一名学生，她的学业共有 5 学期，每学期学习一门课程。在第一学期，她学习了微积分，成绩为 C（2 分）。该成绩就是她的边际成绩，也是她的平均成绩（GPA）。

　　第二学期，她学习了法语，成绩为 B（3 分）。这是她的新边际成绩。当边际价值超过平均价值时，平均价值会增加。因此，由于珍的边际成绩超过其平均成绩，边际成绩就把平均成绩拉高了。她的 GPA 提高到 2.5 分。

　　第三学期，珍学习了经济学，成绩为 A（4 分）。她的边际成绩再次超过平均成绩，因此边际成绩仍旧拉高了平均成绩。珍的 GPA 此时为 3 分——2、3、4 分的平均分。

　　第四学期，她学习了历史，成绩为 B（3 分）。此时边际成绩等于平均成绩。当边际价值等于平均价值时，平均价值不会发生变化。因此，珍的平均成绩维持在 3 分。

　　第五学期，珍学习了英语，成绩为 C（2 分）。当边际价值低于平均价值，平均价值会降低。由于此时珍的边际成绩为 2 分，低于其平均成绩 3 分，因此边际成绩会拉低平均成绩。GPA 降低。

　　由此我们可以看到，珍的 ❶ 边际成绩及 ❷ 平均成绩之间的关系与边际产量及平均产量之间的关系是相似的（见图 14-5）。

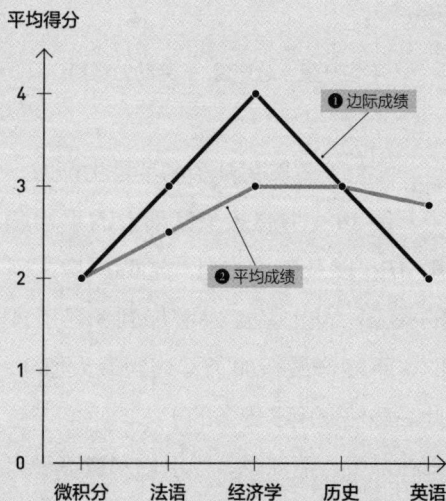

图 14-5　珍的平均成绩及边际成绩

14.3

短期成本

短期内为生产更多的产出（总产量），企业必须雇用更多的劳动力，这意味着成本必然会增加。我们将通过以下 3 个成本概念描述产出与成本之间的关系：

- » 总成本；
- » 边际成本；
- » 平均成本。

● 总成本

企业总成本（total cost，TC）是指企业使用的所有生产要素的成本。总成本可分为两部分：总固定成本和总变动成本。总固定成本（total fixed cost，TFC）是指企业固定生产要素的成本，如土地、资本和企业家精神。从短期看，这些投入的数量不会随着产出的变化而变化，因此总固定成本不随产出的变化而变化。总变动成本（total variable cost，TVC）是指企业可变生产要素的成本，如人工。短期内为改变其产出，企业必须改变其雇用劳动力的数量，因此总变动成本会随产出的变化而变化。

总成本是总固定成本与总变动成本之和，即

$$TC = TFC + TVC$$

表 14-2 展示了萨姆冰沙公司的总成本。萨姆冰沙公司的固定成本是 20 美元 / 小时，无论其运转与否——TFC 就是 20 美元 / 小时。为生产冰沙，萨姆莎雇用了劳动力，成本为 12 美元 / 小时。因此，TVC 等于工人数量乘以 12 美元 / 小时。比如，为每小时生产 6 加仑冰沙，萨姆雇用了 3 名工人，TVC 为 36 美元。TCV 会随产出的增加而增加。TC 是 TFC 与 TVC 的总和。因此为每小时生产 6 加仑冰沙，TC 就是 56 美元 / 小时。请检查并计算每一行的数据，并请注意，为实现某些产出（如

表 14-2　萨姆冰沙公司的总成本

劳动力 （人 / 小时）	产出 （加仑 / 小时）	总固定成本	总变动成本	总成本
			（美元 / 小时）	
0	0	20	0	20.00
1.00	1	20	12.00	32.00
1.60	2	20	19.20	39.20
2.00	3	20	24.00	44.00
2.35	4	20	28.20	48.20
2.65	5	20	31.80	51.80
3.00	**6**	**20**	**36.00**	**56.00**
3.40	7	20	40.80	60.80
4.00	8	20	48.00	68.00
5.00	9	20	60.00	80.00

注：1. 萨姆冰沙公司的固定生产资料为土地、资本和企业家精神。总固定成本与产量无关，是恒定的。萨姆冰沙公司的可变生产资料为人工。总变动成本就是劳动力成本。总成本是总固定成本与总变动成本的总和。

2. 加粗的一行展示了为生产 6 加仑冰沙，萨姆冰沙公司雇用了 3 名工人。总固定成本为 20 美元 / 小时。总变动成本为 3 名工人的成本。每小时 12 美元，则 3 名工人的总成本为 36 美元。由此，萨姆冰沙公司生产 6 加仑冰沙的总成本为 20 美元加 36 美元，等于 56 美元。

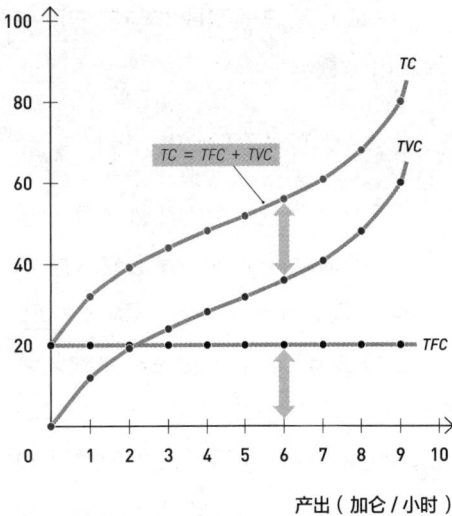

图 14-6　萨姆冰沙公司的总成本曲线

注：1. 总固定成本（TFC）是恒定的，在图中用水平直线表示，总变动成本（TVC）随产出的增加而增加。总成本（TC）亦随着产出的增加而增加。
2. 总成本曲线与总变动成本曲线之间的垂直距离为总固定成本，在图中用两个箭头表示。

每小时 2 加仑），萨姆冰沙公司雇用的工人可能工作不到 1 小时。

图 14-6 展示了萨姆冰沙公司的成本曲线。总固定成本曲线（TFC）是一条水平线，因为总固定成本不随产出的变化而变化，即 20 美元 / 小时。总变动成本曲线（TVC）及总成本曲线（TC）都向上倾斜，因为变动成本随着产出的增加而增加。箭头指示总固定成本为曲线 TVC 与 TC 之间的垂直距离。

现在让我们来看一看萨姆冰沙公司的边际成本。

● 边际成本

如图 14-6 所示，在产出较低时，总变动成本及总成本会以递减的比率递增，随着产出的增加，则会以递增的比率开始递增。为了解总成本的变化模式，我们需要使用边际成本这一概念。

企业边际成本（marginal cost）是指产出每增加 1 单位，总成本的变化。表 14-3 计算了萨姆冰沙公司的边际成本。比如，当产出从每小时 5 加仑增加为 6 加仑时，总成本从 51.8 美元增加为 56 美元。因此，这 1 加仑冰沙的边际成本就等于 4.2 美元（= 56 美元 – 51.8 美元）。请注意边际成本与总成本列示在一起，用来强调其变化是由产出变化导致的。

边际成本告诉我们随着产出的变化，总成本是如何变化的。最后一个成本概念能让我们了解为生产 1 单位产出，平均成本是多少。现在就让我们来看看萨姆冰沙公司的平均成本。

平均成本

同样有 3 个平均成本概念：

» 平均固定成本；
» 平均变动成本；
» 平均总成本。

平均固定成本（average fixed cost, AFC）是指单位产出的总固定成本。平均变动成本（average variable cost, AVC）是指单位产出的总变动成本。平均总成本（average total cost, ATC）是指单位产出的总成本。平均成本的概念来源于总成本的概念，计算公式如下：

$$TC = TFC + TVC$$

表 14-3　萨姆冰沙公司的边际成本及平均成本

产出 （加仑/ 小时）	总成本 （美元/ 小时）	边际成本 （美元/ 小时）	平均 固定成本	平均 变动成本	平均 总成本
				（美元/加仑）	
0	20.00		-	-	-
1	32.00	12.00	20.00	12.00	32.00
2	39.20	7.20	10.00	9.60	19.60
3	44.00	4.80	6.67	8.00	14.67
4	48.20	4.20	5.00	7.05	12.05
5	**51.80**	3.60	4.00	6.36	10.36
6	**56.00**	**4.20**	**3.33**	**6.00**	**9.33**
7	60.80	4.80	2.86	5.83	8.69
8	68.00	7.20	2.50	6.00	8.50
9	80.00	12.00	2.22	6.67	8.89

注：1. 为每小时生产 6 加仑冰沙，萨姆冰沙公司的总成本为 56 美元。据表 14-2 所示，可发现该总成本等于总固定成本（20 美元）与总变动成本（36 美元）之和。

2. 边际成本为产出增加 1 单位时，总成本的增加。当萨姆冰沙公司的产出从每小时 5 加仑增加到 6 加仑，总成本从 51.8 美元增加到 56 美元，即增加了 4.2 美元。也就是说，第 6 加仑产出的边际成本为 4.2 美元。边际成本与总成本列示在一起，用来强调其变化是由产出变化导致的。

3. 当萨姆冰沙公司每小时生产 6 加仑冰沙时，平均固定成本等于 3.33 美元/加仑（= 20 美元 ÷6 加仑）；平均变动成本等于 6 美元/加仑（= 36 美元 ÷6 加仑）；则平均总成本等于 9.33 美元/加仑（= 56 美元 ÷6 加仑）。

将每个总成本概念除以产量（Q），得到：

$$\frac{TC}{Q} = \frac{TFC}{Q} + \frac{TVC}{Q}$$

即　　$ATC = AFC + AVC$

表 14-3 展示了这些平均成本。比如，当每小时产出为 6 加仑时，AFC 等于 3.33 美元（= 20 美元 ÷ 6），AVC 等于 6 美元（= 36 美元 ÷ 6）；而 ATC 等于 9.33 美元（= 56 美元 ÷ 6），也等于 AFC（3.33 美元）加上 AVC（6 美元）。

图 14-7 绘制了表 14-3 中数据对应的边际成本和平均成本。由于边际产量的变化方式，最下方的边际成本曲线（MC）呈 U 形变化。请回忆一下，当萨姆雇用第 2 名或第 3 名工人时，边际产量增加，产出增加至每小时 6 加仑（见图 14-3）。在此产出范围内，随着产出的增加，边际成本会减少。而当萨姆雇用第 4 名或第 5 名工人时，边际产量减少，但产出会增加至每小时 9 加仑（见图 14-3）。在此产出范围内，随着产出的增加，边际成本会增加。

平均固定成本曲线（AFC）向下倾斜。随着产出的增加，恒定不变的总固定成本可分摊至更多的产出。平均总成本曲线（ATC）及平均变动成本曲线（AVC）也呈 U 形。平均总成本与平均变动成本曲线之间的垂直距离等于平均固定成本，如两个箭头所示。随着产出的增加，这个距离会缩小，因为平均固定成本会随着产出的增加而降低。

边际成本曲线会与平均变动成本曲线及平均总成本曲线在其最小点处相交。也就是说，当边际成本小于平均成本时，平均成本会降低；当边际成本超过平均成本，平均成本会增加。这样的关系适用于曲线 ATC 及 AVC，也是图

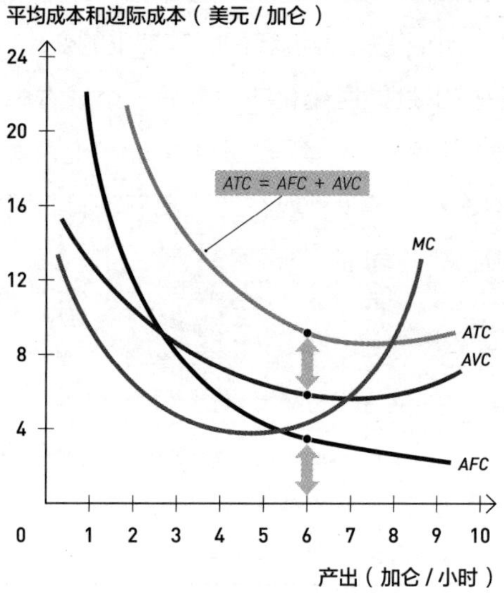

平均成本和边际成本（美元/加仑）

注：1. 平均固定成本随产出的增加而降低。平均固定成本曲线（AFC）向下倾斜。
    2. 平均总成本曲线（ATC）及平均变动成本曲线（AVC）呈 U 形。这两条曲线之间的垂直距离等于平均固定成本，在图中由两个箭头表示。
    3. 边际成本是指产出每增加 1 单位时，总成本会发生的变化。边际成本曲线（MC）呈 U 形，并与边际变动成本曲线（AVC）及边际总成本曲线（ATC）在其最小点处相交。

**图 14-7　萨姆冰沙公司的
平均成本曲线和边际成本曲线**

14-4 中的平均产量及边际产量关系的另一个例子。

● 为什么平均总成本曲线呈 U 形

平均总成本（ATC），是平均固定成本（AFC）加上平均变动成本（AFC）的总和。因此，ATC 的形状结合了 AFC 及 AVC 的形状特点。平均总成本曲线呈 U 形是由两种相反的力的作用导致的：

» 总固定成本分摊至更大的产出；
» 边际收益递减。

当产出增加，企业可将其总固定成本分摊至更大的产出，因此平均固定成本降低——平均固定成本曲线向下倾斜。

边际收益递减意味着随着产出的增加，需要更多的劳动力去生产额外 1 单位的产出。因此，平均变动成本最终会增加，曲线 AVC 最终会向上倾斜。

曲线 ATC 的形状结合了以上两种影响。最初，随着产出增加，平均固定成本及平均变动成本都会降低，因此平均总成本会降低，曲线 ATC 向下倾斜。但随着产出进一步增加，边际收益递减效应开始发挥作用，平均变动成本开始增加。最终，平均变动成本的增速会大于平均固定成本的降速，因此平均总成本会增加，曲线 ATC 向上倾斜。

我们将学过的所有短期成本概念都汇总于表 14-4。

表 14-4　成本简表

概念	符号	定义	公式
固定成本		固定生产要素的成本，与产量无关	
变动成本		变动生产要素的成本，随产量变动	
总固定成本	TFC	固定生产要素的成本	
总变动成本	TVC	变动生产要素的成本	
总成本	TC	所有生产要素的成本	$TC = TFC + TVC$
边际成本	MC	产出每增加 1 单位（Q）导致的总成本变化	$MC = \Delta TC \div \Delta Q*$
平均固定成本	AFC	每单位产出的总固定成本	$AFC = TFC \div Q$
平均变动成本	AVC	每单位产出的总变动成本	$AVC = TVC \div Q$
平均总成本	ATC	每单位产出的总成本	$AC = TC \div Q$

＊ 在此公式中，希腊字母 Δ 代表"变化"。

成本曲线和产量曲线

企业成本曲线与产量曲线是相关的，如图 14-8 所示。上方的图展示了平均产量曲线 *AP* 及边际产量曲线 *MP*。下方的图展示了平均变动成本曲线 *AVC* 及边际成本曲线 *MC*。

随着劳动力增加到 2.5 人 / 天（见图 14-8 上方的图），产出会增加至 4 单位 / 天（见图 14-8 下方的图）。边际产量及平均产量增加，边际成本及平均变动成本降低。在边际产量最高点时，边际成本最低。

随着劳动力增加到 3.5 人 / 天（见图 14-8 上方的图），产出会增加至 7 单位 / 天（见图 14-8 下方的图）。边际产量减少，边际成本上升，但平均产量持续增加，平均变动成本持续降低。在平均产量的最高点，平均变动成本最低。随着劳动力进一步增加，产出增加。但平均产量减少，平均变动成本会增加。

成本曲线移动

企业短期成本曲线的位置，如图 14-6 和图 14-7 所示，取决于两个因素：

» 技术；
» 生产要素价格。

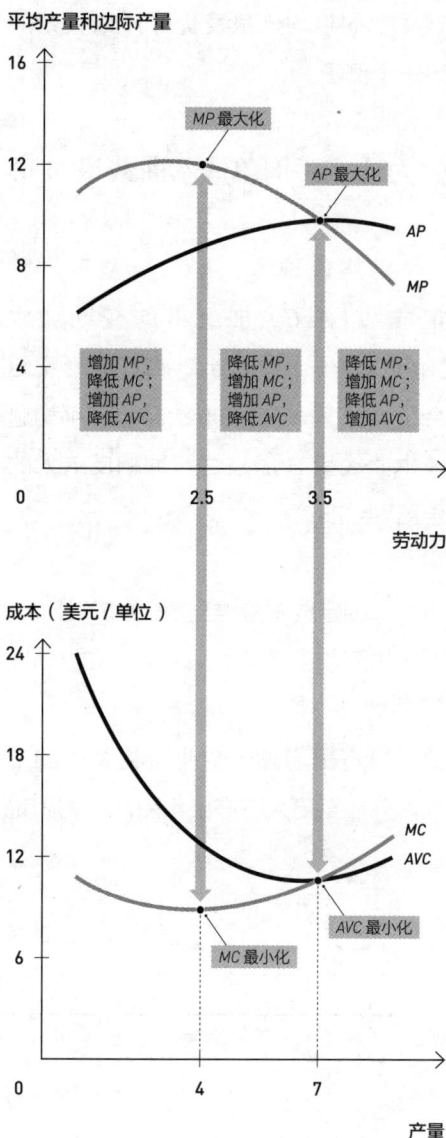

注：1. 企业的 *MC* 与 *MP* 相关。如果企业雇用更多的劳动力，达到 2.5 人 / 天，企业的边际产量会增加，边际成本会降低。当边际产量最大时，边际成本最小。随着企业雇用更多的劳动力，其边际产量会减少，边际成本会上升。

2. 企业的 *AVC* 与其 *AP* 相关。如果企业雇用更多的劳动力，达到 3.5 人 / 天，企业的平均产量会增加，平均变动成本会降低。当平均产量最大时，则平均变动成本最小。随着企业雇用更多的劳动力，其平均产量会减少，平均变动成本会上升。

图 14-8　产量曲线和成本曲线

技术

　　技术的变化增进了生产力，使总产量曲线向上移动，同时还会使边际产量曲线及平均产量曲线向上移动。当技术进步推动生产力发展时，同样的生产要素可以生产更多的产品，因此技术进步会降低平均成本和边际成本，让短期成本曲线向下移动。

　　比如，机器人技术的进步提高了汽车行业的生产力。其结果就是，克莱斯勒、福特及通用公司的产量曲线向上移动，而其平均成本曲线及边际成本曲线向下移动。但其产量曲线及成本曲线之间的关系并未改变。如图 14-8 所示，两条曲线仍然相关。

　　技术的进步常常使得企业增加更多的资本，投入更多的固定生产要素，雇用更少的劳动力，减少可变生产要素。比如，现在的电话公司使用计算机实现远程交流，而不像 20 世纪 80 年代那样使用人工接线员。当电话公司做出这样的改变后，总变动成本会下降，总成本也会下降，但总固定成本会上升。这样的变化混合了固定成本和变动成本的影响，这也意味着在产出较小的水平上，平均总成本可能会上升，但在产出较大的水平上，平均总成本会下降。

生产要素价格

　　生产要素价格的增加会提高成本，导致成本曲线发生移动。但曲线如何移动取决于价格变动的是哪种资源。租金或其他固定成本要素的价格增加，会使固定成本曲线（TFC 与 AFC）上移，从而使得总成本曲线（TC）上移，但变动成本类曲线（TVC 与 AVC）及边际成本曲线（MC）不会发生移动。

　　工资或其他变动成本的增加，会让变动成本类曲线（TVC 与 AVC）及边际成本曲线（MC）上移，但固定成本类曲线（AFC 与 TFC）不会发生移动。因此，如果一家货运公司的利息费用增加，那么其运输服务的固定成本会增加；如果卡车司机的工资增加，则运输服务的变动成本及边际成本会增加。

14.4

长期成本

从长期看，企业既可以改变其劳动力数量，也可以改变其资本数量。小企业（如萨姆冰沙公司）可以通过搬入更大的楼房，安装更多的机器扩大其厂房规模。大企业（如通用汽车公司），也可以通过关闭部分生产线缩减厂房规模。

我们现在要看一看当企业改变其厂房规模，即其使用的资本数量和雇用的劳动力数量时，长期成本将如何变化。

首先出现的情况就是，固定成本与变动成本之间的分界线消失了。长期来看，所有成本可变。

● 厂房规模和成本

当企业改变其厂房规模时，其生产一定产出的成本也会发生变化。在表 14-3 及图 14-7 中，当萨姆冰沙公司每小时生产 8 加仑冰沙时，其最低的平均总成本可达到 8.5 美元 / 加仑。萨姆想知道如果她通过租用更大的空间，配置更多的搅拌机及冰箱扩大其厂房规模，其平均总成本会如何变化。这时，生产 1 加仑冰沙的平均总成本会上升、下降还是维持不变？

这 3 种结果都有可能发生，这是由于，当企业改变其经营规模时，可能经历：

» 规模经济；
» 规模不经济；
» 规模收益不变。

规模经济

规模经济（economies of scale）是指随着产出率的增加，平均总成本下降。规模经济的主要来源是劳动及资本的专业化程度提升。

劳动专业化

如果福特公司每周生产 100 辆车，则每名产线工人都需要完成很多不同的任务。如果福特公司每周生产 10 000 辆车，那么每名工人都可以专门负责一小部分任务，并且精通于此。其结果就是劳动平均产量增加，生产汽车的平均总成本下降。

专业化不仅仅出现在生产线上。比如，一家小企业通常不设专职的销售经理、人事经理和生产经理，一个人就需要负责所有这些工作。但当企业规模变得足够大时，就会有专人承担这些工作。平均产量会上升，平均总成本则会下降。

汽车装配线上劳动力和资本的专业化。

资本专业化

当产出率较小时，企业通常必须使用通用机器和工具。比如，每小时仅生产几加仑冰沙时，萨姆冰沙公司会使用最常见的搅拌机。如果萨姆冰沙公司每小时能生产上百加仑冰沙，那么它就会开始使用能自动装填、清空、清洗的商用搅拌机。结果是，产出率会上升，生产每加仑冰沙的平均总成本会下降。

规模不经济

规模不经济（diseconomies of scale）是指随着产出率的增加，平均总成本上升的企业技术特征。规模不经济主要源自大企业中协调及控制的难度。企业越大，横向（指管理层的上传下达及管理者之间）沟通的成本也越高。最终，管理的复杂性导致平均总成本上升。规模不经济可能出现在所有生产过程中，但有时仅出现在产出率非常大的情况下。

规模收益不变

规模收益不变（costant returns to scale）是指随着产出率的增加，平均总成本不变的企业技术特征。当企业能够复制其现有的生产设施包括其管理体系时，就会实现规模收益不变。比如，福特公司可能通过将蒙迪欧汽车的生产设施扩大一倍，从而使蒙迪欧汽车的产出增加一倍。它可以建造一条完全一样的生产线，雇用同样多的工人。福特公司用两条同样的生产线就可以产出 2 倍数量的汽车。且生产蒙迪欧汽车的平均总成本在两条产线中也是相等的。随着生产的增加，福特公司的平均总成本维持不变。

● 长期平均成本曲线

长期平均成本曲线（long-run average cost curve，LRAC）展示了当企业有足够的时间改变其厂房设备及劳动力规模时，生产每种产品所能达到的最低平均总成本。

图 14-9 展示了萨姆冰沙公司的长期平均成本曲线（*LRAC*）。长期平均成本曲线是由不同产量规模下的短期平均总成本曲线推导而来的。

在现有的小型厂房中，萨姆冰沙公司运营的平均总成本曲线 ATC_1 如图 14-9 所示。其他 3 条平均总成本曲线展示了规模依次变大时的情况。在此案例中，为使产出达到 8 加仑 / 小时，现有厂房设备（平均总成本曲线为 ATC_1）可达到生产冰沙的最低平均成本。当产出在 8 加仑 / 小时到 16 加仑 / 小时之间时，平均总成本最低点位于 ATC_2 上。当产出在 16 加仑 / 小时到 24 加仑 / 小时之间时，平均总成本最低点位于 ATC_3 上。当产出超过 24 加仑 / 小时，平均总成本最低点位于 ATC_4 上。

在图 14-9 中用深灰色标出了四条平均总成本曲线的最小值。因此，这 4 个部分组成的扇贝形曲线就是萨姆冰沙公司的长期平均成本曲线。

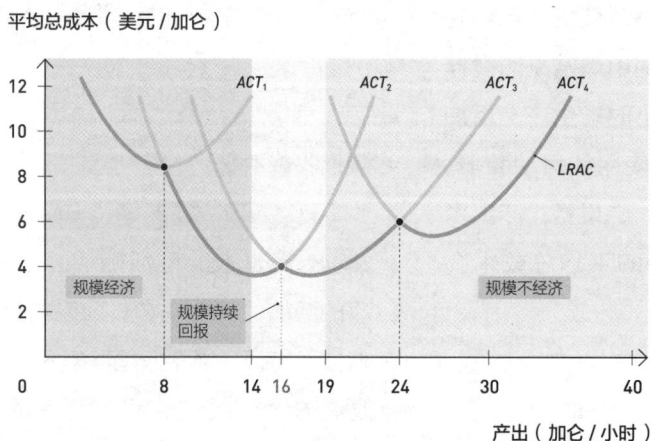

注：1. 长期看，萨姆既可以改变其厂房规模，也可以改变其雇用的劳动力数量。长期平均成本曲线可追踪生产每种产品可达到的最低平均总成本。深灰色曲线，即长期平均成本曲线 LRAC。

2. 萨姆冰沙公司在产出增加至 14 加仑 / 小时时，经历了规模经济，产出在 14 加仑 / 小时到 19 加仑 / 小时之间时，企业规模产出不变，而当产出超过 19 加仑 / 小时时，开始经历规模不经济。

图 14-9 长期平均成本曲线

规模经济与不经济

当出现规模经济时，曲线 *LRAC* 向下倾斜。图 14-9 中的 *LRAC* 展示了，直到产出率达到 14 加仑 / 小时，萨姆冰沙公司都在经历规模经济。当产出率在 14 加仑 / 小时与 19 加仑 / 小时之间时，公司规模收益不变。当产出率超过 19 加仑 / 小时，公司会经历规模不经济。

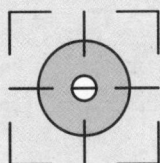

聚焦零售商成本

哪家店成本更低：沃尔玛还是 7-11

沃尔玛的"小型"超级购物中心占地 99 000 平方英尺[①]，平均每周能服务 30 000 名顾客。常规的 7-11 店面大多数毗邻加油站，占地仅 2000 平方英尺，每周可服务 5000 名顾客。

哪种零售技术运营成本更低？答案取决于运营规模。

当每周服务的客户量很少时，运营一家占地 2000 平方英尺的店面比运营一家占地 99 000 平方英尺的单位客户成本要低。

在图 14-10 中，运营一家占地 2000 平方英尺的 7-11 店面的平均总成本曲线为 *ATC*7-11，而运营一家占地 99 000 平方英尺店面的平均总成本曲线为 *ATC*沃尔玛。深灰色曲线即零售商长期平均成本曲线 *LRAC*。

如果每周服务客户数量为 *Q*，单位交易平均成本对两家店来说是一样的。

当一家店面每周服务客户的数量超过 *Q* 时，成本最低的方法是开大店。

当每周服务客户的数量低于 *Q* 时，成本最低的方法是开小店。这说明成本最低的店面不一定总是最大的店面。

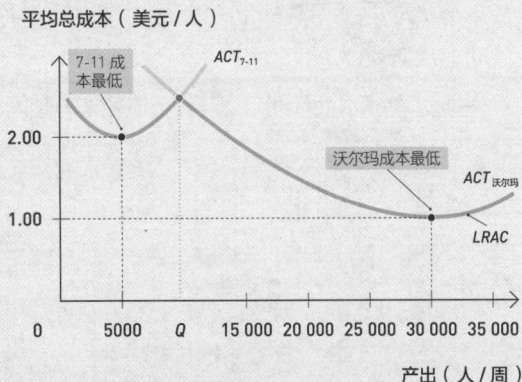

图 14-10　推导并解释企业长期平均成本曲线

[①] 1 平方英尺 ≈ 0.093 平方米。

第 14 章要点小结

1. 解释并区分经济家和会计师眼中的企业生产成本和利润。

- 企业追求经济利润最大化,经济利润等于总收益减去总成本。
- 总成本等于机会成本——显性成本与隐性成本之和,包括正常利润。

2. 解释企业产出与短期雇用劳动力之间的关系。

- 从短期看,仅改变雇员数量,企业便可改变其生产产出。
- 总产量曲线证实了企业在一定数量的资本及不同数量的劳动力下,产量的上限。
- 随着劳动力的增加,劳动力增加的边际产量最初会递增,但最终会递减——收益递减定律。

3. 解释企业产出与短期成本之间的关系。

- 随着总产量的增加,总固定成本不变,总变动成本及总成本增加。
- 随着总产量的增加,平均固定成本降低;平均变动成本、平均总成本和边际成本在产出较小时降低,但在产出较大时升高,因此该曲线呈 U 形。

4. 推导并解释企业长期平均成本曲线。

- 从长期看,企业可改变其厂房规模。
- 长期成本是指企业调整所有投入,以最低可达成本生产时的生产成本。
- 长期平均成本曲线可探寻不同产出下的最低可达平均总成本,此时厂房规模及劳动力都可变。
- 长期平均成本曲线处于规模经济时向下倾斜,规模不经济时向上倾斜。

第六部分

价格、利润和行业表现

第 15 章

完全竞争

本章学习目标

» 解释完全竞争企业利润最大化的选择并推导其供给曲线；

» 解释短期如何确定产量、价格和利润；

» 解释长期如何确定产量、价格和利润，并解释为什么完全竞争有效。

市场类型

4 种市场类型分别为：

* 完全竞争；
* 垄断；
* 垄断竞争；
* 寡头垄断。

完全竞争

完全竞争（perfect competition）在以下情况下存在：

* 众多企业向众多消费者销售同一种产品；
* 进入（或退出）市场无门槛；
* 与新进入企业相比，成熟企业并无优势；
* 价格对买卖双方都相对透明。

这些定义完全竞争的条件，通常都会出现在市场需求与单个产品生产商产出相比更大的情况下。当规模经济不存在时，就会出现这种情形，因为单个企业的有效规模都较小。此外，每家企业生产的都必须是对该企业来说并无独特特征的产品及服务，因此客户并不在意从哪家企业购买该产品及服务。完全竞争市场下的企业对买方来说都是一样的。

小麦种植、渔业、木材制浆及造纸、咖啡及零食供应、旅游网站、草坪服务、干洗及洗衣服务都是高度竞争的行业。

其他市场类型

当一家企业销售的产品及服务无近似替代品，且行业对新企业来说有门槛时，就会出现垄断（monopoly）。在一些地区，电话、燃气、电力和水的供给属于地区垄断——限制在特定地区的垄断。多年来，一家名为戴比尔斯的全球性公司几乎成为钻石行业的国际垄断企业。微软在生产个人计算机操作系统方面也近乎垄断。

当市场中有众多企业通过生产相似但略有不同的产品进行竞争时，就会出现垄断竞争（monopolistic competition）。每家企业都是所讨论商品特定版本的唯一生产商。比如，在跑鞋市场中，耐克、锐步、斐乐、亚瑟士、新百伦及许多其他公司都拥有自己品牌下的畅销款跑鞋。"垄断竞争"这个概念告诉我们，每家公司都垄断特定品牌的鞋，但这些公司仍相互竞争。

当市场中仅有少数相互依存的企业竞争时，就会出现寡头垄断（oligopoly）。飞机制造企业就是寡头垄断的例子。寡头垄断可能生产几乎相同的产品，如金霸王电池和劲量电池；也可能生产差异化产品，如可口可乐和百事可乐。

我们将在本章中学习完全竞争，在第 16 章中学习垄断，在第 17 章中学习垄断竞争，在第 18 章中学习寡头垄断。

15.1

企业利润最大化选择

　　企业的目标是使其经济利润最大化，经济利润等于其产品总收益减去总成本。正常利润，即公司所有者平均能获得的回报，也是企业成本的一部分。

　　从短期看，企业可通过决定产量达成其目标。该产量将影响企业总收益、总成本和经济利润。从长期看，企业可通过决定是否进入或退出某个市场达成其目标。

　　这些都是处于完全竞争中的企业所做的关键决策。因为这样的企业不能选择其出售产品的价格。完全竞争中的企业是价格接受者（price taker），即它无法影响其产品的价格。

● 价格接受者

　　为了解为什么完全竞争中的企业是价格接受者，请试想一下，假设你是堪萨斯州的一名种植小麦的农民。你有上千英亩的耕地——听起来很多。接着，你开车穿过科罗拉多州、俄克拉何马州、得克萨斯州，再回到内布拉斯加州和达科他州，你会发现连绵不绝的小麦覆盖了数百万英亩的土地。你还知道在加拿大、阿根廷、澳大利亚和乌克兰也有相似的景象。一时间，你的上千英亩耕地简直成了沧海一粟。你种植的小麦并不比其他农民的好，且所有的买方都知道自己必须支付的价格是多少。如果小麦的现行价格是 4 美元/蒲式耳[①]，就意味着你只能以这个价格卖出。你卖不到 4 美元 / 蒲式耳以上的价格，且你也不会有以低于 4 美元 / 蒲式耳的价格出售小

---

① 1 蒲式耳 =35.238 升。

麦的动机，因为你可以用 4 美元 / 蒲式耳卖出你所有的产品。

大多数农产品生产商都是价格接受者。我们还将用另一个例子来说明完全竞争：枫树糖浆市场。下次你把糖浆倒在煎饼上时，想想将这种产品从枫树汁液变成你桌上的食物的完全竞争市场吧。

戴夫（Dave）的枫树糖浆公司是北美枫树糖浆市场上 11 000 多家销售枫树糖浆的企业之一。戴夫是价格接受者。如堪萨斯州种植小麦的农民一样，他可以以现行价格销售任意数量的产品，但不能高于现行价格。戴夫面对的是完全弹性的需求。针对戴夫糖浆的需求是完全弹性的，这是因为唐·哈洛（Don Harlow）、卡斯珀糖屋（Casper Sugar Shack）以及其他北美枫树农场的糖浆可以成为戴夫糖浆的完全替代品。

我们将探讨戴夫的决策及其所反映的完全竞争市场的运行方式。首先让我们先定义几个收入概念。

● 收入概念

在完全竞争中，市场需求及市场供给决定价格。企业总收益等于该既定价格乘以出售数量。因此，企业的边际收益（marginal revenue）是指每多销售 1 单位产品带来的总收益变化。

在完全竞争中，边际收益等于价格。

原因是企业能以现行市场价格出售任意数量的产品。因此，如果企业多售出 1 单位产品，那么一定是以现行市场价格售出，收益的增加也就等于该金额。这项总收益的增加就是边际收益。

图 15-1 中的表格展示了边际收益与价格相等的情况。糖浆的价格为 8 美元 / 罐。总收益等于价格乘以出售数量。因此，如果戴夫售出 10 罐糖浆，则其总收益为 80 美元。而如果售出数量从 10 罐增加到 11 罐，总收益也会从 80 美元增加到 88 美元，因此边际收益也为 8 美元 / 罐，与价格相同。

图 15-1 展示了完全竞争市场中的价格决定和收益。图 15-1a 中的市场需求和市场供给决定了市场价格。戴夫是价格接受者，因此他会以市场价格出售糖浆。戴夫糖浆的需求曲线为图 15-1b 中处于市场价格位置的水平线。由于价格等于边际收益，因此戴夫糖浆的需求曲线为其边际收益曲线（MR）。图 15-1c 中的总收益曲线（TR）显示了不同销售量下的总收益。由于他以市场价格销售糖浆，因此总收益曲线是一条斜向上的直线。

● 利润最大化产量

随着产量的增加，总收益增加，

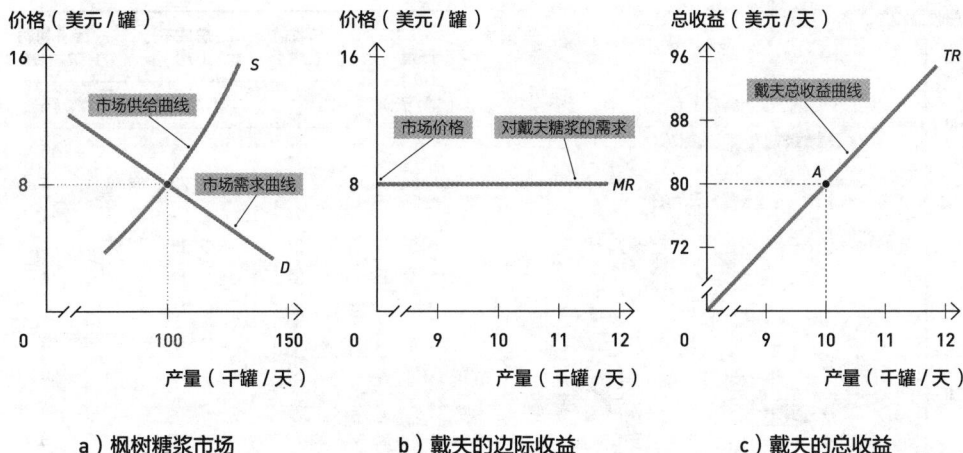

销量（罐/天）	9	10	11
价格（美元/罐）	8	8	8
总收益（美元/天）	72	80	88
边际收益（美元/罐）	8	8	

注：1. 图 15-1a 展示了枫树糖浆的市场。市场价格为 8 美元/罐。表格中计算了其总收益和边际收益。

2. 图 15-1b 展示了戴夫的边际收益曲线（MR），该曲线亦为戴夫糖浆的需求曲线。

3. 图 15-1c 展示了戴夫的总收益曲线（TR）。A 点与表格中的第二列相对应。

图 15-1 完全竞争中的需求、价格和收益

总成本也会增加。由于边际收益递减（见第 14 章），总成本的增速最终会超过总收益。在某个产出水平，经济利润可达最大化，而完全竞争中的企业通常都会选择这一产出水平。

找到利润最大化产量的其中一种方法是利用企业的总收益曲线和总成本曲线。当总收益超过总成本的金额达到最大值时，说明该产量水平下的利润达到最大值。图 15-2 展示了如何找到戴夫枫树糖浆利润最大化产量的方法。

图 15-2 中列示了戴夫在不同产量水平下的总收益、总成本和经济利润。图 15-2a 展示了其总收益曲线和总成本曲线。该曲线以表格中列示的前三列数据为基准绘制。总收益曲线（TR）与图 15-1c 中的一致。总成本曲线（TC）则与第 14 章中的成本曲线类似。图 15-2b 中所示为经济利润曲线。

当戴夫的产量为 4 ~ 13 罐/天时，能产生经济利润。而当产量低于 4 罐/天或高于 13 罐/天时，则会产生经济损失。因此，每天产出 4 罐糖浆和 13 罐糖浆，即为其盈亏平衡点——总成本等于总收益，即经济利润为零。

当曲线 TR 与 TC 之间的垂直距离最大时，利润达到最大值。在这个例子中，当产量达到 10 罐/天时，利润实现最大化。在此产量水平下，戴夫的经济利润为 29 美元/天。

总收益和总成本（美元/天）

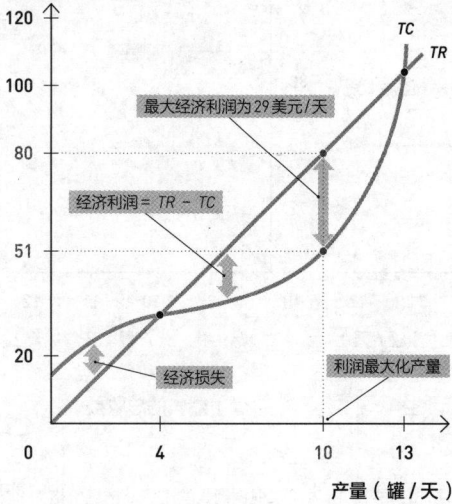

a）收益和成本

产量 （Q） （罐/天）	总收益 （TR）	总成本 （TC）	经济利润 （TR－TC）
		（美元/天）	
0	0	15	−15
1	8	22	−14
2	16	27	−11
3	24	30	−6
4	32	32	0
5	40	33	7
6	48	34	14
7	56	36	20
8	64	40	24
9	72	44	28
10	80	51	29
11	88	60	28
12	96	76	20
13	104	104	0
14	112	144	−32

利润/损失（美元/天）

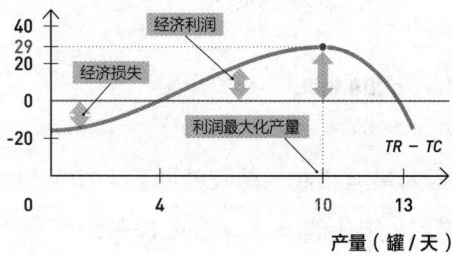

b）经济利润和损失

注：1. 表中计算了不同糖浆产量下，戴夫的经济利润。
2. 图 15-2a 中，经济利润（总收益减总成本）为总收益曲线（TR）与总成本曲线（TC）之间的垂直距离。
3. 图 15-2b 中，经济利润为利润曲线的高度（TR－TC）。
4. 如果戴夫每天的产量低于 4 罐糖浆，会产生经济损失。
5. 如果戴夫每天生产 4～13 罐糖浆，则会产生经济利润。戴夫的最大经济利润为 29 美元/天，此时产量为 10 罐/天。

图 15-2　总收益、总成本和经济利润

● 边际分析与供给决策

　　另外一种实现利润最大化产量的方法则是利用边际分析，将边际收益（MR）与边际成本（MC）进行比较。随着产量的增加，边际收益不变，但边际成本最终还是会增加。

　　如果边际收益超过边际成本（MR > MC），就说明多销售 1 单位产品的收入超过了生产该产品的成本，此时产量增加会带来经济利润增加。如果边际收益小于边际成本（MR < MC），那么多销售 1 单位产品的收益就少于生产该产品的成本，此时产出减少才

会使得经济利润更高。如果边际收益等于边际成本（*MR* = *MC*），多销售 1 单位产品的收益等于生产该产品的成本。此时经济利润最大化，产量的增加或减少都会导致经济利润减少。这个规则就是边际分析的基本示例（*MR* = *MC*）。

产量 （Q） （罐/天）	总收益 （TR） （美元/天）	边际收益 （MR） （美元/罐）	总成本 （TC） （美元/天）	边际成本 （MC） （美元/罐）	经济利润 （TR − TC） （美元/天）
8	64		40		24
		8		4	
9	72		44		28
		8		7	
10	**80**		**51**		**29**
		8		9	
11	88		60		28
		8		16	
12	96		76		20

图 15-3 展示了以上这些规律。如果戴夫的产量从每天 9 罐增加到 10 罐，边际收益（8 美元/罐）超过边际成本（7 美元/罐），那么通过产出第 10 罐糖浆，经济利润会增加。表格中的最后一列展示了经济利润从 28 美元增加到 29 美元。图中浅灰色区域展示了当戴夫每天生产 10 罐糖浆时，经济利润的增加。

如果戴夫的产量从每天 10 罐增加到 11 罐，边际收益（8 美元/罐）则会低于边际成本（9 美元/罐），因此为产出第 11 罐糖浆，经济利润减少了。表格中的最后一列展示了经济利润从 29 美元减少到 28 美元。图中的深灰色区域展示了当戴夫将产量从每天 10 罐增加为 11 罐时，产生的经济损失。

戴夫每天生产 10 罐糖浆可实现经济利润最大化，在该产量水平下，边际收益等于边际成本。

企业利润最大化产量，即其供给量。戴夫的供给量就是每天 10 罐糖浆，

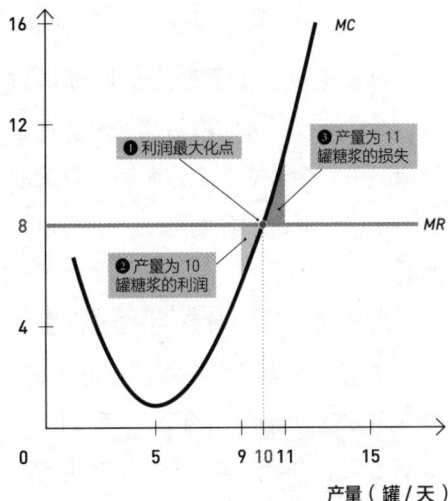

边际收益和边际成本（美元/罐）

❶ 产量为每天 10 罐糖浆时，边际收益等于边际成本，利润最大化。

❷ 如果戴夫的产量从每天 9 罐增加到 10 罐，边际成本为 7 美元/罐，低于边际收益 8 美元/罐，因此利润增加。

❸ 如果戴夫的产量从每天 10 罐增加到 11 罐，边际成本为 9 美元/罐，超过了边际收益 8 美元/罐，因此利润减少。

图 15-3　利润最大化产量

价格为 8 美元/罐。如果价格高于 8 美元/罐，他就会增加产量。如果价格低

于 8 美元 / 罐，他则会减少产量。这样的价格变化对利润最大化的影响就是供给的基本定律：

在其他条件不变的情况下，产品价格越高，产品供给量越大。

● 临时停产决策

某些时候，由于产品价格降得过低，企业的收益无法覆盖其成本。在这种情况下，企业应该怎么做呢？答案取决于企业对低价的预期是永久的还是临时的。

如果企业认为其产生的经济损失是永久的，且看不到任何结束的希望，那么企业就应该退出该市场。我们将在本章接下来的部分学习企业长期决策时探讨企业这一行为。

如果企业认为其产生的经济损失是临时的，那么企业会选择继续留在该市场，但可能临时停产。为决定继续生产还是临时停产，企业需要比较两种情况下产生的亏损。

停产损失

如果企业临时停产，那么它将无法获得收益，但也不会产生变动成本。固定成本仍将产生。因此，如果企业停产，其产生的经济损失等于其固定成本。这也是该企业需承担的最大损失。

生产损失

继续生产的企业会获得收益，同时也会产生固定成本和变动成本。企业此时产生的经济损失等于总固定成本加上总变动成本减去总收益。如果总收益超过总变动成本，则企业的经济损失会低于总固定成本。但是，如果总收益小于总变动成本，企业产生的经济损失就会超过总固定成本。

停产点

如果总收益小于总变动成本，那么企业就会临时停产，将损失金额限制在固定成本的水平。如果总收益正好等于总变动成本，那么继续生产或临时停产对企业来说无差异。当价格等于最小平均变动成本且企业在该产量水平下平均变动成本最小时，就会出现这样的情况——停产点（shutdown point）。

图 15-4 展示了企业的停产决策和戴夫枫树糖浆公司的停产点。戴夫的平均变动成本曲线为 AVC，边际成本曲线为 MC。当产量为每天 7 罐糖浆时，平均变动成本最低，为 3 美元 / 罐。曲线 MC 与 AVC 相交于最小值（我们在第 14 章中解释过某一变量边际收益和平均价值之间的关系）。图中展示了当价格为 3 美元 / 罐时的边际收益曲线 MR，此时价格等于最小平均变动成本。

如果戴夫在停产点产出，那么他每天会生产 7 罐糖浆，售价为 3 美元 / 罐。此时每罐糖浆会让他产生 2.14 美元的经济损失，则每天的总经济损失为 15 美元。戴夫的损失等于其总固定成本。如果戴夫停产，他仍旧会产生等于总固定成本的经济损失。

图 15-4 中的表格列示了在 3 种产出水平下，戴夫的总收益、总变动成本、总固定成本、总成本和经济利润。中间行的产量水平，即在每天 7 罐糖浆的产量水平下，戴夫的平均变动成本最小，为 3 美元 / 罐。表格中的数据显示，当价格

产量（Q）（罐/天）	总收益（TR）	总变动成本（TVC）	总固定成本（TFC）	总成本（TC）	经济利润（TR − TC）
		（美元/天）			
6	18	19	15	34	-16
7	21	21	15	36	-15
8	24	25	15	40	-16

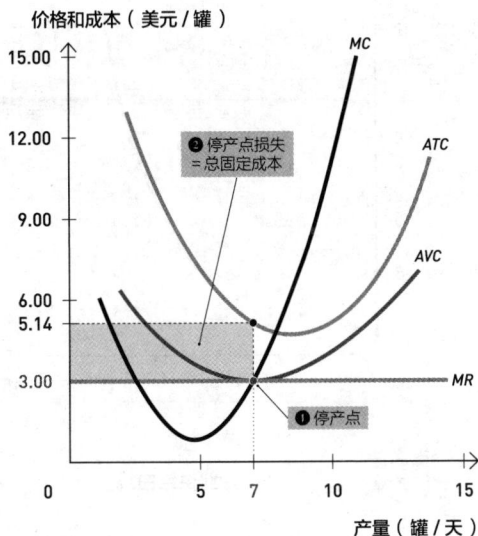

● 停产点时平均变动成本最小。当价格低于最小平均变动成本时，企业会停产。当价格等于最小平均变动成本时，停产或继续以最小平均变动成本生产对企业来说无差异。在这两种方式下，❷ 企业都能最小化其经济损失，其产生的损失等于总固定成本。

图 15-4　停产决策

为 3 美元 / 罐，戴夫每天产出 7 罐糖浆，他会产生的经济损失，就等于其总固定成本。

企业短期供给曲线

完全竞争中的企业短期供给曲线展示了企业利润最大化产量随价格而变化，其他条件维持不变。这条供给曲线就是基于我们刚刚讨论过的边际分析和停产决策。

图 15-5 推导了戴夫的供给曲线。图 15-5a 展示了边际成本曲线与平均变动成本曲线；图 15-5b 展示了供给曲线。边际成本曲线与边际变动成本曲线及企业供给曲线之间有直接联系。接下来，我们看看这一联系。

图 15-5a 中，如果价格高于最小平均变动成本，则戴夫可以通过产出实现利润最大化，此时边际成本等于边际收益，也等于价格。我们可以从边际成本曲线上确定不同价格下的产量。当价格为 8 美元 / 罐，边际收益曲线为 MR_1 且戴夫每天产出 10 罐可实现利润最大化。如果价格上升为 12 美元 / 罐，则

边际收益曲线为 MR_2 且戴夫每天的产出将上升为 11 罐。

如果价格等于最小平均变动成本，那么戴夫可以通过在停产点产出或停产实现利润最大化（最小化损失）。但如果价格低于最小平均变动成本，则戴夫将停产。

图 15-5b 中展示了戴夫的短期供给曲线。当价格超过最小平均变动成本时，供给曲线与边际成本曲线一致。当价格低于最小平均变动成本时，戴夫将停产，不再产出。其供给曲线将与纵坐标轴重合。当价格为 3 美元 / 罐时，停产或在停产点（T）继续每日产出 7 罐糖浆对戴夫来说无差异。在上述不同的情况下，其损失都等于总固定成本。

截至目前，我们仅研究了单独的企业。我们可以看到企业利润最大化行动取决于价格，而价格为给定价格。在接下来的部分，我们将学习市场供给是如何决定的。

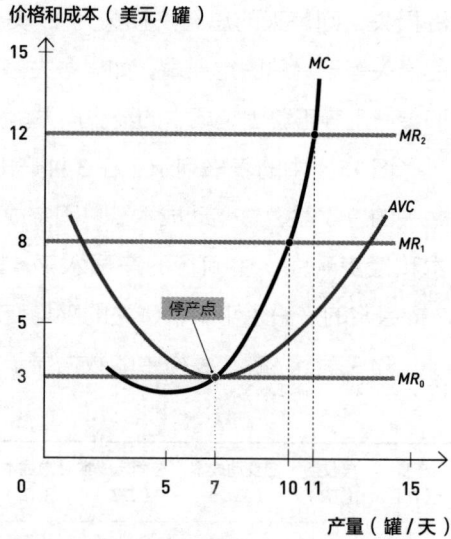

价格和成本（美元 / 罐）

a）边际成本和平均变动成本

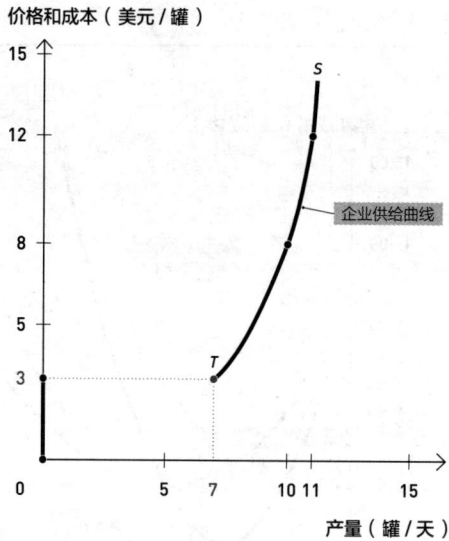

价格和成本（美元 / 罐）

b）企业供给曲线

注：1. 图 15-5a 展示了在不同价格下戴夫的利润最大化产量。价格为 12 美元 / 罐，戴夫每天生产 11 罐糖浆；价格为 8 美元 / 罐，他每天生产 10 罐糖浆；而当价格为 3 美元 / 罐时，他每天将生产 7 罐糖浆或不生产糖浆。

2. 当价格低于 3 美元 / 罐时，戴夫将停产，不再产出。最小平均变动成本即停产点。

3. 图 15-5b 展示了戴夫的供给曲线。价格为 3 美元 / 罐，继续产出停产点 T 的产量及停产对戴夫来说无差异。

4. 当价格高于 3 美元 / 罐时，戴夫的供给曲线即边际成本曲线，如图 15-5a 所示，位于最小平均变动成本之上。

5. 当价格低于 3 美元 / 罐时，戴夫将停产，其供给曲线与纵坐标轴重合。

图 15-5 完全竞争中企业供给曲线

15.2

短期产量、价格和利润

在完全竞争市场中，需求及供给决定价格及产量。首先，让我们来学习企业数量固定情况下的短期供给。

价格（美元／罐）	戴夫的供给量	市场的供给量
	（罐／天）	
B	12	11	110 000
A	8	10	100 000
T	3	0 或 7	0 ~ 70 000

● 短期市场供给

短期市场供给曲线展示了固定数量的企业在不同价格水平时可供给的产品数量。既定价格水平的供给量等于所有企业在该价格水平供给量的总和。

图 15-6 展示了竞争糖浆市场的供给曲线。在这个例子中，市场中包含 10 000 家与戴夫的枫树糖浆公司完全一样的企业。表格展示了市场供给表是如何建立的。当价格为 3 美元／罐时，将达到停产点。当价格低于 3 美元／罐时，市场中的所有企业都会停产，供给量此时为零。当价格等于 3 美元／罐时，停产（不再产出）或每天产出 7 罐糖浆对所有企业来说无差别。此时每家企业的供给量为每天 0 或 7 罐糖浆，市场供

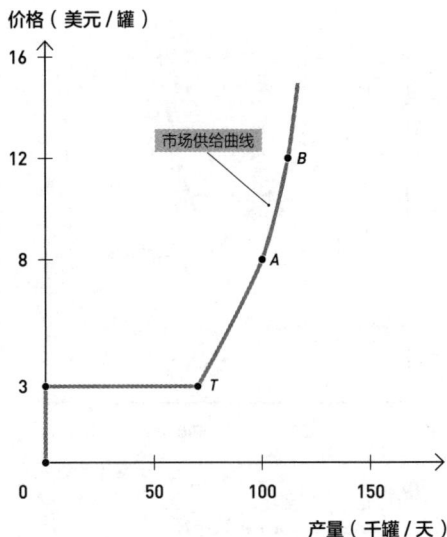

注：拥有 10 000 家同样企业的市场的供给表与单个企业无异，但供给量为单个企业的 10 000 倍。当价格位于停产点时，市场供给完全弹性。

图 15-6　市场供给曲线

给量则每天处于 0（所有企业停产）到 70 000 罐（所有企业每天生产 7 罐）之间。当价格高于 3 美元 / 罐时，我们将 10 000 家企业的供给量相加，因此市场的供给量为单个企业供给量的 10 000 倍。

当价格低于 3 美元 / 罐时，市场供给曲线与纵坐标轴重合，供给完全无弹性。当价格等于 3 美元 / 罐时，市场供给曲线为水平线，供给完全弹性。当价格高于 3 美元 / 罐时，供给曲线向上倾斜。

正常时期的短期均衡

市场需求及市场供给决定价格及出售和购买的商品数量。图 15-7a 展示了糖浆市

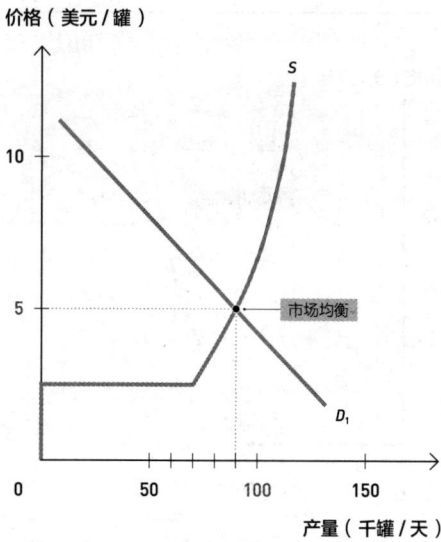

a）糖浆市场

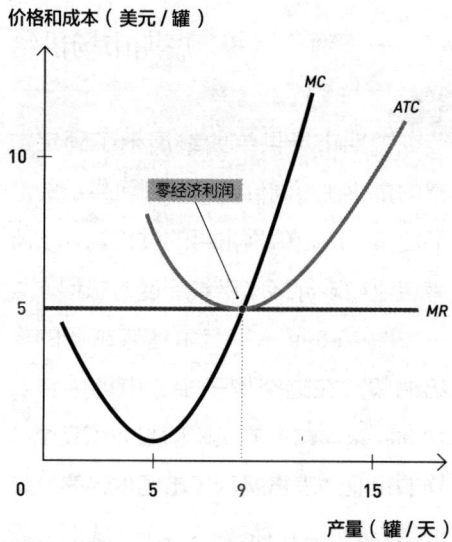

b）戴夫糖浆

注：1. 图 15-7a 中，市场需求曲线为 D_1，市场供给曲线为 S，均衡价格为 5 美元 / 罐。

2. 图 15-7b 中，边际收益为 5 美元 / 罐，戴夫每天产出 9 罐。在此产量下，价格（5 美元 / 罐）等于平均总成本，因此戴夫的经济利润为零。

图 15-7　短期零经济利润

场的短期均衡。市场供给曲线 S 与图 15-6 中的一致。

如果需求曲线 D_1 展示了市场需求，那么均衡价格为 5 美元 / 罐。尽管是市场需求及供给决定了这一价格，但企业仍旧接受这一既定价格，并生产其利润最大化产量，即每天 9 罐糖浆。当市场有 10 000 家同样的企业时，市场产量即每天 90 000 罐。

图 15-7b 展示了戴夫面临的情况。价格为 5 美元 / 罐，其边际收益恒定为 5 美元 / 罐。戴夫通过每天产出 9 罐糖浆能达到利润最大化。

图 15-7b 还展示了戴夫的平均总成本曲线（ATC）。回忆一下，平均总成本即生产单位产品的成本，等于总成本除以产量。

在这里，当戴夫每天产出 9 罐糖浆时，其平均总成本为 5 美元 / 罐，正好等于市场价格。因此戴夫以其生产的平均成本出售糖浆，其经济利润为零。

经济利润为零意味着戴夫通过经营业务能挣得正常利润。短期均衡，即企业经济利润为零，仅仅是三种可能的情形之一。竞争市场中存在经济利润与经济损失并存的情况。现在让我们来看一看其他两种情形。

● **繁荣时期的短期均衡**

市场需求可能高于或低于图 15-7 中的 D_1，且价格可能高于或低于 5 美元 / 罐。图 15-8a 展示了糖浆市场的另一种短期均衡。需求曲线 S 与图 15-6 中的一致。

如果需求曲线 D_2 展示了市场需求，那么均衡价格为 8 美元 / 罐。尽管是市场需求和供给决定了这一价格，但企业仍接受这一既定价格，并生产其利润最大化产出，即每天 10 罐糖浆。当市场有 10 000 家同样的企业时，市场产量为每天 100 000 罐。

图 15-8b 展示了戴夫面临的情况。价格为 8 美元 / 罐，其边际收益恒定为 8 美元 / 罐。戴夫通过每天产出 10 罐糖浆能达到利润最大化。

图 15-8b 还展示了戴夫的平均总成本曲线（ATC）。回忆一下，平均总成本即生产单位产品的成本，等于总成本除以产量。在这里，当戴夫每天产出 10 罐糖浆时，其平均总成本为 5.10 美元 / 罐。此时售价 8 美元 / 罐超过平均总成本 2.90 美元 / 罐。这就是戴夫每罐产生的经济利润。

如果我们将经济利润 2.9 美元 / 罐乘以糖浆产量，即 10 罐 / 天，就能算出戴夫的经济利润，为 29 美元 / 天。图中的灰色矩形展示了该经济利润。矩形的宽度为利润 2.9 美元 / 罐，长度为 10 罐 / 天，因此矩形的面积（宽 × 长）就衡量了戴夫的经济利润，为 29 美元 / 天。

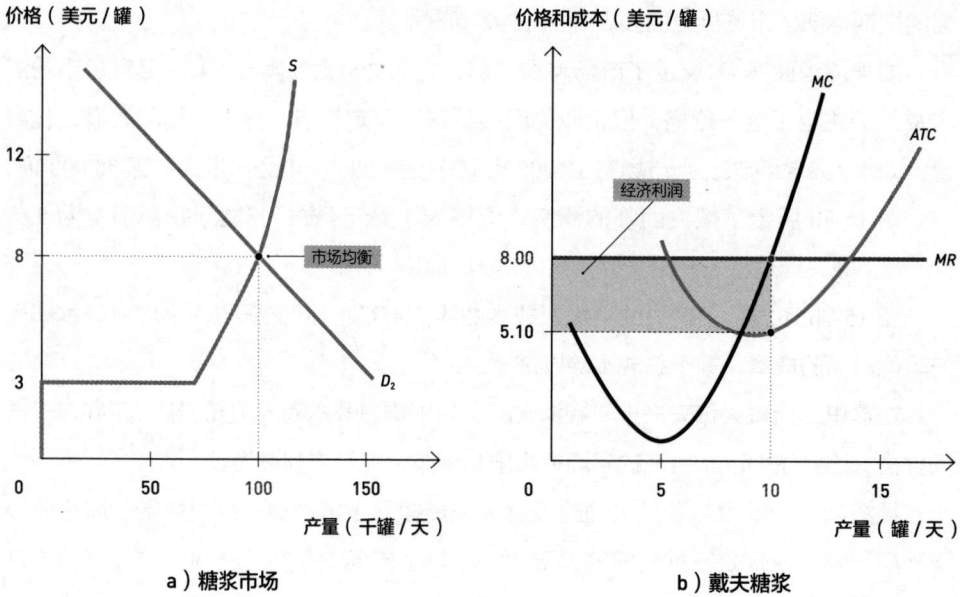

价格（美元／罐）

a）糖浆市场

价格和成本（美元／罐）

b）戴夫糖浆

注：1. 图 15-8a 中，市场需求曲线为 D_2，市场供给曲线为 S，均衡价格为 8 美元／罐。

2. 图 15-8b 中，边际收益为 8 美元／罐，戴夫每天产出 10 罐。由于价格（8 美元／罐）超过平均总成本（5.10 美元／罐）。因此，戴夫的经济利润为正。

图 15-8　短期经济利润

萧条时期的短期均衡

图 15-9 展示了糖浆市场产生损失的情形。现在的市场需求曲线为 D_3。市场仍旧有 10 000 家同样的企业，其成本与之前一致，因此市场供给曲线 S 也与之前一致。

如图 15-9a 所示需求曲线和供给曲线，此时糖浆的均衡价格为 3 美元／罐，均衡数量为每天 70 000 罐。

图 15-9b 展示了戴夫面临的情况。价格为 3 美元／罐，其边际收益恒定为 3 美元／罐。戴夫通过每天产出 7 罐糖浆能达到利润最大化。

图 15-9b 还展示了戴夫的平均总成本曲线（ATC），可以看到，当戴夫每天产出 7 罐糖浆时，其平均总成本为 5.14 美元／罐。此时售价 3 美元／罐低于平均总成本 2.14 美元／罐。这就是戴夫每罐产生的经济损失。如果我们将经济损失 2.14 美元／罐乘以

糖浆产量，即 7 罐 / 天，就能算出戴夫的经济损失，即图中灰色矩形的部分。

图 15-9b 还展示了戴夫的平均变动成本曲线（*AVC*）。请注意，戴夫现在是在停产点运营。戴夫也可能不再产出。但不论哪种情况，他的经济损失都等于其总固定成本。此时如果价格比 3 美元 / 罐高一点，戴夫仍旧会产生经济损失，但损失金额会更小。而如果价格比 3 美元 / 罐还低，戴夫就会选择停产，产生的经济损失等于其总固定成本。

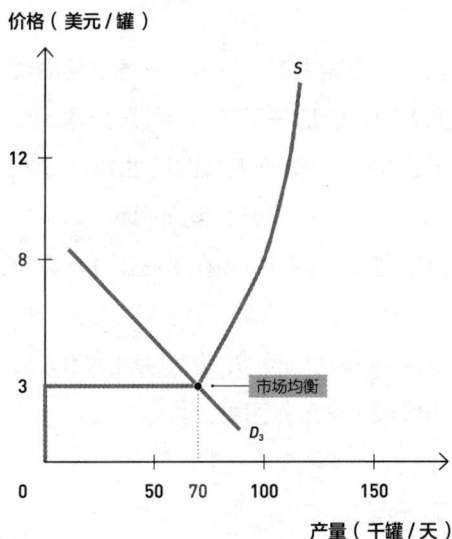

a）糖浆市场

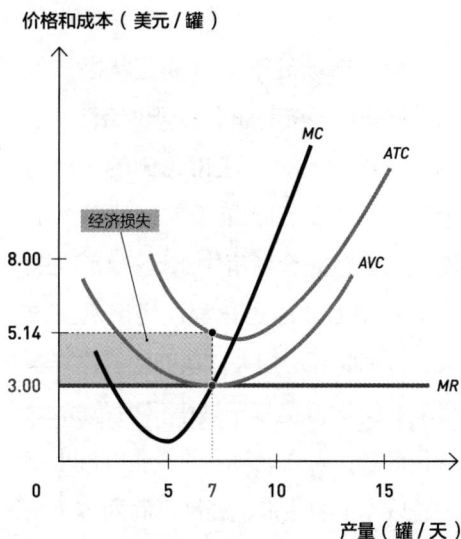

b）戴夫糖浆

注：1. 图 15-9a 中，市场需求曲线为 D_3，市场供给曲线为 S，均衡价格为 3 美元 / 罐。

2. 图 15-9b 中，边际收益为 3 美元 / 罐，戴夫每天产出 7 罐。在此产量下，价格（3 美元 / 罐）低于平均总成本（5.14 美元 / 罐）。因此，戴夫产生的经济损失，如图中灰色矩形所示。

图 15-9　短期经济损失

15.3

长期产量、价格和利润

竞争市场处于持续变化状态。价格、产量和经济利润会随着供给及需求的变化而波动。上述讨论到的 3 种情形——正常时期、繁荣时期或萧条时期都不会在完全竞争中永远持续下去。市场作用力会通过竞争让经济利润流失，并消除经济损失，从而使价格降到最低。这一价格等于最小平均总成本。从长期看，完全竞争中的企业以最小平均总成本组织生产，经济利润为零（企业所有者挣得正常利润——企业总成本的一部分）。

图 15-10 展示了完全竞争市场中的长期均衡，并强调了让市场达到这一状态的作用力。图 15-10a 中，企业平均总成本曲线为 ATC，企业以最小平均总成本组织生产——每天产出 9 罐糖浆，平均总成本为 5 美元 / 罐。如果价格超过或低于 5 美元 / 罐，市场作用力会调节价格回到 5 美元 / 罐。箭头所指朝向 5 美元 / 罐，即代表了这一作用力。

图 15-10b 中，市场需求曲线为 D。

在此市场需求下，只有当市场供给曲线为 S 时，价格等于最小平均总成本。如果供给曲线低于 S（供给曲线在 S 左侧），则价格高于 5 美元 / 罐；如果供给超过 S（供给曲线在 S 右侧），则价格低于 5 美元 / 罐。市场作用力会让供给曲线移动回到 S，箭头所指朝向 S，即代表了这一作用力。

● 进入或退出

进入或退出就是从长期看市场作用力使供给曲线发生移动，并将价格调节至最小平均总成本。从短期看，企业可能创造经济利润（见图 15-8）或产生经济损失（见图 15-9）。但从长期看，企业经济利润为零。

从长期看，企业面对经济利润和经济损失，要么选择进入市场，要么选择退出市场。市场中现有企业创造经济利润，则会有新企业进入市场；当现有

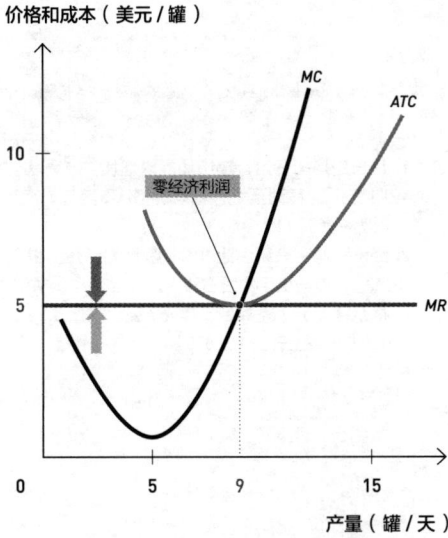

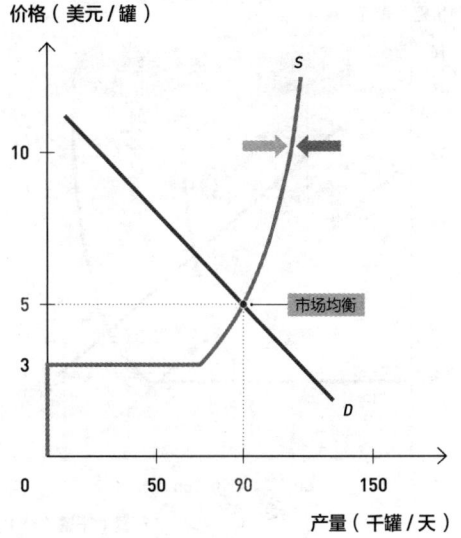

a）戴夫糖浆　　　　　　　　　　　　　　　　　b）糖浆市场

注：1. 在图 15-10a 中，最小平均总成本为 5 美元 / 罐。
　　　在长期均衡中，价格和边际收益会被拉向这一水
　　　平，企业经济利润为零。

2. 在图 15-10b 中，如果价格高于 5 美元 / 罐，即高于
　图 15-10a 中的最小 ATC，则供给增加、价格下降。
　如果价格低于 5 美元 / 罐，则供给下降、价格上升。

图 15-10　长期均衡

企业产生经济损失，则会有部分现有企业退出市场。暂时的经济利润或经济损失，就像游戏有输有赢，并不会触发进入或退出。但对持续经济利润或经济损失的预期则会触发企业进入或退出。

进入或退出将影响市场价格、产量和经济利润。进入或退出决策产生的直接影响就是使市场供给曲线发生移动。如果更多的企业进入市场，则供给增加，市场供给曲线向右移动。如果部分企业退出市场，则供给下降，市场供给曲线向左移动。

现在让我们先来看看，当新企业进入市场时会发生什么。

进入影响

图 15-11 展示了进入的影响。最初，市场处于长期均衡状态。需求曲线为 D_0，供给曲线为 S_0，价格为 5 美元 / 罐，产量为每天 90 000 罐糖浆。糖浆受欢迎程度提高会使市场需求增加，进而使需求曲线移动至 D_1。价格上升至 8 美元 / 罐，糖浆市场中的企业将产量增加为每天 100 000 罐，以获取经济利润。

价格（美元／罐）

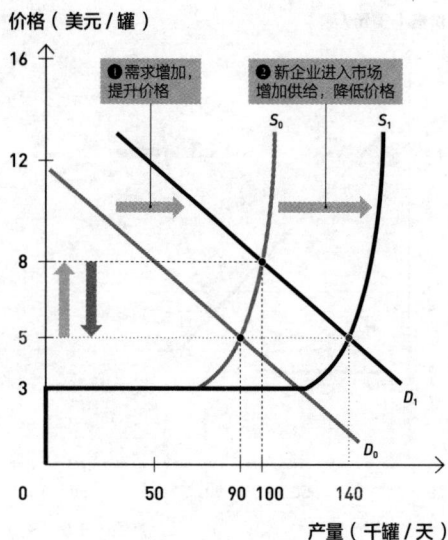

注：1. 从长期均衡开始，❶市场需求增加，市场需求曲线从 D_0 移动至 D_1。糖浆价格从 5 美元／罐上升为 8 美元／罐。
2. 经济利润带来新企业进入，❷随着新企业进入市场，市场供给曲线右移，从 S_0 到 S_1。均衡价格从 8 美元／罐降到 5 美元／罐，产量从每天 100 000 罐上升为 140 000 罐。

图 15-11 进入的影响

现在对于像戴夫这样的糖浆生产商来说是好时期，因此潜在糖浆生产商会采取一些行动。新企业开始进入该市场。随着它们的进入，供给增加，市场供给曲线向右移至 S_1。随着市场供给增加，但市场需求不变，市场价格从 8 美元／罐降低至 5 美元／罐，均衡数量则增加至每天 140 000 罐。

市场产出增加，但由于价格下降，戴夫及其他生产商的产出减少。随着价格持续下降，单个企业的产出会逐渐回到原有水平。但由于市场中的企业数量有所增加，市场作为一个整体来说产出更多了。

随着价格的下降，单个企业的经济利润降低。当价格降至 5 美元／罐时，经济利润消失，即单个企业的经济利润为零。此时，进入流程停止，市场再次达到长期均衡状态。

我们刚刚提到了一个关键命题：

经济利润是新企业进入市场的动机，但随着新企业的进入，价格下降，现存单个企业经济利润降低。

退出的影响

图 15-12 展示了退出的影响。我们还是从长期均衡下的需求曲线 D_0 及供给曲线 S_0 开始。一种新的高营养早餐食品使人们降低了对枫树糖浆的需求，使得市场需求曲线从 D_0 移至 D_2。企业成本与之前保持一致，因此市场供给曲线仍为 S_0。

需求为 D_2，供给为 S_0 时，价格降至 3 美元／罐，每天产出 70 000 罐。糖浆市场中的企业将产生经济损失。

这个时期对糖浆生产商来说很艰难，戴夫必须严肃思考是否放弃他的事业，寻找其他谋生方法。其他生产商与戴夫所处的情形也是一样的，在戴夫仍在考虑其选择时，其中有些企业已经开始退出市场。

随着部分企业退出，市场供给曲线左移至 S_2，产量从 70 000 罐／天降至 50 000 罐／天，市场价格从 3 美元／罐上涨至 5 美元／罐。

随着价格的上涨，戴夫及其他仍然留在市场中的企业会沿着其需求曲线上移，增加产量。也就是说，对仍留在市场中的每家企业来说，利润最大化产量增加了。随着价格的上涨，每家企业销售的产品数量增加，经济损失减少。当价格上涨至 5

注：1. 从长期均衡开始，❶市场需求下降，市场需求曲线从 D_0 移动至 D_2。糖浆价格从 5 美元／罐降至 3 美元／罐。

2. 经济损失导致企业退出，❷部分企业退出市场，市场供给曲线左移，从 S_0 到 S_2。均衡价格从 3 美元／罐上涨到 5 美元／罐，产量从 70 000 罐／天降至 50 000 罐／天。

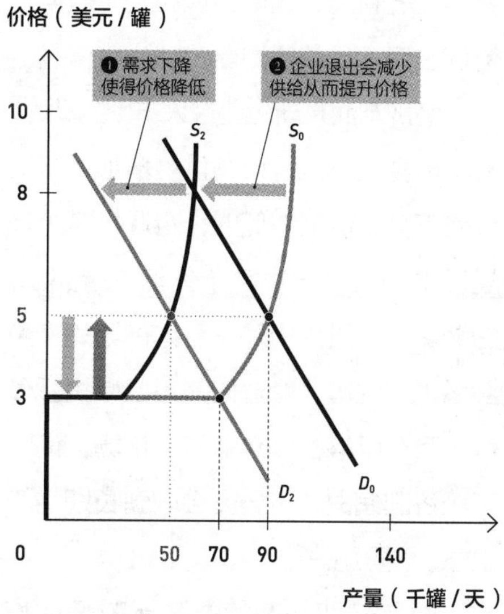

图 15-12　退出的影响

美元/罐时，所有企业经济利润为零。戴夫此时能挣得正常利润（企业总成本中的一部分），他为此感到满意，且仍可以生产糖浆为生。

我们刚刚提到了一个关键命题：

经济损失是新企业退出市场的动机，但随着企业退出市场，价格上涨，现存单个企业经济亏损降低。

● 需求变化

最初，竞争市场处于长期均衡状态，所有企业经济利润为零（企业所有者挣得正常利润）。现在市场的需求增加了。市场价格上涨，企业将增加产量以维持边际成本等于价格，并且开始获得经济利润，则市场现在处于短期均衡状态而不是长期均衡状态。

经济利润是新企业进入市场的动力。随着新企业进入，市场供给增加，市场价格下降。价格较低时，企业会减少产量以维持边际成本等于价格。请注意，随着新企业进入市场，整体市场的产量会增加，但单个企业的产量会减少。最终，当有足够多的企业进入市场，消除了经济利润时，市场就会回到长期均衡状态。

原有长期均衡状态与新的长期均衡状态之间的关键差异在于，企业的数量。需求的持续增加会使企业数量增加。在新的长期均衡状态下，与最初一致，单个企业生产相同的产量，经济利润为零。在从原有长期均衡状态向新的长期均衡状态转变的过程中，企业会创造经济利润。

20 世纪 90 年代，全球经济对航空旅行的需求增加，航空监管的放松让航空企业有了追求利润的机会，结果造成大量新航空公司进入。航空市场竞争及变化的过程与我们刚刚学过的很相似。

需求的下降也会触发类似的市场反应，但方向相反。需求下降带来价格降低、经济损失及企业退出市场。而退出会减少市场供给、提升价格，最终消除经济损失。

● 技术变化

新技术会降低成本，因此随着企业采用新技术，其成本曲线会向下移动。当成本较低时，市场供给增加，价格下降。运用新技术的企业能创造经济利润，仍旧使用原有技术的企业则会产生经济损失。最终，拥有新技术的企业进入市场，原有技术企业退出市场。价格持续下降，直至所有企业均采用新技术且经济利润为零。对客户来说，技术进步带来的更低价格及更优产品能永久获益。下文的"聚焦唱片店"探究了技术变化对唱片零售市场的影响。

聚焦唱片店

唱片店都去哪儿了

鲍勃（Bob）在纽约开了一家唱片店，出售各种老式及绝版的唱片和 CD，而不再出售最新的单曲和专辑。

1995 年的世界与现在大为不同，那时有 8000 多家唱片店在这个完全竞争市场中交易。

图 15-13 展示了这 8000 家唱片店中一家的平均总成本曲线（ATC）、边际成本曲线（MC）及边际收益曲线（MR_0）。

那时唱片零售生意竞争激烈，很难产生经济利润。图 15-13 中的唱片店经济利润为零，且市场处于长期均衡状态。

尽管竞争激烈，但这个市场马上就要升级了。互联网的兴盛开始了。

1990 年，互联网的扩张为许多新经营模式的出现奠定了基础。其中之一就是传递录制音乐的新方式。

亚马逊是最早利用互联网技术实现自身发展的企业之一，1995 年，亚马逊网站开始交易。

最初，亚马逊仅仅是一家线上书店。但企业家杰夫·贝佐斯（Jeff Bezos）很快看到了为卖书开发的技术也能用来卖 CD（以及几乎其他任何商品）。

这一新技术的成本也比传统的"实体"零售要低得多。

图 15-14 展示了采用亚马逊低成本技术后的平均总成本曲线（ATC）及边际

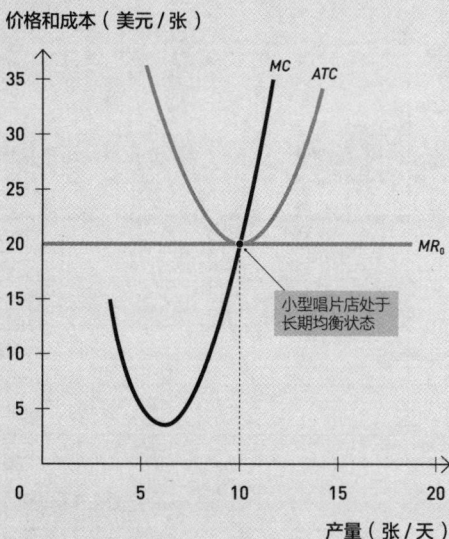

图 15-13　互联网时期之前的小型独立唱片店

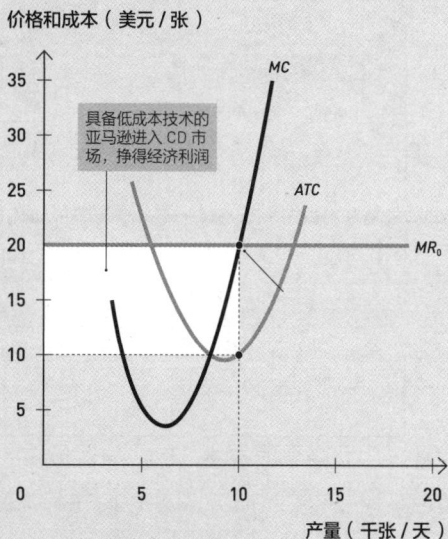

图 15-14　亚马逊进入 CD 零售市场

成本曲线（MC）。数字仅为举例，但首先请仔细看一看图 15-13 及图 15-14 的坐标轴。与传统唱片店相比，亚马逊可以更低的成本生产实现更大的产出。

最初线上零售并不能盈利，但凭借其优越的低成本技术，最终还是积累了经济利润。图 15-14 展示了当新技术店铺也采取传统唱片店同样的价格时，可获得经济利润。

经济利润吸引了新进入企业。这也是线上音乐业务实际发生的情形。技术仍在持续进步，MP3 文件逐渐取代了实体 CD。随着亚马逊、苹果的 iTunes 商店以及其他企业进入该 MP3 音乐下载市场，唱片音乐的价格下降，企业利润收缩。

图 15-15 展示了线上音乐下载商之间的完全竞争是如何推动价格及数量变化的。价格下降使边际收益降至 MR_1 时

位于得克萨斯州圣马科斯的圣丹斯唱片店是 4000 家传统唱片店之一。

经济利润消失，市场达到新的长期均衡状态。

较低的市场价格意味着，该时期对小型独立唱片店来说处于萧条时期。价格下降幅度太大，这些小型店铺甚至无法覆盖其平均变动成本（AVC），且由于对市场价格再次提升毫无预期，这些独

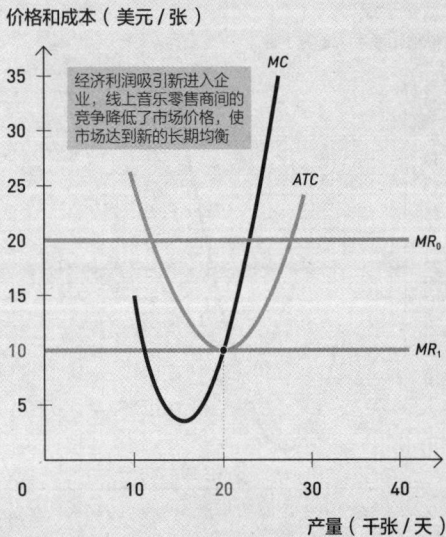

图 15-15　更多大型线上音乐商店进入市场并参与竞争

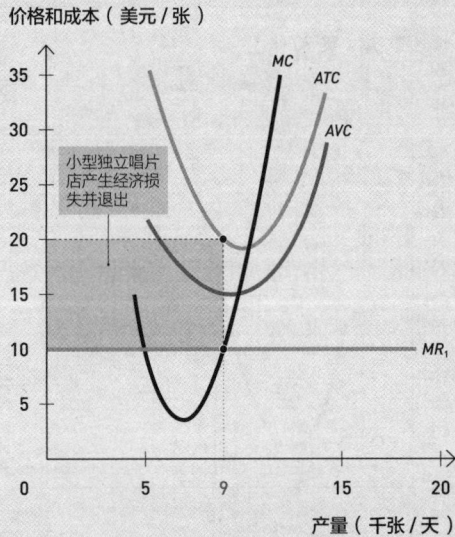

图 15-16　小型独立唱片店退出

立店铺只能通过退出市场避免造成经济损失。

图 15-16 展示了当边际收益降至 MR_1，传统独立唱片店面对来自线上零售商的冲击产生经济损失。

面对损失，店铺选择退出市场。这就是为什么唱片店都消失了。它们是为了避免由于线上竞争造成的损失。

● **完全竞争是否有效**

有效的结果是将稀缺资源分配给具有最高价值的用途。完全竞争实现了这样的结果，因此它是有效的。

究其原因，首先请回想一下资源有效配置的条件。当为了获得更多的某种商品不得不放弃更有价值的东西时，就说明资源得到了有效利用。当达到这一结果时，边际收益等于边际成本，总剩余（消费者剩余加生产者剩余）实现最大化。这一结果也可以在完全竞争中实现。

我们从企业的边际成本曲线可推导出其在完全竞争中的供给曲线。该供给曲线，即边际成本曲线位于高于最小平均变动成本（停产价格）的所有点。由于市场供给曲线是市场中所有企业在每个价格水平的供给量之和，因此市场供给曲线就是整个市场的边际成本曲线。

市场需求曲线，即边际收益曲线。由于市场供给曲线与市场需求曲线会在均衡价格处相交，因此该价格同时等于边际成本和边际收益。

图 15-17 展示了完全竞争的有效性。我们标识市场需求曲线 $D = MB$ 及市场供给曲线 $S = MC$，以提示需求曲线即边际收益曲线（MB），供给曲线即边际成本曲线（MC）。

需求曲线及供给曲线相交于均衡价格及均衡数量处。价格等于边际收益和边际成本，总剩余实现最大化，且均衡数量有效。任何偏离这一结果的其他结果都更差，并且会带来可避免的无谓损失。

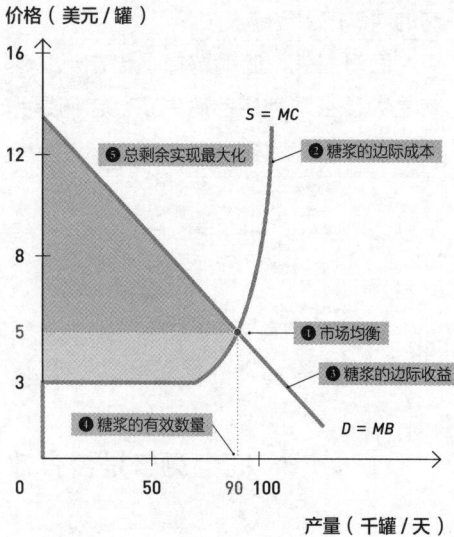

图 15-17 完全竞争的有效性

完全竞争是否公平

现在我们已经看过多种完全竞争带来收益及损失的情形。当对某种物品的需求下降时，大多数生产商至少会产生暂时损失，其中的一部分会退出市场。当技术变革使得成本降低时，迅速采用该技术的企业就能获利，其他反应过慢的企业则会产生损失。一些企业获利而其他企业产生损失是否公平？

当自然灾害如极端天气或地震袭来时，竞争市场中销售的必需品价格将暴涨，为卖方带来收益，使买方产生损失。这种类型的结果是否公平？

我们在第 6 章中已经学过市场公平，并看到了两种关于公平的观点：公平规则和公平结果。根据公平规则观点，如果产权强制执行，人们通过自愿交换获得资源、商品和服务，则其结果是公平的。根据公平结果观点，如果最穷的人不太穷，最富的人不太富，则结果是公平的。在这两种公平观点下，我们刚刚提到的竞争市场结果是否公平？

我们上文描述的情形在两种观点下都是公平的。完全竞争不会对任何人的行为产生限制，所有的交易都是自愿的，消费者支付最低可能价格，企业仅挣得正常利润。但自然灾害产生后，由于商品短缺造成的价格飞涨，可能属于例外情况。在此情况下，少数人获得大笔意外之财，对多数人来说必需品价格高涨，可能被认为是不公平的结果。如果认为不公平，就应将其与分配稀缺资源的另一种机制在公平性上进行比较。

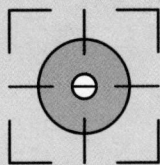

聚焦生活

你遇到的完全竞争

你日常遇到的诸多市场都是高度竞争市场或几乎完全竞争市场。虽然你可能不会每天都遇到完全竞争，但至少有一些交易你是在完全竞争市场中完成的。其中的两个市场就是易贝及其子公司 StubHub 组织的网络拍卖。

如果你有一张巨人队和勇士队比赛的球票，但你因故不能去现场，那么你就可以在 StubHub 上以现行市场价格卖掉它（减去佣金）。如果你非常想看球赛但没能买到票，那么你也可以在同一个网站上以现行价格购买一张（加上佣金）。

StubHub 收取佣金获利。但 StubHub 与 Ticketmaster 及其他票务代理之间的竞争能确保利润在长期竞争中消失，企业仅挣得正常利润。

任何一种你日常理所当然购买的商品或服务，不管你是在哪里购买的，都是因为竞争你才得以获取。你的家、食物、牙医、衣服、书、手机、计算机、自行车、汽车……这份清单是无限的。你能买到如此大量的商品并不是有人施展魔法，而是由于竞争市场及企业追求利润最大化带来的。

一旦需求或技术的改变让现有资源分配出现问题，市场就会迅速且悄无声息地行动。市场会向企业传递信号，促成进入或退出，并形成新的有效的稀缺资源利用方式。

毫不夸张地说，你的一生都受到竞争的影响，并受益匪浅。亚当·斯密提出的"看不见的手"也许并不可见，但蕴含巨大的力量。

第 15 章要点小结

1. 解释完全竞争企业利润最大化选择并推导其供给曲线。

- 完全竞争中的企业是价格接受者。

- 边际收益等于价格。

- 企业产出的价格等于边际成本。

- 如果价格低于最小平均变动成本，企业会选择临时停产。

- 企业供给曲线为，当价格位于或高于最低平均变动成本（停产点）时，其边际成本曲线斜向上的部分，以及当价格低于最小平均变动成本时的纵坐标轴部分。

2. 解释短期如何确定产量、价格和利润。

- 市场曲线及市场供给决定价格。

- 企业通常选择能使其利润最大化的产量，该产量即边际成本等于价格时的产量。

- 在短期均衡状态下，企业可产生正经济利润，经济利润为零，或产生经济损失。

3. 解释长期如何确定产量、价格和利润，并解释为什么完全竞争有效。

- 经济利润会吸引新企业进入市场，由此增加市场供给、降低价格及利润。经济损失会导致企业退出市场，由此减少市场供给、提升价格并减少经济损失。

- 从长期看，企业经济利润为零，且不存在进入或退出。

- 需求增加会带来企业数量增加及均衡数量增加。

- 技术发展可降低生产产品的成本，从而增加市场供给、降低价格、提高产量。

- 完全竞争是有效的，由于它能使边际收益等于边际成本，且完全竞争是公平的，由于交易自愿，消费者支付最低可能价格，而企业挣得正常利润。

第 16 章

垄断

本章学习目标

» 解释垄断是如何产生的，并区分单一价格垄断与价格歧视垄断；

» 解释单一价格垄断如何决定产量及价格；

» 比较单一价格垄断与完全竞争的市场表现；

» 解释价格歧视如何使利润增加；

» 解释为什么自然垄断需受管制及管制的影响。

16.1

垄断及其如何产生

微软在个人计算机操作系统市场上几乎没有竞争对手，那么这种缺乏竞争的情况是否会导致买方为 Windows 操作系统支付过高的价格呢？在本章中，你将找到这一问题的答案。

个人计算机操作系统市场就是垄断（monopoly）的例子，即在该市场中，仅有单一企业出售商品或服务，无其他近似替代品，且市场具备进入壁垒，可防范新进入企业带来竞争。

无近似替代品

如果一种商品存在近似替代品，即使仅有一家企业生产该商品，该企业也将面临来自替代品生产商的竞争。一个无近似替代品的商品的例子就是由地方公共设施提供的水。虽然在饮用水方面我们可以找到近似替代品——瓶装矿泉水，但在洗衣服、洗澡或洗车方面，是没有替代品的。

技术变革可创造出替代品或削弱垄断。比如，联邦快递、UPS 和电子邮件就是美国邮政提供服务的近似替代品，且削弱了其垄断地位。

新产品的上市也可以创造垄断。比如，信息时代的技术为谷歌及微软提供了在其市场上成为近似垄断企业的机会（见"聚焦美国经济"）。

进入壁垒

保护企业免受新竞争对手的限制，即进入壁垒（barrier to entry）。进入壁垒有以下 3 种类型：

» 自然进入壁垒；
» 法律进入壁垒；
» 所有权进入壁垒。

自然进入壁垒

当规模经济使得单一企业可以

较两家或多家企业以更低的平均总成本水平满足整个市场的需求时，自然进入壁垒就创造了 自然垄断（natural monopoly）。

图 16-1 展示了电力分配中的自然垄断。此时，电力的需求曲线为 D，长期平均成本曲线为 $LRAC$。曲线斜向下的趋势显示，规模经济在整个 $LRAC$ 上占据主导地位。单一企业可以 5 美分 / 千瓦时的单价产出 400 万千瓦时的电力。在此价格下，需求量也为 400 万千瓦时。因此，如果价格为 5 美分 / 千瓦时，单一企业就可供给整个市场。此时如果两家或多家企业分享市场，平均总成本反而会更高。

为研究图 16-1 所示情形为什么能创造进入壁垒，请试想一下，如果有第二家企业试图进入市场会发生什么。这样，第二家企业会发现它根本无法创造利润。如果它生产得比原有企业少，则它需要收取更高的价格，最终导致没有客户。如果它生产与原有企业相当的数量，对两家企业来说，价格都会降至低于平均总成本，则必将导致其中一家失去经营能力。这说明在此市场中，仅有一家企业存续的空间。

法律进入壁垒

法律进入壁垒会创造合法垄断。合法垄断（legal monopoly）是指通过授予公共特许经营权、政府许可、专利或版权限制竞争及进入的市场。

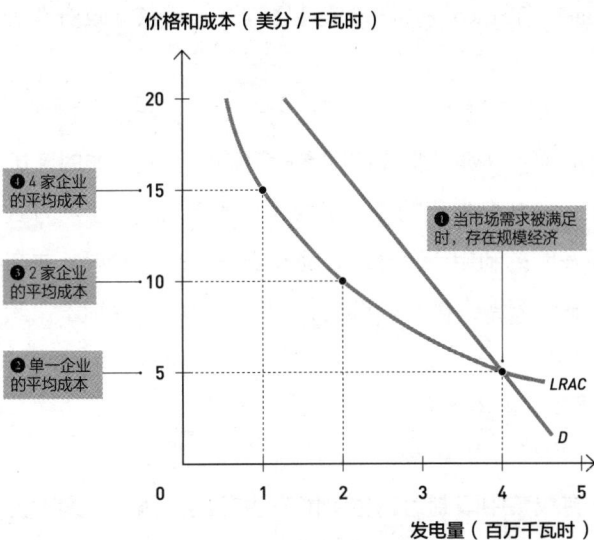

注：1. 电力需求曲线为 D，长期平均总成本曲线为 $LRAC$。
2. ❶ 市场需求被满足时存在规模经济；规模经济在整个 $LRAC$ 上都存在。
3. 单一企业可产出 400 万千瓦时电量，成本为 ❷5 美分 / 千瓦时。
4. 2 家企业产出同等电量，成本为 ❸10 美分 / 千瓦时。
5. 4 家企业产出同等电量，成本为 ❹15 美分 / 千瓦时。
6. 单一企业可以较两家或多家企业以更低的平均总成本水平满足整个市场的需求，此时市场为自然垄断市场。

图 16-1　自然垄断

聚焦美国经济

信息时代垄断

如图 16-2 所示，信息时代的技术创造了 3 家大型自然垄断企业——该企业具备较大规模固定生产成本，但由于规模经济，其边际成本几乎为零。

其中，谷歌占据整个互联网搜索量的 88%。78% 的个人计算机操作系统是某个版本的微软 Windows。Facebook 则获得了所有社交媒体访问者 74% 的流量。

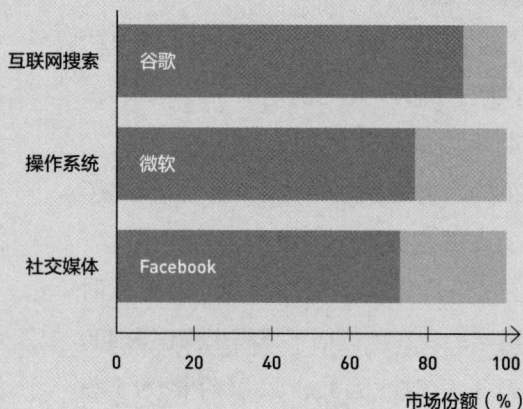

图 16-2 信息时代的垄断企业

公共特许经营权是指授予企业供给商品或服务的专有权利，如美国邮政服务公司投递一级邮件的专有权。政府许可控制进入特定职业、专业和行业。例如，罗得岛查尔斯顿的麦克德士古（Michael's Texaco）公司是该地区唯一一家获得政府许可测试车辆排放的公司。

专利是指授予商品及服务发明人的专有权利。版权是授予文学、音乐、戏剧或艺术作品的作者或作曲家的专有权利。专利及版权都在有限时间内有效，该时限因国家而异。在美国，专利有效期为 20 年。专利的设计是为鼓励新产品及新生产方式的发明，也可以刺激创新（对新发明的利用），通过鼓励发明家公开其发现，并在许可下提供使用权。专利在多个不同领域中都有刺激创新的作用，如大豆种子、药物、存储芯片和电子游戏。

所有权进入壁垒

当市场中的竞争及进入被所有权集中限制时，也可能产生垄断。例如，太阳镜全球批发市场被一家名为陆逊梯卡（Luxottica）的意大利企业控制。无论你的太阳镜是哪个品牌，在哪里购买，几乎都是由该公司制造。

● 垄断定价策略

垄断企业面临价格与销量之间的平衡问题。为售出更大数量的产品，垄断企业必须降低价格。但有两种不同的定价可能性，会产生不同的平衡：

》 单一价格；
》 价格歧视。

单一价格

单一价格垄断（single-price monopoly）是指企业必须以同一价格将其每单位产出销售给所有客户。陆逊梯卡就以相同的价格向所有客户出售太阳镜（给定类型及质量）。陆逊梯卡就是一家单一价格垄断企业，因为如果它试图以更高的价格出售商品给某些客户，那么只有获得低价的客户会继续从陆逊梯卡购买商品。其他客户则会从在陆逊梯卡处获得较低价格的客户那里购买商品。

价格歧视

价格歧视垄断（price-discriminating monopoly）是指企业以与成本差异无关的不同价格销售不同（数量）的商品。多数企业都存在价格歧视。比如，航空公司就会为同一趟旅程提供一系列令人眼花缭乱的价格。比萨生产商对第一个比萨正常收钱，而对第二个比萨几乎不收钱。不同的客户可能支付不同的价格（如机票），或单一客户可能为其购买不同数量的商品支付不同的价格（如第 2 个比萨的折扣价）。

当企业存在价格歧视时，看起来它似乎是在帮客户的忙，事实上，企业是在向不同类型的客户收取可令他们支付的最高价格，从而增加企业盈利。

并不是所有垄断企业都可以实现价格歧视。实施价格歧视的主要障碍在于低价购得商品的客户对商品的转售。由于转售的可能性，价格歧视仅限于出售无法转售商品及服务的垄断企业。

16.2

单一价格垄断

为了解单一价格垄断企业如何进行产量及价格决策，我们必须首先研究价格与边际收益之间的联系。

● 价格与边际收益

由于在垄断市场中仅存在一家企业，因此对该企业的产出需求即市场需求。让我们来看看波比（Bobbie）理发店，位于内布拉斯加州开罗的唯一一家理发店。图 16-3 中的表格展示了波比理发店的需求明细。例如，在价格为 12 美元 / 人次时，消费者每小时的理发需求为 4 人次（见 E 行）。

总收益为价格乘以出售数量。例如，在 D 行所示的情况下，波比以 14 美元 / 人次的价格为 3 人理发，因此总收益为 42 美元。边际收益为销售每增加 1 单位带来总收益的变化。例如，如果价格从 16 美元 / 人次（C 行）降为 14 美元 / 人次（D 行），销售量也会从 2 人次增加为 3 人次。总收益从 32 美元增加为 42 美元，因此总收益的变化为 10 美元。由于销售量增加了 1 单位，边际收益等于总收益的变化，即 10 美元。我们在图 16-3 中将边际收益放在两行之间以强调边际收益与销售量的变化是相关的。

图 16-3 展示了市场需求曲线及波比理发店的边际收益曲线（*MR*），同时还展示了我们刚刚提到的计算过程。在不同产出水平下，边际收益都低于价格——边际收益曲线位于需求曲线下方，这是因为此时销售的所有产品价格都较低，而非仅针对边际单位产品。例如，价格为 16 美元 / 人次时，请波比理发的为 2 人次（*C* 点）。如果她将价格降低至 14 美元 / 人次，则会有 3 人请她理发，为第 3 人理发带来的收

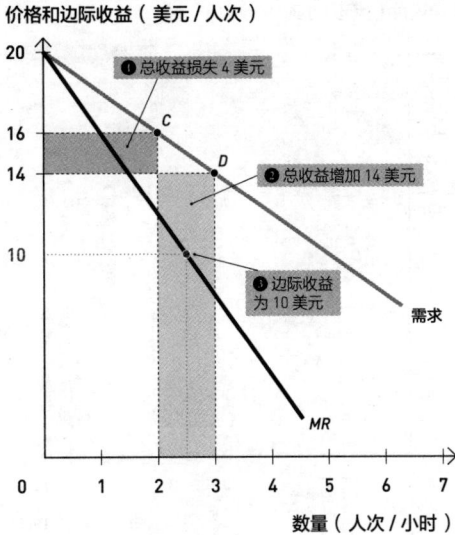

价格和边际收益（美元／人次）

① 总收益损失 4 美元

② 总收益增加 14 美元

③ 边际收益
为 10 美元

需求

MR

数量（人次／小时）

	价格 （美元／人次）	需求量 （人次／小时）	总收入 （美元／小时）	边际收益 （美元／人次）
A	20	0	0	
B	18	1	18	18
C	16	2	32	14
D	14	3	42	**10**
E	12	4	48	6
F	10	5	50	2

注：1. 表格展示了理发的市场需求明细及波比的总收益
与边际收益明细。
2. 如果理发价格从 16 美元／人次降低至 14 美元／人
次，销售量会从 2 人次增加为 3 人次。
3. 总收益在为前两人理发时损失 ① 4 美元；第 3
人理发带来收益 ② 14 美元；边际收益 ③ 为 10
美元。

图 16-3 需求与边际收益

益为 14 美元。但现在她为前两个人理
发也只收 14 美元——比之前的定价低
2 美元。因此，实际上她在为前两个人
理发时损失了 4 美元的收入。为计算边
际收益，她必须从额外收入的 14 美元

中减去这部分金额，即其边际收益为
10 美元，比价格 14 美元要低。

请注意，边际收益曲线的斜率为
需求曲线的 2 倍。价格下降 10 美元会
带来需求量增加 5 人次，而需求量增
加 2.5 人次时，边际收益就会降低 10
美元。

边际收益及弹性

在第 5 章中，我们已经学过关于需
求价格弹性的总收益测试。如果价格下
降但总收益增加，则需求是有弹性的；
如果价格下降但总收益减少，则需求是
缺乏弹性的。

总收益测试表明，当需求有弹性
时，边际收益为正；当需求缺乏弹性
时，边际收益为负。图 16-4 展示了弹
性与边际收益之间的关系。

图 16-4a 中，价格从 20 美元／人
次降低至 10 美元／人次，边际收益（见
浅灰色柱状图）为正，图 16-4b 中的总
收益增加，因此需求是有弹性的。图
16-4a 中，随着价格从 10 美元／人次降
低至 0 美元／人次，边际收益（见深灰
色柱状图）为负，图 16-4b 中的总收益
减少，因此需求是缺乏弹性的。当价格
为 10 美元／人次，总收益最大，需求
具有单位弹性，边际收益为零。

边际收益与弹性之间的关系表明，
如果垄断企业在其需求曲线的缺乏弹

价格与边际收益（美元／人次）

① 弹性
② 单位弹性
③ 缺乏弹性
④ 总收益最大化

D

MR

数量（人次／小时）

a）需求与边际收益

总收益（美元／小时）

⑤ 边际收益为零

TR

数量（人次／小时）

b）总收益

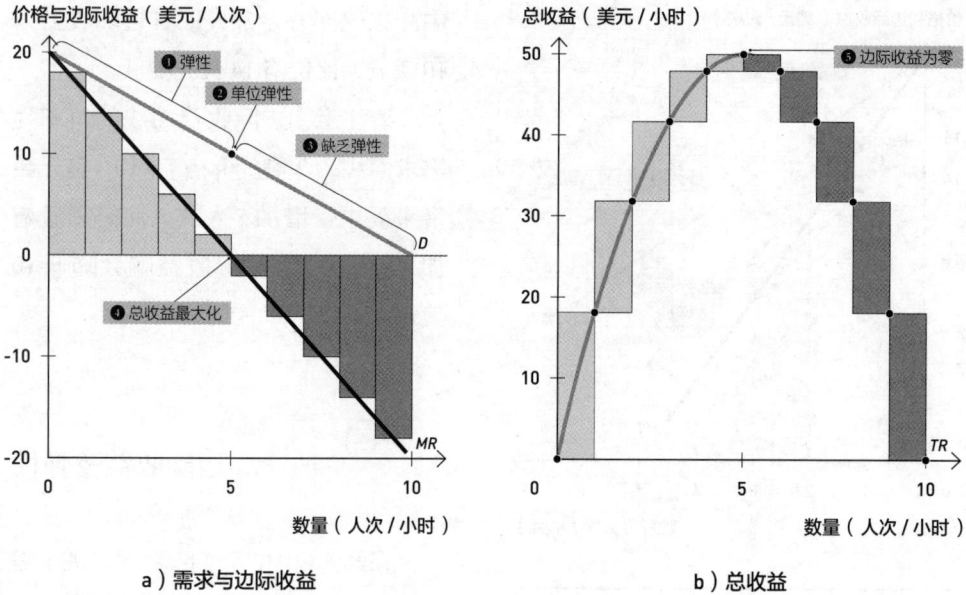

注：随着价格的下降，如果边际收益为正（见浅灰色柱
形图），① 需求是有弹性的；如果边际收益为零，
② 需求具有单位弹性；如果边际收益为负（见深灰

色柱形图），③ 需求为缺乏弹性。图 16-4a 中，当
边际收益为零时，④ 总收益最大化。图 16-4b 中，
当总收益最大时，⑤ 边际收益为零。

图 16-4　边际收益与弹性

性范围内进行生产，就永远无法获利。如果垄断企业确实在其需求曲线的缺乏弹性
范围内进行生产，则它可以通过提高价格、出售较小数量的产品增加总收益。同时，
由于生产量减少，企业总成本也将降低，企业的利润会上升。接下来，我们看一看
垄断企业的产量与价格决策。

● 产量与价格决策

为了确定使垄断企业利润最大化的产量与价格，我们需要研究收益与成本随产
量变化的规律。

表 16-1 总结了我们所需的波比理发店收益、成本及经济利润的信息。经济利润
等于总收益减去总成本，在波比每小时为 3 人理发、价格为 14 美元／人次时，经济
利润达到最大值 12 美元／小时。如果她每小时以 16 美元／人次为 2 人理发，则其经

表 16-1 垄断企业的产出及价格决策

	价格 （美元/人次）	需求量 （人次/小时）	总收益 （美元/小时）	边际收益 （美元/人次）	总成本 （美元/小时）	边际成本 （美元/人次）	利润 （美元/人次）
A	20	0	0		12		-12
				18		5	
B	18	1	18		17		1
				14		6	
C	16	2	32		23		9
				10		7	
D	**14**	**3**	**42**		**30**		**12**
				6		10	
E	12	4	48		40		8
				2		15	
F	10	5	50		55		-5

济利润仅为 9 美元 / 小时。如果她每小时以 12 美元 / 人次为 4 人理发，其经济利润将仅剩 8 美元 / 小时。

我们可以通过其边际收益与边际成本看出为什么每小时理发 3 人次时，波比理发店的利润可达最大值。当波比理发店将理发人次从每小时 2 人次提高为 3 人次时，其边际收益为 10 美元 / 人次，边际成本为 7 美元 / 小时。利润增加为其差额，即 3 美元 / 小时。如果波比理发店进一步提高其每小时理发人次，从 3 人次增加为 4 人次，则边际收益为 6 美元 / 小时，边际成本为 10 美元 / 小时。在此情况下，边际成本超过边际收益 4 美元 / 小时，则利润每小时减少 4 美元。

图 16-5 展示了表 16-1 中包含的信息。图 16-5a 展示了波比理发店的总收益曲线（TR）与总成本曲线（TC）。同时 TR 及 TC 之间的垂直距离展示了波比理发店的经济利润。当每小时理发 3 人次，经济利润为 12 美元 / 小时时（总收益 42 美元减去总成本 30 美元），其利润最大化。

图 16-5b 中展示了市场需求曲线（D）与波比理发店的边际收益曲线（MR），其边际成本曲线（MC）与平均总成本曲线（ATC）。当边际成本等于边际收益时，波比通过产出可实现利润最大化，即每小时理发人次为 3 人次。但她应该如何为理发定价呢？为设定价格，垄断企业会利用需求曲线找到其利润最大化产出水平下的最高价格。在波比理发店的案例中，每小时理发 3 人次时，其最高价格为 14 美元 / 人次。

当波比每小时为 3 人次理发时，其平均总成本为 10 美元 / 人次（从 ATC 理发人数为 3 人时可找到），价格为 14 美元 / 人次（可从需求曲线 D 上找到），则其理发的利润为 4 美元 / 人次（14 美元减去 10 美元）。波比理发店的经济利润如图中灰色矩形所示，等于其单位利润（4美元）乘以理发人次（3人次/小时），则总经济利润为12美元/小时。

经济利润是新企业进入市场的动力。但进入壁垒阻碍了垄断市场中新企业的进入。因此，在垄断市场中，企业理论上可无限持续创造经济利润。

垄断企业收取的价格超过边际成本，但它会持续产生经济利润吗？答案是否定的。波比理发店在图16-5中产生经济利润。但假设波比的房东提高了理发店的房租。波比需要每小时多付12美元的房租，其固定成本也会增加同样的金额。其边际成本及边际收益不变，因此利润最大化产出仍然维持在3人次/小时。此时，其利润就已由于支付额外的房租降低了12美元，变为零。如果波比需要额外支付的房租高于12美元/小时，则此时她会产生经济损失。如果这种情况持续下去，波比将无力经营。但垄断企业通常极富创意，且波比大概也能找到其他房租较低的店铺。

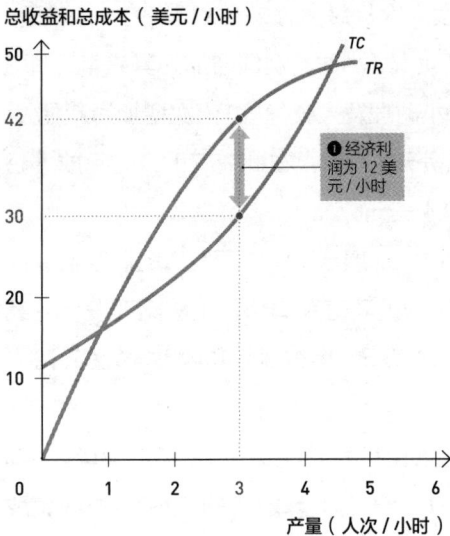

a）总收益和总成本

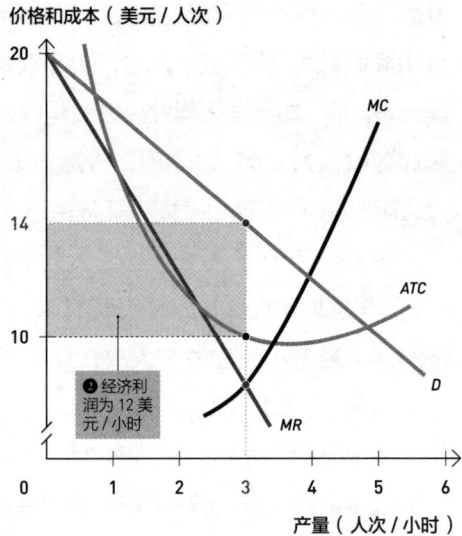

b）需求、边际收益和边际成本

注：1. 图16-5a中，当总收益（TR）减去总成本（TC）的差最大时，经济利润最大化。❶经济利润为TR及TC曲线之间的垂直距离。利润最大化产出为3人次/小时时，经济利润为12美元/小时。

2. 图16-5b中，当边际成本（MC）等于边际收益（MR）时，经济利润最大化。需求曲线（D）决定价格，此时价格为14美元/人次。❷经济利润如图中灰色矩形区域所示，为12美元/小时，即每人次利润（4美元）乘以3人次/小时。

图16-5　垄断企业的利润最大化产量和价格

16.3

垄断与竞争比较

试想一个市场中有诸多小型企业处于完全竞争中。接着假设其中某家企业将这些小企业全部收购，并创造了一家垄断企业，那么该市场的产量、价格及有效性会如何变化？

完全竞争中的市场供给曲线为行业中各企业边际成本曲线之和。因此，该垄断企业的边际成本曲线就是完全竞争下的

价格和成本

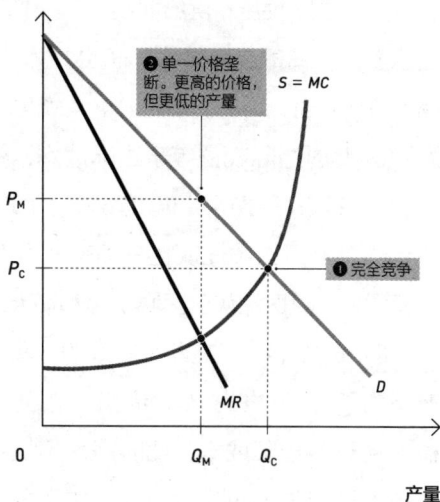

● 产量与价格

图 16-6 展示了我们将要研究的市场，市场曲线为 D。最初，市场中存在众多小型企业，市场供给曲线为 S，即多家企业需求曲线之和，亦即多家企业的边际成本曲线。均衡价格为 P_C，此时需求量等于供给量，均衡数量为 Q_C。每家企业都以 P_C 价格销售，并以其边际成本等于价格时利润最大化的产量产出。

单一企业现在收购了市场中的所有企业。但客户没有发生变化，因此需求曲线不变。然而垄断企业认为该需求曲线是对其销量的限制，且知道其边际收益曲线为 MR。

❶ 竞争行业均衡数量为 Q_C，均衡价格为 P_C。

❷ 单一价格垄断下的产量为 Q_M，此时边际收益等于边际成本，价格为 P_M。与完全竞争相比，单一价格垄断下的产量更低，价格更高。

图 16-6　垄断企业的较小产量及较高价格

市场供给曲线，标为 $S = MC$。通过将产量设定为使得边际收益等于边际成本的数量，即 Q_M，垄断企业可实现利润最大化。该产出水平低于竞争性产量 Q_C。因此，垄断企业商品售价为 P_M，高于 P_C。

> **与完全竞争相比，单一价格垄断下的产出更低，价格更高。**

● 垄断是否有效

我们在第 6 章中已经学习过，当边际收益等于边际成本时，资源利用有效。图 16-7a 展示了完全竞争下达到该资源有效利用的情形。需求曲线（$D = MB$）展示了客户的边际收益。供给曲线（$S = MC$）展示了生产商的边际成本（机会成本）。在竞争均衡时，均衡价格为 P_C，均衡数量为 Q_C。此时边际收益等于边际成本，资源利用有效，总剩余（见第 6 章）即消费者剩余（见图中浅灰色三角形）与生产者剩余（见图深灰色区域）之和最大。

图 16-7b 展示了垄断是有效的。垄断产量为 Q_M，价格为 P_M。价格（边际收益）超过了边际成本，此时产量不足将带来无谓损失（见第 6 章），如图中阴影区域所示。消费者产生的损失，部分是由获得的商品数量减少所致，如图中 P_C 上方的阴影三角形所示，部分是由于商品花费增多所致。因此，消费者剩余缩小到如浅灰色三角形区域所示。生产

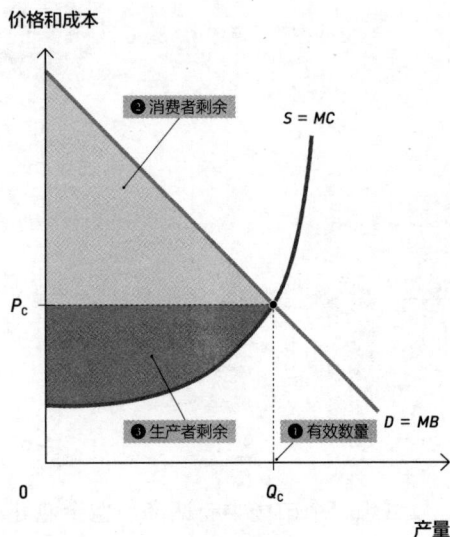

a）完全竞争

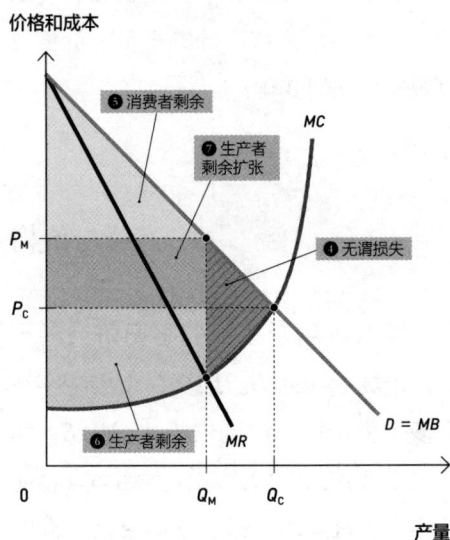

b）垄断

注：1. 在完全竞争中，❶ 均衡数量为有效数量 Q_C，由于此产量下的价格 P_C 等于边际收益和边际成本。❷ 消费者剩余及 ❸ 生产者剩余之和最大化。

2. 在单一价格垄断中，均衡数量为 Q_M，为无效产量，由于此产量下的价格 P_M 等于边际收益，超过边际成本。❹ 此时将产生无谓损失。❺ 消费者剩余缩小，❻ 生产者剩余扩大到区域 ❼。

图 16-7 垄断的无效性

商由于销售产品减少，产生损失，如图中 P_C 下方的阴影区域所示，但由于价格上升，生产商销售商品仍能获利，如图中深灰色矩形所示。生产者剩余增加，且该剩余在垄断时比完全竞争中更大。

垄断是否公平

垄断无效是由于它会产生无谓损失。但垄断同时也重新分配了消费者剩余。生产者获利，消费者产生损失。

图 16-7 展示了这一再分配过程。垄断企业通过销售产出 Q_M 获得更高价格 P_M 与竞争价格 P_C 之间的价差。因此，图中深灰色矩形区域展示了部分消费者剩余被垄断企业所获取的情况。这部分消费者剩余的损失对整个社会来说并不是损失，而是从消费者再分配至垄断生产商。

那么，垄断企业的获利及消费者的损失是否公平？我们在第 6 章中已经学习过公平的两个标准：公平规则和公平结果。从富人到穷人的再分配符合公平结果观点。因此，在此公平观点下，垄断再分配是否公平取决于谁更富有：是垄断企业还是其产品的消费者。答案有可能是任何一方。规则是否公平则取决于垄断企业是否从其他企业无法获取的受保护地位获利。如果任何人都可以获得垄断地位，则规则是公平的。由此判断，垄断是无效的，且可能是不公平的，虽然并不总是如此。

对垄断利润的追求将导致另一个额外高代价的活动，即我们现在将描述的"寻租"。

寻租

寻租（rent seeking）是指一种为创造经济利润、转移消费者剩余或转移其他生产者剩余，而游说政府给予特殊待遇的行为（"租"是经济学中的通用概念，包括各种形式的剩余，如消费者剩余、生产者剩余及经济利润）。寻租并不一定会创造垄断，但通常会限制竞争，从而造成垄断。

稀缺资源可用于生产人们认为有价值的产品及服务，也可被用于寻租。寻租对寻租人来说会带来潜在获利，但对社会来说代价高昂，因为寻租将稀缺资源纯粹用于将财富从个人或组织转移到另一个人或组织而非生产有价值的东西。

为理解为什么会发生寻租，请试想一下一个人可能成为垄断企业所有者的两种方式：

» 购买垄断企业；
» 创造垄断企业。

购买垄断企业

一个人可以通过购买一家被进入壁垒保护的企业（或权利）试图获得垄断利润。在纽约购买一个出租车牌照就是相应的例子。牌照的数量是受限的，因此其所有者可避免遭遇市场无限进入的影响。一个人如果想要经营黄色出租车，就必须从已有牌照的人手中购买牌照。

任何人都可以自由竞拍牌照。因此，买方之间的竞争会导致价格上升到经济利润为零的点。优步在进入市场以前，为竞争在纽约经营出租车的权利，导致牌照的价格甚至高于 100 万美元。如今，随着来自优步的竞争，该价格已变为 250 000 美元。这一价格变化减少了出租车经营者的经济利润，让他们仅能挣得正常利润。

创造垄断企业

由于购买垄断企业意味着需要支付将所有经济利润都消耗掉的价格，因此通过寻租创造垄断企业与购买相比，就成了很有吸引力的替代选项。寻租是一项政治活动。它采取游说的形式，试图影响政治流程制定法律，从而成功设置法律进入壁垒。这样的影响可以通过提供竞选捐赠换取立法支持实现，也可以通过在媒体上进行宣传以间接影响政治结果，或者通过与政治家和官方直接接触达成。用该方式创造寻租的例子，如限制进口至美国的纺织品数量的法律。另一个例子为限制进口至美国的番茄数量的法律。这些法律限制竞争，减少了商品可售数量，从而提升了价格。

寻租均衡

寻租是一项竞争性活动。如果存在经济利润，寻租人就会试图获取该利润。寻租人之间的竞争会推动寻租成本上升，直到垄断企业支付寻租成本后仅能获得零经济利润。

图 16-8 展示了寻租均衡。寻租成本是一项固定成本，其必须被加入垄断企业的其他成本。平均总成本曲线，包含固定寻租成本，因此会上移，直到与需求曲线相接。消费者剩余则不受影响。但此时的垄断无谓损失，就包括了最初的无谓损失加上由于寻租消耗掉的经济利润，如图中扩大的灰色区域所示。

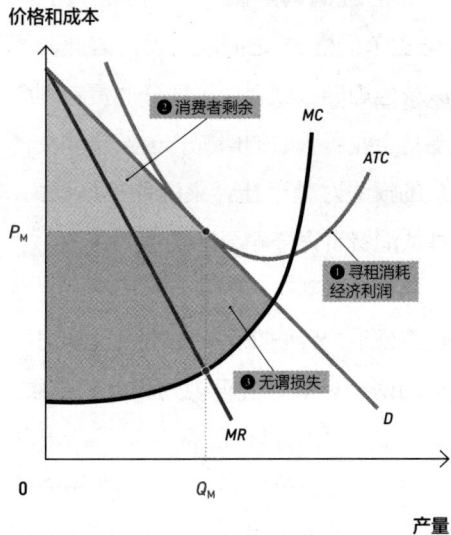

❶ 寻租成本消耗经济利润。企业的寻租成本为固定成本。它们会增加总成本和平均总成本。曲线 ATC 上移至利润最大化价格，此时企业盈亏平衡。

❷ 最大化垄断利润会导致与完全竞争中最大化水平相比消费者剩余的缩减，但寻租不会导致进一步缩减消费者剩余。

❸ 无谓损失增加，现在其包括最初的无谓损失加上由于寻租消耗掉的经济利润。

图 16-8 寻租均衡

16.4

价格歧视

价格歧视（即以不同价格出售商品或服务）广泛存在。你在旅行、看电影、理发、买比萨或是参观艺术博物馆时都会遇到价格歧视。初看价格歧视，其似乎与利润最大化假设相矛盾。为什么电影运营商会允许孩子们以半价看电影？为什么理发师向学生及老人收费更低？这样给顾客打折，电影院不会亏损吗？

但深入调查发现，价格歧视非但没有降低利润，反而可以比预期获得更大的利润。因此，垄断企业有动力寻求价格歧视，以便向每个买方收取可能的最高价格。在价格歧视下，一些人支付的价格更低，其他人则需要支付更高的价格。

大多数实施价格歧视的企业都不是垄断企业，但垄断企业在可能时都会选择实施价格歧视。为具备实施价格歧视的能力，企业必须：

> » 定位并区分不同类型的买方；
> » 出售不可转售的商品。

价格歧视针对单一商品或服务收取不同的价格，是因为不同买方的支付意愿不同。并不是所有的价格差异都是价格歧视。部分相似但不完全相同的商品价格不同，是由于它们的生产成本不同。比如，发电成本取决于一天的不同时间段。所以，电力公司针对每天 7:00 – 9:00 及 16:00 – 19:00 用电收取比其他时间更高的电价，其实并不是价格歧视。

● 价格歧视及消费者剩余

价格歧视背后的关键点在于，将消费者剩余转换为经济利润。为从每个买方处获取每一分消费者剩余，垄断企业必须基于不同消费者的支付意愿为其设定不同的价格清单。这样的价格歧视在实际操作中很难实现，因为企业无法获取足够的有关消费者需求曲线的信息。但企业试图获取尽可能多的消费者剩余，为此，它们会采取两种比较粗犷的价格歧视方式：

» 针对不同的买方群体；

» 针对不同的商品数量。

针对不同的买方群体的价格歧视

　　企业针对不同的买方群体实施价格歧视时，会基于诸如年龄、就业状态或其他易于划分的特征，为不同类型的买方提供不同的价格。当不同的买方群体针对商品或服务的平均支付意愿不同时，这类价格歧视就可行。

　　例如，与客户的面对面销售可能带来利润不菲的订单。对销售人员及其他商务出行人士而言，乘坐飞机出行的边际收益很大，那么这样的出行人士愿意为旅程支付的价格就相对较高。反过来，对假期出游人士而言，他们可以选择不同的出行方式甚至不出行。因此，针对这类人群，出行的边际收益较小，他们愿意为出行支付的价格就相对较低。由于商务出行人士愿意支付比假期出游人士更高的价格，因此对航空公司来说，针对这两类人群实施价格歧视就可能获利。

针对不同的商品数量的价格歧视

　　企业针对不同数量的某种商品实施价格歧视时，会向所有顾客收取同样的价格，但会向购买商品数量较大的顾客提供较低的商品单价。当必胜客的送货上门比萨标价10美元/张、14美元/2张时，其实就是在实施这类价格歧视。在这个例子里，第2张比萨的价格仅为4美元。

　　现在就让我们来看一看航空公司是如何利用商务出行人士及假期出游人士的需求差异，通过价格歧视获利的。

● 通过价格歧视获利

　　环球航空垄断了一条国外航线。图16-9展示了该航线的出行需求曲线（D）及环球航空的边际收益曲线（MR）。同时图16-9中还展示了环球航空的边际成本曲线（MC）及平均总成本曲线（ATC）。

　　最初，环球航空是一家单一价格垄断企业，通过每年飞行8000架次航班（MR等于MC时的数量）实现利润最大化。航班价格为1200美元/架次，平均总成本为600美元/架次，因此其经济利润为600美元/架次。每年飞行8000架次航班时，环球航空的经济利润为480万美元/年，如图中深灰色矩形区域所示。环球航空的顾客所享有的消费者剩余则如图中浅灰色三角形区域所示。

　　环球航空惊讶地获知，其众多客户其实都是商务出行人士，由此怀疑这些客户其实愿意为每趟航班支付高于1200美元的价格。因此，环球航空进行市场调研并得出结论，部分商务出行人士愿意为该航班支付的机票价格为1800美元/张。此外，这些客户总是在最后一刻才能确定其行程。另一组商务出行人士愿意为该航班支付的机票价格

图 16-10 展示了实行新价格结构后的结果，同时展示了为什么环球航空对新的价格体系的表现感到满意。结果显示，对于这四类不同价位的机票，环球航空分别卖出 2000 张。其经济利润增加如图中深灰色阶梯区域所示。经济利润在原有每年 480 万美元的基础上，又因其新的高价票额外增加了 240 万美元。此时，消费者剩余则缩减为图中那些浅灰色小三角形所示区域。

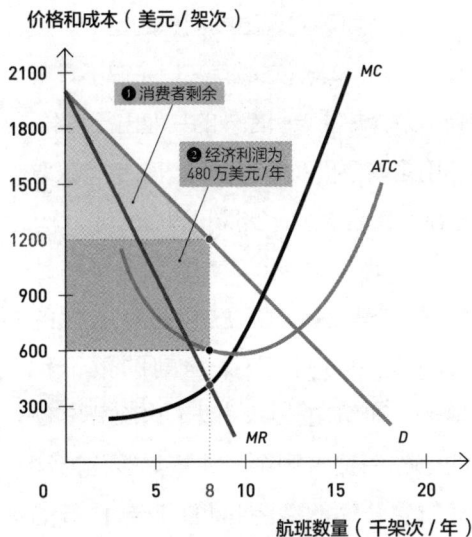

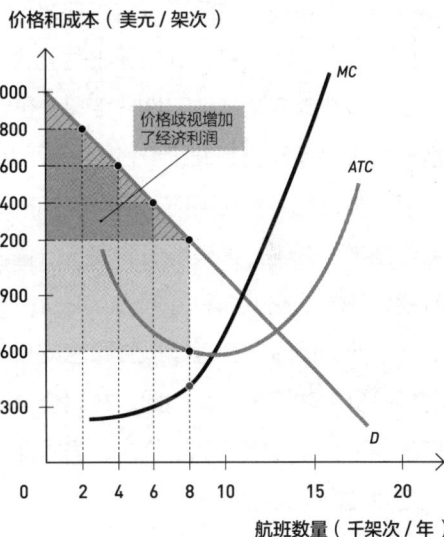

注：1. 环球航空垄断了一条航线。该航线的出行需求曲线为 D，环球航空的边际收益曲线为 MR。其边际成本曲线为 MC，平均总成本曲线为 ATC。

2. 作为一家单一价格垄断企业，环球航空通过每年飞行 8000 架次航班，单次收费 1200 美元实现利润最大化。

❶ 环球航空的客户享有消费者剩余——浅灰色三角形。

❷ 环球航空每年可实现 480 万美元经济利润——深灰色矩形。

图 16-9　单一价格垄断价格和经济利润

为 1600 美元 / 张。他们通常在出行前一周获知行程，但更倾向于购买弹性机票。还有另一组客户愿意支付的机票价格为 1400 美元 / 张。这些商务出行人士在出行前两周就能获知出行，并乐于购买退改受限的机票。

由此，环球航空发布了一份新的价格清单：无退改限制机票，1800 美元 / 张；提前 7 天购票，弹性退改，1600 美元 / 张；提前 14 天购票，弹性退改，1400 美元 / 张；提前 14 天购票，必须停留至少 7 天，1200 美元 / 张。

注：1. 环球航空修订了其价格结构。现在它提供：无退改限制机票，1800 美元 / 张；提前 7 天购票，弹性退改，1600 美元 / 张；提前 14 天购票，弹性退改，1400 美元 / 张；提前 14 天购票，必须停留至少 7 天，1200 美元 / 张。

2. 对于这四类不同价位的机票，环球航空分别卖出了 2000 张。其经济利润每年增加 240 万美元至 720 万美元，如图中原始利润（浅灰色矩形）加上深灰色阶梯区域。而环球航空客户的消费者剩余则缩减为图中那些灰色阴影三角形所示区域。

图 16-10　价格歧视

完全价格歧视

然而环球航空认为自己还能做得更好。公司计划实现完全价格歧视（perfect price discrimination），从而可通过向消费者收取其愿意为每单位商品支付的最高价格，获取全部消费者剩余。为此，环球航空必须发挥创意，设置一系列价格在 1200～2000 美元/张之间的商务机票，从而让每个价格段的机票都能吸引一小部分商务人士。

一旦环球航空可以精确地区分不同出行需求的客户，并获得每位客户愿意支付的最大金额信息，其边际收益就会产生一些特殊变化。请回忆一下单一价格垄断，边际收益是低于价格的。原因在于，当企业降价促销时，所有商品的定价都被降低了。如果能做到完全价格歧视，环球航空就能只降低边际座位的价格，而其他客户会继续以其愿意支付的最高价格购买机票。因此，在完全价格歧视下，边际收益等于价格，需求曲线变为其边际收益曲线。

当边际收益等于价格时，环球航空就能通过增加产出至价格（即边际收益）等于边际成本的水平，获得更多的利润。

因此，环球航空现在就要开始寻找愿意为该旅程支付机票价格低于 1200 美元/张，但高于其边际成本的其他出行人士。通过特价旅行、提前预订，以及最小停留天数及其他限制条件推出其他

票价，公司可实现更具创意的定价。这些票价对环球航空现有客户来说不具备吸引力，却能吸引额外的其他出行人群。利用这些票价及特价，环球航空可获取全部消费者剩余，实现利润最大化。

图 16-11 展示了实施完全价格歧视的结果。最初的旅客愿意支付的 1200～2000 美元/张之间的数十种票价，让航空公司获取了这部分客户的全部消费者剩余，并将其转化为环球航空公司的经济利润。而新执行的 900～1200 美元/张之间的票价则让航空公司额外获得了 3000 名旅客及其全

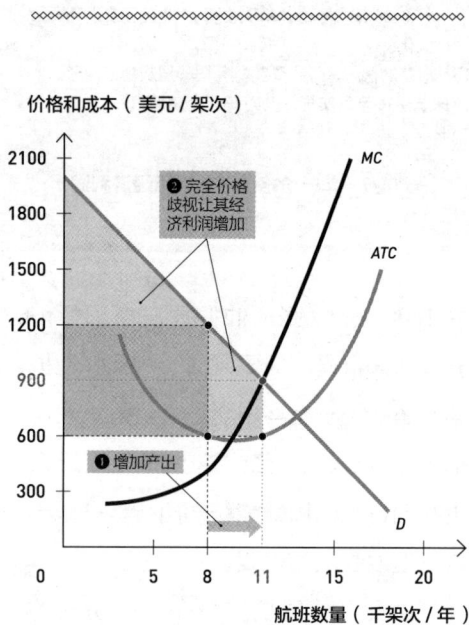

注：实施完全价格歧视时，需求曲线变为环球航空的边际收益曲线。最低价等于边际成本时，经济利润实现最大化。
❶ 环球航空增加产出为 11 000 架次/年。
❷ 环球航空的经济利润增加为 935 万美元/年。

图 16-11　完全价格歧视

部消费者剩余。此时，环球航空每年可产生超过 900 万美元的经济利润。

● 价格歧视及其有效性

实施完全价格歧视时，垄断企业会增加产出直至价格等于边际成本。该产出与完全竞争中的产出相同。完全价格歧视会将消费者剩余挤为零，但会将生产者剩余提升至等于完全竞争中的消费者剩余加上生产者剩余的水平。完全

价格歧视下的无谓损失为零。因此，完全价格歧视其实产出了有效数量。

但完全竞争与完全价格歧视有两点不同。首先，对总剩余的分配是不同的。在完全竞争中，消费者与生产者分享剩余，而在完全价格歧视下，则是生产者获得所有剩余。其次，由于生产者获取了所有剩余，寻租就变得有利可图。

寻租人利用资源追求垄断，寻租越大，其利用资源的动力也就越大。由于寻租无门槛，因此其长期均衡的结果，即寻租人消耗掉全部生产者剩余。

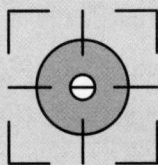

聚焦美国经济

航空公司的价格歧视

美联航从旧金山飞往华盛顿的普通弹性票价为 1385 美元 / 张，但该航线还有部分更低价的机票，最低为 318 美元 / 张。在一架常规航班上，乘客可能支付的不同票价有 20 种。

航空公司根据客户的支付意愿将他们进行区分，会为客户提供不同的选择，吸引对价格敏感的休闲出行人士购买那些商务出行人士未购买的机票。

尽管航空公司的价格体系已经非常成熟，但仍有 15% 的空座率。空座的边际成本几乎为零，因此只要机票售出，航空公司就可以获利。

线上购票促使航空公司之间的竞争更为激烈。由于存在众多线上旅行社，让低价成为可能。这些旅行社根据旅客出价，在航空公司之

听到我为这趟航班付了这么少的钱，你会介意吗？
图片来源： 威廉·汉密尔顿

间充分比价，每天代理上千张机票，并为其客户获取尽可能低价的机票。

16.5

垄断管制

自然垄断带来了一个困境。在规模经济下，自然垄断企业以其可行的最低成本进行生产。但在市场作用力下，垄断企业却又有动机将价格提升至高于竞争价格，从而导致产量过低，以至于既不符合垄断企业的自身利益，也不符合社会利益。

解决困境的一种可能方式就是进行管制（regulation），即由政府机构设定规则影响企业或行业的价格、数量、进入及经济活动的其他方面。

为实施管制，政府会建立相应机构监督并执行规则。例如，地面运输委员会负责管控州际铁路、部分卡车和公交线路，以及水和石油管道的价格。到 20 世纪 70 年代，全美几乎 1/4 的产出是由受管制的企业生产的（远超仅考虑自然垄断），放松管制的过程开始了。

放松管制（deregulation）是指消除对企业或行业的价格、数量、进入及经济活动的其他方面管制的过程。在过去的 30 年中，美国的放松管制出现在国内航空运输、电话服务、州际货运、银行及金融服务行业。有线电视行业在 1984 年放松管制，1992 年重新管制，1996 年再次放松管制。

管制是解决垄断带来的困境的可能方式，但并不是确保有效的方式。关于管制实际上如何运作有两种理论：社会利益理论和俘获理论。

社会利益理论（social interest theory）认为政治及管制过程会找到无效流程，并引入管制消除无谓损失，有效分配资源。

俘获理论（capture theory）认为政治及管制过程会被受管制的企业俘获，最终服务其自身利益，使其经济利润最大化，并造成生产不足及无谓损失。管制机构之所以会被俘获是因为生产者收益巨大且可见，而单一消费者的收益较小且不可见。单一消费者不会有动力反对管制，但生产者通常具备巨大的动力游说政府。

哪个理论能更好地解释现实世界中的管制？管制到底是为社会利益服务还是为垄断生产商的个人利益服务？

● 自然垄断的有效管制

电力公司是自然垄断企业，它可以低于两家或多家竞争企业的价格供给整个市场。佛罗里达电力与照明公司（Florida Pouer & Light，FPL），总部位于佛罗里达朱诺海滩，可为 460 万名客户供电。该公司在天然气、核能及可再生能源发电厂投资巨大，因此其固定成本很高。这些固定成本是公司平均总成本的一部分。FPL 的平均总成本会随产量的增加而下降，这是因为固定成本可分摊于更大的产出上。在不受管制的情况下，FPL 会生产使其利润最大化的电量。如同所有的单一价格垄断企业，实现利润最大化的产量通常低于有效数量，从而会产生生产不足，导致无谓损失，如图 16-7b 所示。

如果管制 FPL 可使其产出有效数量的电力呢？答案是，在管制下我们可将价格设定为等于其边际成本，即所谓的边际成本定价法则（marginal cost pricing rule）。价格等于边际成本时，需求量即有效数量，亦即边际收益等于边际成本时的产量。

图 16-12 说明了边际成本定价法则。电力的需求曲线为 D。FPL 的边际成本曲线为 MC。边际成本曲线为（假设为）水平线，维持在 10 美分 / 千瓦时，也就是说，额外生产并传输 1 千瓦时电量的成本为 10 美分。当价格被调控为 10 美分 / 千瓦时，产出为 8 太瓦时时，达到有效产出。

但问题出现了：由于平均总成本超过了边际成本，按照边际成本定价法则定价的公司会产生经济损失。因此，

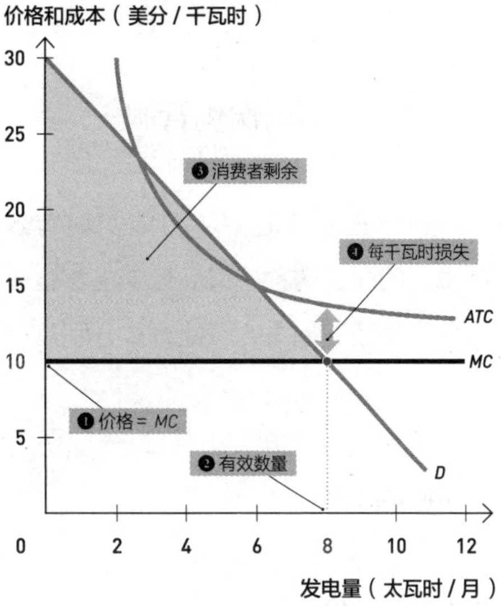

注：电力的市场需求曲线为 D。电力公司的边际成本 MC，恒定为 10 美分 / 千瓦时。其固定成本很高，而其平均成本曲线，包含平均固定成本，为 ATC。
❶ 价格等于边际成本，即 10 美分 / 千瓦时。
❷ 在此价格下，电力公司产出有效数量，即每月 8 太瓦时。
❸ 消费者剩余最大化，如图中灰色三角形区域所示。
❹ 电力公司产出每千瓦时电力会带来损失，如图中灰色箭头所示。

图 16-12　自然垄断：边际成本定价

被要求按照边际成本定价法则定价的电力公司无法在行业中长久存续。那么，企业如何既能够覆盖其成本，同时又遵循边际成本定价法则呢？

一种可能性就是价格歧视；另一种可能性即使用两部制价格（也被称为两部收费）。例如，电力公司可以向消费者收取联网电费，以及其他与用电量无关的服务费。因此，FPL 可通过征收联网电费覆盖其固定成本，然后收取每千瓦时用电量单价，该单价等于其边际成本。

● **自然垄断的次优管制**

自然垄断管制并不总能实现有效产出。因此，两种使得受管制垄断企业避免产生经济损失的可能方式分别是：

» 平均成本定价；
» 政府补助。

平均成本定价

平均成本定价法则（average cost pricing rule）是指将价格设定为等于平均总成本。在此规则下，企业的产量为其平均总成本曲线与需求曲线相交时的产量。该法则会让企业经济利润为零，即盈亏平衡。但由于自然垄断企业的平均总成本超过边际成本，其产量会低于有效数量，从而产生无谓损失。图

16-13 展示了平均成本定价法则。价格为 15 美分 / 千瓦时，发电量为 6 太瓦时，灰色三角形区域展示了无谓损失。

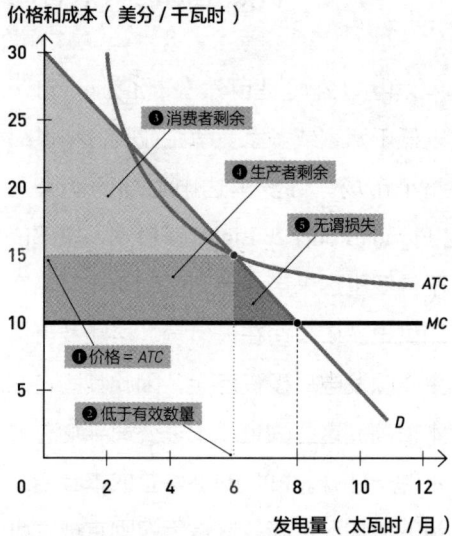

❶ 价格被设定为等于平均总成本，即 15 美分 / 千瓦时。在此价格下，❷ 发电量（6 太瓦时 / 月）低于有效数量（8 太瓦时 / 月）。
❸ 消费者剩余缩减为较小的灰色三角形区域。
❹ 生产者剩余使得垄断企业可支付其总固定成本并实现盈亏平衡。
❺ 产生无谓损失，如图中深灰色三角形区域所示。

图 16-13　自然垄断：平均成本定价

政府补助

政府补助是指直接支付给企业，且金额等于其经济损失的款项。但为支付补助，政府必须通过向其他活动征税增加财政收入。在第 8 章中，我们可以看到税收本身也会产生无谓损失。

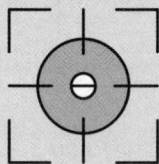

聚焦微软

微软的价格是否过高

从某种意义上讲，微软的价格确实过高，因为它超过了其边际成本，从而导致Windows操作系统及 Office 程序的销量低于有效数量。

利润最大化

图 16-14 展示了微软是如何为其产品定价以实现利润最大化的。Windows 操作系统的需求为 D。边际收益曲线为 MR。额外销售的边际成本很小，我们假设它为零，因此边际成本曲线为 MC。

通过生产边际收益等于边际成本时的数量，可实现利润最大化。在图 16-14 中，Windows 系统的数量为 400 万单位 / 月。单价为 300 美元，微软公司获得的生产者剩余如图中白色矩形区域所示。

无效性

有效数量为 800 万单位 / 月，此时价格及边际收益等于边际成本。由于实际产量小于有效数量，因此会产生无谓损失，图中深灰色三角形区域展示了其规模。而图中的浅灰色三角形区域则展示了消费者剩余。

固定成本

Windows 操作系统的边际成本可能接近零，但开发软件的固定成本很高。微软必须至少挣得足够的收入来支付这些固定成本。

挣得足够的收入以支付企业的固定成本并不会不可避免地导致无效性。部分零边际成本且收取高价的企业还是会选择以零价格提供有效数量的服务。

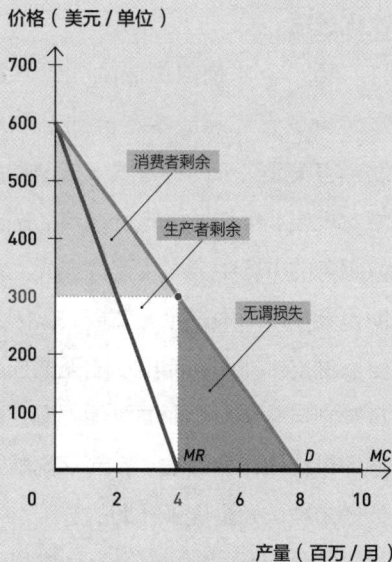

图 16-14　自然垄断：平均成本定价

谷歌解决方案

谷歌就是一家这样的企业。网络搜索的价格为零。搜索量为搜索的边际收益等于零边际成本时的数量，因此搜索量为有效数量。

谷歌通过出售广告服务挣得收入，且收入规模巨大，远高于其固定运营成本。

有效性

在谷歌上打广告比电视广告或海报广告更有效，因为谷歌可以根据顾客搜索的话题定位产品的潜在买方。

谷歌解决方案提供了有效数量的零边际成本网络搜索活动。

谷歌解决方案还可能提供有效数量的广告。如果谷歌可实现广告市场的完全价格歧视就可以达到该水平。

次优选项

哪一个才是更优选项呢？平均成本定价或者边际成本定价加上政府补助？答案取决于两种方式下无谓损失的相对规模。平均成本定价在自然垄断企业服务的市场中会产生无谓损失。而补助也会在市场中产生无谓损失，因为需要征税支付补助。而更小的无谓损失就是管制自然垄断企业的次优方案。在实务中进行该计算太难了，而平均成本定价通常被认为是优于补助的选项。

实施平均成本定价会为管制机构带来挑战，因为它们无法确定企业成本。因此，管制机构通常会采用以下两种实务方式之一：

- » 回报率管制；
- » 价格上限管制。

回报率管制

在回报率管制（rate of return regulation）下，价格通常被设定为使得企业可以挣得特定目标资本回报率的水平。但这类管制最终实际服务于企业个人利益而非社会利益。企业管理层时常存在通过购买私人飞机、免费棒球票（伪装成公关费用）或奢侈娱乐活动增加成本的动机。管理层同样还存在使用超过有效数量资本的动机。所以，此时管制的是资本回报率而非资本总回报，因为资本越大，总回报也就越大。

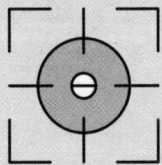

聚焦生活

日常生活中的垄断

1975 年，比尔·盖茨决定从哈佛大学退学之时，他已意识到个人计算机终将需要操作系统及应用程序与计算机硬件进行交互。他也知道无论是谁，一旦拥有了这些程序的版权，其获利将相当可观。他想成为这个人。

在不到 30 年的时间内，比尔·盖茨成了世界首富。这就是垄断权的力量。

而你们，与其他数以百万计的个人计算机用户一样，都心甘情愿地为 Windows 和微软 Office 软件支付其垄断价格。这些程序软件的边际成本必然接近零，因此其销量过少，存在巨大的无谓损失。

但与没有 Windows 时相比，你的用户体验还是改善了。然而，如果有诸多其他可替代 Windows 的产品同时竞争，希望你购买，你会获得更好的用户体验吗？为了回答这一问题，请想一想这些应用程序（即电子表格、文字处理软件等），它们让你的计算机变得有用。当存在诸多操作系统时，开发应用程序的成本会如何变化？你会有更多的选择还是更少的选择呢？

价格上限管制

由于我们刚刚讨论过的原因，回报率管制正逐渐被价格上限管制替代。价格上限管制（price cap regulation），即价格上限——明确企业可设置最高价格的规则。这类管制会降低价格，同时促进企业最小化其成本，但对产量会产生怎样的影响呢？

请回忆一下竞争市场中，如果将价格上限设置为低于均衡价格，则会令产量减少，产生短缺（见第 7 章）。反过来，在自然垄断下，价格上限能使产量增加。原因在于在管制价格水平时，企业可销售任何数量的产品，其最大值为产品需求量。因此，每多销售 1 单位产品，就会带来相同的额外收入，即边际收益等于价格。由于管制价格超过边际成本，因此此时利润最大化产量就成了价格达到上限时的需求量。

图 16-15 展示了该结果。在无管制时，电力公司通过每月发电 4 太瓦时，价格 20 美分 / 千瓦时就可实现利润最大化。当价格上限设置为 15 美分 / 千瓦时，以该价格或低于该价格水平，企业可销售任何数量的产品。此时的利润最大化数量上升为 6 太瓦时 / 月。当发电量低于 6 太瓦时 / 月，由于平均总成本超过价格上限，企业将产生损失。发电量超过 6 太瓦时 / 月也是可能的，但企业仅能在沿着需求曲线降价时实现销售目标。此时，平均总成本超过价格，企业将产生损失。

在图 16-15 中，价格上限推动平均成本定价。在实务中，管制机构设置的价格上限可能过高。因此，价格上限管制通常与收益分享管制结合使用——一种要求企业在利润高过目标水平时返还客户的管制。

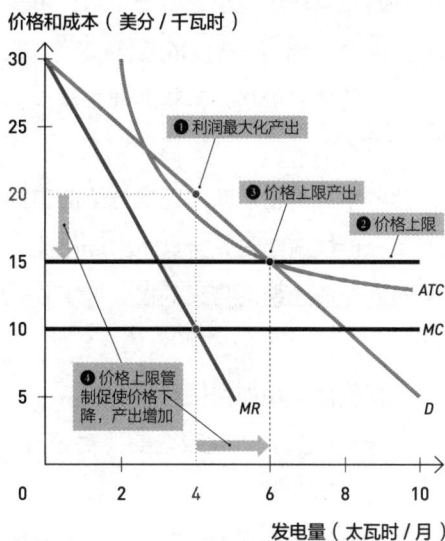

① 利润最大化产出
③ 价格上限产出
② 价格上限
④ 价格上限管制促使价格下降，产出增加

① 无管制时，电力公司发电量为 4 太瓦时 / 月，价格 20 美分 / 千瓦时。

② 价格上限管制将最高价格设定为 15 美分 / 千瓦时。

③ 企业每月仅发电 6 太瓦时就可实现盈亏平衡。（高于或低于 6 太瓦时 / 月，企业会产生损失）企业有动力将成本维持在尽可能低的水平，并产出价格上限水平下的需求量。

④ 价格上限管制促使价格下降，并增加了服务家庭的数量。

图 16-15 自然垄断：价格上限管制

第 16 章要点小结

1. 解释垄断是如何产生的，并区分单一价格垄断与价格歧视垄断。

- 在垄断市场中，单一生产商生产的商品或服务无近似替代品，且该生产商所运营的市场具备自然、法律或所有权进入壁垒。
- 当商品及服务不可转售时，垄断企业可实施价格歧视。
- 当商品及服务可转售时，企业可收取单一价格。

2. 解释单一价格垄断如何决定产量和价格。

- 垄断企业产出需求即市场需求，单一价格垄断企业的边际收益低于价格。
- 垄断企业通过产出边际收益等于边际成本时的数量，并收取该数量下消费者愿意支付的最高价格，可实现利润最大化。

3. 比较单一价格垄断与完全竞争的市场表现。

- 单一价格垄断与完全竞争市场相比，价格较高，产量较小，会产生无谓损失。
- 垄断企业给社会带来的损失等于其无谓损失加上用于寻租的资源的成本。

4. 解释价格歧视如何使利润增加。

- 完全价格其实将获取全部消费者剩余。其价格为每个消费者为每单位产品愿意支付的最高金额。
- 在完全价格歧视下，垄断有效但寻租仍然消耗了部分或全部生产者剩余。

5. 解释为什么自然垄断需受管制及管制的影响。

- 管制可实现资源有效利用或帮助垄断企业实现经济利润最大化。
- 如果价格等于边际成本，自然垄断有效，但次优结果为价格等于平均总成本。
- 由收益分配管制支撑的价格上限是更行之有效的管制自然垄断的方法。

第 17 章

垄断竞争

本章学习目标

» 描述并识别垄断竞争；

» 解释垄断竞争中的企业短期及长期如何决定其产量和价格；

» 解释企业为什么开发新的改良产品，同时发生大额广告费用。

17.1

何谓垄断竞争

对于三星、HTC、苹果，你会选择哪个品牌的智能手机呢？智能手机市场既不是完全竞争市场，也不是垄断市场。智能手机生产商具备部分如同垄断企业一样设定价格的能力。但与垄断企业不同，它们还是会面对与完全竞争市场条件下相似的、来自新进入企业的竞争。我们将智能手机生产商所运营的市场称为垄断竞争市场。

● 描述垄断竞争

垄断竞争是指具备如下特征的市场结构：

» 大量企业在市场中竞争；
» 每家企业都生产差异化产品；
» 企业在价格、质量及产品特点上进行竞争；
» 企业会进行广告推广；
» 企业可自由进入或退出该市场。

大量企业

在垄断竞争市场中，如同在完全竞争市场条件下一样，行业中存在大量企业。企业数量众多对行业中的企业存在以下 3 种可能的影响。

市场份额较小：市场中单个企业市场份额都较小，因此虽然单个企业均可影响其自身产品的价格，但对平均市场价格的影响力则微乎其微。

无市场领先优势：单个企业必然对产品的平均市场价格较为敏感，但并不会对某个竞争对手特别关注。由于行业中所有企业的规模都相对较小，因此没有哪一家企业能决定市场状况，也没有哪一家企业的行为可以直接影响其他企业的行为。

不可能串通：企业有时试图通过非法合约获利，即企业与其他企业串通以稳定价格，而不是相互降价。但当市场中存在大量企业，即处于垄断竞争市场条件下时，则不可能出现企业之间相互串通的情况。

产品差异化

产品差异化（product differentiation）是指企业生产的产品与竞争对手的产品略有不同。差异化产品存在近似替代品但不存在完全替代品。部分人仍然会为某个品种的产品支付更高的价格，因此当价格上升时，需求量会下降，但不（一定）会降至零。例如，阿迪达斯、亚瑟士、迪亚多纳、因托尼、斐乐、新百伦、耐克、彪马、安德玛和锐步都制造差异化跑鞋。在其他条件不变的情况下，如果阿迪达斯的跑鞋涨价，其他品牌的跑鞋价格维持不变，那么阿迪达斯的跑鞋销量会下降。

价格、质量及产品特点竞争

产品差异化能让企业在以下 3 个方面与其他企业进行竞争：价格、质量和产品特点。

- **价格**

由于产品差异化，垄断竞争市场中企业的需求曲线都呈斜向下状态，如同垄断企业一样，此时的企业也可设定其价格和产量。

- **质量**

产品质量包括其设计、可靠性和易用性。产品质量和价格之间存在平衡关系。质量更优的产品通常生产成本更高，售价也更高。

- **产品特点**

产品特点包括物理特性、运行方式和功能。产品特点的差异化是产品差异化的关键来源。试想一下，能让一个品牌或车型区别于其他品牌汽车的特点是什么。除去其外形，汽车的发动机设计及排量、传输系统、音频传感器、后视摄像头等安全功能都是能为其带来差异化的特点。几乎你能想到的所有产品及服务都具有差异化特点。产品特点与质量相关，且与质量类似，产品特点与价格之间也存在平衡关系。要具备更复杂精细的产品特点，成本会提高，产品售价也会提高。

广告

由于产品差异性，垄断竞争市场中的企业必须对其产品进行广告推广。生产高质量产品的企业希望卖出与产品质量相匹配的高价。由此，它们必须以说服买方的方式推广产品，让买方了解它们支付的价款中包含了更优的质量。例如，制药公司为它们的品牌药物打广告，试图说服消费者其药品优于其他低价的通用替代药品。低质量产品生产商则会通过广告说服消费者，即使产品质量较低，但同样较低的价格也能让该产品物有所值。

进入或退出

垄断竞争市场中没有进入壁垒。因此从长期看，企业无法获得经济利润。当企业可获得经济利润时，就会有新企业进入市场。新进入者会导致市场价格下降，最终消除经济利润。当产生经济损失时，部分企业会退出市场。这样的退出将提升仍存续企业的产品价格及利润，最终消除经济损失。在长期均衡状态下，企业不会进入也不会退出市场，行业中的企业经济利润为零。

● 识别垄断竞争

为识别垄断竞争，将它与完全竞争、寡头垄断及垄断区分开来，我们必须确定市场中是存在诸多竞争企业，还是被少数企业主导。为衡量这些市场特征，经济学家会使用以下两个被称为集中度的指标：

» 四企业集中度；
» 赫芬达尔 - 赫希曼指数。

四企业集中度

四企业集中度（four-firm concentration ratio）是指行业中最大的四家企业收入占行业总收入的比例。在完全竞争市场中，该集中度几乎为零，而在垄断市场中，该集中度为 100%。该比例是用于评估市场结构的主要指标。

表 17-1 展示了四企业集中度在两类市场的计算明细：轮胎制造商市场和打印机市场。在该示例中，有 14 家企业制造轮胎。其中市场中前四大企业收入占总行业收入的 80%，因此四企业集中度为 80%。而印刷行业共有 1004 家企业，其中前四大企

表 17-1　集中度计算

a）企业总收入				b）四企业集中度			
轮胎制造商		**打印机**		**轮胎制造商**	**百万美元**	**打印机**	**百万美元**
企业	百万美元	企业	百万美元	前四大企业总收入	700	前四大企业总收入	30
企业甲	200	弗兰的	12	行业总收入	875	行业总收入	2000
企业乙	250	内德的	8				
企业丙	150	汤姆的	6	四企业集中度		四企业集中度	
企业丁	100	吉尔的	4	$\frac{700}{875} \times 100 = 80\%$		$\frac{30}{2000} \times 100 = 1.5\%$	
前四大企业	700	前四大企业	30				
其他 10 家企业	175	其他 1000 家企业	1970				
行业	875	行业	2000				

业收入仅占行业收入的 1.5%，因此四企业集中度为 1.5%。

低集中度意味着高竞争水平，高集中度则意味着缺乏竞争。垄断市场的集中度
等于 100%——因为该行业中最大的（也是唯一的）企业占据了行业收入的 100%。
四企业集中度超过 60% 时，说明该市场高度集中，被少数企业主宰，即寡头垄断。
当该指标小于 40% 时，就说明该市场属于竞争市场，即垄断竞争。

赫芬达尔-赫希曼指数

赫芬达尔-赫希曼指数（Herfindahl-Hirschman Idex）又称 HHI，是指行业中前
50 大企业（如行业中企业数量低于 50 家，则为全部企业）市场份额的平方和。例
如，如果行业中有 4 家企业，市场份额分别为 50%、25%、15% 及 10%，则赫芬达
尔 - 赫希曼指数为：

$$HHI = 50^2 + 25^2 + 15^2 + 10^2 = 3450$$

在完全竞争市场中，HHI 比较小。例如，如果行业中前 50 大企业的市场份
额都在 0.1% 左右，那么 HHI 就是 0.5（$= 0.1^2 \times 50$）。在垄断市场中，HHI 等于
10 000——企业市场份额为 100%，$HHI = 100^2 = 10\,000$。

HHI 是美国司法部用来衡量市场竞争程度的指标之一，用于区分市场类别并

指导并购决策。*HHI* 低于 1500 的市场被认为是竞争性市场，如垄断竞争。*HHI* 在 1500 ～ 2500 的市场，竞争性属于适度竞争，也是垄断竞争的一类。当市场 *HHI* 超过 2500 时，则无竞争性。司法部会对 *HHI* 超过 2500 的市场中的企业合并进行审查，因为此类合并很可能会使该市场的 *HHI* 进一步上升超过 100 个点。

集中度指标是衡量市场竞争程度的有效指标，但在此基础上还需要补充其他信息才能确定市场结构。表 17-2 总结了其他信息范围，这些信息同集中度指标一起可确定现实世界中的市场属于哪种市场结构。

表 17-2 市场结构

特点	完全竞争	垄断竞争	寡头垄断	垄断
行业中企业数量	多数	多数	少数	1 个
产品	相同	差异化	相同或差异化	无近似替代品或管制
进入壁垒	无	无	中等	高
企业对价格的控制	无	部分	相当大	相当大
集中度	0	低	高	100
HHI	近于 0	＜ 2500	＞ 2500	10 000
示例	小麦、玉米	食物、服装	计算机芯片	当地水供应

集中度指标的局限性

仅以集中度指标确定市场结构的两大主要局限性在于，它们无法合理考虑：

» 市场地理范围；
» 进入壁垒及企业流通率。

集中度指标是以全国视角看市场，但部分商品和服务仅在地区市场销售，部分商品和服务在全球市场销售。例如，预拌混凝土行业就是由高度集中的地区市场组成的，但国家集中度指标却体现出该市场接近完全竞争。汽车行业的四企业集中度为 87，*HHI* 为 2725。进口产品带来的竞争让新车市场具有垄断竞争的特征，但集中度指标却仅能体现其高度集中性。

集中度高的市场仍有可能具备竞争性，因为低进入门槛可创造潜在竞争和较高的企业流通率。市场中的少数企业面临可轻易进入该市场的多数企业带来的竞争，且在具备经济利润时，有更多的企业可能进入该行业。例如，诸多小型社区中仅有少量餐厅，但并不存在对开餐厅的限制，因此很多企业都会试图在社区新开餐厅。

聚焦美国经济

垄断竞争示例

图 17-1 中的 10 个行业属于垄断竞争行业。行业中有大量企业，如行业名称后括号中的数字所示。

深灰色柱状图展示了行业中前 4 大企业收入占行业总收入的比重。中灰色柱状图展示了接下来排名前 4 的企业收

入占行业总收入的比重。整个深灰色、中灰色及浅灰色柱状图展示了前 20 大企业收入占行业总收入的比重。

右侧的数字展示了该行业的赫芬达尔 - 赫希曼指数。

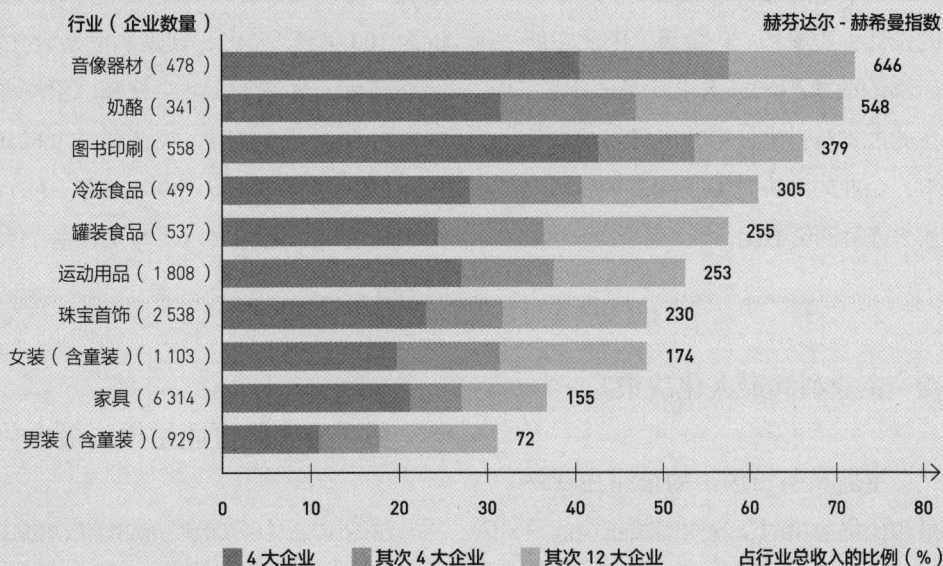

图 17-1 赫芬达尔 - 赫希曼指数举例

资料来源：美国人口普查局。

17.2

产量和价格决策

试想一下幸运品牌必须为其生产牛仔裤做出的决策。首先，幸运品牌必须决定牛仔裤的设计、质量及其广告计划。我们假设企业已经做出了上述决策，这样我们就能聚焦企业的产量和定价决策。随后，我们会在下一个部分学习设计、质量和广告决策。

由于幸运品牌已经选定了牛仔裤的设计、质量和广告数量，因此它所面临的成本和市场需求就是一定的。在此成本及对牛仔裤的市场需求水平下，企业如何决定牛仔裤的产量和出售牛仔裤的价格呢？

● 企业利润最大化决策

垄断竞争市场中的企业在做产量和价格决策时，就如同垄断企业一样。当幸运牌牛仔裤的产量为边际收益等于边际成本时的数量，且为该数量的产品向买方收取了其最大愿意支付的金额时，企业利润就能达到最大化。

图 17-2 展示了幸运品牌的这一决策。需求曲线为 D。MR 展示了边际收益曲线与需求曲线的关联，且 MR 的推导过程与第 16 章中单一价格垄断市场边际收益曲线相同。ATC 展示了生产幸运牌牛仔裤的平均总成本，MC 则是边际成本曲线。公司每天生产 125 条牛仔裤、售价为 100 美元 / 条时，实现利润最大化。但公司每天生产 125 条牛仔裤、平均总成本为 50 美元 / 条时，经济利润为 6250 美元 / 天（ = 50 美元 / 条 ×125 条 / 天 ）。图中灰色矩形区域展示了幸运品牌的经济利润。

● 利润最大化可能是损失最小化

在图 17-2 中，幸运品牌能获得健康的经济利润，但这样的结果并不一定会发生。对某个企业产品的需求可能过低而无法创造经济利润。Excite@Home 就

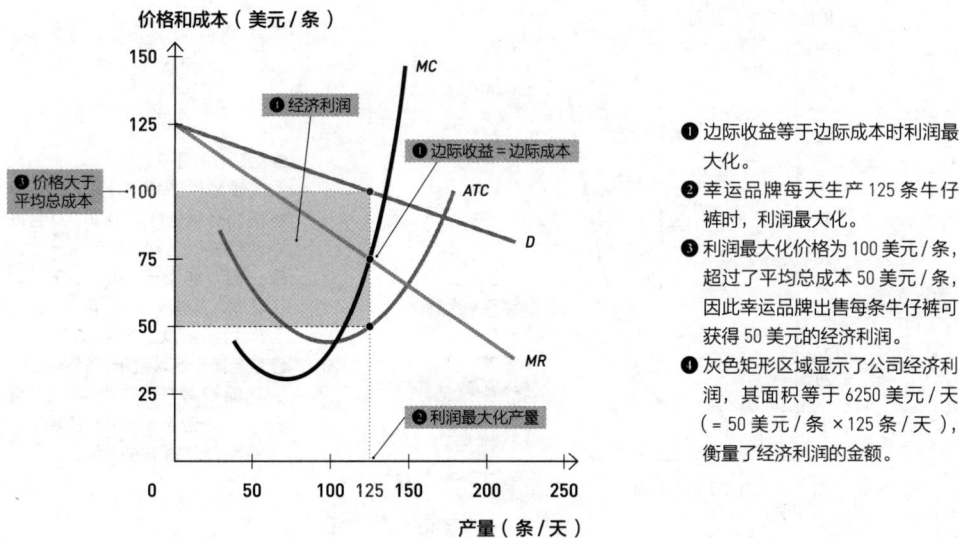

价格和成本（美元/条）

- ❶ 经济利润
- ❶ 价格大于平均总成本
- ❶ 边际收益＝边际成本
- *MC*
- *ATC*
- *D*
- *MR*
- ❷ 利润最大化产量

产量（条/天）

右侧说明：

❶ 边际收益等于边际成本时利润最大化。

❷ 幸运品牌每天生产 125 条牛仔裤时，利润最大化。

❸ 利润最大化价格为 100 美元/条，超过了平均总成本 50 美元/条，因此幸运品牌出售每条牛仔裤可获得 50 美元的经济利润。

❹ 灰色矩形区域显示了公司经济利润，其面积等于 6250 美元/天（= 50 美元/条 × 125 条/天），衡量了经济利润的金额。

图 17-2　垄断竞争中的产量及价格

是这样一家公司。该公司通过电视电缆提供高速网络服务，公司与 AOL、MSN 等其他公司竞争，希望能获得互联网门户市场的较大份额。

图 17-3 展示了 2001 年 Excite@Home 公司面临的情况。其门户服务的需求曲线为 *D*，边际收益曲线为 *MR*，平均总成本曲线为 *ATC*，边际成本曲线为 *MC*。公司的产量为边际收益等于边际成本时的产量水平，此时公司利润最大化，同样地，损失最小化。在图 17-3 中，公司的产出是向 40 000 名联网用户提供服务。公司向这 40 000 名买家收取他们愿意为公司服务支付的最高金额，从需求曲线可看出为 40 美元/月。客户为 40 000 名时，公司平均总成本为 50 美元/名，因此此时公司每月会产生 400 000 美元亏损（= 10 美元/名 × 40 000 名客户）。灰色矩形部分展示了该经济损失。

企业可能产生的最大经济损失等于其总固定成本。原因是，如果利润最大化（损失最小化）价格低于平均变动成本，公司会选择临时停产，不再产出（如同完全竞争市场中的企业）。

到目前为止，垄断竞争市场中的企业看起来与单一价格垄断企业很相似。企业产量为边际收益等于边际成本时的产量水平，并在此产量水平下向客户收取其愿意支付的最高价格。垄断及垄断竞争的差异在于，当企业产生经济利润或经济损失时可能发生的情况。

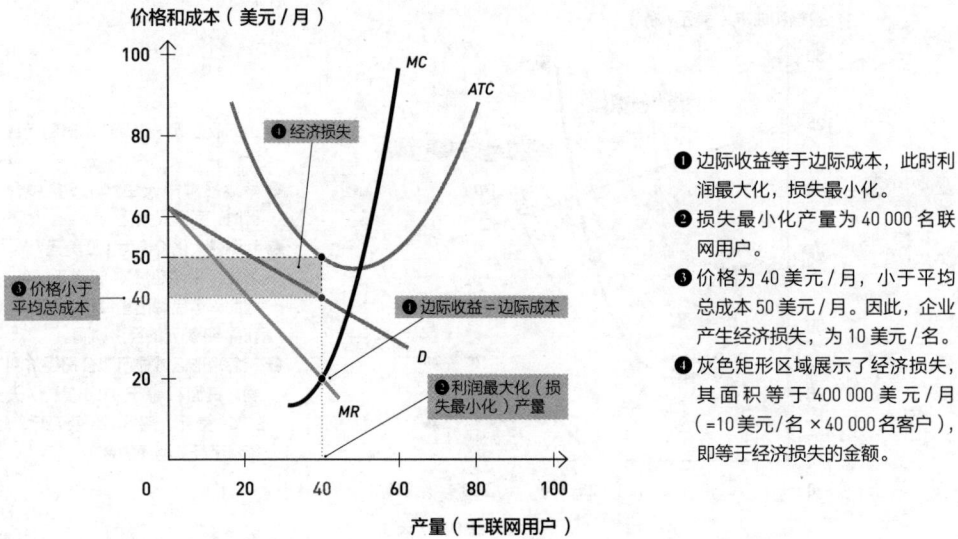

价格和成本（美元/月）

❶ 边际收益等于边际成本，此时利润最大化，损失最小化。

❷ 损失最小化产量为 40 000 名联网用户。

❸ 价格为 40 美元/月，小于平均总成本 50 美元/月。因此，企业产生经济损失，为 10 美元/名。

❹ 灰色矩形区域展示了经济损失，其面积等于 400 000 美元/月（=10 美元/名×40 000 名客户），即等于经济损失的金额。

❶ 价格小于平均总成本

❶ 边际收益=边际成本

❷ 利润最大化（损失最小化）产量

❶ 经济损失

产量（千联网用户）

图 17-3 短期经济损失

● 长期：零经济利润

如同 Excite@Home 公司这样的企业并不会长期持续产生经济损失。最终，它会退出市场。因此从长期看，市场中的公司都不会产生经济损失。同时，垄断竞争市场并无进入限制，因此如果某个行业中的企业能产生经济利润，那么其他企业就有动机进入该行业，从而使得每家公司的经济利润都下降。因此从长期看，企业会不断进入市场，直至所有企业经济利润为零。

幸运品牌能产生经济利润这一点，就是让 CK（Calvin Klein）及其他企业产生生产相似牛仔裤的动机。随着新企业进入牛仔裤市场，幸运牌牛仔裤的需求量会下降。但在每个时点，公司都会通过生产边际收益等于边际成本水平时的产量，并收取买方愿意为该数量支付的最高价格实现利润最大化。但随着需求的下降，边际收益也会下降，因此利润最大时对应的数量会减少，价格也会降低。

图 17-4 展示了幸运品牌的长期均衡。幸运牌牛仔裤的需求曲线和边际收益曲线都向左移动。公司每天可生产 75 条牛仔裤，价格为 70 美元/条。在此产量水平下，平均总成本也是 70 美元/条，因此幸运牌牛仔裤的经济利润为零。当行业中所有公司的经济利润都为零时，就不会再有新企业有动机进入该市场。

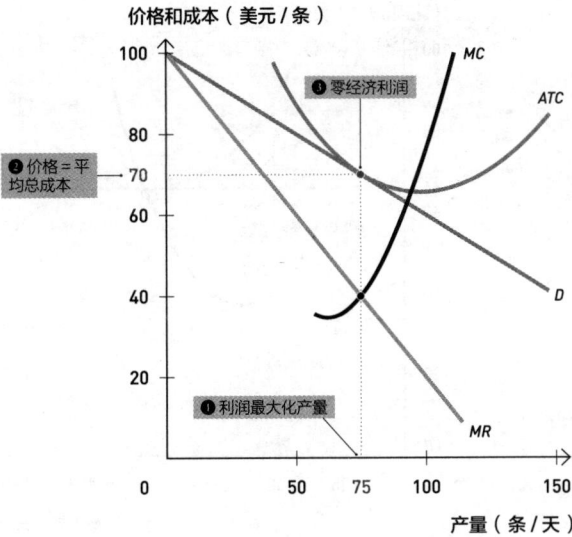

价格和成本（美元/条）

注：1. 经济利润会吸引新企业进入市场，
从而导致对每家企业产品的需求
量降低。经济损失则会让企业选
择退出市场，从而增加对每家企
业产品的需求。

2. 当需求曲线与平均总成本相交，
此时销量为边际收益等于边际成
本时的销量水平，市场处于长期
均衡状态。

❶ 幸运品牌利润最大化的产量为 75
条/天。

❷ 价格为 70 美元/条，等于平均总成本。

❸ 经济利润为零。

图 17-4　长期产量和价格

如果需求与成本相比过低，企业就会产生经济损失，部分企业会选择退出市场。随着企业退出市场，对仍然留在市场中企业的产品需求就上升了，需求曲线会向右移动。当行业中所有企业经济利润都为零时，不再会有企业退出市场。

垄断竞争与完全竞争

图 17-5 将从长期看的垄断竞争与完全竞争进行了比较，并指出了两个关键差异：过剩产能与加价。

过剩产能

企业有效规模（efficient scale）是指平均总成本最低时的产量，即位于 U 形曲线 ATC 底端的产量水平。企业过剩产能（excess capacity）是指有效规模超过产量的数量。图 17-5a 展示出从长期看，幸运牌牛仔裤会出现过剩产能。由于幸运牌牛仔裤的需求曲线是斜向下的，因此经济利润为零的点会出现在 ATC 斜向下的部分。图 17-5b 展示了完全竞争市场中企业的长期情况。公司没有过剩产能，是因为其需求曲线是水平的。平均总成本最小时，经济利润为零。

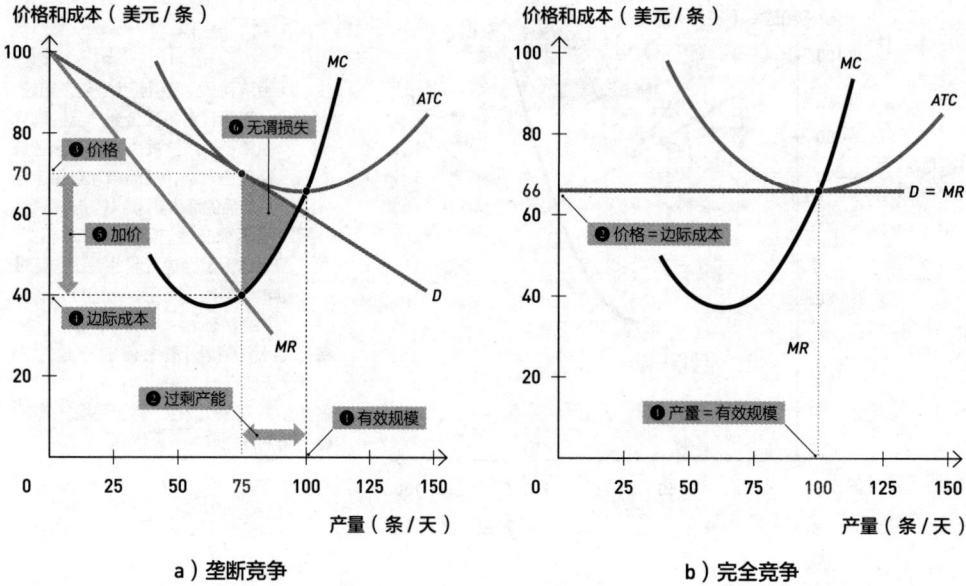

价格和成本（美元 / 条）

a）垄断竞争

b）完全竞争

图 17-5 长期过剩产能与加价

注：1. ❶有效规模（ATC 最低）为每天 100 条。在垄断
竞争的长期中，企业每天生产 75 条牛仔裤，❷
产能过剩。❸价格超过 ❹边际成本 ❺加价，❻
造成无谓损失。

2. 相反，完全竞争中的企业没有产能过剩，也没有
加价，因为对企业产出的需求是完全有弹性的。
❶产量等于有效规模，❷价格等于边际成本。

加价

企业**加价**（markup）是指价格超过边际成本的部分。图 17-5a 展示了幸运品牌的
加价，图 17-5b 则展示了完全竞争市场中企业的零加价。与完全竞争市场相比，在垄
断竞争市场中买方需要支付更高的价格，高于边际成本。

● 垄断竞争是否有效

我们已经学习过，当边际收益等于边际成本时，资源得到了有效利用。我们还
学习过，价格能衡量边际收益。因此，如果一条幸运牌牛仔裤的价格超过了生产该
牛仔裤的边际成本，就说明幸运牌牛仔裤的产量是低于有效数量的。我们刚刚已经
在垄断竞争市场的长期均衡中看到了这样的情况，价格确实超过了边际成本。

无谓损失

由于价格超过边际成本，因此垄断竞争市场中产生了无谓损失，正如垄断市场一样。图 17-5a 展示了该无谓损失。但这是否说明垄断竞争不如完全竞争有效呢？

进行相关比较

两位经济学家在路上相遇，其中一位问另一位："你丈夫最近怎么样？""和什么相比？"这会是最快的回答。这一经济智慧说明了一个关键点：在我们可以做出有效比较之前，我们必须检查可用的比较方案。

在垄断竞争市场中，将价格与边际成本拉开差距的加价源于产品差异化。幸运牌牛仔裤与香蕉共和国、CK、Diesel、DKNY、Earl Jeans、李维斯（Levi's）、拉尔夫·劳伦或其他十数家品牌的牛仔裤都不尽相同，因此对幸运牌牛仔裤的需求并不是完全弹性的。唯一能让幸运牌牛仔裤的需求可能完全弹性的方式是，市场中仅存在一种牛仔裤，且幸运品牌与其他品牌一起生产这一种牛仔裤。在这种情形下，幸运牌牛仔裤与其他牛仔裤是难以区分的，甚至不会有识别标签。

如果市场中仅有一种牛仔裤，那么此时每条牛仔裤的边际收益也几乎一定会比存在多种牛仔裤时要低。因为人们认为多样化更有价值，不仅因为多样化能让人们选择最喜欢的产品，还因为多样化能提供外部收益。大多数人都希望有多种选择。比如 20 世纪 30 年代的德国，几乎所有能买得起车的人都拥有一辆初代甲壳虫汽车，现在人们则有更多可选的车型。

如果人们认为多样化很重要，为什么我们却不能看到无限多样化呢？答案在于多样化成本很高。要设计出不同种类的产品，接下来还需要让客户认知这一产品。这些设计和广告推广的初始成本（我们将其称为准备成本），意味着部分品质与已有品种太过接近，已经不值得去创造。

底线

产品多样化虽然有价值但成本也高。产品多样化的有效程度应该是，买方支付意愿等于产品多样化边际成本时的水平。因多购买 1 单位某品种产品的支付意愿超过其边际成本而产生的损失，会被更高水平产品多样化带来的收益抵消。因此，与产品完全同质化相比，垄断竞争是有效的。

17.3

创新和广告宣传

我们已经看过一家企业是如何进行设计并制定产品的产量和价格决策的。接下来，我们将学习企业产品设计、质量和广告宣传决策的相关内容。

● 设计和质量决策

经济利润会吸引新企业进入市场，而新企业的进入会侵蚀市场中原有企业的利润。为享有现有经济利润，垄断竞争市场中的企业必须持续创新。

为产品创新分配资源的决策，使用的是我们已经学习过的利润最大化计算方法。创新活动水平较低时，它带来的边际收益超过边际成本。而创新活动水平较高时，其边际成本会超过边际收益。当创新活动的边际成本等于其边际收益时，说明企业此时的创新活动水平能使利润最大化。

试想一下，艺电（Electronic Arts）公司每年都会发布一个新版本的《疯狂橄榄球》。它其实也可以每年发布两个版本，或者每两年发布一个版本。同时，公司还可以雇用更多的程序员和设计师开发更好的游戏版本，或是雇用较少的人员制作较为低级版本的游戏。对艺电公司来说，新版本游戏带来的边际收益等于其每年版本修订循环的边际成本。

我们可以轻易列举出能够改变我们生活质量的新设计和新产品。比如，厨房及其他家用电器、计算机、汽车、智能手机及应用程序都是产品不断改进的示例。但我们是否已经获得了足够的创新及产品改进呢？客户是否得到了他们愿意为此支付价款的所有产品特征及质量？

答案也许是否定的。产品改进对客户的价值是其边际收益，即等于客户愿意支付的金额。换句话说，产品改进的价值就是愿意支付的产品价格中增加的部分。当利润最大时，产品的边际收益等于其边际成本。由于在垄断竞争市场中，价格超过了边际成本，因此产品改进并没有被推动到有效水平。

● 广告宣传决策

差异化其产品的公司需要确保公司现有客户和潜在客户对其产品特征、质量及价格有所了解。广告宣传就是公司达到该目的的方式。广告宣传其实是一种产品或服务，在垄断竞争市场中可进行交易。也就是说，市场中提供广告服务的企业众多，广告宣传产品呈现差异化，且它们会在价格、设计及质量方面进行竞争。

因为你每天都会看到广告宣传行业的产品，所以你已经很了解广告宣传行业。谷歌、Facebook、Pinterest 和 YouTube 是广告服务的最大生产商，Snapchat 及其他专业社交媒体网站也紧随其后。2019 年，广告宣传支出超过 2400 亿美元，平均分布在互联网广告、电视广告及印刷广告（杂志及报纸）上。广告宣传规模如此巨大，是因为它既能增加进行广告宣传企业的利润，也能为广告服务供应商带来利润。

我们将首先看一看广告宣传的需求，并了解它如何增加进行广告宣传企业的利润，同时还有可能使广告所宣传产品的买方获益；接着，我们将会看一看广告宣传市场的供给方。

● 广告宣传需求

广告宣传需求来源于它对企业成本、收入和经济利润的影响。我们首先来看一看广告宣传对企业成本的影响，之后再看一看它对需求和收入的影响。

广告宣传和成本

广告宣传的成本是固定成本，并不会随着产出的变化而变化。广告支出会使企业的平均成本增加，但同时也会使销量增加。如果广告宣传能让销量大幅增加，就可以降低平均总成本、增加利润，且让客户享受更低的价格。

图 17-6 展示了广告宣传支出是如何改变企业平均总成本的。浅灰色曲线展示了生产产品的平均总成本。黑色曲线展示了企业的产品平均总成本加上广告宣传的平

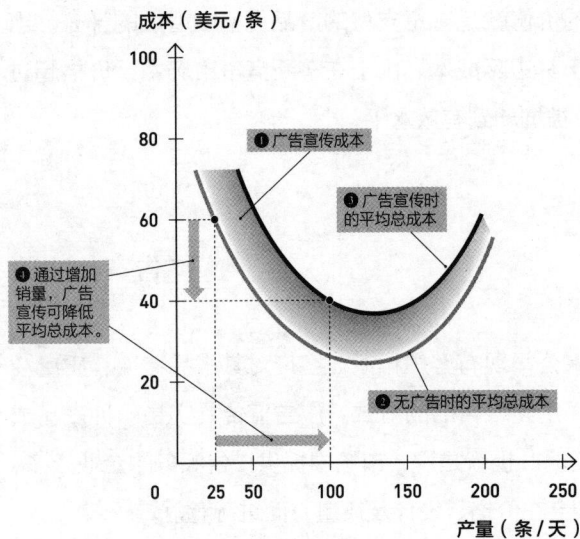

图 17-6 广告成本和总成本

均成本。两条曲线之间阴影部分的高度就是广告宣传的平均固定成本。广告宣传的总成本是固定的，但广告宣传的平均成本会随着产量的增加而减少。

在这个示例中，如果由于广告宣传，销量从 25 条 / 天增加为 100 条 / 天，那么产品的平均总成本就会从 60 美元 / 条降为 40 美元 / 条。原因就在于，尽管总固定成本增加了，但增加后的固定成本可在同样增加了的产量之间进行分摊，因此平均总成本降低了。

为了解更低的成本和更大的销量是否会使企业利润增加，我们需要看一看广告宣传是如何改变企业产品需求的。

广告宣传和需求

广告宣传会改变对企业产品的需求。但如何改变呢？需求是会增加还是会减少？最自然的答案当然是，广告宣传会增加产品需求。通过广而告之产品质量，或者说服人们放弃其他公司产品转而使用本公司产品，企业自身产品需求应当会有所增加。

但垄断竞争市场中的所有企业都会进行广告宣传，并且它们都试图说服客户它们的产品是最好的。如果广告宣传能让企业生存下去，那么它可能同时也会增加市场中企业的数量。如果在某种程度上广告宣传增加了企业数量，就会降低市场对某个企业产品的需求。当市场中所有企业都进行广告宣传时，单一企业产品的需求就可能变得更具弹性。因此，最终广告宣传不仅降低了企业平均总成本，同时还降低了产品价格和加价。

图 17-7 展示了广告宣传的这一可能影响。在图 17-7a 无广告宣传的情况下，幸运牌牛仔裤的需求并不是特别有弹性。当数量为 75 条 / 天时，利润最大，此时加价很大。而在图 17-7b 中，广告宣传这一固定成本增加了企业平均总成本，将平均总成本曲线向上移动，从 ATC_0 到 ATC_1，但边际成本曲线不变，仍为 MC。此时幸运牌牛仔裤的需求变得更具弹性，利润最大化产量上升，而企业的加价会收缩。

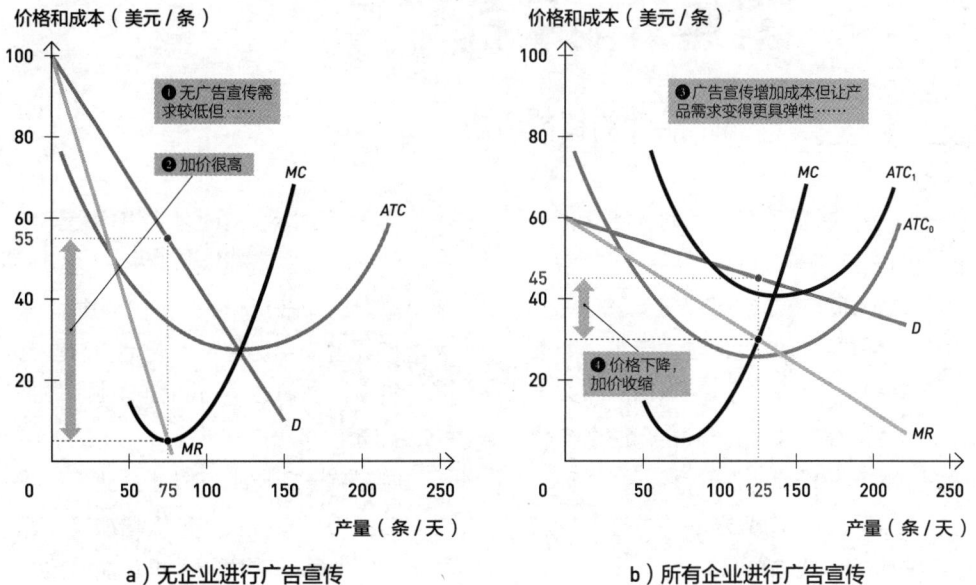

a）无企业进行广告宣传

b）所有企业进行广告宣传

❶ 无企业进行广告宣传，幸运牌牛仔裤的需求较低且不太有弹性，因此 ❷ 幸运牌牛仔裤的加价较大。

❸ 幸运牌牛仔裤的广告宣传将平均总成本曲线由 ATC_0 上移至 ATC_1。如果所有企业都进行广告宣传，那么幸运牌牛仔裤的需求会变得更具弹性。❹ 其价格会下降，幸运牌牛仔裤的加价也会收缩。

图 17-7 广告和加价

通过广告传递质量信号

2020 年，百威花费了 2500 万美元在超级碗节目时间插播了一条 90 秒的广告，宣传其百威淡啤。广告中展示了啤酒厂被转化为罐装水厂，以救济受自然灾害影响的人们。广告中丝毫没有百威淡啤的信息。既然如此，为什么百威还会在广告活动上投入巨资呢？答案在于，这则广告向大众传递了产品高品质的信号。

信号传递（signal）是指由知情人（或企业）为向不那么知情的人传递信息而采取的行动。试想一下两种啤酒：Bud 和 Dud。

Dud 知道自己的啤酒质量较低，因此它也知道，虽然通过广告宣传可以让大量

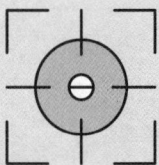

聚焦智能手机

选哪个品牌的智能手机

市面上有相当多不同的智能手机产品。如三星、HTC、LG 等品牌下就各有 100 多种不同款式的手机。还有其他许多公司也生产装载安卓系统的手机。如果加上苹果的 21 款 iPhone 手机，那么这份清单就更长了。为什么会有这么多款式的智能手机产品呢？

答案是，客户偏好多种多样，且满足这些偏好的成本较低。

试想一下，智能手机是怎样产生差异化的：包括尺寸、重量、导航工具、通话时间、待机时间、屏幕、摄像头功能、音频功能、内存、连接、处理器速度、存储及网络能力。

上述这些功能特征取其一，就可以创造出数十款智能手机。如果我们仅组合其中 10 项功能特征，每项特征下分出 6 款产品，就能产生 100 万种不同的智能手机设计。

企业只有在生产差异化产品的边际成本低于其边际收益时才会进行差异化产品生产。某些智能手机款式的边际成本不高，比如在摄像头上加个功能，加大内存或者使用更经济的电池，这些都是手机设计商可以进行的相对成本较低的产品调整。

现在有一项技术可以让企业几乎零成本增加产品多样性，从而增加产品差异化，使得每一款智能手机都能满足不同人的偏好。这一技术就是应用程序。

苹果公司仅有 21 种不同版本的 iPhone 手机，但随着应用程序数量的增加，每个手机持有人都能在其 iPhone 上下载自己想要的应用程序。

在长期均衡中，新企业进入及创新会将经济利润变为零。每家智能手机生产商都会提供一定程度的产品差异化，使得多样化的边际成本与边际收益相等。但对经济利润的追求会进一步刺激更多的创新，消费者也会拥有更多的选择。

消费者尝试 Dud 啤酒，但消费者很快就会发现该啤酒质量较低，从而重新购买他们原来就常买的啤酒。Dud 的广告宣传成本会超过其产生的收入。

相反，Bud 啤酒了解其产品的高质量，一旦消费者尝试了 Bud 啤酒，就很有可能不再喝其他啤酒。因此，如果 Bud 可以进行一次昂贵的广告宣传活动，就会有更

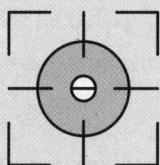

聚焦生活

你所支付的部分消失费用

如图 17-8 所示，当你购买一双新的跑鞋时，你其实花了 9 美元购买原材料，向亚洲的制造商与物流公司支付制造与运输成本 8 美元，向美国政府支付进口关税 3 美元，另外还要向广告商、零售商及其他提供销售及分销服务的人支付 50 美元。

表 17-3 提供了跑鞋成本的明细项目。请注意，在零售商成本及你支付的价格

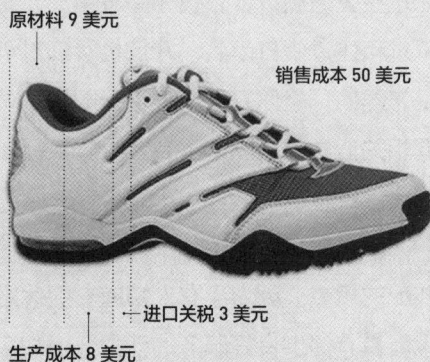

图 17-8 跑鞋的成本构成

之间存在巨大差额。零售加价几乎达到 100%。

然而跑鞋并不是什么不寻常的商品。几乎你所购买的所有产品都包含了超过总成本一半的销售成本。你的衣服、食物、电子产品、航空旅行、杂志甚至你的教科书，销售成本都比生产成本要高。

表 17-3 跑鞋成本的明细项目

（单位：美元）

生产商（亚洲）		耐克（俄勒冈州比弗顿）		零售商（你的城市）	
材料	9.00				
人工成本	2.75	耐克跑鞋成本	20.00	零售商成本	35.50
资本成本	3.00	销售、分销和管理	5.00	销售人员工资	9.50
利润	1.75	广告宣传	4.00	商店租金	9.00
运输	0.50	研究开发	0.25	零售商的其他成本	7.00
进口关税	3.00	耐克的利润	6.25	零售商的利润	9.00
耐克的成本	**20.00**	**零售商的成本**	**35.50**	**你购买的价格**	**70.00**

多的人尝试 Bud 啤酒并对其产品产生黏性，由此获得的收入会超过广告推广的成本。

因此，Bud 花了很多钱为产品造势。喝啤酒的人看到 Bud 的造势广告，都会相信如果不是产品的质量确实过硬，公司是不会投入这么多钱进行广告推广的。因此，他们推理 Bud 确实是一款好产品。奢华的广告即使只字不提 Bud，也传递了 Bud 的产品确实很好的信号。

品牌名称

很多企业，如百威就是其中之一，创造了品牌名称并投入大量广告费推广该品牌名称。为什么呢？品牌名称如何证明产品高成本是合理的呢？答案在于，品牌名称能为消费者提供产品质量相关信息，也能为生产商提供动力使产品达到与之相匹配的质量标准。

为了解品牌名称是如何帮助消费者的，试想一下品牌名称对你来说意味着什么。你正在公路旅行，想找一间旅馆。你看到路边有假日酒店和安妮休息站的广告。你听过和住过假日酒店，并且也看到过酒店的广告。你很清楚假日酒店的环境及条件是怎样的。但你完全没听过安妮休息站。它有可能比假日酒店更好，但由于你不掌握相关信息，所以你不会冒险。实际上，你将品牌名称用作产品信息，而你会选择去住假日酒店。

同样的故事还解释了为什么品牌名称能为生产商提供动力使产品达成与品牌相匹配的质量。因为没有人知道安妮休息站能否提供良好的服务水平，所以他们自己也就没有提供良好服务的动力。但相应地，由于大家都期望在假日酒店获得一定标准的服务，如果酒店无法满足客人的预期，那么几乎可以肯定酒店就会失去这名客人。因此，假日酒店有动力去提供和创造与其品牌名称的广告相匹配的服务质量。

● 广告供给

提供广告服务的公司是与提供其他服务或商品的公司联合提供服务的：电视台提供电视节目、谷歌提供网络搜索、Facebook 提供社交媒体、体育画报提供新闻和专题文章。

双边市场

由于广告公司会与其他领域的公司联合制作广告，因此这些公司其实是在所谓的"双边市场"中进行交易，即一边是广告，另一边是企业产品。

电视、社交媒体与印刷（杂志及报纸）广告之间的竞争非常激烈，但想要进入电视及社交媒体市场很难，因为初始投资非常高，且规模经济对大型企业更友好，会使其平均成本最低。进入印刷广告及各种各样小众杂志广告市场则相对较为简单。

当在双边市场中运营时，广告供应商会面临两条相互依存的需求曲线。企业产品的用户数量越多，对其广告服务的需求就越大。比如，有更多的人访问 Facebook，就会有更多对 Facebook 广告的需求。

利润最大化决策

Facebook 及其他互联网公司的利润最大化决策就是给其主要产品设置零价格，以使其需求量最大化（即用户数量最大化），同时让其广告服务需求尽可能大。出于同样的原因，印刷广告供应商通常以接近边际成本低于平均成本的价格出售其杂志和报纸。之后这些企业会将利润最大化的广告空间出售给客户。所有企业选择该数量的方式都是一致的：边际收益等于边际成本时的数量。它们会以广告商需求曲线所决定的愿意支付的最高价格出售这些空间。

● 广告市场的均衡及有效性

广告的数量与质量是由广告商的需求、广告供应商的价格及产出决策之间的相互作用决定的。广告市场是否运营良好，是否产出了有效数量及质量并未得到很好的理解。从某种程度上讲，广告及品牌名称为消费者提供了产品差异化及产品质量的确切信息，能让消费者更好地做出选择。而信号作用及品牌名称也能给企业带来动力，使其提供与品牌相符的质量的产品，从而进一步造福消费者。但广告的机会成本必须从消费者的收益中扣除。

由此，对垄断竞争市场有效性的最终判定是模糊的。在某些情况下，从额外的产品种类和创新中获得的收益会比抵消后的广告成本及过剩产能带来的无谓损失要高。智能手机、笔记本电脑及平板电脑、视频流媒体服务、游戏及应用程序都能让我们的生活更轻松、更有趣。你可以在塔吉特百货排队结账时，为因大雪取消的航班预订替代航班。几年后，你很快就可以乘坐无人驾驶汽车，用旅行时间来干点别的。很显然，这类收益看起来足以抵消过剩产能、价格超过边际成本带来的一点点无谓损失。

第 17 章要点小结

1. **描述并识别垄断竞争。**
- 垄断竞争市场是指存在大量企业竞争的市场结构；每家企业生产的产品都与竞争对手的产品略微不同；企业会在价格、质量和广告推广方面竞争；新企业可自由进入行业。
- 垄断竞争以低集中度水平如四企业集中度或赫芬达尔 - 赫希曼指数为特征。

2. **解释垄断竞争中的企业短期及长期如何决定其产量和价格。**
- 垄断竞争市场中的企业面临斜向下的需求曲线，且生产边际收益等于边际成本时的产量，价格会超过边际成本。
- 进入或退出行业会导致长期均衡下，经济利润为零和过剩产能。
- 垄断竞争市场中，价格超过边际成本，但买方可从产品多样化方面获利。

3. **解释企业为什么开发新的改良产品，同时发生大额广告费用。**
- 垄断竞争市场中的企业会创新并开发新产品以维持其经济利润。
- 企业创造品牌名称传递其质量信号，并提供动力维持其产品质量。
- 广告支出可降低平均总成本，但会增加竞争并降低价格。
- 产品开发、品牌名称和广告推广会增加企业利润但同时也能使买方获益。

第 18 章

寡头垄断

本章学习目标

» 描述并识别寡头垄断;

» 解释寡头垄断市场中企业面临的困境;

» 利用博弈论解释寡头垄断市场中如何决定产量和价格;

» 描述管控寡头垄断的反垄断法。

18.1

何谓寡头垄断

买手机时，你会有很多种选择，但挑选无线通信商时选择就少多了。美国的无线通信服务市场由 3 家企业分享，这就是寡头垄断市场。3 家企业是否太少取决于它们能否像竞争市场或垄断市场中的企业一样起作用——这两种情况都是有可能的。

寡头垄断的主要特征是：

» 较少企业在市场中竞争；
» 自然壁垒或法律壁垒能阻止新企业进入市场。

● 少数企业

与垄断竞争市场和完全竞争市场相反，寡头垄断市场仅由较少数量的企业组成。每家企业的市场份额都比较大，且企业相互依存，而它们也会面临串通的诱惑。

相互依存

当市场中企业数量较少时，每家企业的行动都会影响其他企业的利润。我们可以假设你在一座小镇经营仅有的 3 家加油站之一。如果你降低价格，你的市场份额会上升，你的利润也可能会增加。但其他两家企业的市场份额和利润都会下降。在这种情况下，其他企业也可能会降价。如果它们确实降价了，那么你的市场份额和利润必然会受到影响。因此，在决定降价之前，你必须预测其他企业会如何反应，并充分考虑它们的反应会如何影响你的利润。你的利润取决于其他企业采取的行动，而他们的利润也取决于你采取的行动。由此说明，你与其他两家企业是相互依存的。

串通的诱惑

市场中企业数量较少时，它们就可以通过组成卡特尔，像垄断企业一样增加自身利润。卡特尔（cartel）是指一组企业（即相互串通）共同行动以控制产出、提升价格并增加经济利润。卡特尔在美国（及大多数其他国家）是非法的，但国际卡特尔可合法运营（"聚焦全球经济"）。虽然并不存在正式的卡特尔，但企业还是可能试图像卡特尔一样经营。

在本章接下来的内容里你会发现，卡特尔通常是不稳定的，且最终会瓦解。

● 进入壁垒

自然壁垒或法律壁垒都能创造出寡头垄断。在第 16 章中，我们已经看到规模经济及市场需求组成的自然进入壁垒是如何创造出自然垄断的。同样的因素也可创造出自然寡头垄断。

如自然垄断一样，自然寡头垄断是在商品或服务的市场需求与其生产的规模经济的相互作用下产生的。图 18-1 展示了两种自然寡头垄断。

需求曲线 D（在图 18-1a 和图 18-1b 中）展示了城镇出租车出行的需求。如果出租车公司的平均总成本曲线为图 18-1a 中的 ATC_1，那么该市场为自然双头垄断（duopoly）市场——仅有两家企业的市场。你大概可以在生活中看到一些双头垄断的例子。例如，有些城市仅有两家牛奶供应商、两家当地报纸、两家出租车公司、两家租车公司、两家复印中心或两家大学书店。

可以注意到图 18-1a 中单家企业的规模经济为每天 30 趟行程。能让企业留在行业中的最大价格为 10 美元 / 趟。在此价格水平下，出租车出行的需求量为 60 趟 / 天，该需求量仅能由两家企业提供。市场中已经没有容纳第 3 家企业的空间了。为使每天的行程超过 60 趟，价格需要降至低于 10 美元 / 趟。这样，企业就会产生经济损失，而其中一家会退出该市场。如果市场中仅有一家企业，那么它就可以产生经济利润，而第 2 家企业就会进入该市场分走部分业务和经济利润。

在图 18-1b 中，如果出租车公司的平均总成本曲线为 ATC_2，单家企业的规模经济为每天 20 趟行程。这个市场足够大，能容纳 3 家企业，但不足以容纳第 4 家企业。这是由于规模经济将市场限制为仅能容纳 3 家企业，因为如果增加为 4 家企业，那么所有企业都会产生经济损失。同时，市场中也不会仅有两家企业，因为此时经济利润会鼓励第 3 家企业进入市场。

价格和成本（美元／趟）

价格和成本（美元／趟）

a）自然双头垄断

b）自然寡头垄断：3 家企业

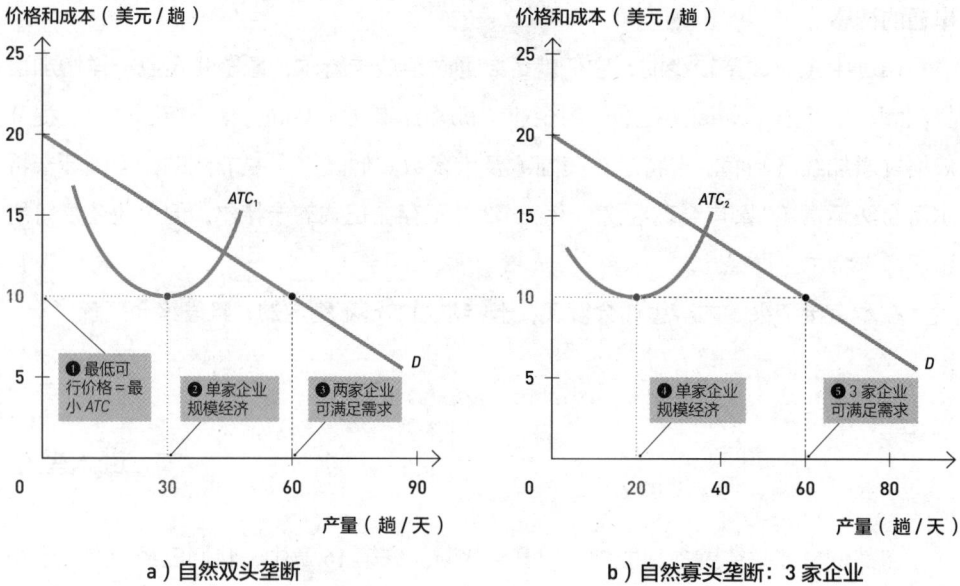

❶ 最低可行价格为 10 美元／趟，等于最低平均总成本；❷ 单家企业每天可提供 30 趟行程，为规模经济；❸ 两家企业就能满足市场需求。这一自然寡头垄断市场有两家企业，即自然双头垄断。

❹ 当单家企业的规模经济为 20 趟／天，❺ 3 家企业可满足市场需求，提供最低可行价格。这一寡头垄断市场有 3 家企业。

图 18-1 自然寡头垄断

聚焦美国经济

寡头垄断的例子

你对图 18-2 中的部分行业应该很熟悉。比如你可能知道，家乐氏公司制造了大多数美国人在早餐中消耗的麦片。这就意味着，家乐氏在早上 8 点前做的生意比大多数公司全天做的生意还多！

你大概还知道，空客和波音公司制造了大多数飞机，福特和通用公司则制造了大多数在美国一般公路和高速公路上行驶的卡车。

虽然出于健康原因不那么明显，但

你也许知道，菲利普·莫里斯和雷诺制造了大多数可售香烟。

图 18-2 中还有部分行业你可能不那么熟悉，但你其实已经使用了很多它们的产品。其中之一就是玻璃瓶和玻璃罐的生产制造。你买的商品只要装在玻璃容器里，那么该容器就有可能是由俄亥俄州托莱多市的欧文斯 - 伊利诺斯玻璃公司生产的，该公司是全球最大的玻璃容器生产商。

还有其他 3 个行业在你的生活中也具有举足轻重的作用。石油化工行业生产了你日常生活用品中涉及的塑料，从牙刷到计算机键盘。计算机存储和录音设备行业则制造了笔记本电脑的硬盘，以及智能手机的麦克风。

图 18-2 中的所有行业都是寡头垄断的例子：仅有数量较少的公司主导市场，四企业集中度较高，且除去 3 个例外，HHI 都超过了 2500。其中一个例外就是早餐麦片行业，毫无疑问属于寡头垄断行业。

在所有这些行业中，较大型的企业对彼此密切关注，且会谨慎思考其决策对竞争对手可能产生的影响，以及竞争对手的反应可能会对他们自身产生的影响。在这些行业中，少数大型企业相互依存。

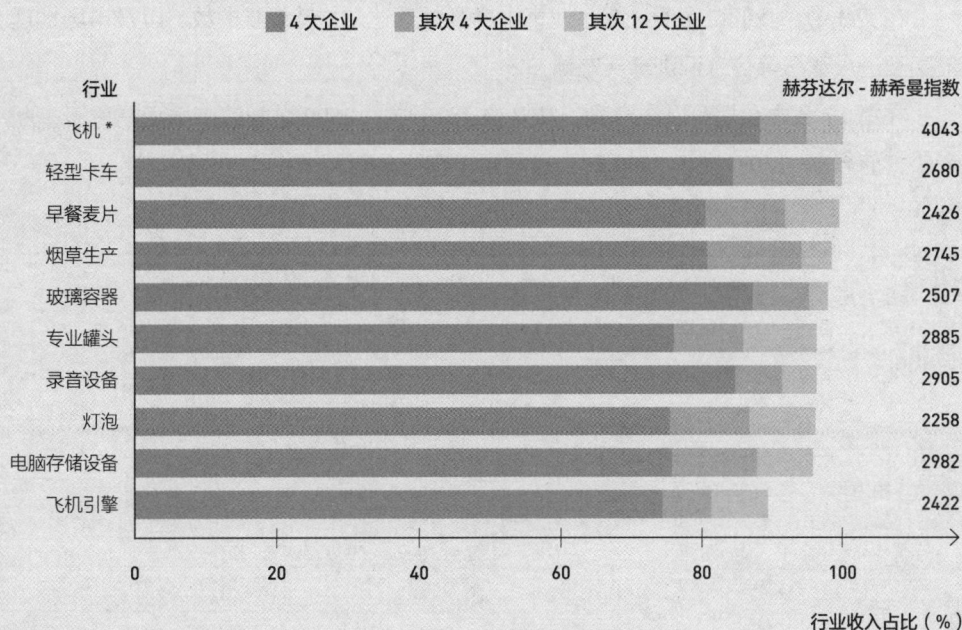

图 18-2　赫芬达尔 - 赫希曼指数

* 作者根据行业报告计算。

资料来源：美国人口普查局。

当法律进入壁垒对市场中的少数企业起保护作用时，就形成了法律寡头垄断。比如，一个城市可能仅给两家出租车公司或两家公交公司发放牌照，尽管市场需求与规模经济相结合仍能容纳多于两家企业。

当进入壁垒创造寡头垄断时，企业就可以在长期实现经济利润，而不用担心触发其他企业进入市场。

● 识别寡头垄断

识别寡头垄断就是识别垄断竞争的另一面。但这两种市场类型的边界其实很难界定。仍有两个原因让我们需要知道市场到底是寡头垄断还是垄断竞争。首先，我们希望能够预测市场如何运营，同时产量和价格会如何对需求及成本等因素的变化做出反应；其次，我们希望知道市场中的企业是否提供了产生社会效益的有效产出。

我们需要识别的市场关键特征在于，企业是否太少以至于能认识到它们之间的依存关系，或者它们是不是以与垄断企业相似的方式经营。

在实践中，我们试图通过四企业集中度及赫芬达尔 - 赫希曼指数，以及市场地理范围及进入壁垒等信息识别寡头垄断。

在第 17 章中我们可以注意到，*HHI* 位于 1000 ～ 2500 之间的市场通常属于垄断竞争，而当市场 *HHI* 大于 2500 时，通常属于寡头垄断。

18.2

寡头垄断企业的困境

寡头垄断企业的运营状态可能会像垄断企业、完全竞争企业或者这两个极端之间的某种状态一样。为观察这些可能的不同产出结果，我们将研究飞机市场的双头垄断情形。空客和波音是仅有的大型商用喷气式飞机制造商。假设二者成本完全一致。为保持数据简单，我们再假设，不论生产率水平如何，总固定成本为零，制造一架飞机的边际成本都为 100 万美元。

图 18-3 展示了飞机的市场需求曲线。空客和波音分享这一市场。总销量及二者分别的销量取决于飞机的价格。

● 垄断市场的产量

假如行业中仅有一家企业作为单一价格垄断企业运营，其边际收益曲线如图 18-3 所示。当该企业每周生产 6 架飞机，飞机的单价为 1300 万美元时，边际收益就等于边际成本。总成本

价格和成本（百万美元／架）

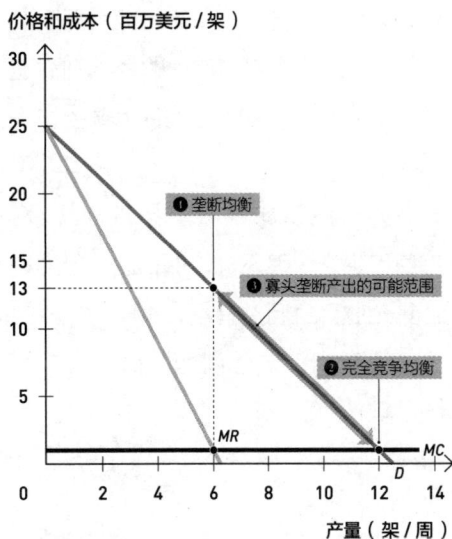

❶ 市场需求曲线为 D，边际收益曲线为 MR，边际成本曲线为 MC。此时垄断飞机制造商每周生产 6 架飞机，飞机单价设定为 1300 万美元时，可实现利润最大化。

❷ 当飞机市场为完全竞争市场时，市场均衡数量为 12 架／周，均衡价格为 100 万美元／架。

❸ 卡特尔可能达到垄断均衡，也可能打破该均衡导致完全竞争均衡，或者在两个极端之间的某种结果。

图 18-3 飞机市场

为 600 万美元 / 周，总收益为 7800 万美元 / 周，因此经济利润为 7200 万美元 / 周。

以卡特尔形式达到垄断市场的产量

这两家企业能否达到我们刚刚看到的垄断市场的产量，使其共同利润最大化呢？它们可以通过组建卡特尔达到该目的。

假设空客和波音同意将每周的飞机总产量限制在 6 架。市场需求曲线体现的飞机价格为 1300 万美元 / 架，经济利润为 7200 万美元 / 周。两家企业还同意平分市场，即每家企业每周生产 3 架飞机。那么它们每周的经济利润也是相等的，为 3600 万美元 / 周，如表 18-1 所示。

如果波音和空客坚持遵守协议，每周仅生产 3 架飞机，那么这一行为符合其企业自身利益吗？

为了回答这一问题，请注意，当

表 18-1　垄断市场产出

	波音	空客	市场总和
产量（架飞机 / 周）	3	3	6
价格（百万美元 / 架）	13	13	13
总收益（百万美元）	39	39	78
总成本（百万美元）	3	3	6
经济利润（百万美元）	36	36	72

飞机价格超过其边际成本时，如果一家企业增加产量，那么其利润也会增加。但如果当价格超过边际成本时，两家企业都选择增加产量，那么最终这一过程的结果就会与完全竞争一样了。

● 完全竞争市场的产量

在图 18-3 中，我们可以看到完全竞争市场的产出情况。当市场供给曲线，即边际成本曲线与市场需求曲线相交时，市场达到均衡状态。此时，产量为 12 架 / 周，而飞机的价格与边际成本一致，即 100 万美元 / 架。

● 其他可能的卡特尔瓦解

由于价格超过边际成本，因此卡特尔很可能瓦解。卡特尔却不太可能一路拆解成完全竞争。在本节"聚焦全球经济"中，我们可以看到原油全球市场时而成功时而不成功的卡特尔的简单历史回顾。这时通过观察以飞机行业为例的几种不同情况下的产出，你就会了解为什么卡特尔会瓦解但不会变为完全竞争。

波音增加产量至每周 4 架飞机

假设从达到垄断结果的卡特尔开始，波音公司率先将产量增加为 4

架 / 周。表 18-2 持续记录了这些数据。当波音每周生产 4 架飞机，空客每周生产 3 架飞机时，总产量为每周 7 架飞机。为了成功地将每周 7 架飞机售出，价格必须下降。如图 18-3 中的市场需求曲线所示，当飞机价格为 1100 万美元 / 架时，市场需求正好是每周 7 架飞机。

市场总收益现在会变为 7700 万美元 / 周，总成本为 700 万美元 / 周，而经济利润也会变成仅为 7000 万美元 / 周。但经济利润的分配也不再均等了：波音的盈利会增加，空客的盈利则会减少。

表 18-2　波音公司增加产出至每周 4 架飞机

	波音	空客	市场总和
产量（架 / 周）	4	3	7
价格（百万美元 / 架）	11	11	11
总收益（百万美元）	44	33	77
总成本（百万美元）	4	3	7
经济利润（百万美元）	40	30	70

波音现在的总收益为 4400 万美元 / 周，总成本为 400 万美元 / 周，由此经济利润为 4000 万美元 / 周。而空客的总收益为 3300 万美元 / 周，发生总成本为 300 万美元 / 周，同时挣得经济利润 3000 万美元 / 周。

因此，通过每周增加产出 1 架飞机，波音公司能增加 400 万美元的经济利润，同时导致空客的经济利润降低

600 万美元。

由于本案例中的两家企业是完全一致的，我们可以重复上述故事，让空客每周多生产 1 架飞机，波音维持产量为 3 架 / 周。此时，空客的经济利润为 4000 万美元 / 周，而波音的经济利润仅为 3000 万美元 / 周。

如果空客维持每周 3 架飞机的产量，而波音将产量提升为每周 4 架飞机会更好。但将产量控制在每周 3 架飞机是否符合空客的利益呢？为回答这一问题，我们需要比较空客将产量维持在 3 架 / 周时的经济利润与其将产量提升为 4 架 / 周时的经济利润。如果空客每周生产 4 架飞机，波音也生产 4 架飞机，那么空客的经济利润会变成多少呢？

空客增加产量至每周 4 架飞机

当两家企业每周都生产 4 架飞机时，总产量为 8 架 / 周。为销售这 8 架飞机，价格会进一步下降。图 18-3 中的市场需求曲线体现了当飞机价格为 900 万美元 / 架时，每周的需求量为 8 架。

表 18-3 持续记录了这些数据。市场总收益现在变为 7200 万美元 / 周，总成本为 800 万美元 / 周，经济利润会降低至 6400 万美元 / 周。当两家企业产出量相等时，经济利润的分配也是相等的。

每家企业每周都会获得 3600 万美元的收益，总成本为 400 万美元，经济利润为 3200 万美元。对空客来说，这

表 18-3 空客增加产量至每周 4 架飞机

	波音	空客	市场总和
产量（架/周）	4	4	8
价格（百万美元/架）	9	9	9
总收益（百万美元）	36	36	72
总成本（百万美元）	4	4	8
经济利润（百万美元）	32	32	64

表 18-4 波音增加产量至每周 5 架飞机

	波音	空客	市场总和
产量（架/周）	5	4	9
价格（百万美元/架）	7	7	7
总收益（百万美元）	35	28	63
总成本（百万美元）	5	4	9
经济利润（百万美元）	30	24	54

一产出结果较之前每周增加了 200 万美元；对波音来说，这一产出结果较之前则降低了 800 万美元。

这一产出结果对空客来说更有利，那么波音会同意吗？很明显，如果波音将产出降低至 3 架/周，其业绩会更差，因为此时的产量就会如空客在表 18-2 中的情况——每周仅有 3000 万美元的经济利润。但如果波音将产量增加为每周 5 架飞机，它的业绩会变得更好吗？

波音增加产量至每周 5 架飞机

假设现在空客维持每周 4 架飞机的产量，而波音将产量增加为 5 架/周。表 18-4 持续记录了这些数据。现在的总产出为每周 9 架飞机。为销售该数量的飞机，价格必须降低至 700 万美元/架。市场总收益为 6300 万美元/周，总成本为 900 万美元/周，因此两家企业的经济利润之和为 5400 万美元/周。经济利润在两家企业之间的分配再次变得不均等。但现在两家企业都亏损了。

波音每周能创造 3500 万美元的总收益，总成本为 500 万美元，经济利润为 3000 万美元——相比维持每周产出 4 架飞机时少 200 万美元。空客每周能创造 2800 万美元的总收益，发生总成本为 400 万美元，经济利润为 2400 万美元——比之前的情况少 800 万美元。因此，当总产量超过每周 8 架飞机时，两家公司都无法获利。

● 寡头垄断卡特尔困境

两家企业以卡特尔的形式可以获得最大水平的经济利润。如果两家企业同时提高产量，那么都会看到自身利润下降。如果仅有一家企业提高产量，该企业将获得更多的经济利润，而另一家企业的经济利润会减少。那么，企业会怎么做？我们可以推测它们将怎么做，但要找出答案，我们还需要一些博弈论的观点。

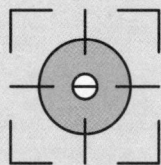

聚焦全球经济

OPEC 全球石油卡特尔

石油输出国组织（the Organization of the Petroleum Exporting Countries，OPEC）成立于 1960 年，是石油生产国的国际卡特尔。

OPEC 将其目标描述为"协调并统一成员国之间的石油政策，确保公平及稳定的价格……"这句话翻译过来就是"限制石油产量，维持其高价"。

20 世纪 60 年代，该卡特尔默默建立起组织并为其主导全球石油市场做准备。OPEC 的第一次机会来自 1973 年，那时由于阿以战争肆虐，OPEC 组织了对美国及欧洲的石油禁运。石油价格暴涨为之前水平的 4 倍。而 OPEC 的第二次机会来自 1979 年的伊朗革命，石油价格翻番。

图 18-4 展示了这两次石油价格的上涨趋势。价格从 1970 年的 8 美元 / 桶上升为 1980 年的超过 96 美元 / 桶（为比较多年后的价格，我们统一用 2019 年的美元价值来展示它们）。

20 世纪 80 年代，出现了很多新的石油供应来源，OPEC 卡特尔对国际市场失去了控制。卡特尔瓦解，石油价格下降。

20 世纪 90 年代，石油价格保持了相当的稳定，OPEC 的力量被其他来源的大量石油供给抵消。

2003—2008 年，亚洲对石油的需求大幅上涨，这也使得 OPEC 再次主导了全球市场，限制其产量，并在 2008 年将全球石油价格推上了新高。

但 OPEC 在 2009 年及此后的全球萧条中再次失去了力量。一些发展中国家的增长率变缓，石油需求下降。美国水力压裂技术的发展增加了石油及天然气的供给。2015 年，美国加入了石油出口国的行列，这也导致石油价格大幅下跌。

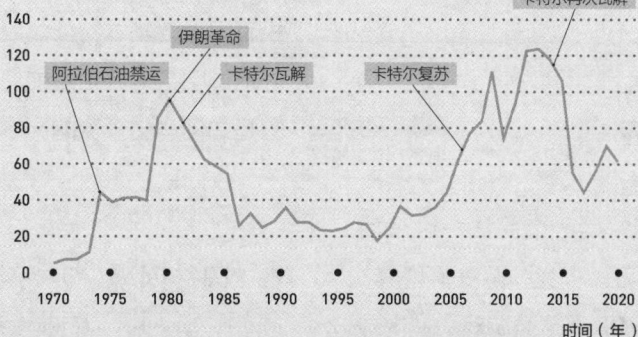

图 18-4　1970—2020 年石油价格变化图

资料来源： 石油输出国组织及美国经济分析局。

18.3

博弈论

博弈论（game theory）是指经济学家用于分析战略行为的一种工具——战略行为，即识别相互依赖并考虑其他企业预期行动的行为。约翰·冯·诺伊曼（John von Neumann）于 1937 年发明博弈论，现在它已成为经济学的主要研究领域。

博弈论有助于我们理解寡头垄断及其他多种经济、政治、社会甚至生物竞争的形式。现在我们就将通过试想我们常用于娱乐的熟悉游戏（博弈），开始研究博弈论及其在公司行为方面的应用。

● 何谓博弈

何谓博弈？第一个想法，这个问题看起来太傻了。毕竟，游戏（博弈）的种类也太多了，有球类游戏、室内游戏、机会游戏和技巧游戏。但究竟是什么让这些不同的活动成为游戏？所有游戏的共通之处又是什么？游戏（博弈）都具备以下 3 个特征：

» 规则；
» 策略；
» 收益。

让我们来看看这些共同特性是如何应用于一个被称为"囚徒困境"（prisoners' dilemma）的游戏。囚徒困境是两个囚犯之间的游戏，这表明了为什么即使很难合作，这样做对双方都有利。这个游戏抓住了我们刚刚研究的双极者困境的基本特征。囚犯的困境也很好地说明了博弈论是如何运作的，以及它是如何产生预测的。

● 囚徒困境

阿特（Art）和鲍勃（Bob）在偷车时被当场抓获。当地区检察官审问偷车贼时，他开始怀疑他无意中抓获的两人正是几个月前在银行抢劫了数百万美元的犯罪嫌疑人。但这仅仅是一种怀疑。地区检察官尚无证据证明两人与这起更大的案件有关，除非他能让他们坦白。于是，检察官让两名犯罪嫌疑人按以下规则进行博弈。

规则

每个囚犯（玩家）都将处于单独的房间，无法与另一个人沟通。他们都将被告知自身已有嫌疑参与了银行抢劫案，以及：

> » 如果两人都承认参与了银行抢劫这起更大的案件，那么针对两起案件，两人都将被从轻判罚为 3 年刑期；
> » 如果仅有一人承认参与了银行抢劫这起更大的案件，但另一个人拒不承认，那么承认犯案的人会进一步被从轻判罚为 1 年以内刑期，而不承认的那个人会被判 10 年刑期；
> » 如果两人都不承认参与了银行抢劫这起更大的案件，那么两人都会因偷车被判 2 年刑期。

策略

在博弈论中，策略（strategy）是指每个玩家的所有可能行动。阿特和鲍勃都有两种可能的策略：

> » 承认参与了银行抢劫；
> » 否认参与了银行抢劫。

收益

由于博弈中有 2 名玩家，每个人有 2 种策略，因此可能产生 4 种结果：

> » 两人都承认犯罪；
> » 两人都否认犯罪；
> » 阿特承认但鲍勃否认；
> » 鲍勃承认但阿特否认。

每个囚徒都能推断出他在 4 种情形下的判决结果，即收益。我们也可将每名囚徒的 4 种可能收益列在表格中，该表格被称为博弈论中的收益矩阵。收益矩阵（payoff matrix）是指展示在其他玩家可能行动已给定的情况下，每名玩家每个可能行动收益的表格。

表 18-5 就展示了阿特和鲍勃的收益矩阵。方格展示了两名囚徒的收益——每个方格中的深灰色三角形展示了阿特的收益，浅灰色三角形则展示了鲍勃的收益。如果两名囚徒都承认犯罪（左上方格），那么两人都会获刑 3 年。如果鲍勃承认但阿特否认（右上方格），那么阿特会获刑 10 年，鲍勃获刑 1 年。如果阿特承认但鲍勃否认（左下方格），那么阿特会获刑 1 年，鲍勃获刑 10 年。最后，如果两人都否认犯罪（右下方格），那么两人都无法被判银行抢劫罪，仅能因偷车都被判获刑 2 年。

表 18-5 囚徒困境收益矩阵

阿特的策略

	承认	否认
承认	3 年 / 3 年	10 年 / 1 年
否认	1 年 / 10 年	2 年 / 2 年

鲍勃的策略

注： 每个方格都展示了两名囚徒的收益。针对阿特及鲍勃的每一组可能行动。在每个方格中，深灰色三角形展示了阿特的收益，浅灰色三角形展示了鲍勃的收益。例如，如果两人都承认犯罪，收益就如左上角方块所示。

均衡

博弈的均衡会在每名玩家都能基于其他玩家的行动选择最佳可能行动时出现。这一均衡概念被称为纳什均衡（Nash equilibrium）。之所以这样命名，是因为它是 1994 年诺贝尔经济学奖得主，普林斯顿大学的约翰·纳什（John Nash）提出的。

在囚徒困境的案例中，当阿特基于鲍勃的选择做出其最佳选择，同时鲍勃基于阿特的选择做出其最佳选择时，均衡就会出现。现在让我们来寻找这一均衡。

首先，我们从阿特的角度看当下的情形。如果鲍勃承认犯罪，阿特最好也承认犯罪，因为这样他就会被判 3 年刑期而非 10 年。如果鲍勃否认犯罪，对阿特来说最好还是承认犯罪，因为这样他就会被判 1 年刑期而非 2 年。因此，无论鲍勃怎么做，阿特都会承认犯罪。

其次，我们再从鲍勃的角度看当下的情形。如果阿特承认犯罪，鲍勃最好也承认犯罪，因为这样他就会被判 3 年刑期而非 10 年。如果阿特否认犯罪，对鲍勃来说最好还是承认犯罪，因为这样他就会被判 1 年刑期而非 2 年。因此，无论阿特怎么做，鲍勃都会承认犯罪。

由于所有玩家的最佳选择都是承认犯罪，因此他们实际都会承认犯罪并获刑 3 年。地区检察官也办结了银行抢劫案。这就是博弈论的均衡。

非最佳结果

但是对囚徒来说，囚徒困境的博弈均衡并不是最佳结果。还有什么方式能让他们进行合作并获得更短的 2 年刑期吗？并没有，因为玩家之间无法交流。每名玩家都能将自身放在其他玩家的位置思考他们可能采取的行动。囚徒因此陷入了困境。因为他们都知道只有在完全信任另一个人也会否认犯罪的情况下，他们才能仅获刑 2 年。但他们也都知道，否认犯罪对另一个人来说并不是最佳选择。因此，囚徒都认为他们必须承认犯罪，也因此两人得到的都是非最佳结果。

● 双头垄断困境

空客和波音的困境与阿特和鲍勃的困境类似。每家公司都有两种策略。它们可选的飞机产量为：

  » 每周 3 架飞机；
  » 每周 4 架飞机。

由于每家公司都有两种策略可选，因此两家公司的行动也有 4 种可能的组合：

  » 两家公司每周都生产 3 架飞机（垄断产出）；
  » 两家公司每周都生产 4 架飞机；
  » 空客每周生产 3 架飞机，波音每周生产 4 架飞机；
  » 波音每周生产 3 架飞机，空客每周生产 4 架飞机。

● 收益矩阵

表 18-6 列示了这一博弈的收益矩阵。该矩阵与表 18-5 中展示的囚徒困境收益矩阵结构完全一样。方格展示了空客和波音的收益。此时，收益就是经济利润（在囚徒困境的例子中，收益为刑期）。

表格展示，如果两家公司每周都生产 4 架飞机（左上方格），那么二者

表 18-6　双头垄断困境收益矩阵

注： 每个方格都展示了一组行动的收益。例如，如果两家公司每周都生产 3 架飞机，右下方各记录了该收益。深灰色三角形展示了空客的收益，浅灰色三角形展示了波音的收益。

的经济利润都为 3200 万美元 / 周。如果两家公司每周都生产 3 架飞机（右下方格），那么二者的经济利润为垄断利润，即 3600 万美元 / 周。右上及左下方格展示了如果其中一家企业每周生产 4 架飞机而另一家企业每周生产 3 架飞机时的情况。提高产量的企业能获得 4000 万美元 / 周的经济利润，维持产量为垄断产量的企业则获得 3000 万美元 / 周的经济利润。

双头垄断困境的均衡

企业会怎么做？为回答这一问题，我们必须找到双头垄断博弈中的均衡。

利用表 18-7 中的信息，我们可以

表 18-7　纳什均衡

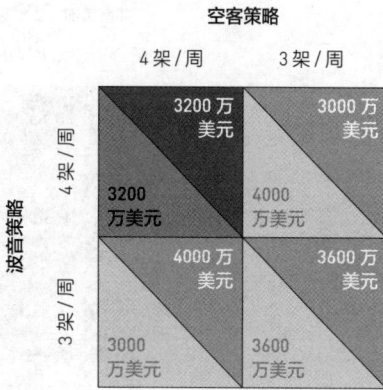

空客策略

	4 架 / 周	3 架 / 周
4 架 / 周（波音策略）	3200 万美元 / 3200 万美元	3000 万美元 / 4000 万美元
3 架 / 周（波音策略）	4000 万美元 / 3000 万美元	3600 万美元 / 3600 万美元

注：每家企业每周都生产 4 架飞机，出现纳什均衡。

从空客的角度看问题。空客的推理如下：假设波音每周生产 4 架飞机。如果空客每周仅生产 3 架飞机，那么仅能获得 3000 万美元 / 周的经济利润。但如果空客每周也生产 4 架飞机，那么经济利润就能达到 3200 万美元 / 周。因此对空客来说，最好每周也生产 4 架飞机。空客继续推理：现在假设波音每周生产 3 架飞机。如果空客每周生产 4 架飞机，就能获得 4000 万美元 / 周的经济利润，如果空客继续每周生产 3 架飞机，也能获得 3600 万美元 / 周的经济利润。4000 万美元 / 周优于 3600 万美元 / 周，因此对空客来说，每周生产 4 架飞机是更好的选择。所以，无论波音每周生产 3 架飞机还是 4 架飞机，空客最好选择每周生产 4 架飞机。

由于两家企业面临的情况完全一致，波音也会得到与空客同样的结论，因此两家公司都会每周生产 4 架飞机。由此，双头垄断博弈的均衡就是两家企业每周都生产 4 架飞机。

共谋有利可图但难以实现

在我们刚刚讨论过的双头垄断困境中，空客和波音最终的情况与囚徒困境博弈中囚徒的情况相似。二者都没有获得最佳结果。由于每家公司每周都生产 4 架飞机，因此二者的经济利润都为 3200 万美元 / 周。

如果企业间可共谋，那么它们会一致同意将产出限制在每周 3 架飞机，这样它们就都能获得 3600 万美元 / 周的经济利润。

双头垄断困境的结果展示了为什么企业共谋很难。即使共谋属于合法行为，双头垄断市场中的企业也会发现真正要实施限制产量的一致协议是非常困难的。如同囚徒困境博弈中的玩家，双头垄断企业只有在产量大于共同利润最大化产量时才会达到纳什均衡。

如果两家企业都难以维持共谋协议，那么多于两家企业的寡头垄断就更难以实现了。OPEC 的运营（见 18.2 小节的"聚焦全球经济"）就展示了这一困难。为提升油价，OPEC 必须限制全球石油产量。卡特尔的成员国时不时就会举行会议设定每个成员国的产量限制。这一过程几乎总是要花费数月，才能决定最终的限制产量，某些（一般而言都是较小的）卡特尔成员国总会超过配额生产，产量增加也将导致价格低于卡特尔期望的目标。OPEC 卡特尔的寡头垄断困境博弈情况与囚徒困境类似。OPEC 仅在 1973 年、1979—1980 年，以及 2005—2007 年成功地控制了成员国的石油产量，并提升了石油价格。

● 寡头垄断中的广告博弈与研发博弈

可口可乐与百事可乐、耐克与阿迪达斯、宝洁与金佰利 - 克拉克、诺基亚与摩托罗拉，以及上百组这样的大型企业每个月都会陷入激烈的竞争，并在广告宣传及研发上豪掷上百万美元。它们会对是否增加或减少广告预算，或是否进行大型研发投资以降低生产成本或提升产品品质进行决策（一般而言，产品质量越好，生产成本会越高，但也会有越来越多的人愿意购买该产品）。我们可以将这些选择作为博弈进行分析。接下来，我们看一看这类博弈的一些例子。

广告博弈

在软饮料市场中，成功的关键在于开展大规模的广告推广活动。这些推广活动能影响市场份额，但成本很高。

表 18-8 展示了百事可乐与可口可乐进行广告博弈的一些假设数据。每家企业都有两种策略：进行广告推广或不进行广告推广。如果两家公司都不进行广告推广，则它们都能挣 5000 万美元（如收益矩阵右下方格）。如果两家公司都进行广告推广，则每家公司的利润都将扣减广告费用（如收益矩阵左上方格）。如果百事可乐进行广告推广但可口可乐不进行广告推广，那么百事可乐将获利，可口可乐将损失（如收益矩阵右上方格）。最后，如果可口可乐进行广告推广但百事可乐不进行广告推广，那么可口可乐将获利，百事可乐将损失（如收益矩阵左下方格）。

百事可乐推理如下：不管可口可乐是否进行广告推广，百事可乐都最好进行广告推广。可口可乐也会有类似推理：不管百事可乐是否进行广告推广，可口可乐都最好进行广告推广。由于广告推广是二者的最佳策略，所以此时达到纳什均衡。这一博弈的结果是两家企业都进行广告推广，由此利润较少，因为如果两家企业共谋，可以达到利润更高的无广告推广的合作结果。

研发博弈

在面巾纸市场，成功的关键在于设计出人们认为相对于生产成本，其产品价值更高的产品。开发出最高价值产品和最低成本生产技术的企业就能获得竞争优势。它可以低于其他市场竞争对手

表 18-8　广告博弈收益矩阵

可口可乐策略

	进行广告推广	不进行广告推广
百事可乐策略　进行广告推广	2000 万美元 ＼ 2000 万美元	-1000 万美元 ＼ 8000 万美元
百事可乐策略　不进行广告推广	8000 万美元 ＼ -1000 万美元	5000 万美元 ＼ 5000 万美元

注：针对每组策略，深灰色三角形展示了可口可乐的收益，浅灰色三角形展示了百事可乐的收益。如果两家公司进行广告推广，它们的利润会比两家公司都不进行广告推广要低。但如果另一家不进行广告推广，进行广告推广对每家公司都有利。这一囚徒困境广告推广博弈的纳什均衡出现在两家企业都不进行广告推广的情形下。

表 18-9　研发博弈收益矩阵

宝洁策略

	进行研发	不进行研发
金佰利 - 克拉克策略　进行研发	4500 万美元 ＼ 500 万美元	-1000 万美元 ＼ 8500 万美元
金佰利 - 克拉克策略　不进行研发	8500 万美元 ＼ -1000 万美元	7000 万美元 ＼ 3000 万美元

注：针对每组策略，深灰色三角形展示了金佰利 - 克拉克的收益，浅灰色三角形展示了宝洁的收益。如果两家企业都进行研发，它们的利润会比两家企业都不进行研发要低。但如果另一家公司不进行研发，进行研发对每家企业都有利。这一囚徒困境研发博弈的纳什均衡出现在两家企业都不进行研发的情形下。

的价格提供产品，增加其市场份额，从而增加其经济利润。但进行最终能改善产品并增加利润的研发活动需增加成本。因此，研发成本必须从增加的利润中扣除。如果企业都不进行研发，那么每家企业都能获益；但如果一家企业开始进行研发活动，所有企业就必须跟随。

表 18-9 展示了金佰利 - 克拉克（克里奈克斯面纸巾）与宝洁（泡芙）之间研发博弈的困境（假设数据）。每家企业都有两种策略：进行研发或不进行研发。如果企业都不进行研发，金佰利 - 克拉克可获得 3000 万美元的利润而宝洁可获得 7000 万的美元利润（如收益矩阵右下方格）。如果两家企业都进行研发，那么其利润需扣减研发支出（如收益矩阵左上方格）。如果金佰利 - 克拉克进行研发但宝洁不进行研发，那么金佰利 - 克拉克将获利，而宝洁将产生损失（如收益矩阵右上方格）。最后，如果宝洁进行研发但金佰利 - 克拉克不进行研发，那么宝洁将获利，而金佰利 - 克拉克将产生损失（如收益矩阵左下方格）。

金佰利 - 克拉克推理如下：不论宝洁是否进行研发，金佰利都最好进行研发。宝洁也会进行类似推理：不论金佰利 - 克拉克是否进行研发，宝洁都最好进行研发。

由于进行研发是二者的最佳策略，因此此时达到纳什均衡。这一博弈的结果是两家公司都进行研发。由此二者利

聚焦生活

你可能参与的博弈

这里的收益矩阵（见表 18-10）描述的博弈也许会让你觉得很熟悉。但这不是囚徒困境，而是爱人困境。

珍妮（Jane）和吉姆（Jim）在一起做一些事情会比分开更有意思。

但珍妮更喜欢看电影，吉姆更喜欢看球赛。

收益矩阵描述了他们对不同结果的喜欢程度（以效用单位衡量）。

他们该怎么做？

通过比较不同策略的效用数据，你可以发现吉姆从不独自看电影，而珍妮从不独自看球赛。

你还能发现吉姆不是一个人看球赛，而珍妮不是一个人看电影。

他们总是一起出门。但他们会去看

表 18-10　单位效用收益

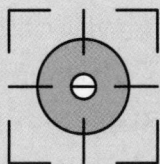

电影还是看球赛呢？

答案是，我们不知道。这一博弈没有独一无二的均衡状态。收益的结果能让你知道珍妮和吉姆也许去看球赛，也许去看电影。

在重复博弈中，他们很可能会在两个可选项中交替选择，且可能甚至会通过丢硬币决定某天晚上到底去干什么。

润较少，因为如果两家企业共谋，可以达到利润更高的无研发合作结果。

真实世界的情况是市场中有比金佰利 - 克拉克和宝洁更多的参与者。大量的其他企业，尤其是店铺品牌生产商，都努力想从宝洁和金佰利 - 克拉克的手里抢夺市场份额。因此，这两家企业进行研发活动的目的不仅是在其自身竞争中维持市场份额，还要有助于保持足够高的进入门槛，保护二者共同的市场份额。

● 重复博弈

我们之前讨论的博弈仅包含一次博弈。相比之下，大多数真实世界的博弈都是重复的。这一事实表明，真实世界的双头垄断企业可能找到学习合作的方法，以享受垄断利润。如果博弈会重复进行，那么其中一名玩家就有机会惩罚其他玩家之前的"不良"行为。如果空客本周生产了 4 架飞机，也许波音下周就会生产 4 架飞机。在空客本周生产 4 架飞机之前，它难道不会考虑到波音下周会生产 4 架飞机吗？对这一可无限重复、更为复杂的困境博弈来说，其均衡是什么呢？

如果每家企业都知道其他企业会惩罚其超产并"以牙还牙"，那么市场就会出现垄断均衡。让我们来看一看这是为什么。

表 18-11 持续记录了相关数据。假设波音考虑在第 1 周生产 4 架飞机。这一行动会为其带来 4000 万美元的经济利润，并会将空客的经济利润削减为 3000 万美元。在第 2 周，空客将会惩罚波音，并生产 4 架飞机。但波音必须回到 3 架飞机的产量，从而诱导空客在第 3 周再次合作。因此在第 2 周，空客的经济利润为 4000 万美元，而波音的经济利润为 3000 万美元。将这两周博弈的利润加总，波音通过合作本可获得 7200 万美元（=2×3600 万美元）的经济利润，但由于在第 1 周生产了 4 架飞机，让空客产生了"以牙还牙"的反应，因此只获得了 7000 万美元的经济利润。

空客的情况与波音的情况相同。由于每家公司通过维持垄断产量都能获得更高额的利润，因此两家企业都会这样做，执行垄断价格、产量并获得垄断利润。

事实上，双头垄断（或更为普遍的寡头垄断）是不是一次博弈或重复博弈，主要取决于玩家数量及发现并惩罚生产过剩的难易程度。玩家数量越多，越难以维持垄断产量。

● 寡头垄断是否有效

如果价格（衡量边际收益）等于边际成本，则生产任何产品或服务的数量都为有效数量。寡头垄断是否生产了有效数量的产品和服务呢？

我们已经知道如果寡头垄断市场中的企业重复囚徒困境博弈，那么最终它们会将产量限制在垄断水平，获取等同于垄断企业的经济利润。我们还知道尽管企业不合作，但它们也不一定会将价格降至低于边际成本。因此一般来说，寡头垄断市场是无效的。其无效的缘由与垄断市场相同。

此外，寡头垄断市场中的企业可能会以高于最低可得成本的平均总成本运营，这是由于其广告及研发预算比社会效率水平更高。

因为寡头垄断市场造成了无效，因此寡头垄断市场中的企业有动力试图像垄断企业一样行事。美国已出台反垄断法，旨在削弱市场力量，让寡头垄断产量更接近有效竞争产量。我们将在下一个部分学习美国反垄断法。

表 18-11　带惩罚的收益

（单位：百万美元）

博弈期间	公司		生产过剩	
	波音的利润	空客的利润	波音的利润	空客的利润
1	36	36	40	30
2	36	36	30	40

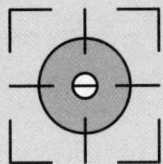

聚焦无线电寡头垄断

三家是不是太少了

　　2020 年，美国人的智能手机服务一定来自以下 3 家公司之一：威瑞森（Verizon）、美国电话电报（AT&T）和德国电信（T-Mobile）。但 2019 年，有 4 家公司——威瑞森、美国电话电报、德国电信及 Sprint 提供智能手机服务计划，图 18-5 展示了其市场份额。

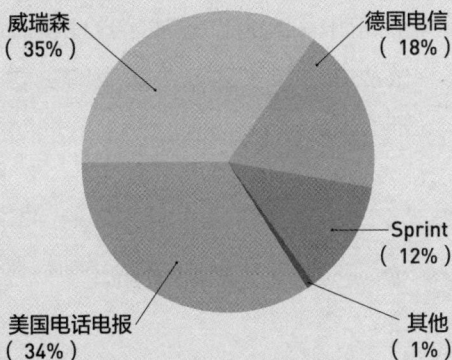

图 18-5　无线电用户份额

　　随着德国电信与 Sprint 合并，3 家公司每家占有 1/3 的市场份额。无线电服务市场是寡头垄断市场。

　　市场中有足够多的公司吗？3 家是不是太少了？如果更多的公司进入该市场，是不是能更好地服务客户？

　　市场可支持的企业数量取决于其规模经济程度和市场需求。我们没有企业长期平均成本曲线的相关数据，无法得知其规模经济，但我们却有企业的利润信息。我们可以利用该利润信息间接看到其规模经济。

　　图 18-6 中的饼图展示了 2019 年 4 家无线电企业在市场中运营的总收益（总收益意味着尚未扣减折旧）。

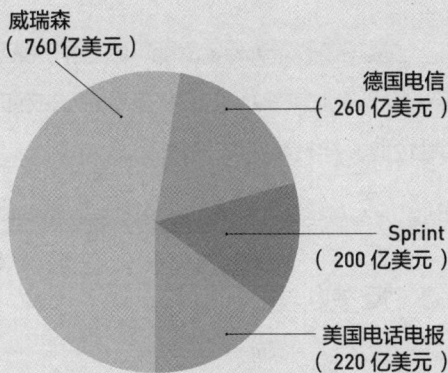

图 18-6　无线电企业毛利

资料来源：macrotrend 公司和作者的计算。

　　由于规模经济，企业毛利润很大。威瑞森是盈利性最好的公司，但所有公司都足够大从而挣得利润。最小的企业也盈利，且占约 1/7 的市场份额，看起来似乎美国的无线电市场还有空间可容纳多于 3 家企业盈利生存。

　　如果更多的公司可在该市场中运营获利，那么我们就应该会看到新进入者。但这就是正在发生的情况。谷歌与 Dish Network 合作，正在进入预期会扩张的虚拟无线电服务市场。因此，该市场可能很快又变回 4 家企业，且还可能会有更多的企业。

434 第六部分 价格、利润和行业表现

18.4

反垄断法

反垄断法（antitrust law）是指规范寡头垄断企业并禁止其成为垄断企业或如垄断企业一样行动的法律体系。

● 反垄断法

1980 年，美国国会通过了第一部反垄断法，即《谢尔曼法》，那时人们对所谓"强盗大亨"的摩根大通、约翰·D. 洛克菲勒及 W.H. 范德比尔特的行为及做法感到愤怒与厌恶。

20 世纪初的并购潮催生了更强力的反垄断法。1914 年发布的《克莱顿法》是对《谢尔曼法》的补充，美国国会还成立了联邦贸易委员会来执行反垄断法。

表 18-12 总结了《谢尔曼法》的两部分主要条款。法案的第一部分很明确：与他人共谋限制竞争是违法的。但法案的第二部分较为笼统并不明确。什么是"垄断企图"呢？而《克莱顿法》及其两个修正案，即 1936 年的《罗宾逊 - 帕特曼法》

和 1950 年的《塞勒 - 凯弗维尔法》，都禁止特定的行为，正好回答了这个问题。表 18-12 描述了这些实践做法并总结了这三个法案的主要条款。

● 三次反垄断政策辩论

操纵价格总是违反反垄断法的。如果司法部门能够证明存在价格操纵，那么被告就无法再为自己辩护。但其他做法更具争议性，在反垄断律师和经济学家之间引起了争论。我们接下来会研究其中的三种做法：

» 再销售价格维护；
» 掠夺性定价；
» 捆绑安排。

再销售价格维护

大多数制造商都会通过批发

表 18-12　反垄断法：总结

《谢尔曼法》，1890 年

第 1 部分：
所有以信托或其他形式缔结、限制各州之间或与外国进行贸易或商业活动的合同或共谋，在此宣布为非法行为。

第 2 部分：
垄断或试图垄断，或与他人联合或合谋垄断各州之间或与外国之间的贸易或商业的任何部分的个人，都应被判犯重罪。

《克莱顿法》，1914 年
《罗宾逊·帕特曼法》，1936 年
《塞勒 - 凯弗尔法》，1950 年

上述法案规定，下列行为只有在大幅减少竞争或造成垄断时才被禁止：

1. 价格歧视；
2. 要求从同一家公司购买其他产品的合同（又被称为捆绑安排）；
3. 要求企业从单一企业购买其要求的所有特定物品的合同（又被称为需求合同）；
4. 防止公司销售竞争产品的合同（又被称为排他性交易）；
5. 防止买方将产品再销售至某特定区域外的合同（又被称为地域限制）；
6. 收购竞争对手股份或资产；
7. 成为竞争企业董事。

及零售配售体系将其产品间接销售给顾客。再销售价格维护（resale price maintenance）是指制造商与分销商约定产品再销售的价格。

再销售价格维护（又被称为"纵向限价"）协议在《谢尔曼法》规定下是违法的。但制造商拒绝为不接受其价格指导的零售商供货是不违法的。

41 个州的总检察长指控环球、索尼、华纳、贝塔斯曼及百代在 1995—2000 年间通过所谓的"最低广告价格"人为地抬高了 CD 的价格。上述公司都否认了这项指控，但都支付了大笔资金以完结此案。

再销售价格维护是否造成了资源的无效或有效利用？对这个问题的回答，经济学家并未形成统一的意见。

如果再销售价格维护使得经销商能收取垄断价格，那么它就是无效的。通过设定并执行再销售价格，制造商就可能实现垄断价格。

如果再销售价格维护使得制造商能诱导经销商提供高效标准的服务，那么它就是有效的。假设 SilkySkin 希望门店在一个吸引人的空间中展示其令人难以置信的新保湿霜的使用方式。在具备再销售价格维护的情况下，SilkySkin 就能为所有经销商提供同样的激励及补偿。而在不具备再销售价格维护的情况下，折扣药店就有可能以低价出售

SilkySkin 的产品。买家因此会更倾向于去高价店铺观看产品展示,再去低价店铺购买产品。低价店铺因此会产生搭便车效应（如第 11 章中提到的公共产品消费者），也因此提供的服务水平会趋于低效。

SilkySkin 可以向提供良好服务的零售商支付一定的费用,从而让供给及需求竞争力来决定转售价格。但是对 SilkySkin 来说,监控店铺并确保它们能提供要求水平的服务可能需要投入巨额成本。

掠夺性定价

掠夺性定价（predatory pricing）是指设定低价将竞争对手排除出市场,并在竞争消失后设定垄断定价。约翰·D.洛克菲勒标准石油公司在 19 世纪 90 年代成为第一家被指控进行上述操作的公司,且自此之后,该公司经常涉及反垄断案件诉讼。掠夺性定价是一种创造垄断的意图,根据《谢尔曼法》第 2 部分的规定,该操作是违法的。

很容易看出,掠夺性定价只是一种想法而非现实。经济学家对其存在性是存疑的。他们指出,在低价期间,公司如果将价格削减为低于利润最大化水平其实就是放弃了其利润。尽管公司能成功地将竞争对手排除出市场,但只要公司将价格升至高于平均总成本,产生经济利润,就会有新的竞争对手进入市场。因此,垄断地位获得的潜在收益都

是暂时的。为换取暂时不确定的收益而花费高昂且确定的损失并不是合理的交换。实践中,并未明确发现掠夺性定价的案例。

捆绑安排

捆绑安排（tying arrangement）是指只有在买方同意购买另一种不同产品的前提下,才向其销售某种产品的协议。在捆绑安排下,买方只有同时购买另一种产品,才能获得某种产品。微软曾被指控捆绑了 IE 浏览器和 Windows 软件。教科书出版商有时也会将网站访问权限与教科书捆绑在一起,强迫学生同时购买网站访问权限和教科书（如果不通过网站,你就买不到你正在读的新书。但你可以购买网站访问权限,而无须购买该图书,因此这些产品并未被捆绑）。

出版商通过捆绑教科书与网站访问权限能否挣到更多的钱?答案是有时,但并不总是。试想一下:你为了一本书及网站访问权限愿意支付多少钱?我们用简单的数字来示意,假设你和其他学生愿意支付 40 美元买书,10 美元购买网站访问权限。出版商可以这些价格分别销售这些商品,或打包以 50 美元的价格销售。打包销售对出版商来说没有任何获利。

现在假设你和仅有一半的学生愿意支付 40 美元买书,10 美元购买网站访问权限。而另一半学生愿意支付 40 美元购买网站访问权限,10 美元买书。如

果将两种商品分别出售，出版商可以 40 美元出售教科书，40 美元出售网站访问权限。半数学生会买书而不买网站权限，另外半数学生会买网站权限而不买书。但如果书和网站权限打包定价 50 美元，那么所有人都会购买打包产品，出版商在每个学生身上都能再挣 10 美元。在这个案例中，打包销售让出版商实现了价格歧视。

事实上，针对公司是否涉及捆绑或通过捆绑增加了其市场力量及利润并造成了无效性，是没有简单明确的测试来加以证明的。

● 近期反垄断案例：美国对微软

1998 年，美国司法部与数个州共同指控微软，即全球最大的个人计算机软件生产商，同时违反了《谢尔曼法》的两部分主要条款。随后，两位著名的麻省理工学院经济学教授展开了为期 78 天的较量 [富兰克林·费舍尔（Franklin Fisher）代表政府，理查德·施马伦西（Richard Schmalensee）代表微软]。

微软诉讼案

对微软的指控如下：

» 在个人计算机操作系统市场具备垄断力量；
» 利用掠夺性定价和捆绑安排在网络浏览器市场达成垄断；
» 利用其他反竞争操作强化其在两个市场中的垄断地位。

指控声称，微软掌控了个人计算机操作系统市场的 80%，具备过度的垄断力量。这一垄断力量来自两大进入壁垒：规模经济和网络经济。微软的平均总成本随着产量的增加而下降（规模经济），这是由于开发如 Windows 这样的操作系统固定成本很高，但生产一个 Windows 副本的边际成本则很低。此外，随着 Windows 用户数量的增加，Windows 应用程序的范围也扩大了（网络经济），因此潜在竞争对手不仅需要生产出能与之竞争的操作系统，还需要开发整个范围内的支持性应用程序。

当微软以其 IE 浏览器进入网络浏览器市场时，该浏览器的定价为零。这一价格被视为掠夺性定价。微软将 IE 与 Windows 整合，因此所有使用这一操作系统的人都无须其他单独的浏览器，如网景通信（Netscape Communicator）。微软的竞争对手声称这一操作是非法的捆绑安排。

微软回应

　　微软对以上所有指控都进行了挑战。公司声称尽管 Windows 是主导操作系统，但它不仅很容易遭受来自其他操作系统如 Linux 和苹果 MacOS 的竞争，还要承受来自新进入者竞争的永久威胁。

　　微软声称整合 IE 和 Windows 能提供具备更大消费者价值的单一并统一的产品。微软说，该操作并不是捆绑，而是由浏览器及操作系统组成单一产品，就像冰箱装有冷水机或汽车装有音响系统。

结果

　　法院认为微软违反了《谢尔曼法》，并要求微软分拆为两家公司：操作系统生产商及应用程序生产商。微软对此进行了上诉。但在最终裁定中，微软被要求向其他软件开发商披露其操作系统的工作原理，以便它们能够有效地与微软竞争。2002年夏天，微软开始执行这一判决。

● 合并规则

　　现在我们已经看到反垄断法可以如何用于防止寡头垄断企业成为垄断企业或如垄断企业一样行动。最后，我们将研究另一种试图获得垄断力量的方式，即两家或多家寡头垄断企业合并，以增加它们控制市场价格的能力。因此，合并受制于旨在限制垄断力量产生的规则，我们也将通过了解这些规则如何被用于审查及阻止合并结束对反垄断法的解释。

　　合并通常都会成为新闻头条。例如，2010 年联合航空与大陆航空合并成联合大陆航空，以及 2015 年美国航空与全美航空合并。企业可以通过两种方式从合并中获利：降低成本和增加市场力量。降低成本对社会利益无威胁，但增加市场力量对社会利益会产生威胁。因此，美国联邦贸易委员会对将大幅降低竞争而不能降低成本的合并提案提出质疑。

　　为确定合并对竞争力的影响，联邦贸易委员会利用基于第17章提到的赫芬达尔-赫希曼指数（HHI）形成的指导方针。接下来的"聚焦美国经济"描述了联邦贸易委员会的指导方针并关注一项备受瞩目的智能手机服务提供商合并案，因该指导方针被阻止。

聚焦美国经济

无线电服务合并决策

图 18-7a 中的数据总结了联邦贸易委员会对合并的指导方针。在 HHI 低于 1500 的市场中，提出合并不会受到质疑。但如果 HHI 高于 1500，联邦贸易委员会就会考虑质疑该合并。如果 HHI 在 1500 ~ 2500 之间，合并会导致 HHI 上升高于 100 个点，那么合并就会受到质疑。如果 HHI 超过 2500，那么说明市场已经足够集中，将导致 HHI 上升 100 个点的合并会被质疑，而通常将导致 HHI 上升超过 200 点的合并会被叫停。

2011 年，美国电话电报公司希望从德国企业德国电信手中收购 T-mobile。无线服务市场已经高度集中，HHI 在 2800 左右，且该合并将导致 HHI 上升 700 个点。

HHI 为 2800，合并将导致其进一步上升 700 个点，因此很容易假设美国电话电报公司的市场力量太强。联邦贸易委员会没有证据能反驳这一结论，因此他们决定叫停这一并购。

2019 年，德国电信希望收购 Sprint，而这一并购获得了批准。图 18-7b 中的数据展示了 2019 年合并前后该市场 HHI 的情况。并购前市场 HHI 为 2835，并购导致 HHI 上升 425 个点，但为什么联邦贸易委员会没有阻止这一合并呢？

德国电信被批准收购 Sprint，是因为公司同意向 Dish Network 出售部分 Sprint 的资产，让该公司的市场份额得以增长。

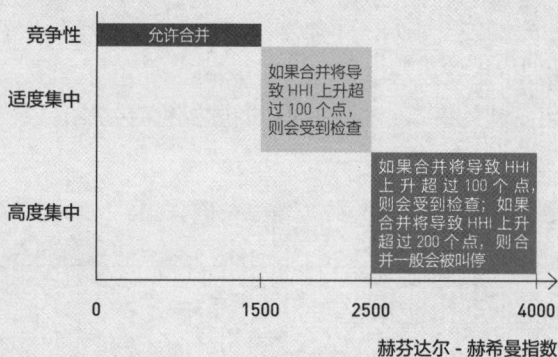

a）合并指导方针

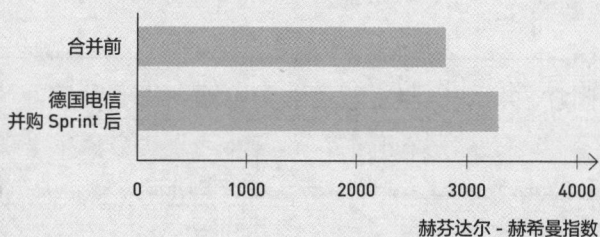

b）无线电服务提供商合并

图 18-7　无线电服务合并决策

第 18 章要点小结

1. 描述并识别寡头垄断，解释它是如何产生的。

- 寡头垄断是指数量较少的互相依赖的企业在进入壁垒后竞争的市场类型。
- 自然壁垒（规模经济及市场需求）及法律进入壁垒都能塑造寡头垄断市场。

2. 解释寡头垄断市场中企业面临的困境。

- 如果寡头垄断市场中的企业共同限制产量，那么它们就会像垄断企业一样获得相同的经济利润。
- 寡头垄断困境，即是否限制或扩大产量。

3. 利用博弈论解释寡头垄断市场中如何决定产量和价格。

- 在囚徒困境博弈中，两名玩家以自身利益行事，损害了共同利益。寡头垄断就是囚徒困境博弈。
- 如果公司合作，它们就能挣得垄断利润，但在一次博弈中，它们会超产，并将价格和经济利润调节至完全竞争的水平。
- 广告和研发创造了寡头垄断市场中企业的囚徒困境。
- 在重复博弈中，惩罚策略将导致垄断产量、价格和经济利润。
- 寡头垄断通常无效，因为价格（边际收益）超过边际成本，且成本不一定是最低可实现成本。

4. 描述管控寡头垄断的反垄断法。

- 《谢尔曼法》（1890 年）及《克莱顿法》（1914 年）规定企业间的价格操纵协议违法。
- 再销售价格维护如果能让生产商确保分销商的服务水平有效，那么它也有效。
- 掠夺性定价可能带来暂时获利。
- 捆绑安排可促进价格歧视。
- 在合并对竞争造成的限制过多时，联邦贸易委员会会检查，还可能阻止合并。

第七部分

收入与不平等

第 19 章

生产要素市场

本章学习目标

» 解释边际产量价值是如何决定生产要素需求的；

» 解释工资率和就业是如何被决定的，以及工会是如何影响劳动力市场的；

» 解释资本、土地租金和自然资源价格是由什么因素决定的。

要素市场剖析

生产的 4 个要素分别是：

* 劳动力；
* 资本；
* 土地（自然资源）；
* 组织（企业家才能）。

劳务、资本和土地在要素市场（ factor markets ）进行交易，该市场决定其要素价格（ factor prices ）。组织服务并不在市场中交易，组织会因其决策获得利润或承担损失。让我们简单来看一看要素市场的剖析。

劳务市场

劳务是指人们为生产商品或服务提供的物理或精神工作努力。劳动力市场是指进行劳务交易的人和企业的集合。一些劳务每日都交易，被称为临时工。比如采摘水果或蔬菜的人，通常会在某天出现在农场，有什么活儿干什么活儿。但大多数劳务，如足球教练，都以合同进行交易。劳务的价格就是工资率。

大多数劳动力市场都有多个买方和卖方，且是竞争性市场。但在某些劳动力市场中，工会组织劳动力并将垄断因素引入市场。在本章中，我们将同时学习竞争性劳动力市场和工会。

资本服务市场

资本由过去生产的工具、器械、机器、建筑物和其他工程组成，且现在用于生产商品和提供服务。这些物件本身也是商品，即资本商品，并会在商品市场进行交易，正如瓶装水和牙膏一样。

资本服务市场是一个租赁市场，即租用资本服务的市场。资本服务市场的一个例子就是汽车租赁市场，比如安飞士、百捷特、赫兹、U-Haul 租车公司及其他诸多提供汽车及卡车租赁服务的公司。资本服务的价格就是租金。

大多数资本服务并不在市场中交易，而是由企业购买资本设备自行使用。但企业持有并运营的资本服务本身具有内含价格，来自折旧及放弃利息（见第 14 章）。该价格可以被看作企业拥有资本的内含租金。

土地服务和自然资源市场

土地包括所有自然馈赠，即自然资源。土地作为生产要素的市场是土地服务市场，即土地使用权市场。土地服务的价格，即租金。

大多数自然资源，比如农田与河流都能重复利用。但有少数自然资源是不可再生的。不可再生自然资源（ nonrenewable natural resources ）是指仅能使用一次，且一旦使用后无法更换的资源，如石油、天然气和煤。自然资源的价格由全球商品市场决定，被称为商品价格。

19.1

生产要素的需求

　　我们将以劳动力为例，从学习生产要素的需求开始学习要素市场。劳动力要素的需求是一种衍生需求（derived demand）——来源于由这些要素生产的商品和服务的需求。在第 15 ~ 18 章中，我们学习过企业如何确定实现其利润最大化的产量。而生产要素的需求量就是企业产量决策的直接结果。企业使用生产要素资源的数量也是能使其利润最大化的数量。

　　为决定生产要素所需的数量，企业需要比较其每多雇用 1 单位生产要素的成本与其对企业产生的价值。每多雇用 1 单位生产要素产生的成本被称为要素价格。而企业多雇用 1 单位生产要素产生的价值被称为要素的边际产量价值（value of marginal product），等于每单位产出价格乘以生产要素的边际产量。为研究生产要素的需求，我们需要先研究劳动力的需求。

● 边际产量价值

　　表 19-1 展示了如何计算麦克斯洗车服务劳动力的边际产量价值。表格前两列展示了麦克斯公司的总产量明细，即不同数量的人工每小时可清洗的汽车数量。第 3 列展示了劳动力的边际产量，即每多雇用 1 单位劳动力带来的总产量的变化（见第 14 章，复习一下产量明细）。麦克斯可以现行市场价格 6 美元 / 次为洗车服务收费。基于这些信息，我们可以计算出边际产量价值（第 4 列）。它等于价格乘以边际产量。例如，雇用第 2 名工人的边际产量为每小时清洗 4 辆车。每次洗车能收到 6 美元，因此第 2 名工人的边际产量价值为 24 美元 / 小时（ = 4 次洗车 / 小时 ×6 美元 / 次）。

表 19-1   计算边际产量价值

	劳动力数量 （人）	总产量 （次/小时）	边际产量 （次/小时）	边际产量价值 （美元/小时）
A	0	0		
B	1	5	5	30
C	2	9	4	**24**
D	3	12	3	18
E	4	14	2	12
F	5	15	1	6

注：1. 劳动力的边际产量价值等于产品价格乘以劳动力的边际产量。

2. 价格为 6 美元 / 次。

3. 第 2 名工人的边际产量（第 3 列）为洗 4 辆车，因此第 2 名工人的边际产量价值为（第 4 列）6 美元 / 次乘以 4 次洗车，等于 24 美元。

边际产量价值曲线

图 19-1 绘制了随着麦克斯洗车店雇用工人数量的变化，公司的劳动力边际产量价值所发生的变化。灰色柱状图展示了与表 19-1 中对应的劳动力边际产量价值。被标为 *VMP* 的曲线，即麦克斯公司的边际产量价值曲线。

	劳动力数量（人）	边际产量价值（美元/小时）
A	1	30
B	2	24
C	3	18
D	4	12
E	5	6

注：1. 灰色柱状图展示了基于表 19-1 数据的麦克斯公司雇用劳动力的边际产量价值。

2. 标注了 *VMP* 的浅灰色线，即企业的劳动力边际产量价值曲线。

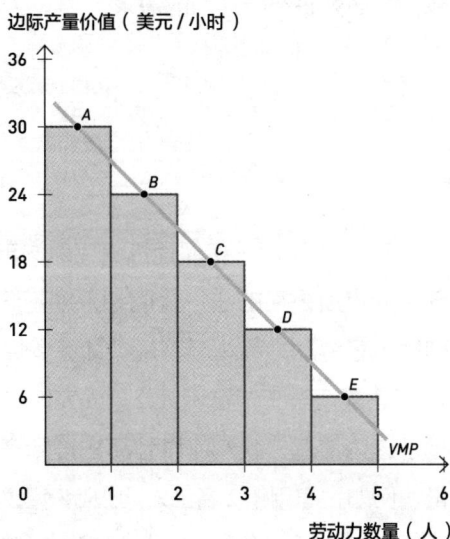

图 19-1   麦克斯洗车店的边际产量价值

● 企业对劳动力的需求

劳动力的边际产量价值及工资率决定了企业需求的劳动力数量。劳动力的边际产量价值告诉我们，企业通过每多雇用 1 名工人获得的额外收入是多少。而工资率则告诉我们，企业每多雇用 1 名工人发生的额外成本是多少。

由于边际产量价值会随着雇用劳动力数量的增加而下降，因此针对利润最大化有如下简单规则：雇用劳动力数量达到边际产量价值等于工资率的水平。如果劳动力的边际产量价值超过工资率，则企业可通过多雇用 1 名工人增加其利润。如果工资率超过劳动力的边际产量价值，则企业也可以通过少雇用 1 名工人增加其利润。但如果工资率等于劳动力的边际产量价值，那么企业就无法通过改变雇用劳动力的数量再增加其利润。此时企业的可能利润达到最大化水平。

因此，企业对劳动力的需求量就是工资率等于劳动力边际产量价值时的数量。

● 企业对劳动力的需求曲线

企业对劳动力的需求曲线，即其边际产量价值曲线。图 19-2a 展示了麦克斯公司的边际产量价值曲线，图 19-2b 展示了麦克斯公司对劳动力的需求曲线。图 19-2 两部分中的 x 轴都是雇用工人的数量。图 19-2a 中的 y 轴计量了边际产量价值，图 19-2b 中的 y 轴则计量了工资率，即美元 / 小时。

假设工资率为 15 美元 / 小时。我们在图 19-2a 中可以看到，如果麦克斯公司雇用 1 名工人，则劳动力的边际产量价值为 30 美元 / 小时。因为工人的成本为 15 美元 / 小时，麦克斯公司的利润为 15 美元 / 小时。如果麦克斯公司雇用第 2 名工人，则该工人的边际产量价值为 24 美元 / 小时，因为在第 2 名工人身上，公司获得的利润为 9 美元 / 小时。如果麦克斯公司雇用第 3 名工人，该工人的边际产量价值为 18 美元 / 小时，因此在这名工人身上，公司的利润为 3 美元 / 小时。麦克斯公司在这 3 名工人身上获得的利润为 27 美元 / 小时——第 1 名 15 美元，第 2 名 9 美元，第 3 名 3 美元。

如果麦克斯公司雇用第 4 名工人，其利润会降低。因为第 4 名工人仅能产生 12 美元 / 小时的边际产量价值，但其成本为 15 美元 / 小时，因此麦克斯公司不会雇用第 4 名工人。也就是说，当工资率为 15 美元 / 小时时，麦克斯公司对劳动力的需求量为 3 名工人，即图 19-2b 中麦克斯公司对劳动力需求曲线 LD 上的一点。

边际产量价值（美元 / 小时）

工资率（美元 / 小时）

工资率为 15
美元 / 小时

工资率为 15
美元 / 小时

劳动力需求量

VMP

LD

劳动力（人）

劳动力（人）

a）边际产量价值

b）劳动力需求

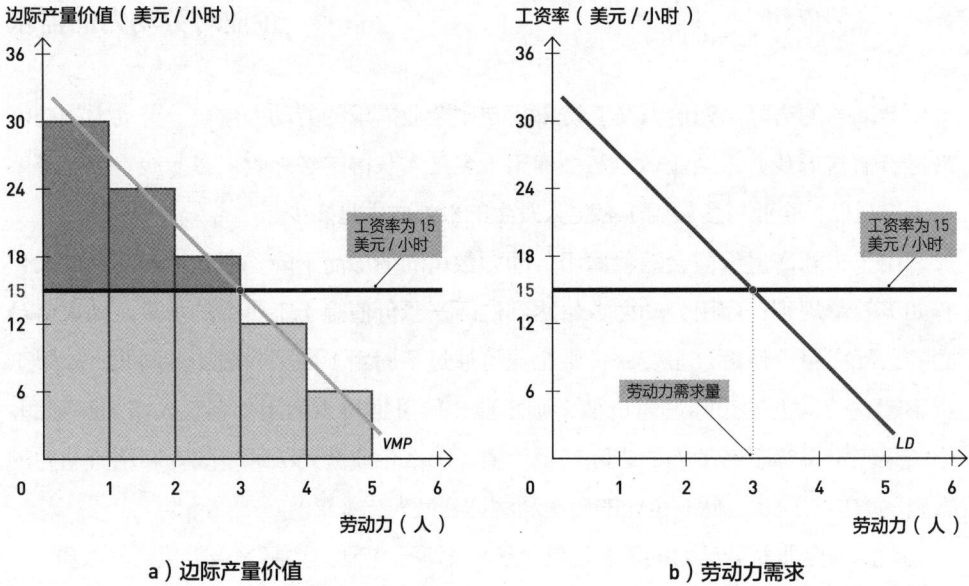

注: 1. 图 19-2a 中，当工资率为 15 美元 / 小时时，麦
克斯公司雇用前 3 名工人时会盈利，但在雇用第
4 名工人时将发生损失。

2. 图 19-2b 中麦克斯公司对劳动力的需求曲线与图 19-2a
中边际产量价值曲线相同。劳动力需求曲线向下倾斜
是因为随着雇用劳动力数量的增加，劳动力的边际产
量价值会下降。

图 19-2 麦克斯洗车公司对劳动力的需求

如果工资率上涨到 21 美元 / 小时，那么麦克斯公司会进一步将工人人数降至 2
名。如果工资率降至 9 美元 / 小时，那么麦克斯对劳动力的需求量会增加到 4 名。

工资率的变化会带来对劳动力需求量的变化，该变化会沿着劳动力需求曲线移
动。企业雇用计划中任何其他影响因素的变化都会改变对劳动力的需求，并导致劳
动力需求曲线的移动。

● 劳动力需求的变化

劳动力需求取决于：

» 企业产出的价格；
» 其他生产要素的价格；
» 技术。

企业产出的价格

企业生产产品或服务的价格越高，对劳动力的需求就越大。企业产品的价格会通过其对企业工人边际产量价值的影响来影响企业对劳动力的需求。产品或服务价格越高，劳动力的边际产量价值也越高。生产产品或服务价格的变化会导致企业劳动力需求曲线的移动。如果产品或服务的价格上涨，则企业对劳动力的需求也会上涨，劳动力需求曲线右移。

例如，如果洗车的价格上涨为 8 美元 / 次，那么麦克斯公司雇用的第 4 名工人的边际产量价值就会从 12 美元 / 小时增加到 16 美元 / 小时。当工资率仍为 15 美元 / 小时时，麦克斯公司现在就会不止雇用 3 名工人，而会雇用 4 名工人。

其他生产要素的价格

如果使用资本的价格相对工资率下降，企业就会用资本替代劳动力，从而增加其使用资本的数量。通常，当使用资本价格下降时，对劳动力的需求也会下降。例如，如果洗车机器的价格下降，那么麦克斯公司可能会考虑多买一台洗车机器而解雇工人。但当较低的资本价格导致生产规模扩大得足够大时，企业对劳动力的需求仍可能上升。例如，当资本设备价格较低时，麦克斯公司会再安装一台洗车机器，同时雇用更多的工人操作该机器。从长期看，这些因素替代发生在企业可改变其工厂设备规模时。

技术

新技术会让某些类型劳动力的需求下降，而让某些类型劳动力的需求上升。例如，如果出现新的自动洗车机器，那么麦克斯公司可能会购买一台这样的机器，并解雇大多数工人——对洗车工人的需求下降了。但制造并服务自动洗车机器的企业则会雇用更多的劳动力——对这类劳动力的需求又上升了。正如 20 世纪 80—90 年代，电子式电话交换机降低了对电话接线员的需求，而增加了对计算机程序员和电子工程师的需求。

19.2

劳动力市场

对大多数人来说，劳动力市场是他们唯一的收入来源。他们努力工作并挣得工资。那么，是什么决定了他们提供劳动力的数量呢？

	工资率 （美元/小时）	劳动力数量 （小时/周）
A	40	30
B	35	35
C	30	39
D	25	40
E	20	37
F	15	30
G	10	17
H	5	0

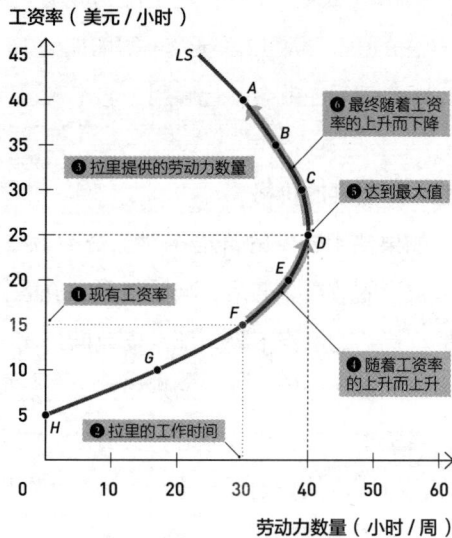

● 劳动力供给

人们通过提供劳动力获得收入。很多因素会影响人们计划提供的劳动力，但其中的关键因素是工资率。

为观察工资率如何影响劳动力供给量，请试想一下图 19-3 展示的拉里（Larry）的劳动力供给决策。拉里很享受自己的休闲时间，因此如果不需要在晚上或周末为麦克斯洗车公司工作，他会很开心。但麦克斯每小时向他支付 15 美元的工资，在此工资率水平下，拉里选择每周工作 30 小时。原因在于，公司为他提供的工资率足以让他认为现在这种工作时间安排对他来说是最好的选择。如果工资率下降，那么拉

注：1. ❶工资率为 15 美元/小时，❷拉里愿意每周提供 30 小时的劳动力，❸拉里提供的劳动力数量❹随着工资率的上升而上升❺到最大值，接着工资率进一步上升❻导致劳动力供给量下降。

2. 拉里的劳动力供给需求斜向上但最终会向后弯曲。

图 19-3　个人的劳动力供给曲线

里将不会愿意放弃这么多的空闲时间。如果工资率上升，那么拉里将会愿意在一定程度上工作更长的时间。如果公司每小时向拉里支付 25 美元的工资，那么他将愿意每周工作 40 小时（挣 1000 美元）。考虑拉里花 1000 美元就能买到的商品和服务，如果工资率进一步提高，他的重心将会放在获得更多的休闲时间上。因此，如果工资率上升到高于 25 美元 / 小时，拉里就会缩短其工作时间，享受更多的休闲时间。拉里的劳动力供给曲线最终会更向后弯曲。

市场供给曲线

拉里的供给曲线展示了随着一个人工资率的变化提供劳动力的数量。大多数人会像拉里一样，但让不同的人愿意工作，以及其劳动力供给曲线向后弯的工资率水平也是不同的。市场供给曲线展示了所有家庭在特定工作中提供的劳动力数量。这条曲线展示了不同工资率水平下所有家庭提供的劳动力数量。此外，沿着市场供给曲线，其他工作的工资率维持不变。例如，沿着洗车工人的供给曲线，我们认为汽车销售人员、机械师和其他所有类型劳动力的工资率保持不变。

如果为拉里洗车工作支付的工资比为发动机换油更高，那么拉里就会将更多的劳动力用于洗车。给定工作的市场供给曲线如图 19-4 中所示是斜向上

	工资率 （美元/小时）	劳动力数量 （人）
A	25	400
B	20	370
C	15	300
D	10	170
E	5	0

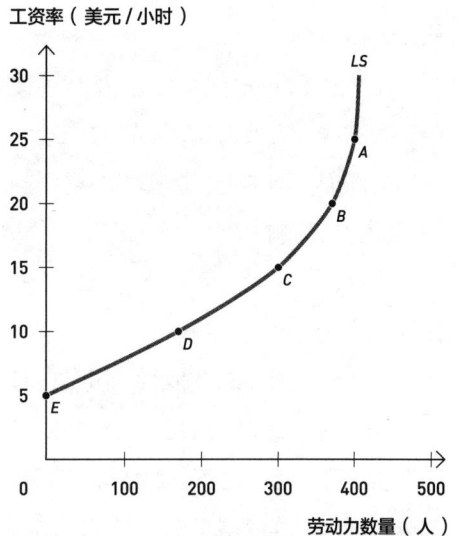

注： 1. 洗车工人供给曲线展示了当其他条件维持不变，仅工资率发生变化时，劳动力供给量的情况。
2. 当特定类型劳动力市场上，其他条件维持不变，工资率上升时，劳动力的供给量也会上升。

图 19-4　洗车工人的供给

的，图中展示的是大城市中洗车工人的市场供给曲线。

● 对劳动力供给的影响

除了工资率变化，其他影响因素

也会导致劳动力供给的变化。引起劳动力供给变化的关键因素为：

 » 成人人口；
 » 偏好；
 » 在学校及接受培训的时间。

成人人口

　　由出生率超过死亡率或者通过移民导致的成人人口增加，会带来劳动力供给的增加。历史上，美国人口曾受到移民的强烈影响。

偏好

　　2015 年，有 54% 的女性通过工作获得工资，这一比例与 1960 年的 36% 相比有所上升。相比之下，2015 年有 65% 的男性通过工作获得工资，这一比例与 1960 年的 79% 相比则有所下降。这一变化受到诸多因素的影响，经济学家将其归类为偏好改变。这些变化发生缓慢但累积起来却导致了劳动力供给的巨大差异。结果是，女性劳动力供给量大幅增加，男性劳动力供给量则有所减少。

在学校及接受培训的时间

　　越多的人留在学校进行全职学习及培训，低技能劳动力的供给量就会越小。在当今的美国，几乎所有人都能完成高中教育，有超过 50% 的人高中毕业后会进入学院或大学学习。尽管很多学生会选择做兼职，但学生提供的劳动

力还是比全职工作人员要少。因此，当越来越多的人追求高等教育，其他情况不变时，低技能劳动力的供给量就减少了。但花费在学校及培训上的时间将低技能劳动力转化为高技能劳动力。获得高等教育的人的比例越大，高技能劳动力的供给量就会越大。

　　当人们在一定工资率水平下愿意做的工作量发生变化时，劳动力的供给量也会发生变化。成人人口增加或有工作的女性的比例增加会带来劳动力供给量的增加。大学注册人数的增加则会导致低技能劳动力供给量减少。但此后，也会带来高技能劳动力供给量的增加。劳动力供给量的变化会让劳动力供给曲线发生移动，正如我们在第 4 章学习过的供给曲线移动一样。

● 竞争性劳动力市场均衡

　　劳动力市场均衡决定了工资率和就业水平。在图 19-5 中，洗车工人的市场需求曲线为 *LD*。此时，如果工资率为 15 美元 / 小时，则劳动力需求量为 300 人。如果工资率上升到 20 美元 / 小时，劳动力需求量就会降至 200 人。如果工资率降至 13 美元 / 小时，则劳动力需求量会增加到 350 人。洗车工人的供给曲线为 *LS*——与图 19-4 中的曲线相同。

　　图 19-5 展示了劳动力市场的均衡。

工资率（美元/小时）

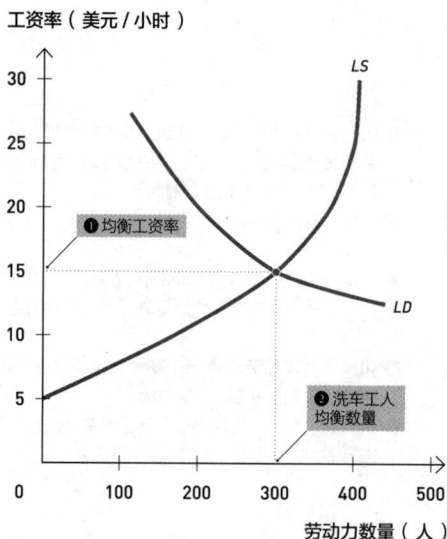

注: 1. 劳动力市场均衡决定了工资率和就业水平。工资
调整使得劳动力需求量等于劳动力供给量。
❶ 均衡工资率为 15 美元/小时。
❷ 劳动力均衡数量为 300 人。
2. 如果工资率超过 15 美元/小时，供给量超过需
求量。劳动力过剩，工资率下降。
3. 如果工资率低于 15 美元/小时，需求量超过供
给量。劳动力短缺，工资率上升。

图 19-5 劳动力市场均衡

均衡工资率为 15 美元/小时，洗车工人均衡数量为 300 人。如果工资率超过 15 美元/小时，就会出现洗车工人过剩现象。希望获得洗车工作的人数会超过企业希望雇用的人数。在此情况下，随着企业发现以较低工资率也可以轻易招到工人，工资率会下降。如果工资率低于 15 美元/小时，就会出现洗车工人短缺现象。企业无法完成需要完成的工作。在此情况下，企业发现必须提供更高的工资率以吸引

工人，因此工资率会上升。仅在工资率等于 15 美元/小时时，市场作用力才不会进一步改变工资率。

⬤ 工会

工会（labor union）是指旨在增加工资率并影响其成员其他工作条件的工人组织团体。在某些劳动力市场，工会对工资率及就业情况有很强的影响力。为了解工会的影响力，让我们看一看当工会进入竞争性劳动力市场时会发生些什么。

工会进入竞争性劳动力市场

进入竞争性劳动力市场的工会会试图限制劳动力供给或增加劳动力需求。如果工会将劳动力供给限制在竞争水平之下，那么工资率就会上升。如果这就是工会所能做的，那么工资率确实会上升，但工作岗位的数量会减少。在工资率与工作岗位数量之间存在某种平衡。

图 19-6 展示了工会进入前后的劳动力市场。在工会进入市场前，劳动力需求曲线为 LD_0，劳动力供给曲线为 LS_0，工资率为 15 美元/小时，雇用的工人数量为 300 人。

当工会进入市场后，它限制了劳动力供给，使得劳动力供给曲线左移至 LS_1。工资率上升至 20 美元/小时，雇

工资率（美元/小时）

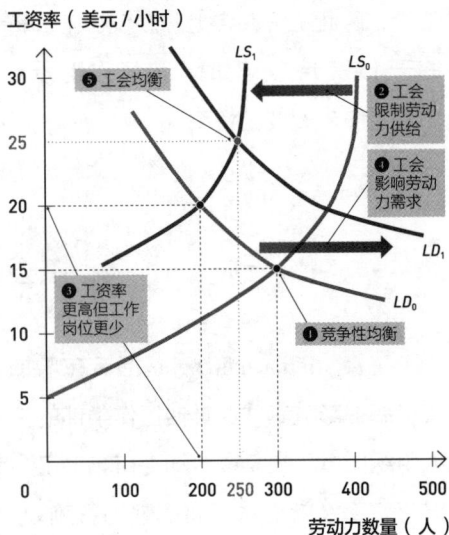

❶ 在竞争性劳动力市场，劳动力需求曲线为 LD_0，劳动力供给曲线为 LS_0，均衡工资率为 15 美元/小时，劳动力均衡数量为 300 人。

❷ 工会限制劳动力供给，劳动力供给曲线左移至 LS_1。

❸ 工资率上升至 20 美元/小时，但雇用人数降至 200 人——以工作岗位数量降低为代价提升工资率。

❹ 如果工会增加劳动生产率并增加劳动力需求，劳动力需求曲线会右移至 LD_1。

❺ 供给曲线为 LS_1，需求增加会让工资率上升至 25 美元/小时，雇用人数增加至 250 人。

图 19-6　竞争性劳动力市场与工会劳动力市场的比较

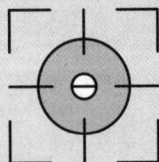

聚焦教练

为什么教练值 830 万美元

尼克·萨班（Nick Saban）是阿拉巴马深红潮队的主教练，年薪 380 万美元——是阿拉巴马大学教授平均工资的 55 倍还多。为什么大学要支付该球队教练相当于 55 倍教授平均工资的金额呢？

尼克·萨班的工资之所以是阿拉巴马大学教授的 55 倍，是因为他对阿拉巴马大学来说的边际产量价值（VMP）至少等于一位教授的 55 倍。

很少有人有天赋及意愿努力工作，并承受作为顶级大学橄榄球队主教练的压力。萨班就是这样的少数人之一，而且可能是其中最好的教练。结果是，像尼克·萨班这样的教练数量很少且缺乏弹性。

为雇用顶级教练，阿拉巴马大学必须支付市场价，而该市场价是由低供给及高边际产量价值决定的。

成功的橄榄球队能够产生的收入，使得橄榄球教练的边际产量价值很高，比一名教授的边际产量价值要高得多。部分收入直接来源于比赛，包括由大学授权的足球装备及主体服装销售。但大多数收入仍来源于校友及富有的当地及国内赞助人的捐赠。教练水平越高，球队成绩越好，这些来源的收入也会越高。尼克·萨班每年至少为阿拉巴马大学带来 830 万美元的收入。

对应地，即使一位出色的教授，他能为大学带来的收入也是极为有限的。他能为学校吸引少数学生，从国家基金或其他私人基金获得部分研究经费拨款，但一名教授的边际产量价值还是很小——大约是尼克·萨班边际产量价值的 1/55。

用人数降至 200 人。工会只是沿着需求曲线选择自己喜欢的位置，但需求曲线定义了其在就业与工资率之间需要面临的均衡。

由于限制劳动力供给带来的工资率上升会以减少工作岗位为代价，因此工会同时也试图增加劳动力需求。

工会如何试图增加劳动力需求

工会试图通过增加其边际产量价值、支持最低工资法和进口限制增加对工会劳动力的需求。

通过工会赞助的工作培训计划、学徒和其他在职培训活动，工会工人的边际产量价值可能得到提高（对工会劳动力的需求也可能提高）。

最低工资法也可能通过提高低技能非工会劳动力雇用成本提升对工会劳动力的需求。低技能劳动力工资率的上升会导致对低技能劳动力需求量的减少，从而增加对高技能工会劳动力，即低技能劳动力替代品的需求。

通过支持进口限制，工会试图增加由工会工人生产的产品和服务的需求。

图 19-6 展示了能够增加对其成员劳动力需求的工会影响。劳动力需求曲线右移至 LD_1。但劳动力供给曲线为 LS_1，工资率为 25 美元 / 小时时，雇用人数会从 200 人增加为 250 人。

工会能造成多大工资率的不同呢？为回答这一问题，我们必须看一看工作相似的工会工人及非工会工人的工资水平。有证据表明，考虑技能差异后，工会与非工会工人的工资差异在 10% ~ 25%。例如，同等技能水平的工会飞行员比非工会飞行员要多挣 25%。

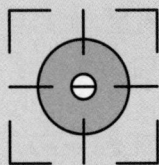

聚焦生活

工作选择与收入前景

你的工作选择会对收入带来很大的影响。为对此影响提供指导，图 19-7 中展示了劳工统计报告中 16 种职业（或职业群体）的工资率。

我们可以看到，经济学家收入很好但不是最高的。20 世纪最负盛名的经济学家之一约翰·梅纳德·凯恩斯就曾表示，希望有一天经济学家能像牙医一样有用。如果工资率能衡量有用程度，平均来看，经济学家并不如牙医有用。大学经济学教授也不如牙医有用！

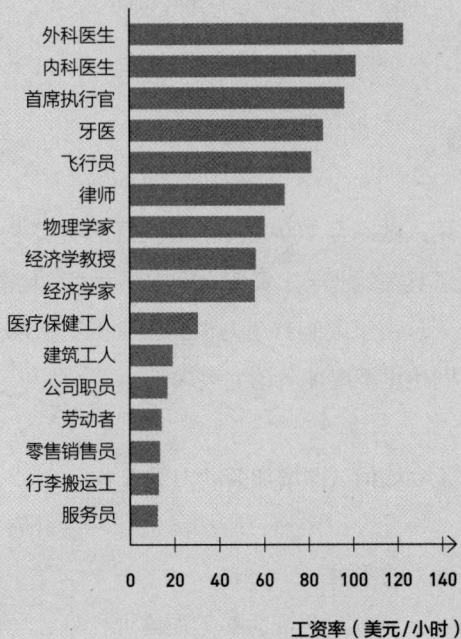

图 19-7 职业群体的工资率

资料来源：国家薪酬调查，美国劳工统计局。

19.3

资本及自然资源市场

对于资本和土地的市场，我们可以通过与劳动力市场相同的基本概念理解。但不可再生自然资源的市场是不同的。我们现在就要开始研究三组生产要素市场：

» 资本市场；
» 土地市场；
» 不可再生自然资源市场。

● 资本市场

对资本的需求基于资本边际产量价值。利润最大化的企业会租用其边际产量价值等于资本租金时数量的资本。在其他条件不变的情况下，租金率越低，对资本的需求量越大。资本的供给对租金率的反应则呈相反趋势。在其他条件不变的情况下，租金率越高，资本的供给量就越大。均衡租金率能让资本需求量等于资本供给量。

图 19-8 展示了用于建造高层建筑物的资本投资——塔式起重机租赁市场的情况。其需求曲线为 D，供给曲线为 S，均衡租金率为 1000 美元 / 天，租用的起重机为 100 台。

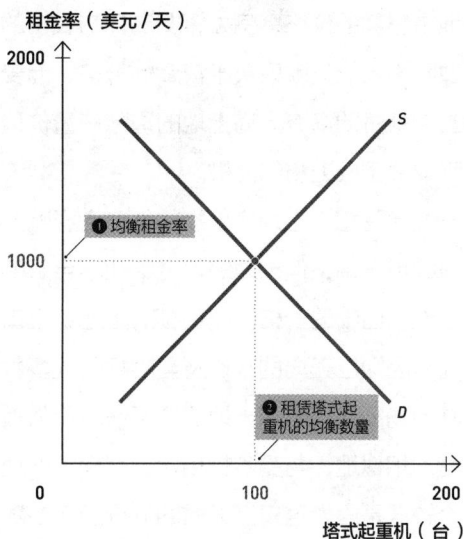

图 19-8　资本服务市场

注：塔式起重机租赁市场的需求曲线为 D，供给曲线为 S。
❶ 均衡租金率为 1000 美元 / 天。
❷ 均衡数量为租赁 100 台起重机。

土地市场

对土地的需求是一种衍生需求，且是基于土地边际产量价值的。租赁土地的需求量，即土地边际产量价值等于土地租金率时的数量。在其他条件维持不变的情况下，租金率越低，土地的需求量就越大。

但土地的供给是比较特别的：土地的数量是固定的，因此每个区块土地的供给是完全无弹性的。

均衡土地租金率能使得土地需求量等于可用数量。图 19-9 展示了曼哈顿一个 10 英亩地块的市场。无论租金率如何，土地的供给量都为 10 英亩。需求曲线为 D，而均衡租金率为 1000 美元 /（英亩·天）。

一块土地的边际产量价值取决于该土地产出物的价格。例如，艾奥瓦州农田的边际产量价值就取决于粮食的价格，而麦当劳租赁的第五大道土地的边际产量价值则取决于巨无霸的价格。

请注意，土地产出物的价格会影响土地的租金率，但土地的租金率却不会影响土地产出物的价格。曼哈顿的土地租金率高是因为巨无霸的高价及曼哈顿的大多数其他物品使曼哈顿土地的边际产量价值很高。相似地，与曼哈顿相比，得梅因的地价较低是因为这里巨无霸的低价及大多数得梅因的其他物品使其土地的边际产量价值较低。

土地产出物价格的变化会导致土地边际产量价值的变化，也会改变其租金率。

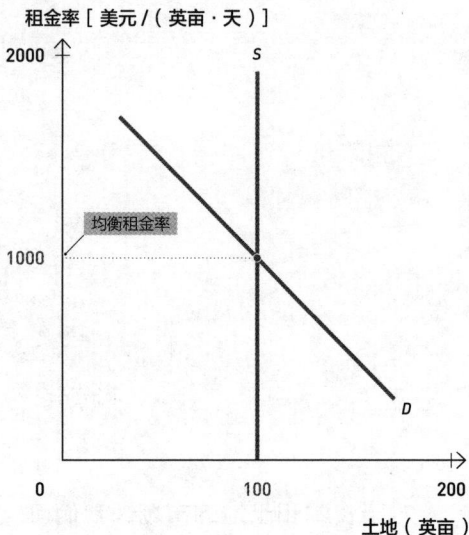

注：1. 10 英亩地块的需求曲线为 D，供给曲线为 S。
2. 当租金率为 1000 美元 /（英亩·天）时，出现市场均衡。

图 19-9 土地市场

但对长租土地而言，租金率不是等于单独一年的边际产量价值，而是租期内平均预期的边际产量价值。因此，土地租金率的波动会比土地产出物价格的波动要小。

不可再生自然资源市场

不可再生自然资源是指那些用于产生能量的资源。燃烧其中一种燃料就能将其转化为能量及其他副产品，而且该资源一旦被使用就无法被再次使用。我们用于制造金属的自然资源也是不可再生资源，但可以进行重复使用，通过付出一定的代价，可以回收再利用这类资源。

石油、天然气及煤炭的边际产量价值会决定这些不可再生自然资源的需求。该类资源的需求端与其他所有市场因素的需求端是一样的。

但不可再生自然资源市场的供给端是特殊的。

不可再生自然资源的数量

不可再生自然资源的存量是指在给定时间内可用资源的数量。该数量由于自然条件及过去的使用情况是固定的，与资源价格无关。不可再生自然资源的已探明储量是指已被发现且可以接近当前价格的价格获取的资源数。随着时间的推移，该数量会增加，这是因为技术进步能让我们发现越来越难寻到的资源。

上述两种不可再生自然资源数量的概念都会影响其价格，但影响都是非直接的。价格的直接影响取决于该资源供给用于生产的比率，即资源的供给。

不可再生自然资源的供给

不可再生自然资源的所有人愿意以一个好的价格供给任意数量的资源。但好的价格是什么？此即持有该资源库存，且在第二年出售该资源将会获得的预期利润。这一价格与后一年的价格相比，低了一个由利率决定的金额。

为了解其原因，请试想一下沙特阿拉伯的选择，该国是全球最大的石油储存

国。现在，沙特阿拉伯可以选择出售其石油，并利用该收入购买美国政府的债券，也可以选择不开采石油，而是第二年再开采并出售。

如果沙特阿拉伯出售石油并购买债券，它能获得债券利息。如果它今年将石油保留，第二年再出售，其获利就等于今年与明年之间的价格增加（或其损失等于价格减少）。如果沙特阿拉伯预计石油价格增幅超过债券利率，那么它今年就会持有石油不出售。如果它预计石油价格涨幅低于债券利率，那么它就会在当下出售石油。

对沙特阿拉伯来说，如果来年预期的价格与当前价格相比多出的涨幅正好等于债券利率，那么出售或持有石油都是明智的选择。例如，如果来年预期价格为 84 美元 / 桶，利率为 5%（0.05），那么沙特阿拉伯会愿意以现价 80 美元 / 桶出售石油。如果价格低于 80 美元 / 桶，那么沙特阿拉伯不会选择当下出售石油，但它会选择在价格高于 80 美元 / 桶时出售尽可能多的石油。

当预期来年价格会上涨为 84 美元 / 桶时，对沙特阿拉伯来说，当前以 80 美元 / 桶的价格出售石油与不出售石油等到来年再以 84 美元 / 桶的价格出售，是无差异的。沙特阿拉伯通过两种方式获利是相等的。因此，当价格为 80 美元 / 桶时，沙特阿拉伯会选择出售市场所需的任意数量的石油。

也就是说，当油价为 80 美元 / 桶时，沙特阿拉伯的石油供给是完全弹性的。

不可再生自然资源市场均衡

在不可再生自然资源市场中，均衡价格是让供应商能够获得与利率相等的预期利润时的价格。均衡数量就是该价格水平下的需求量。

随着时间的推移，所使用的自然资源均衡数量会随着需求的变化而变化。由于以下两个原因，其价格也会随着时间的推移而变化。

首先，预期改变了。对于影响预期的力量，我们并不是很了解。自然资源的预期未来价格取决于未来使用率及新供给来源的发现率。但一个人对未来价格的预期还取决于关于其他人预期的猜想。这些猜想可能会突然改变并自我强化。无论出于什么原因，当自然资源的预期未来价格发生变化时，其供给也会回应预期发生变化。

其次，自然资源的供应商预期价格会以与利率同样的比例上涨。如果预期平均正确且没有什么事情发生改变，那么价格也确实会以利率同等增幅上涨。不可再生自然资源的价格预期会以与利率相等的增幅上涨，这一命题被称为"霍特林规则"。该原则最初是由哥伦比亚大学的经济学家哈罗德·霍特林（Harold Hotelling）意识到的。

下面的"聚焦全球经济"，解释了为什么部分自然资源的价格变化不遵循霍特林规则预测的路径，而在石油的案例中，其价格也几乎都高于霍特林路径。

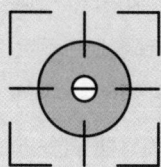

聚焦全球经济

石油及金属价格

2012 年石油价格触及 122 美元 / 桶的历史高位，接着又在 2016 年暴降至不足 50 美元 / 桶。

图 19-10 展示了石油真实价格的历史（以 2019 年货币价值衡量），还展示了如果从 1970 年开始，价格以利率同等增幅上涨应遵循的路径（霍特林规则）。石油实际价格基本都在霍特林价格路径上方波动。

石油价格在霍特林规则所预测的价格水平上方波动的原因在于，市场受到了全球卡特尔力量波动的影响。

如果某种不可再生自然资源仅有少数生产商，那么他们出于自身利益考量会建立起一个卡特尔，限制产量，从而将价格提升为垄断企业利润最大化的水平。成立于 1960 年的石油输出国组织（OPEC）就有此目标，但直到 1973 年该组织才首次成功实现该目标。那一年，OPEC 有 12 个成员国（伊朗、伊拉克、科威特、沙特阿拉伯、委内瑞拉、卡塔尔、印度尼西亚、利比亚、阿联酋、阿尔及利亚、尼日利亚和厄瓜多

价格（美元/桶：2019 年美元价值）

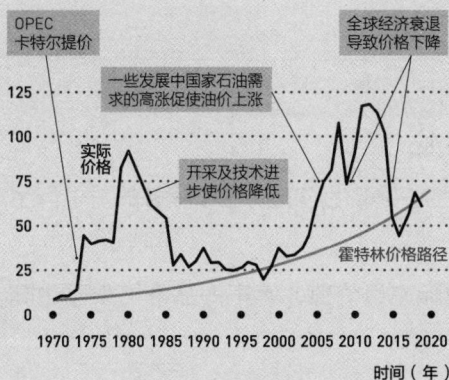

图 19-10 石油价格

尔）。当以埃及与叙利亚为首的一群阿拉伯国家对以色列发动攻击时，以阿拉伯为主的 OPEC 就对美国实施了石油禁运。石油价格从 12 美元/桶飙升为 45 美元/桶。1979 年的伊朗革命进一步加强了 OPEC 卡特尔的实力，石油价格攀升到超过 95 美元/桶。

当石油价格为 95 美元/桶时，很多国家都可以通过生产石油获利，而生产技术的进步也让更多的新供给来源有利可图。美国、加拿大、挪威和英国都提高了石油产量，严重打击了 OPEC 控制石油产量的影响力。OPEC 不再能控制全球的石油产量，从而也失去了对价格的掌控，到 20 世纪 90 年代末期，竞争使得价格降低至 18 美元/桶。

受到一些发展中国家经济增长的推动，石油需求的增长比供给的增长要快得多，1998－2008 年的 10 年间，石油价格上涨到 111 美元/桶。这一价格上涨是由于竞争性市场的作用，且是暂时的。随着全球经济的增速趋缓，石油价格再次下跌。到 2016 年年初，石油价格已低于 45 美元/桶。

图 19-11 中所示金属矿石的价格在 21 世纪前 10 年产生了与石油价格类似的波动。但在早期，这些价格与石油价格的情况截然不同。

回溯至 20 世纪 80 年代，经济学家保罗·埃利希（Paul Ehrlich）提出，随着人口的迅速增长，世界上的自然资源也将耗尽。但同为经济学家的朱利安·西蒙（Julian Simon）却认为，人类将依靠聪明才智克服资源方面的压力，并与埃利希打赌，20 世纪 80 年代将有 5 种金属的价格会下跌。

如图 19-11 所示的结果，西蒙赢得了赌局，且金属价格在 2002 年仍持续下降。

但 2003 年金属价格开始回升，随着一些发展中国家的需求增长，其价格上升更为迅速。接着，当亚洲经济增速放缓时，金属价格又再次出现下跌。

价格（1980 年价格百分比）

图 19-11 金属价格

资料来源：国际货币基金组织、全球经济展望数据库，2019 年 4 月。

第 19 章要点小结

1. **解释边际产量价值是如何决定生产要素需求的。**
- 对生产要素的需求是衍生需求，即从用该生产要素生产的商品和服务的需求衍生而来。
- 对生产要素的需求量取决于其价格及其边际产量价值，等于产品价格乘以边际产量。
- 技术变化会带来对劳动力需求的变化。

2. **解释工资率和就业是由什么因素决定的，以及工会是如何影响劳动力市场的。**
- 个人劳动力供给量受到工资率的影响：低工资率时，随着工资率的上涨，劳动力供给量也会增加；高工资率时，随着工资率的上涨，劳动力供给量则会下降——个人劳动力供给曲线最终会向后弯曲。
- 随着工资率的上涨，所有家庭的劳动力供给量都会上升——劳动力市场供给曲线向上倾斜。
- 工资率由劳动力市场的需求和供给决定。
- 工会可以通过限制劳动力供给或增加劳动力需求的方式提升工资率。

3. **解释资本、土地租金和自然资源价格是由什么因素决定的。**
- 资本和土地租金率是由资本及土地市场的需求与供给决定的；自然资源价格是由商品市场的需求与供给决定的。
- 资本、土地和不可再生自然资源的需求由其边际产量价值决定。
- 土地供给是完全无弹性的，土地的需求则由租金率决定。
- 不可再生自然资源的供给在价格水平让预期价格涨幅等于利率时完全有弹性。预期及自然资源价格都会产生波动。

第 20 章

经济不平等

本章学习目标

» 描述美国的经济不平等；

» 解释经济不平等是如何产生的；

» 解释政府如何再分配收入并描述该再分配对经济不平等的影响。

20.1

衡量经济不平等

我们会通过观察收入和财富的分配衡量经济不平等。家庭收入，即其在给定期间内收到的金额。家庭市场收入（market income）等于其工资、利息、租金和家庭在要素市场挣得的税前利润。人口普查局定义了另一个收入概念，即货币收入（money income），等于市场收入加上政府支付给家庭的现金。我们将利用现金收入这一概念描述美国的收入分配。

家庭财富是指家庭在某个时点拥有事物的价值。财富以家庭住宅市场价值、持有股票和债券以及银行账户中的货币金额减去家庭负债，如尚未偿还信用卡的余额来衡量。

为描述收入分配，假设我们将美国所有人口按收入最低到收入最高排成一排。现在将这一排人按人数分成 5 组，每组有 20% 的人口。这些分组就被称为五分位数。

接下来，将总的货币收入在这些分组中进行分配，这一分配就代表了美国的收入分配。表 20-1a 中列示了每组分配到的收入百分比。

我们用类似的方法分配总财富这一块蛋糕。表 20-1b 给出了 7 组获得财富的百分比。两组最为贫穷的五等分分组相加总财富也仍为负数，而最富有的五等分分组却被进一步拆分为更小的分组以展示组内财富分配情况。

● 洛伦茨曲线

洛伦茨曲线（Lorenz curve）的 y 轴是收入（或财富）累计百分比，x 轴是家庭累计百分比。图 20-1 展示了美国收入和财富的洛伦茨曲线。为生成收入的洛伦茨曲线，我们会在图表中将收入累计百分比与家庭累计百分比进行对比。图中的 A 点到 D 点对应表格中同样以相同字母标示的行。例如，C 行及 C 点展示了最贫穷的 80% 家庭拥有总财富的 11.1%，即表 20-1b 中的 -0.9%、2.7% 与 9.3% 之和。

如果收入（或财富）被平均分配，

表 20-1　美国货币收入及财富分配

a）2017 年收入分配 （家庭收入中位数为 61 372 美元）				
	百分比（%）		累计百分比（%）	
	家庭	收入	家庭	收入
A 最低	20	3.1	20	3.1
B 次低	20	8.2	40	11.3
C 第 3 层次	20	14.3	60	25.6
D 第 4 层次	20	23.0	80	48.6
E 最高	20	51.5	100	100.0

b）2013 年收入分配 （家庭收入中位数为 63 800 美元）				
	百分比（%）		累计百分比（%）	
	家庭	财富	家庭	财富
A′ 最低	40	-0.9	40	-0.9
B′ 下一层次	20	2.7	60	1.8
C′ 下一层次	20	9.3	80	11.1
D′ 下一层次	10	11.8	90	22.9
E′ 下一层次	5	12.2	95	35.1
F′ 下一层次	4	28.2	99	63.3
G′ 最高	1	36.7	100	100.0

注：1. 在表 20-1a 中，前 20% 最低收入的家庭获得
3.1% 的总货币收入，前 20% 最高收入的家庭则
会获得 51.5% 的总货币收入（收入分配相加四
舍五入为 100.1）。

2. 在表 20-1b 中，40% 最贫穷的家庭总财富为负数，1%
最富裕的家庭却拥有 36.7% 的总财富。

资料来源：a）：Kayla Fontenot、Jessica Semega 和 Melissa Kollar，美国人口普查局，《当前人口报告》，第 60—263
页，《美国收入与贫困：2017 年》，美国政府印刷局，华盛顿特区，2018 年。b）：Edward N. Wolff，"1962—
2013 年美国家庭财富趋势：大衰退期间发生了什么？"美国国家经济研究局工作论文 20733，2014 年 12 月。

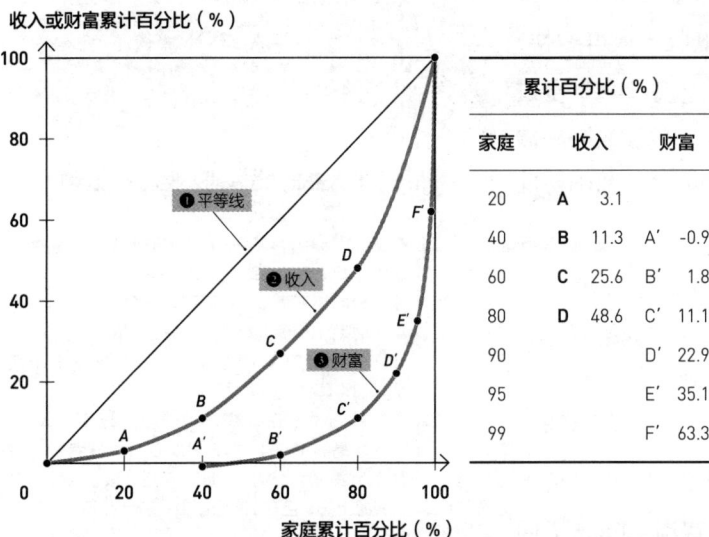

收入或财富累计百分比（%）

累计百分比（%）		
家庭	收入	财富
20	A 3.1	
40	B 11.3	A′ -0.9
60	C 25.6	B′ 1.8
80	D 48.6	C′ 11.1
90		D′ 22.9
95		E′ 35.1
99		F′ 63.3

❶ 如果收入或财富公平分
配，洛伦茨曲线就应与标
有"平等线"的直线重合。

❷ 收入洛伦茨曲线展示了
收入累计百分比与家庭累
计百分比相比的情况。前
20% 最低收入的家庭仅获
得 3.1% 的总收入（A），
而前 80% 的最低收入家庭
获得总收入的 48.6%（D）。

❸ 财富洛伦茨曲线展示了
财富累计百分比与家庭
累计百分比相比的情况。
40% 的最贫穷家庭无财富
（A′），而 99% 的家庭拥
有 63.3% 的总财富（F′）。
最富裕的 1% 的家庭拥有
36.7% 的总财富。

图 20-1　美国收入与财富的洛伦茨曲线

那么每 20% 的家庭都应分得 20% 的收入（或拥有 20% 的财富），而此时洛伦茨曲线就是那条标有"平等线"的直线。基于实际收入和财富分配的洛伦茨曲线永远位于平等线之下。洛伦茨曲线与平等线越接近，说明分配就越平等。可以看到，财富洛伦茨曲线距离平等线的距离比收入洛伦茨曲线要远得多。这说明财富的分配比收入分配更为不平等。

● 随时间推移的不平等

收入变得越来越不平等。2018 年，68% 的美国人在盖洛普民意测验中表示，他们认为收入太不平等。27 年前的 1991 年，仅有 21% 的美国人认为富人太富、穷人太穷。

自 20 世纪 70 年代中期，最高收入人群的增长速度比低收入人群要快，贫富差距进一步加大。图 20-2a 通过 1967—2017 年五等分分组的收入分配情况，展示了这一加大的差距。图中数据均基于货币收入。最高收入五分位人群分配到的收入从 1967 年的 44% 增长为 2017 年的 51.5%。而所有其他的五等分分组分配到的收入比例都下降了。

日益增长的不平等，其关键特征在于超级富翁的收入趋势。加州大学伯克利分校的伊曼纽尔·赛斯（Emmanuel Saez）利用纳税申报单获取了图 20-2b 中所示的数字。

在经历了几十年被称为"大压缩"的收入分配下降后，自 1975 年起，最富有的 1% 的人收入分配开始攀升。到

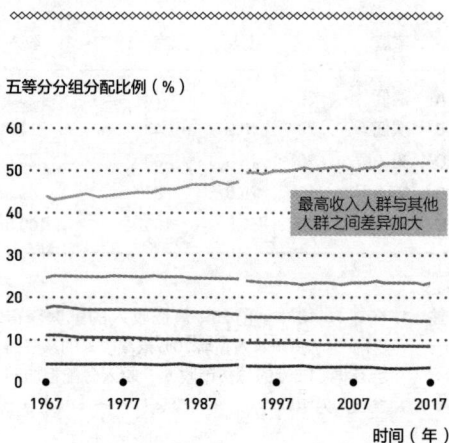

五等分分组分配比例（%）

a）平均家庭收入五等分分组分配比例

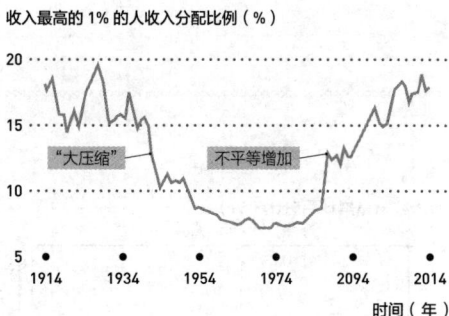

收入最高的 1% 的人收入分配比例（%）

b）收入最高的 1% 的人收入分配比例

注：1. 在图 20-2a 中，1967—2017 年最高五等分分组的收入分配比例从 43.% 上升为 51.5%。其他分组的收入分配都下降了。最低五等分分组的收入分配从 4% 降为 3.1%，次低五等分分组的收入分配从 10.8% 降为 8.2%，中层五等分分组的收入分配则从 17.3% 降为 14.3%。

2. 在图 20-2b 中，在 1924—1974 年的 50 多年时间里，收入最高的 1% 的人收入分配在"大压缩"时期从 20% 缩减为 8%。但 1974 年后，该收入分配比例开始上升，且在 20 世纪 80—90 年代迅速上升。

图 20-2 收入分配趋势

资料来源：见表 20-1。

2014 年（数据库中的最后一年），最富有的 1% 的人能获得 19% 的国家收入。而底层五等分分组的人仅能获得总收入的 3.1%，因此，最高五等分分组中 1% 的家庭的平均收入是最低五等分分组中平均家庭收入的 116 倍。电影明星、体育明星及大企业的 CEO 就在这些超级富豪之中。

● 贫困

极低收入家庭，即被认为生活贫困。贫困是什么？我们如何衡量贫困，有多贫困，贫困人口在增加还是减少？

贫困（poverty）是指家庭收入过低，无法购买必要的食物、住所和衣服的状态。如果家庭收入低于给定水平，人口普查局就会认定该家庭生活贫困。这一给定水平会根据家庭的不同而不同，且每年更新以反映生活成本的变化。2018 年，由 2 名成人及 2 名儿童组成的家庭的贫困水平为年收入 25 465 美元。

2017 年，约有 4000 万美国人的收入低于贫困水平。图 20-3a 展示了 2017 年美国按人种划分的贫困分布。几乎半数（45%）生活贫困的人为欧洲裔美国人。

为衡量贫困发生率，我们会看贫困率这一指标，即生活贫困的家庭所占的百分比。2017 年，贫困率为 12.3%。图 20-3b 中展示了 1977—2017 年欧洲裔、非洲裔、拉美裔家庭的贫困率及其趋势。

欧洲裔家庭的贫困率有 10% 左右的

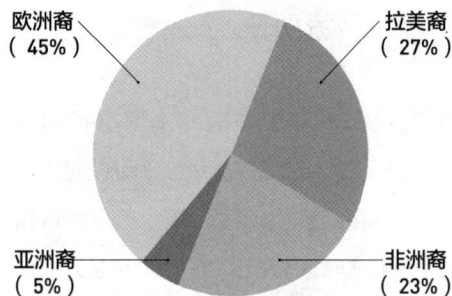

a）2017 年贫困分布

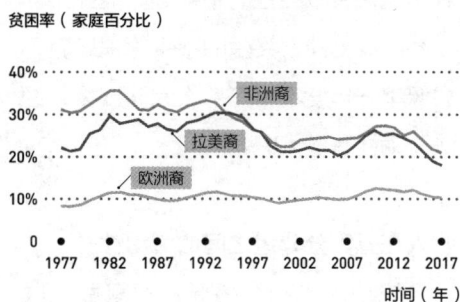

b）贫困率趋势

注： 图 20-3a 展示了欧洲裔人口占贫困人口的 45%。但图 20-3b 展示了非洲裔及拉美裔家庭的贫困率是欧洲裔家庭贫困率的 2 倍。非洲裔家庭的贫困率在 20 世纪 80—90 年代有所下降。拉美裔的贫困率在 20 世纪 90 年代也有所下降，但此前却有所上升。2014 年后，所有人群的贫困率都下降了。

图 20-3　美国的贫困率

波动。对非洲裔家庭来说，贫困率从 1983 年的 35% 降低至 2008 年的 24%，但又在 2012 年上升为 27%。对拉美裔家庭来说，20 世纪 80 年代其贫困率有所上升，但在 20 世纪 90 年代出现了下降，到 2012 年又开始上升。2014 年以来，所有家庭的贫困率都降低了。

● 经济流动性

经济流动性是指一个家庭通过收入分配进入或摆脱贫困的运动过程。如果不存在经济流动性，那么一个家庭就会被困在收入分配的某一水平上，持续处于富有、中产、贫穷或贫困状态。此外，在这样的情况下，年度收入分配的数据就代表了终生的不平等。但如果存在经济流动性，终生的不平等程度就不会像单一年度不平等那么大。那么，经济流动性有多大呢？

收入在五等分分组之间的流动性

流动性的一个指标，即家庭在收入五等分分组之间上下移动的程度。波士顿联邦储备银行的经济学家凯瑟琳·布拉德伯里（Katharine Bradbury）提供了有关这种流动性的信息。图20-4a 展示了她的发现。图中展示了 10 年内，维持在最贫困及最富有五等分分组中的家庭所占百分比以及上下移动了 1 个或多个分组的家庭所占百分比。

约有 60% 的家庭维持在最贫困及最富有分组，但也有 20% 的家庭向上或向下移动了多于 1 个分组，即 10 年内，约有 1/5 的富有家庭以及 1/5 的贫穷家庭变成了平均收入家庭。但由于分组收入分配额变化并不大，也有 1/5 的平均家庭或者变成了富有家庭，或者变成了贫穷家庭。这些数据让我们了解到在美国，经济流动性是很大的。

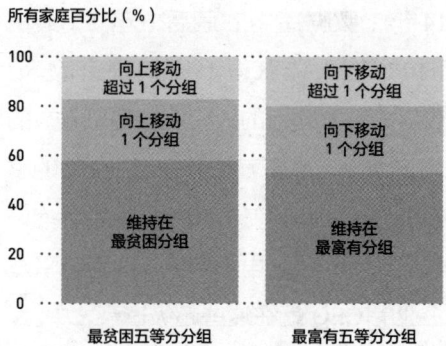

a）收入流动性

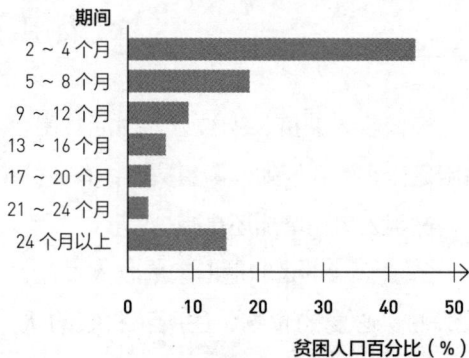

b）贫困持续期间

注：1. 在图 20-4a 中，在 10 年或更长的时间内，约有 60% 的家庭维持在最富有或最贫困分组，约有 20% 的家庭上下移动了 1 个或多个分组。

2. 在图 20-4b 中，约有 50% 的生活贫困家庭维持该状态的期间为 2 ~ 4 个月。但也有约 15% 的生活贫困家庭维持该状态的时间超过 2 年。

图 20-4 收入流动性及贫困期间

资料来源：图 20-4a："Trends in U.S. Family Income Mobility, 1969-2006"，波士顿联邦储备银行，工作文件 No.11-10；图 20-4b：美国人口普查局，对收入及项目参与情况的调查。

进入及摆脱贫困的流动性

衡量经济不平等的另一个标准来自贫穷期间。如果家庭生活贫困的时间为几个月，那么它在这几个月里可能会面临非常严峻的困难，但与贫困持续数月，或更糟糕的，持续数年甚至数代人相比，这些困难并没有那么严重。

由于贫困期间也是贫困带来困难的一项指标，因此人口普查局提供了关于该期间的衡量标准。图 20-4b 中展示了2009—2011 年的数据，也是可以取得的最近的数据。

约有 45% 的家庭贫困持续 2 ~ 4 个月。因此，对几乎一半的贫困家庭来说，贫困并不是持续的。但也有 15% 的贫困家庭，贫困持续超过 2 年，因此也有大量家庭（约700万个家庭）经历了长期贫困。

经济流动性的来源

经济流动性的来源是什么？部分来自工作机会的波动，即来自家庭就业状态的变化。还有部分来自家庭生命周期的变化。随着工人的技术变得越来越熟练，越来越有经验，家庭会实现收入增长。随着家庭成员持续变老，甚至退休，其收入就会下降。因此，如果我们看一看 3 个拥有相等终生收入的家庭，即经济上是平等的，但其中一个家庭成员是年轻人，一个是中年人，而另一个是老人，我们将会看到极大的不平等。这表明，年收入的不平等程度加剧了终生不平等的程度。

聚焦全球经济

全球不平等

图 20-5 中的洛伦茨曲线对比了美国和全球收入不平等情况。可以看到，全球洛伦茨曲线与美国洛伦茨曲线相比，距离平等线的距离更远。

突出对比的数字是获得一半（50%）收入家庭的百分比。在美国，最富有的 20% 的家庭获得半数收入，剩下 80% 的家庭分享另外半数收入。在全球经济中，最富有的 8% 的家庭获得半数收入，而剩下 92% 的家庭分享另一半。

全球收入在上升，据估计不平等程度有所下降。但也有估计认为，与美国不平等程度一样，全球不平等程度也在上升。我们需要更多的数据来解决这一问题。

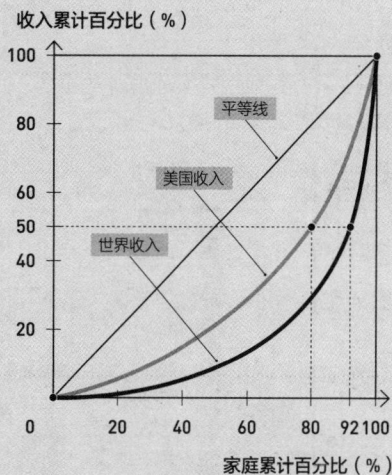

图 20-5 美国和全球收入不平等情况

资料来源：美国收入：见表 20-1。
世界收入：Branko Milanovic, "Global Income Inequality by the Number: in History and Now - An Overview"，世界银行发展研究局小组贫困与不平等团队，政策研究工作文件 6259, 2012 年 11 月。

聚焦不平等

谁是富人，谁是穷人

在当今的美国（除去超级富有的运动员和娱乐巨星，以及顶级公司的高管），最高收入家庭很有可能是受过大学教育、年龄在 45 ~ 54 岁之间、有 2 个孩子且生活在美国西部的亚洲裔夫妇。

另一个极端，即收入最低的人群则很有可能是超过 65 岁、未完成 9 年义务教育、独居在南部某地的非洲裔女性。另一组低收入人群是未完成高中学业、单亲有孩子的年轻女性。这些简要描述就是图 20-6 中的两个极端。

图 20-6 展示了教育对收入影响的重要性。拥有研究生专业学位（如 MBA 及法律学位）或博士学位的人，其平均收入是未完成高中学业的人的 5 倍。

家庭类型及规模是影响收入的另一大因素。已婚有 2 个孩子的夫妇，其平均收入是单身女性家庭的 3 倍。

种族也是影响收入的重要因素。亚洲裔家庭平均所得会比拉美裔家庭高 75%。

户主的年龄也展示了对收入分配的家庭生命周期的影响。年龄在 45 ~ 54 岁的人群，其收入是 65 岁以上以及 15 ~ 24 岁之间人群的 2 倍。

居住区域对收入影响较小，西部地区收入最高，比南部高出约 20%。

在这些分类中，也存在巨大的个体差异。

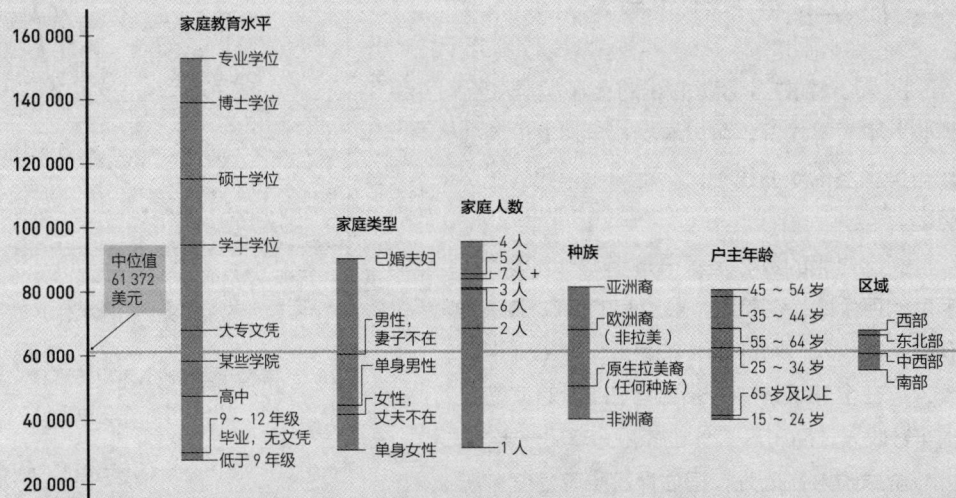

图 20-6　教育对收入影响的重要性

资料来源：当前人口调查，HINC-01。2017 年按总货币收入划分的家庭选定特征。

20.2

经济不平等是如何产生的

经济不平等广泛来源于多种因素。我们将要研究的其中 5 个关键因素如下：

» 人力资本；

» 歧视；

» 财务和实物资本；

» 创业能力；

» 个人和家庭特征。

● 人力资本

人力资本是指人类累积的技能和知识。为观察人力资本的差异如何影响经济不平等，我们将研究一个具备两个层次人力资本的经济体，我们将其称为高技能劳动力和低技能劳动力。低技能劳动力可能是律师助理、医院护理员或银行出纳员，高技能劳动力则可能是律师、外科医生或银行首席执行官。

高技能与低技能劳动力的需求

高技能工人可以完成低技能工人完成情况很差或根本无法完成的任务。试想一个未经培训的人去做手术或开飞机。高技能工人的边际产量价值（VMP）比低技能工人更高。如我们在第 19 章中所学的，企业对劳动力的需求曲线来源于劳动力曲线的企业边际产量价值，且与之相等。

图 20-7a 展示了对高技能劳动力和低技能劳动力的需求曲线。在任何给定就业率

工资率（美元／小时）

工资率（美元／小时）

工资率（美元／小时）

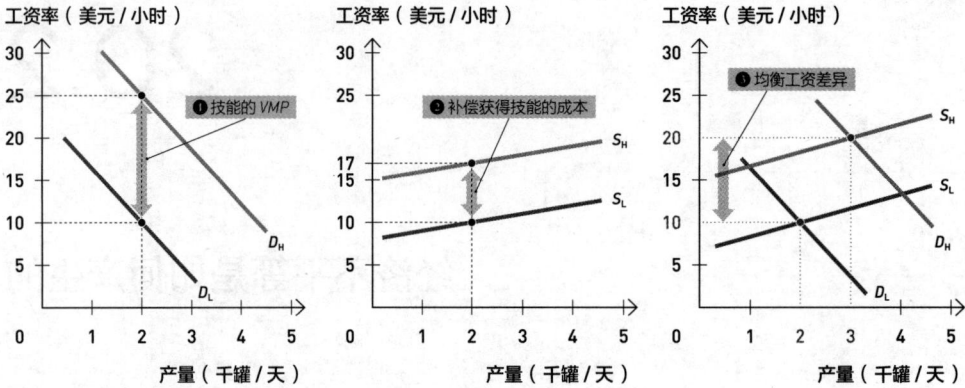

❶ 技能的 VMP

D_H

D_L

❷ 补偿获得技能的成本

S_H

S_L

❶ 均衡工资差异

S_H

S_L

D_H

D_L

产量（千罐／天）

产量（千罐／天）

产量（千罐／天）

a）高技能与低技能劳动力的需求

b）高技能与低技能劳动力的供给

c）高技能与低技能劳动力的市场

注：
1. 在图 20-7a 中，低技能劳动力需求曲线为 D_L，高技能劳动力需求曲线为 D_H。❶ 这两条曲线之间的垂直距离，即技能的边际产量价值。

2. 在图 20-7b 中，低技能劳动力供给曲线为 S_L，高技能劳动力供给曲线为 S_H。❷ 这两条曲线之间的垂直距离，即获得技能成本的补偿要求。

3. 在图 20-7c 中，低技能工人的工资率为 10 美元／小时，高技能工人的工资率为 20 美元／小时。❶ 10 美元的均衡工资差异，即获取技能所产生的影响。

图 20-7　技能差异

水平下，企业愿意给高技能工人支付较低技能工人更高的工资率。两类工资率的差异衡量了技能的边际产量价值。例如，当就业水平为 2000 小时时，企业愿意支付高技能工人 25 美元／小时，而支付低技能工人 10 美元／小时，差异为 15 美元／小时。因此，技能的边际产量价值就为 15 美元／小时。

高技能与低技能劳动力的供给

获取技能需要付出成本，其机会成本还包括诸如学费、获取技能时的低收入等。当一个人全职在校学习，其成本就是他所放弃的收益。当一个人通过在职培训获得技能时，他获得的工资比那些从事类似工作但没有接受过培训的人要低。在此种情况下，获取技能的成本等于支付给接受培训人员的工资减去支付给未接受培训人员的工资。

由于获取技能需要花费成本，高技能人员将不再愿意以低技能人员愿意接受的工资率继续工作。高技能劳动力供给曲线的位置反映了获得该技能的成本。图 20-7b 展示了两条供给曲线：高技能劳动力与低技能劳动力。高技能劳动力供给曲线为 S_H，低技能劳动力供给曲线为 S_L。

高技能劳动力供给曲线位于低技能劳动力供给曲线的上方。两条供给曲线之间的垂直差异就是高技能劳动力要求为其获取技能的成本进行的补偿。例如，假设低技能劳动力的供给量为 2000 小时，工资率为 10 美元 / 小时。这一工资率主要根据其工作时间对低技能劳动力进行补偿。接下来考虑高技能劳动力的供给。为吸引高技能劳动力提供 2000 小时的工作，企业必须支付 17 美元 / 小时的工资。高技能劳动力的这一工资率比低技能劳动力的要高，这是因为补偿高技能劳动力时，不仅应考虑其工作能力，还需要考虑其获取技能的时间和其他成本。

高技能与低技能劳动力的工资率

为得出高技能与低技能劳动力的工资率，我们必须将技能对劳动力需求和供给的影响合并起来研究。

图 20-7c 展示了高技能与低技能劳动力的需求曲线和供给曲线。这些曲线与图 20-7a、图 20-7b 中绘制的一样。低技能劳动力市场的均衡出现在低技能劳动力的供给曲线和需求曲线相交之时。均衡工资率为 10 美元 / 小时，低技能劳动力雇用数量为 2000 小时 / 天。高技能劳动力市场的均衡出现在高技能劳动力的供给曲线和需求曲线相交之时。均衡工资率为 20 美元 / 小时，高技能劳动力雇用数量为 3000 小时 / 天。

如图 20-7c 所示，高技能劳动力的均衡工资率要高于低技能劳动力。这一现象发生的原因有两个：首先，与低技能劳动力相比，高技能劳动力的边际产量价值更高，因此在给定工资率水平下，高技能劳动力的需求量超过低技能劳动力。其次，获取技能需花费成本，因此在给定工资率水平下，高技能劳动力的供给量少于低技能劳动力。工资差异（在此案例中，为 10 美元 / 小时）同时取决于技能的边际产量价值和获取技能的成本。技能的边际产量价值越高，需求曲线之间的垂直差异就越大。而获取技能的成本越高，供给曲线之间的垂直差异就越大。技能的边际产量价值越大，获取技能的成本越高，高技能与低技能劳动力之间的工资差异就越大。

教育和在职培训能让人们获取技能，并让他们向收入分配的更高分组移动。但教育才是更高收入的最重要贡献因素，如你在下页"聚焦美国经济"中所见。

我们接下来将要研究的"歧视"，则是经济不平等的另一个可能来源。

● 歧视

女性与男性之间、不同种族之间存在持续的收入差异。我们在 P475 的"聚焦美国经济"中可以看到这些差异。

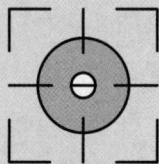

聚焦美国经济

教育有回报吗

如图 20-8 所示，基于教育层级的不同，收入水平差异也很大。

考虑通货膨胀的影响后，高中及大学教育的回报率预估在年度 5% ~ 10% 的范围内，这意味着大学学位是一项可承受的、比任何其他投资所获回报都更大的投资。

基于平均收入数据，高中毕业后的收益在 37 000 美元 / 年。但上大学获得本科文凭的收益更大，每年能再多挣 24 000 美元。

如果留在大学继续完成硕士学位（通常再多学一年），则每年能再多挣 12 000 美元，而如果获得专业学位，每年年收入还能再增加 40 000 美元。

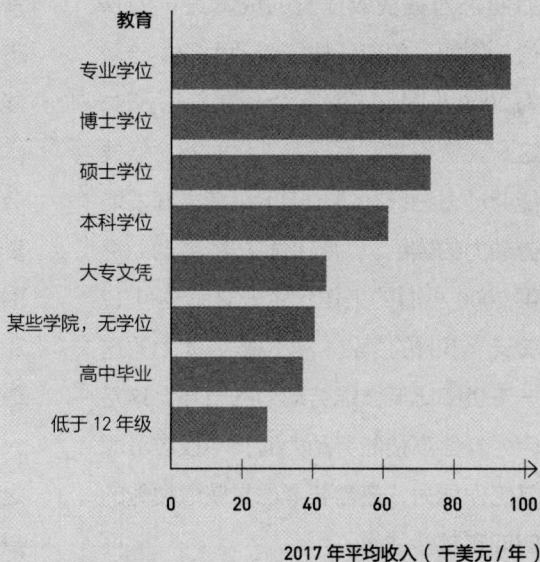

教育

专业学位
博士学位
硕士学位
本科学位
大专文凭
某些学院，无学位
高中毕业
低于 12 年级

0　20　40　60　80　100

2017 年平均收入（千美元 / 年）

图 20-8　不同教育层级的收入水平

资料来源：美国劳工统计局。

是歧视造成了这些差异吗？可能是，但经济学家也无法区分并衡量歧视的影响，因此我们无法确定地说收入差异有多少，或者说是否来自这个源头。

为了解区分歧视影响的难度，可以试想一下投资顾问市场。假设有非洲裔女性及欧洲裔男性投资顾问，他们都很优秀，能提供有效的投资建议。如果没有种族和性别歧视，那么这两类人的平均工资率应该是相同的。

但如果有人愿意为欧洲裔男性投资顾问提供的投资建议支付比非洲裔女性投资顾问提供的投资建议更高的价格，就意味着市场决定了非洲裔女性的边际产量价值比欧洲裔男性低，而对非洲裔女性投资建议的需求也比欧洲裔男性的低。结果就是，非洲裔女性的均衡工资率比欧洲裔男性的低（其高薪职位更少）。

聚焦美国经济

收入的性别和种族差异

周工资率（占欧洲裔男性收入百分比）

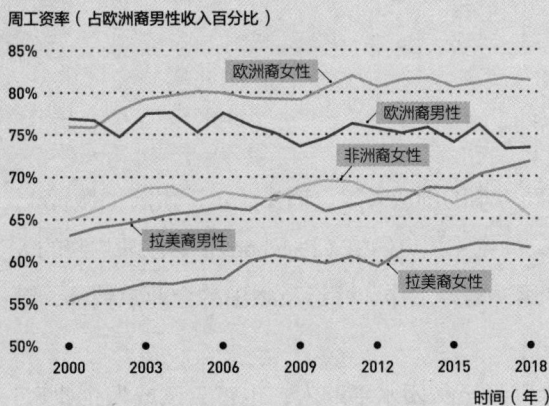

图 20-9　欧洲裔不同种族和性别人群收入的百分比

资料来源：美国劳工统计局。

图 20-9 通过不同种族和性别人群收入占欧洲裔收入的百分比展示了其不同收入水平。

2018 年，欧洲裔女性平均收入为欧洲裔男性的 82%。非洲裔男性平均收入为欧洲裔男性的 73%，非洲裔女性平均收入为欧洲裔男性的 65%。而拉美裔的男性和女性平均收入分别仅为欧洲裔男性的 72% 和 62%。

这些收入差异是持续存在的，仅欧洲裔女性、拉美裔男性及女性与欧洲裔男性的工资差异在收窄。而非洲裔女性和男性与欧洲裔男性的差异反而进一步扩大了。

歧视如果持续发挥作用并带来工资差异，人们就必须持续愿意为投资建议支付高于必要水平的价格。人们将开始意识到，如果他们找到非洲裔女性购买投资建议，价格会更低。将高成本欧洲裔男性替代为低成本非洲裔女性会改变需求，最终消除工资差异。

● **财务和实物资本**

最高收入人群通常是那些拥有大额财务资本和实务资本的人。这些人以利息、股利和资本利得的形式获得收入，即股票市场价值的增加。

拥有大额资本的家庭更有可能在几代人之间变得更加富裕，原因有二：首先，他们会把财富留给子女；其次，富有的人会与同样富有的人结婚（平均来说）。

储蓄及其带来的财富，并不一定是加剧不平等的源头，甚至可以是加强平等的源头。当一个家庭在其生命周期中通过储蓄再分配不平衡收入时，它会享有更平等的消费。此外，如果收入较高的幸运一代储蓄了大量财富，并为不那么幸运的一代留下了遗产，那么这一储蓄行为也降低了不平等程度。

● 创业能力

部分最富有的人通常受益于其不同寻常的创业天赋。诸如比尔·盖茨（微软）、谢尔盖·布林和拉里·佩奇（谷歌）、马克·扎克伯格（Facebook）等家喻户晓的人物，都是白手起家，最初收入微薄，通过努力工作、好运及杰出的企业家精神，而变得极其富有。

部分非常贫穷的人，以及生活水平降至贫困水平的人，也曾尝试成为企业家。但我们很少听说这些人，因为他们不在头版头条中出现。虽然他们努力工作、抓住商业机会、借了很多钱，但由于运气不好或在某些情况下决策失误而变得极其贫穷。

● 个人和家庭特征

每个人的个人和家庭特征在影响其经济水平方面都起着至关重要的作用，无论该作用是好是坏。

长相出众、才华横溢、家庭稳定而富有创造力的人与普通人相比拥有更为巨大的优势。很多电影明星、艺人和极有天赋的运动员就在此列。这些人享受最高收入，是因为他们的个人和家庭特征使其劳动力的边际产量价值非常大。

成功往往会带来持续成功。高收入会产生大量存款，从而再次带来更多的利息收入。

而不利的个人情况，比如可能由于父母缺席、虐待、疏忽而造成的慢性身体或精神疾病、滥用药物或不稳定的家庭生活，给许多人带来了巨大的负担，从而导致其收入较低甚至贫困。

艰苦的生活，正如其对立面，可以自我强化。身体或精神健康状况不佳使学习和获取技能变得困难，从而导致劳动收入较低或没有收入，因为很难保住工作。而最贫困家庭的孩子往往难以进入学院或大学，也因此很难打破贫困的循环。

20.3

收入再分配

我们已经描述了美国的收入和财富分配状况，并检验了经济不平等的 5 个主要来源。在最后一个部分，我们将学习政府对收入的再分配。

政府如何再分配收入？再分配的规模有多大？我们为什么要投票支持再分配收入的政策？在制定可实现公平有效收入分配且能降低贫困的政策时，会面临哪些挑战？

● 政府如何再分配收入

美国政府再分配收入的 3 种主要方法是：

» 所得税；

» 收入保持计划；

» 补贴服务。

所得税

所得税可以是累进税、累退税或比例税（见第 8 章）。累进所得税是指按平均税率征收的所得税，该税率随收入水平的增加而增加。累退所得税是指按平均税率征收的所得税，该税率随收入水平的增加而降低。比例所得税（又称固定税率所得税）是一种不分收入水平，按固定税率征收的所得税。

联邦政府、大多数州政府以及部分市政府都会征收所得税。具体税收安排因不同州而异，但整体的所得税体系是累进的。最贫穷的工薪家庭通过劳动所得税抵免可以从政府获得资金。从最低应纳税所得额起算，联邦所得税税率为收入每增加 1 美元，征收 10% 的所得税，当收入不断提高时，税率也会依次按 12%、22%、24%、32% 和 35% 递增。

收入保持计划

通过直接向收入分配最少的人群进行支付（资金、服务或代金券），一共有 3 种类型的计划能再分配利润，分别是：

- » 社会保障计划；
- » 失业补偿；
- » 福利计划。

• 社会保障计划

社会保险是一种公共保险制度，由雇主和雇员支付强制性的工资税。社会保险有两大主要部分。老人、遗属、残疾及健康保险（Old Age, Survivors, Disability, and Health Insurance, OASDHI），每月会向退休或残疾工人或其未亡配偶及子女支付现金；以及为老人和残疾人提供医院及健康保险的医疗保险。2018 年，社会保险帮扶 6200 万人，他们每月会获得 1461 美元。

• 失业补偿

为向失业工人提供收入，每个州都建立了失业补偿计划。在这些计划下，参保工人基于其收入缴纳税款。如果失业，他就能获得该项补偿。具体福利细节也因州而异。

• 福利计划

福利计划的目的在于为不具备享受社保或失业补偿资格的人提供收入。这些计划是：

- » 社会安全生活补助计划（SSI），旨在帮助最需要的老人、残疾人和盲人。
- » 贫困家庭临时援助计划（TANF），旨在帮助财务来源不足的家庭。
- » 补充营养协助计划（SNAP），旨在帮助最贫困的家庭获得基本饮食。
- » 医疗补助计划，旨在覆盖获得 SSI 及 TANF 协助家庭的医疗费用。

补贴服务

在美国，有大量的再分配是通过提供补贴服务进行的，即政府以远低于生产成本的价格提供的服务。消费这些商品和服务的纳税人从不消费它们的纳税人那里获得实物转移。进行这种形式再分配最重要的两个领域是教育（幼儿园到 12 年级甚至学院和大学教育）和医疗保健。但两种情形下的再分配都不一定是从富人到穷人。

2018—2019 年，就读于加州大学伯克利分校的非加利福尼亚州居民学生支付的学费为 43 176 美元 / 年。这一金额大概与大学提供一年教育的成本相当。但加利福尼亚州居民仅需支付

14 184 美元 / 年的学费。因此，加利福尼亚州家庭一旦有人进入加州大学伯克利分校就读，每年就能从政府那里获得 28 992 美元的福利支持。而多数这样的家庭都有着高于平均水平的收入。

政府提供的医疗保健服务已增长到与私人提供服务相当的规模。医疗补助计划为数百万人提供了高质量且高成本的医疗服务，这些人收入太低，是无法自行购买这些服务的。医疗补助的再分配是从富人到穷人。而所有 65 岁以上的老人都可享受的医疗保险，并不是针对穷人制定的。

● 收入再分配的规模

在没有政府进行再分配时，家庭收入就是其市场收入。我们可以通过计算每个收入水平下纳税市场收入的百分比减去收到福利的百分比衡量再分配收入的规模。可用数据包含通过税收进行的再分配，以及相关人员收到的现金或非现金福利。数据不包括补贴服务的价值，如大学教育，该价值可能降低从富人到穷人的再分配总规模。

图 20-10 展示了政府行为将如何改变收入分配。图 20-10a 展示了两条洛伦茨曲线并将它们与平等线进行了比较。灰色洛伦茨曲线描绘的是市场收入的分配情况。黑色洛伦茨曲线描绘的是可支配收入（disposable income）的分

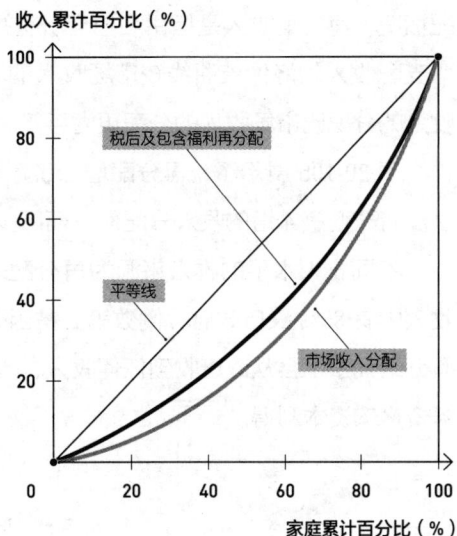

a）再分配前后

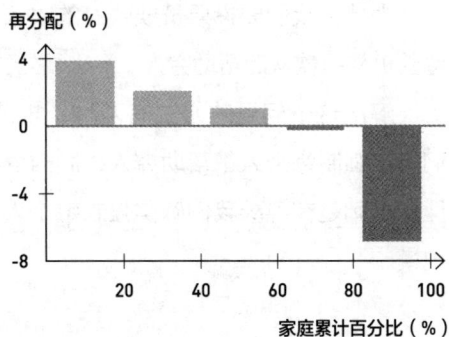

b）再分配

注：1. 税收和收入保持几乎降低了市场产生的不平等程度。在图 20-10a 中，洛伦茨曲线更为接近平等线。

2. 图 20-10b 展示了 2016 年的再分配情况。最低收入五等分分组收到的净福利使其总收入分配额增长了 3.8%。中间两个分组收到的再分配福利较小。第 4 组收到的福利比起支付的税款略低。最高收入分组则由于支付税款使其总收入分配额降低了 6.8%。

图 20-10　收入再分配的规模

资料来源：2016 年家庭收入分配，国会预算办公室，2019 年 7 月 9 日。

配情况。可支配收入是指税后包含所有福利的收入，包括医疗补助和医疗保险福利。可支配收入的洛伦茨曲线较市场收入的洛伦茨曲线距离平等线更近，这说明可支配收入的分配比市场收入的分配更为平等。

图 20-10b 展示了，再分配增加了最低收入的 3 个五等分分组的收入分配额，几乎没有改变第 4 组的收入分配额，而减少了最高收入分组的收入分配额。

不同收入水平的收入来源为再分配规模提供了另一个衡量标准。最贫困分组的收入中有 80% 来自政府。倒数第二贫困分组的收入则有 32% 来自政府。相反，最富有分组几乎不会从政府收到任何收入，其 1/3 的收入来源于资本，即利息、股利和财务资产的资本利得。

● 我们为什么要再分配收入

为什么我们要投票赞成政府的收入再分配政策？为什么我们不让每个人自愿为慈善机构捐款从而帮助穷人。

解决这个问题的方式有两种：规范性和积极性。规范性方式讨论了为什么我们应该强制每个人都帮助穷人，同时寻找能指导合理收入再分配规模的原则。积极性方式则是在寻求我们确实强制每个人帮助穷人的原因，并试图解释实际的再分配规模。

收入再分配的规范理论

哲学和政治学，而非经济学，是考虑再分配规范理论的学科。意料之中的是，针对是否应进行收入再分配以及如果进行再分配其规模如何等存在诸多不同观点。

功利主义观点指出，理想的分配是一种平等的分配。但效率也同样可取。然而，更大的平等仅能以更严重的低效为代价才能达成，即大权衡（见第 6 章），收入再分配造成了权衡是因为它利用了稀缺资源并弱化了激励作用，从而使得可供分配的经济大蛋糕的总规模降低了。

从富人那里收到 1 美元并不能直接转化为穷人收到的 1 美元。因为部分金额在再分配的过程中被用掉了。诸如美国国税局这样的税收机构和福利管理机构（以及税务会计师和律师）就需要使用熟练劳动力、计算机和其他稀缺资源来完成它们的工作。再分配的规模越大，管理它的机会成本就越高。

但征税和发放福利的成本只是再分配总成本的一小部分。更大的成本来源于无效性，即税收和福利的过度负担（见第 8 章）。只有对工作和储蓄这样的生产活动进行征税，才能实现更大程度的平等。然而，向人们工作和储蓄获得的收入征税会降低他们的实际收入。更低的收入会让他们工作和储蓄获得的收入更少，从而反过来导致更低的产出和消费，这一现象不仅出现在缴税的富人身上，还出现在收到福利的穷人身上。

接受福利的人与缴纳税款的人一样，其工作动机都有所削弱。事实上，在 1996 年改革之前普遍存在的福利安排下，工作动机最弱的反而是那些受益于福利的家庭。如果接受福利的人找到一份工作，那么福利就会被取消，医疗补助等项目的资格也将被终止，因此实际上该家庭为其收入缴纳了超过 100% 的税款。这一安排将使得贫困家庭陷入福利陷阱。

在认识到平等与效率之间的紧张关系后，哲学家约翰·罗尔斯（John Rawls）提出了收入再分配原则，使分配到最小块经济蛋糕的人的分配额达到最大水平。

罗伯特·诺齐克等自由意志主义哲学家说（见第 6 章），任何再分配都是错误的，因为它侵犯了私有财产及自愿交换的神圣性。

现代政党就处于我们刚刚描述的极端的中心。部分倾向于更多的再分配，但主要政党对当前再分配的规模整体上是满意的。

收入再分配的实证理论

好的收入再分配实证理论能解释为什么一些国家的再分配规模更大，以及为什么再分配在过去的 200 年间有所增加。我们没有这样的理论，但经济学家提出了一个很有前景的想法，被称为"中间选民理论"。中间选民理论（median voter theory）是指政府所推行的政策应该是那些使得中间选民能尽可能富裕的政策。如果政党能提出一项改善中间选民福祉的提案，那么该政党在选举中的地位也将有所提高。

中间选民理论来自对像美国这样国家的民主政治体系如何运作的思考。在这一体系下，政府必须提出吸引足够多选民的政策从而当选。而在多数投票制中，其观点最重要的选民是位于中间阶层的选民，即中间选民。

中间选民希望收入再分配能使得其自身税后收入尽可能多。向富人征税过多会导致其创造企业和工作岗位的动机削弱，从而导致中间选民税后收入的降低。但如果向富人征税过少，也同样会导致部分本可以转移至中间选民的钱无法转移。

中间选民可能会为穷人担忧并希望减少贫困。无私地说，中间选民可能只是单纯地关心穷人的困境并想要帮助他们。自私地说，中间选民可能想象如果贫困水平太高，犯罪会增多，或多或少都会影响他的生活。

如果无论出于哪种原因，中间选民都想帮助穷人，那么政治流程就会带来更大规模的收入再分配以反映这一选民偏好。

● 主要福利挑战

美国最贫穷的人往往是未完成高中学业、单亲有孩子的年轻女性，且更有可能是非洲裔或拉美裔女性。正是这些年轻女性以及她们的孩子构成了主要的福利挑战。

美国现有 1000 万单亲妈妈，其中 1/4 完全无法获得来自孩子父亲的任何支持。对这些女性问题的长期解决方案在于教育和职业培训，即让她们获得人力资本。而短期的解决方案就是福利。但福利的设定方式必须能强化其追求长期解决方案的动力。20 世纪 90 年代，美国的福利项目改革采用的就是这种方法。

当前方式：TANF

1996 年通过的《个人责任与工作机会协调法案》创立了贫困家庭临时援助计划（the Temporary Assistance for Needy Families，TANF）。TANF 是一笔支付给各州的整体拨款，各州再负责对个人拨付资金。TANF 并不是一个开放式福利计划。接受援助的成年家庭成员必须工作或从事社区服务，项目援助期限为 5 年。

这些措施对消除最严重的贫困问题之一大有帮助，同时对福利的潜在无效性也很敏感。但部分经济学家还是希望更进一步，于是引入了负所得税。

负所得税

负所得税这一方式并不在政府的政治议程上，但在经济学家中很流行，同时也是几个真实世界实验的主题。负所得税（negative income tax）能为每个家庭提供确保的最低年收入，并对所有所得按固定比例征税。假设确保最低年收入为 10 000 美元，税率为 25%，那么无收入家庭就能从政府收到 10 000 美元的确保最低年收入。而该家庭需要"支付"的所得税为负 10 000 美元，因此其名为"负所得税"。

年收入为 40 000 美元的家庭需要向政府支付 10 000 美元，即收入的 25%。但该家庭也会从政府收到 10 000 美元确保最低年收入，因此收支相抵，该家庭无须支付所得税。家庭收入收支平衡。而收入在 0 ~ 40 000 美元的家庭每年从政府收到的金额比需要向政府支付的金额要高。因此，他们"支付"的是负所得税。

年收入为 60 000 美元的家庭需要向政府支付 15 000 美元，即收入的 25%。但该家庭也会从政府收到 10 000 美元确保最低年收入，因此该家庭需要支付的净所得税为 5000 美元。所有年收入超过 40 000 美元的家庭每年需要向政府支付的金额比从政府收到的金额要高。因此，他们支付的是正所得税。

负所得税并不能消除过重的税收负担，但能增加所有收入层级工作和储蓄的动力。

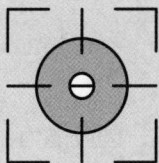

聚焦生活

通过再分配你的支付与所得

你可能同时处于再分配公式的两端，但你的底线是什么？你有净所得还是需要净支付？试着判断自己属于哪一种情形吧。

你的税赋

你可能需要支付所得税，而你必定支付了消费税、汽油税以及其他物品上的相关税费。

如果你有工作，你的工资单上会列明你所支付的所得税金额。

通过持续记录你在一周内买的所有物品，你可以计算出你所支付的消费税。

通过登录相关网站查看你所在州的税收范围，你可以算出你为汽油及其他物品支付的税款。

你的福利

现在看一看福利。如果你收到任何直接现金支付类型的福利，如失业补偿，那么这些福利金额很好确定。但大多数情况下，你不会从政府收到钱。

但你的确会收到由政府提供的服务福利。其中最大的事项很可能就是你的教育成本。

这笔花费比你为接受教育支付的学费高得多。有一种对你教育价值的估计是外州学生支付的学费减去本州居民支付的学费。可以算一算这个数据。

现在想一想，你从政府获得的所有服务。试着估算一下，政府提供的这些服务一共价值几何。

你的底线

现在算一算你的底线，即你所收到的福利减去你所支付的税款。你很有可能会获得净福利，但这样的情况在你毕业后就会出现变化。随着你的收入增加，你就会慢慢移动到再分配公式的另一侧。

第 20 章要点小结

1. 描述美国的经济不平等。

- 收入和财富的分配描述了经济不平等。
- 最低收入的 20% 家庭能获得总货币收入的 3%，最富有的 1% 家庭则拥有总财富的 1/3。
- 收入分配在过去几十年间变得越来越不平等。
- 10 年间，约有 10% 的家庭向上或向下移动了超过 1 个分组。
- 约有 4000 万美国人收入低于贫困水平，这些家庭中的 15% 贫困持续时间超过 2 年。

2. 解释经济不平等是如何产生的。

- 经济不平等来源于人力资本和劳动力市场产出不平等、资本所有权、创业能力、个人和家庭特征。
- 在劳动力市场中，技能（人力资本）差异会导致收入差异。歧视可能也会导致收入差异。
- 继承资本、非凡的创业天赋，以及个人或家庭的好运或厄运会加大贫富差距。

3. 解释政府如何再分配收入并描述该再分配对经济不平等的影响。

- 政府通过累进所得税、收入保持计划和提供补贴服务再分配收入。
- 再分配的规范理论认识到平等与效率之间的关系，即大权衡，并寻求指导政治辩论的原则。
- 再分配的主要实证理论，即中间选民理论。
- 负所得税是解决大权衡的一种方式。